山东工商学院1985—2015

谨以此书向山东工商学院建校30周年致贺

纸墨传芬

高校校报与大学文化建设实践

主　编　李　君　于　波
副主编　闫秀梅　颜晓英　周海磊

山东人民出版社
国家一级出版社　全国百佳图书出版单位

图书在版编目（CIP）数据

纸墨传芬:高校校报与大学文化建设实践/李君，于波主编. —济南:山东人民出版社，2015.9
ISBN 978-7-209-09145-9

Ⅰ. ①纸… Ⅱ. ①李…②于… Ⅲ. ①高等学校—校报—新闻工作—关系—校园文化—建设—研究—中国 Ⅳ. ①G216.3 ②G647

中国版本图书馆 CIP 数据核字(2015)第 229107 号

纸墨传芬:高校校报与大学文化建设实践
李 君 于 波 主编

主管部门 山东出版传媒股份有限公司
出版发行 山东人民出版社
社　　址 济南市胜利大街 39 号
邮　　编 250001
电　　话 总编室 (0531) 82098914
　　　　 市场部 (0531) 82098027
网　　址 http://www.sd-book.com.cn
印　　装 青岛国彩印刷有限公司
经　　销 新华书店

规　　格 16 开(169mm×239mm)
印　　张 25
字　　数 435 千字
版　　次 2015 年 9 月第 1 版
印　　次 2015 年 9 月第 1 次
ISBN 978-7-209-09145-9
定　　价 48.00 元

以校报为载体，构建先进校园文化（代序）

山东工商学院党委副书记　郭金创

校园文化是学校在长期办学实践中积淀形成的，是有别于其他文化形式的一种精神环境和文化氛围。加强和改进校园文化建设，是贯彻落实社会主义核心价值观、营造良好育人氛围、加强学校素质教育的重要方式，是增强学校核心竞争力、推进学校科学发展的重要途径，对于进一步提升学校软实力、增强学校凝聚力和感召力、营造师生员工共有的精神家园具有重要意义。

高校校报是大学文化建设的重要组成部分，是大学文化活动的重要载体，它在大学文化建设中有着不可替代的作用。中国高校校报要将大学文化建设作为重要传播内容，将党建与思想政治、德育、素质教育工作，与促进学校的教学、科研和学校的发展，与教书育人、服务育人、管理育人工作，与学生自我教育、自我管理、自我服务工作紧密结合起来，真正形成全方位育人的新格局。要培育高雅、先进、文明的大学文化，使校园充满以人为本和奋发向上的氛围，成为广大师生的精神家园。

作为众多高校校报中的一员，《山东工商学院报》（原《中国煤炭经济学院报》）自 1987 年创刊以来，在近 30 年成长的过程中，在学校党委、行政的正确领导下，不断完善自己，不断增强为学校发展服务的能力，现已成为校园文化建设中的一片绿地，对学校发展壮大的历程、对教职员工拼搏奋进的事迹、对莘莘学子健康向上的风貌，努力做出了历史的见证。特别是 2003 年 7 月正式出版周报以来，《山东工商学院报》更是及时、紧密地围绕学校根本任务和中心工作，充分发挥校园主流媒体的优势，坚持“以科学的理论武装人，以正确的舆论引导人，以高尚的精神塑造人，以优秀的作品鼓舞人”，积极履行校报的“育人”职责，大力宣传党的路线、方针、政策，宣传学校的改革发展举措和积极成效，宣传先进事迹、先进典型，在校园文化建设方面探索出一条有效途径，逐步形成自身的特色和亮点。

引领先进校园文化

高校校报应充分发挥校报在先进大学文化建设中的舆论导向作用，从高校自身的根本任务出发，从特定的读者层出发，把着眼点放在优化育人环境、培育优秀人才上，放在高校校报的吸引力和说服力上，力图让我们所传递的信息、所宣传的观点能够为读者乐于接受，并转化为内在意识，将其落脚点放到文化育人上，形成立体的、多构架的、全方位的影响。

《山东工商学院报》作为山商校园文化的一个重要组成部分，为师生提供了丰富多彩的精神食粮，起到了润物无声的良好教育效果。面对当今社会上的许多不良现象影响以及网络所带来的有害信息的侵害，校报充分利用自身的宣传阵地优势，坚持“办报育人”的宗旨，营造积极向上、健康文明的校园文化氛围。

《山东工商学院报》在引领先进校园文化方面作了一些探索和实践。积极宣传党的路线、方针和政策，及时反映广大师生关注的热点问题，在校园内唱响主旋律，形成正确的舆论导向，校报常常将党的路线、方针和政策融入消息、通讯、专访、图片等生动活泼的新闻报道及言论中，从而有效地达到了宣传主旋律和发挥舆论导向的作用。例如，党的十八大召开后，为了宣传和贯彻党的十八大精神，校报将新闻报道的视角对准了校园内各种形式多样的学习宣传活动，通过对全校上下丰富多彩的学习宣传活动进行报道，在校园内营造了浓郁的学习氛围。利用“五四”“七一”“十一”“一二·九”等重大节庆日和纪念日，开展爱国主义主题教育活动；利用教师节，开展尊师重教和师德师风主题教育活动；利用清明、端午、中秋和春节，开展中国传统文化主题教育活动；利用学校校庆日，开展校史校情主题教育活动；利用新生开学典礼、入学教育和毕业及学位授予典礼等，开展爱校荣校教育；对于心理健康月、宿舍文化节、科技竞赛活动等进行深入宣传，展现校园火热的生活。

奏响校园主旋律

《山东工商学院报》明确校报的定位和办报宗旨，站在新的历史高度，以强烈的责任感和时代感，结合校报的优势，重点策划，有的放矢地进行报道；组织校园文化报道，既有利于营造校园文化氛围，也符合高校读者高品位、高格调的要求，收到良好的宣传引导效果。

大学文化最终是要体现在每个人的行为上，是要靠人来实现的。培育、树立和推广具有深厚群众基础的先进典型，发挥其行动示范、思想引导、精神激励和风貌展示的功能，对于营造良好的育人环境、调动广大师生员工的积极性、建设优良校风学风等，具有十分重要的意义。由此，《山东工商学院报》注重抓好典型报道，对评选出来的大家公认的典型人物做好重点报道；对有突出贡献的专家学者事迹，对重大科研成果不惜浓墨重彩，配发社论，做好深度报道，通过生动的事实弘扬他们敬业、爱岗、开拓、探索、创新的精神。在栏目策划上，相继开设了“教学相长”“我的大学”“青年教师风采”“青春骄傲”等栏目，采写了一大批脍炙人口的典型报道，其中有在教学科研工作中做出突出贡献的专家学者，有在平凡岗位上默默无闻无私奉献的师生员工，也有在公益事业和创业道路上探索前行的优秀学子。一篇篇感人至深的人物报道呈现于纸端，潜移默化中，这些人物身上的闪光点所迸发出的持久影响力，成为校园文化发展的有力助推器，一种崇尚研究、努力探索、甘于奉献的文化氛围正在形成。

校报注重典型报道，以正确的舆论和正气激励全体师生。校报策划的深度报道常常为全校师生所关注。如对全国优秀教师、十大师德标兵、有突出贡献的中青年专家的事迹的报道，引起广泛反响。对学校良好学风进行了宣传，《最牛考研宿舍是这样炼成的》一文被广泛转载，广受好评。

通过每期校报版面内容的精心策划，为大学生树立正确的人生观、价值观提供学习的典范。例如，“寻找身边正能量”，通过对扶起跌倒老人的“最美女孩”的事迹的报道，努力引导广大学子助人为乐、抗拒世俗影响，对大学生们进行理想与信念、个人价值与奉献精神的教育，对大学生的成才起到了很好的教育作用。

提升校园文化品位

培养出富有时代精神的创新人才，这是校园文化建设的宗旨。信息时代的到来，使得如今的大学生不再仅仅将目光投向课堂，他们更渴望从外界汲取到丰富而又有时代气息的知识与信息。高校校报的直接受众群体是高校广大学子，因而，拓宽校报的版面内容，为大学生们提供成长与成才的各种信息与知识，为他们的全面发展打下一个坚实的基础，这是高校校报的一个重要使命。

《山东工商学院报》努力为大学生提供多元的文化熏陶，使他们紧跟时代的步伐，满足对各种信息的需求。校报的文学副刊和艺术性栏目，直接引导学生提高艺术鉴赏能力，开阔视野，拓宽思路，以达到提高学生人文素养的目的，包含了艺术活动“寓教于乐”的特性，又是学生乐于接受的极好形式，它可以引导学生确立其高雅的审美情趣和人文关怀的文化根基，其人文素质教育作用是其他方式所不能达到的。

多年来，《山东工商学院报》在奏响主旋律的同时，为大学生们奉献了丰富多彩、独具特色的文化大餐，其中有渊博深邃的学术探索、文笔犀利的杂文、清新优美的随笔、意境深远的诗歌，浸染着蓬勃的朝气、饱满的情感和睿智的思考，融艺术性、思想性及知识性于一体，既格调高雅又平易近人，起到了春风化雨的育人作用。“同学留踪”“经典重读”“校园观察”“夕阳红茶座”等栏目，为同学们精心策划了许多关于学术文化、文学艺术、人生感悟和思考的专题和评论，受到了众多师生的好评。例如，考证之风在校园盛行，然而，盲目跟风不可取，为此，校报刊出评论，为疲于考证的同学提供了理性思考；在春暖花开季节，文艺副刊为广大师生连续刊登了介绍了校园内的各种鲜花，增长了同学们的课外知识。

加强校园文化建设是推进高校持续健康发展的重要内容，而努力提升高校校报的办报质量，对于加强校园文化建设也起着推进作用。可以说，校园文化建设决定着高校校报的宣传内容与功效，而高校校报的宣传内容与作用又会促进高校校园文化建设的发展与提升，它们相辅相成，相互影响，共同为培养高素质的人才承担着重要的职责。因此，努力办好高校校报，不断改革与创新，对高校校园文化建设具有十分重要的意义。我们应当充分利用好校报这座大学文化建设的后花园，共同营造高校特有的学术和人文清芬，让广大学生的品格在大学期间充分得以熏陶和升华。

在高等教育大发展、大调整、大改革的新形势下，校园生活日新月异，校园思想活跃多样。在网络媒体异军突起、新兴和传统的传媒方式并存的新情况下，校园媒体多元化的新传播格局已在众多高校形成，高校新闻宣传面临着激烈的竞争，改革发展的需要尤为迫切，这些新形势、新情况对高校校报提出了新要求。如果充分利用好新媒体，先进的大学文化随着网络时代的到来，将随着网络信息快速传送到四面八方，它将由相对封闭走向全面开放，从多校共享先进的大学文化营养到社会共享。校内外的文化交流，使富于灵气的大学文化建设承载了更多深刻的现实内容，推动大学文化向纵深和健康的方向发展，促进社会主义精神文明建设。

前 言

东风洒雨露，校和报几度逢春大发展；妙笔生华章，作与编卅载借势写辉煌。2015年10月，山东工商学院迎来了建校30周年。《山东工商学院报》（原《中国煤炭经济学院报》）于1987年创刊，至今已经出版629期，一期期编校工作的点点滴滴变成不可磨灭的记忆。校报编辑部全体同仁决定在老报人奠定的基础上，总结校报的工作和多年来的理论思考，编辑成书，以此作为建校30周年的献礼。在校领导的关怀和同仁的共同努力下，本书终于付梓出版了，我们由衷地高兴。

1985年12月3日，原国家教育委员会批复建立中国煤炭经济学院。1986年9月22日，学院第一批新生举行开学典礼。1998年9月，学院管理体制正式由中央部委管理转为中央与地方共建，以山东省地方管理为主。2003年6月28日，学校正式更名为"山东工商学院"。2004年6月3日，西校区奠基仪式举行。经过30年的艰苦创业，山东工商学院秉承"惟平惟准、近知近仁"的校训，坚持"商蓝融合，煤经渗透，培养具有新儒商精神的高素质应用型人才"的办学特色，全面实施"质量立校、特色兴校、学科强校、人才名校"的发展战略，正在为建设有特色开放式高水平工商大学而奋斗。2015年学校喜迎建校30周年，这30年，是山商与时代同步、与广大师生同呼吸共命运的30年，是艰苦创业、开拓进取的30年，是蓬勃发展、成就卓著的30年。30年的发展历史，也脉络清晰地展现在校报上。

一纸香飘校园，众笔传承历史。《山东工商学院报》自创刊以来，紧密围绕学校中心工作，贴近师生实际，书写着一代代山商人激情燃烧的岁月、深沉冷静的思考和奋斗奉献的精神，成为记录学校改革、发展、教学、科研、管理诸方面的“百科全书”，成为广大师生理论学习、工作交流、情感沟通、才华展露的阵地，成为学校对外宣传的窗口和塑造良好形象的载体。校报用深情的目光见证着学校所发生的历史性变革，生动地记载着学校不断壮大的历程，用心血和汗水编织着山商人的光荣与梦想，分享着收获的喜悦和自豪。通过校报的展示，山商文化也不断沉淀、升华，这些文字汇聚成了山商历史的长河，奔涌向前，读起来令人心潮澎湃。

回眸一望，墨香浮动。校报从无到有，由弱到强，从内部刊物到国内公开出版，从月报到半月报到周报，并推出了网络电子版，一步一个脚印，逐渐走向成熟，见证着学校的发展，也获得了广大师生员工的喜爱。校报在业务上也加快了改革的脚步，发展成绩显著，629期的优秀作品经过岁月沉淀，耐人寻味，历久弥香，能够启迪思想、温润心灵、陶冶情操、铸造灵魂，印证了山商人的深厚文化底蕴和高超的创作才能。

校报一个个栏目也随着学校的发展不断设立，在一定程度上丰富了校报内涵，提高了校报质量，增强了校报影响力。山东工商学院报社不断加强对外交流，与省内外600余家高校校报进行了长期的交流合作，相互学习交流，特别是与省内兄弟院校交流频繁，吸收借鉴百家优点，博采众长，兼容并蓄，为提高自身实力起到了重要作用。在党委宣传部的领导下和编辑老师的指导下，学生助编和大学生记者也成为学校新闻报道、文学创作的主力军，为校报不断注入新鲜血液，使得校报时刻都散发着青春活力与澎湃激情。在学校党委的正确领导下，《山东工商学院报》越来越赢得社会同行的认可，近几年来每年都有数件作品获全国、全省好新闻奖。

校报的工作是与学校发展紧密结合的，编辑部同仁充分认清自己所担负的重要使命，始终保持蓬勃生机和旺盛活力，用时代发展的要求审视自己，转变办报理念，活跃办报思路，拓展办报内容，改进办报方式，在原有成绩的基础上，总结不足，力求继续创新。来稿多中选优，优中选精，更加注重稿源的深度和广度。值30周年校庆之际，《山东工商学院报》在版式设计、栏目设置、内容布局等环节将更进一步明确自身定位，力求用生动的版面形式和深刻的选题策划打动读者，用有高度、有深度、有广度的内容贴近服务读者，从栏目设置到版面设计再到质量要求都体现出精益求精的办报态度，做到年年出精品、期期有亮点，使校报这片沃土永远花开不败。

回顾历史，是为了更好地前行。在未来的日子里，校报将继续和学校风雨同舟，和师生携手同行。

目　录

Contents

第一篇

峥嵘岁月

纸墨传芬

——高校校报与大学文化建设实践

篇首语

高校校报以校史文化推进校园精神文化建设

校报一向被看作学校建设的一支重要力量，作为与师生进行沟通的媒介，不仅是报道新闻，更多的是传承历史。校报的文风稳健、文章厚重、观点深刻，对校园文化的建设、学生品性的涵养起着引导作用，是高校加强思想政治教育和开展新闻宣传工作的重要阵地。

作为高校校园历史最悠久、最权威的媒体，校报在高校大学生思想政治教育中发挥着引导大学生主流价值观、提升文化素养、进行校史教育等独特功能。高校校史是高校发展历程的反映与总结。校史工作在高校校园文化建设中具有教育导向功能，充分展示校史，发挥其在校园文化建设中的作用，对校史的报道内容涵盖了学校发展过程中的教学、科研、服务社会、文化传承诸多方面的工作，记载师生员工在各个时期、各个层面的活动，丰富多样、博大精深，是学校校园文化的生动写照。

高校校报的主要读者群都受过高等教育，受众的文化层次决定了校报的严肃性。有学者认为：校报虽小，却拥有众多读者，校报的文风直接影响着学生的思想和情趣。因此，校报办得好，对学校的稳定和建设有很大影响。作为一向恪守传统的高校校报，严肃、积极、正统是校报所必须遵循的宗旨。在新媒体时代，校报全面记录了高校校园文化，今天的新闻会成为明天的历史，校报能提供忠实记录学校历史的权威资料，全面展示学校的发展历程，这一点是新闻网站无法比拟的。

高校校报因其出版周期较长，为校报记者更从容、更深层地挖掘校史真相，呈现更多的新闻背景，凝练更深刻的主题提供了有利条件。深度报道目前已经成为高校校报生存的手段，也顺应了高品位的校报读者的阅读需求。校报更大的意义在于传承历史，校报展示的学校发展历史应该厚重而不沉滞，丰富但不轻浮，用潜移默化的内容引领新生代大学生。纵观629期校报，学校的历史就像一条流淌的河流，展现在我们面前。歌德说过：历史给我们的最好的东西就是它所激起的热情。读者在阅读连接过去、现在和未来的文字时，心头涌起的不仅仅是热情，更多是对历史的感怀，感受岁月的沧桑、学校日新月异的变化。如果说历史由新闻凝聚而成，那么这一期期的作为记录新闻的校报，则串成了学校发展的历史。

“峥嵘岁月”篇选了一些记录学校发展的历史的文章，既有对创业时期激情燃烧的岁月的生命回顾，也有对承载着山商往事的深情叙述；既有对山商发展目标演变史的全面总结，也有对山商发展全貌的深刻阐释；既有图书馆扩建搬迁等重大事件的深度报道，也有校报同仁及助编对编辑部故事的美好回忆；既有党建工作、群众路线的思考与实践，又有做大学文化的实践者和自觉者的理论思考。这些作品展现了学校发展历程中，几代人在这里奉献的青春和心血，年华似水，带走的是他们的青春容颜，带不走的是永远火热的生活。

全国高校都十分重视校史工作，编研出生动活泼的校史产品。例如，北京大学校史部门出版的《北大百年老照片》就受到读者的普遍欢迎。又如，厦大编纂的校史资料《厦门大学建筑概述》，辑录各时期建筑群落的方位、楼名、面积、外观照片等资料，此种校史资料既有益于学校建筑史的研究，又对学术的校园环境、人文景观、校园文化的研究建设大有裨益。《山东工商学院报》利用自己的阵地，刊登既具史料性、思想性，又具知识性、文学性与可读性的校史文章，为校园文化建设做出积极探索和努力。

《山东工商学院报》通过校史报道来反映山商的学校建设、师生的精神风貌和大学文化，充分利用校史中丰富的爱国爱校内容，展现山东工商学院的灵魂和精神内核，是构建先进校园文化的重要举措。

汇聚正能量　开启新征程

党委书记　刘新生　院长　谭秀森

一元复始，万象更新。2014 年悄然走过，2015 年的缤纷画卷又展现在我们面前。在这辞旧迎新的美好时刻，我们谨代表学校党委、行政，向全校师生员工、离退休老同志、各地校友致以亲切的问候和新年的祝福，向所有关心、支持学校事业发展的各级领导和社会各界朋友致以衷心的感谢和崇高的敬意！

铸兴四海和衷共济，鼎盛天下恒泰永熙。2014 年，是我们党和国家发展里程碑上浓墨重彩的一年。党的十八届四中全会胜利召开，法治中国建设的新蓝图绘就，全面推进依法治国的号角吹响。党中央“老虎苍蝇一起打”的果敢行动，群众路线教育实践活动的扎实开展，八项规定抓铁有痕的坚持不懈，啃硬骨头涉险滩、重点领域改革的纵深推进……所有这些都焕发出强大正能量，为社会主义现代化和中华民族的伟大复兴展现了更加壮丽的前景。

潮起海天阔，扬帆正当时。2014 年是承前启后的一年，我校各方面的工作都取得了喜人成绩。学校成功召开教学工作会议，制定了进一步深化教育教学改革的路线图；加强学科专业建设，新增 1 个本科专业，2 个专业分别获批教育部“本科专业综合改革试点”和山东省“普通本科高校应用型人才培养专业发展支持计划资助专业”；开展了专业分类工作，为现有专业存量调整、新设专业增量优化奠定了基础；继续实施重点学科建设，管理学学科连续六年保持了“全国百强”地位，会计、工程（电子与通信工程）硕士专业学位授权点成功获批；科学研究方面，获批国家“两金”项目 11 项，省部级、厅局级项目 70 项，新签横向课题 37 项；人才队伍建设方面，1 人获评国务院政府特贴专家，3 人获评山东省高校重点学科首席专家；招生与就业呈现“进出”两旺的良好态势；学校获评山东省“大学生创业孵化示范基地”和“大学生就业创业培训省级定点机构”；群众路线教育实践活动成果不断巩固；党建、统战、群团、基建、后勤、安全保卫等各项工作坚实有力，获得“2014年度省级文明单位”称号，共筑了文明、和谐、稳定的校园环境。成绩来之不易，凝聚着全校师生员工的智慧和心血，凝聚着广大校友、社会各界朋友的关心和支持。在此，我们代表学校党委和行政，向大家致以崇高的敬意和衷心的感谢！

2015年是山商三十华诞。30年汗水与成功相伴，探索和辉煌齐芳。1985年“中国煤炭经济学院”初创，1998年管理体制划转，2003年更名，1997年本科教学合格评价通过，2009年申硕成功，2013年山东省特色名校获批……“一山放过一山拦”，征程如峰，事业如虹！30年的历史延伸中，学校发展跨越了一个又一个山峰，每一次跨越都饱含着山商人创业的艰辛与发展的坎坷，每一次跨越都彰显着山商人追求卓越、兴校强校的梦想与希望。梦想的实现需要一代又一代山商人接续奋斗。我们要传承优良传统，弘扬优良作风，肩负历史责任，以自己的最大智慧、力量、心血，和广大师生一道奋力推进学校事业踏上一个新台阶。

2015年是山商而立之年。30岁，朝气蓬勃、青春壮丽的山商又站在新的起点之上。立足新起点，抓住新机遇，应对新挑战，我们必须用大视野来观察、大胸怀来开放、大幅度来改革、大速度来提升、大环境来建设、大学问来积淀！我们要以海的胸怀、山的品格、火的热情，开启新的征程。

新的征程中，学校将倍加珍视党的群众路线教育实践活动形成的好经验、好成果，不断巩固思想基础、完善制度机制，一以贯之地保持反“四风”的良好势头，积极解决师生员工关注的现实问题，认真落实治党管党责任，不断提高党的建设科学化水平，为深化综合改革、推进事业发展提供有力保障。

新的征程中，学校将更加注重依法治校，完善内部治理结构，建设现代大学制度。学校将以章程建设为抓手，有效协调党委和行政、行政与学术、学校和院部、教学与科研、教师与学生、中心工作与服务保障、学校与社会等诸关系，完善内部治理结构，建立健全规章制度，使各办学要素有机统一、形成合力，为事业发展提供基本制度保障。

新的征程中，学校将秉持两个“大学”——既坚持形而上的大学追求，培育大学文化，熔铸大学品格，彰显大学精神；又循序渐进，整合力量，扎实推进有特色开放式工商大学的目标实现；学校将不断强化办学特色和优势，建设优势学科专业群，培育行业服务特色，打造应用型人才培养品牌，强化中外合作办学，全面提升学校办学实力和核心竞争力。

新的征程中，学校将围绕人才培养这一根本任务，扭住提高质量这一核心，优化要素配置，深化教学改革，构建多渠道、全方位协同培养及实践教学机制，全面提升应用型人才培养质量。

新的征程中，学校将把人才作为生生不息的源泉，坚持唯才是举，培养学生成才，培养教师成才，培养管理人员成才，努力在各个领域培养有影响的人物；学校将把教师队伍建设作为战略任务，把青年教师的培养作为战略重点，采取更加积极的人才引进政策，营造更加良好的成长发展环境，努力造就一支乐教、善教、优教的高素质师资队伍。

新的征程中，学校将强化校企校地合作，促进校内校外协同，用好用活社会资源，拓展国际合作空间，在与社会、与世界的交流中提升办学水平，以开放的姿态、协同的思维、国际的视野，推进学校快速健康发展。

新的征程中，学校将更加重视大学文化建设，弘扬“惟平惟准，近知近仁”校训，形成学校以育人为本、教师以敬业为乐、学生以成才为志、干部以为民务实清廉为荣的风气，进一步凝聚精气神，激发正能量，培育进取、务实、理性、包容的文化，营造风清气正、干事创业、团结和谐的氛围，让主旋律占领学校的每一个空间。

崭新的时代，崭新的征程。我们个人的生命已与山商的潮流交汇，我们人生的旅程也必将与山商的进步融合，我们愿将自己这滴水汇入学校事业发展的滚滚洪流中，以科学的精神、民主的意识、道德的自觉、法治的恪守、发展的自信和创造的激情，用实际行动热情参与到新的生活习惯、工作秩序的建设之中，以法治的思维和能力为准则，以大学的使命为价值判断，共同营造风清气正的管理环境、思想活跃的学术氛围、改革创造的进取精神、开放包容的国际视野、学有大成的育人质量、安居乐业的和谐生活，将学校事业推向新辉煌。

一元复始，常常是梦想开始的时候。30 年前的那个 1 月 1 日，一个刻有“中国煤炭经济学院”的印章正式启用，一个仅有 107 名学子的“大学”在困境中起航，一群年轻的创业者在这片沃土上播下了一粒梦想的种子；30 年后，梦想成真，种子已长成参天大树——一个拥有 20000 余名师生员工、充满生机活力的大学正岿然屹立于凤凰山下、黄海之滨。新年新起点，新年新希望，新年新梦想！有梦想，有机会，有奋斗，一切美好的东西都能够创造出来！

让我们携手奋斗，造就山商的未来、你我的明天！

让我们一起踏上新的圆梦之旅，开启新征程，创造新辉煌！

（本文发表于《山东工商学院报》2015 年 1 月 1 日第 607 期）

当年破土　当年招生

黄　斌

我院的基本建设工作，在煤炭部领导下，在省煤炭局及烟台市大力支持下，院领导亲自指挥，全处同志积极努力，1986年工作突飞猛进，既加快了基建步伐，又认真增收节支，创造下当年破土动工、当年招生的好成绩。一年完成建筑面积20032平方米，平整运动场地116000平方米，建成变电所和锅炉房各1个，达到了基建项目基本配套，保证了教学及师生生活的需要，为当年招生创造了必要条件。

去年基建处在人员少、任务重的情况下，从领导到职工，每人都充分发挥了积极性和创造性。大家工作不分分内分外，不计时，不计报酬，没有假日，不休星期天。为了尽早开工，节省开支，所有建筑物的施工测量放线，都由我们自己动手。当时气候严寒，北风呼啸，大地被深雪覆盖，在测量过程中，不少同志多次掉进一米多深的雪坑里，头发上都结着冰，但没有一个叫苦叫累。大家千方百计增收节支，能自己干的，就不请施工单位干，自己动手安装变压器，自己敷设室外照明及所有户外线，自己设计道路及下水管道的坡度，仅安装变压器一项，就节省资金15000元。

在加快施工进度的同时，我们特别注意施工质量，本着“不建则已、建就建好”的原则，集中使用建校资金，不撒“胡椒面”。施工中严格把关，材料进货由领导过目。同时，我们也特别注意搞好关系，尽量为乙方提供良好的施工条件。在我们的积极配合、大力支持下，烟台建筑公司九处承建的学生食堂，成为全省四项全优工程之一。周围的农村大队与我们建立了良好的关系，双方亲如一家，我们的工作得到他们全力支持，在整个基建过程中，从没有引起过任何纠纷而影响施工的进行。

由于我们在上级党政领导机关的正确领导下，充分调动了全处职工的积极性，正确处理好与地方关系，我处较出色地完成了基建任务，得到了部有关领导和兄弟院校的好评。煤炭系统大学高教顾问团团长刘子光同志在检查我院基建情况时，对我们的工作给予了很高的评价。他说，当年破土动工、当年招生，“这样的速度，国内少有，国外罕见”。

我处全体同志决心再接再厉，积极响应院领导提出的进一步增收节支的号召，严格控制基建规模和建筑标准，坚决执行施工程序，更加努力把好质量关，争取今年创出更好的成绩，向党的十三大献礼。

（本文发表于《山东工商学院报》1987 年 5 月 25 日创刊号）

我院隆重举行八七级新生开学典礼

黄安栋

9月17日上午，在青山碧海环抱中的中国煤炭经济学院，首次隆重举行87级新生开学典礼。

这一天天朗气清，校园内彩旗飘扬，苹果飘香。来自12个省、市的347名新生，佩戴“中国煤炭经济学院”校徽，怀着兴奋、激动的心情，端坐在会场主席台的正前方。两旁大理石柱上，高挂着“坚持‘四有’方向，培养合格人才”与“团结、勤奋、开拓，求实”大幅标语，给他们指明了在校期间的奋斗方向。他们接受院党委书记伊长顺、中共烟台市委副书记、市长俞正声、山东省煤炭局代表和老师、老同学代表的祝贺。

伊长顺同志要求同学们具有坚定正确的政治方向，勤奋学习，努力掌握现代煤炭科学管理知识。他希望同学们发扬艰苦奋斗的光荣传统，模范地遵守校风校纪。

俞正声市长向来自各地的同学们介绍了胶东光荣的革命历史，指出烟台是全国气候、资源、环境最好的地区之一。他希望同学们树立远大理想，立志投身改革，献身于国家、民族、事业，他希望同学们讲求实际，看问题要从我国的国情出发，不要盲目和外国攀比，不要急于求成。他祝愿同学们奋发努力，成为国家的栋梁。

山东煤炭管理局代表穆林同志宣读了中共山东煤炭工业管理局党组的贺信，院领导华增侃宣读了煤炭部教育司的贺信，老师、老同学代表讲了话。这些贺信、贺电和讲话，都热烈祝贺我院在短短一年多时间建成初具规模的高等学府，祝愿同学们努力学好科学管理知识，为我国煤炭工业现代化做出贡献。

中共烟台市委宣传部、市建委、市煤炭局、市教育局，烟台日报社、烟台电台、电视台，中国煤炭报及学校所在地的芝罘区、初家镇等部门和单位的领导同志出席了今天的盛会。

会后，俞市长参观了我院设计模型，院领导罗太炎向他介绍了设计和建校经过。俞市长表示，对于煤炭经济学院当前急待改善的水电、邮电、公交、蔬菜供应等问题，市里将尽快帮助解决好，做好服务工作，支持中国煤炭经济学院的建设和发展。

（本文发表于《山东工商学院报》1987 年 9 月 29 日第 2 期）

教师首先要关心理解学生

——谈班主任工作体会

张慧贞

几年的班主任工作，使我深感教师的责任重大，也体会到学生需要老师的理解和关怀引导。只有到同学中去，才能得到同学的信任和热爱。一个教师首先要：

爱护学生以身作则

要想做好学生的思想工作，首先要深入到学生中去和他们交朋友，关心他们，了解和帮助他们。

1985 年，我负责计划统计 84（1）班的班主任工作。班上的同学大多来自农村，有的家中劳力少，生活较困难。为此，我多方为他们联系勤工助学活动，并亲自带他们登门联系洗衣服务。当我了解到一个同学家中十分困难时，立刻把家里的一些衣服、鞋等收拾了一大包寄给了他家。这些工作在一定程度上解决了同学们不少困难，稳定了他们的思想，更激发了他们的学习热情。

我经常与学生们谈心，了解他们的情况，为他们当参谋，引导他们处理好生活中的一些问题。对一些年龄小第一次离家的同学，我则多方面关心他们，帮助他们树立起独立生活的信心，让他们体会到社会和学校的温暖。平时有学生生病或精神不愉快时，我都到宿舍看望他们，并为生病的同学做病号饭。节假日期间，远道的同学不回家，我就把他们请到家里一起过节，带他们去野餐，我还学做学生家乡风味饭菜，尽量使他们假期愉快，感受到学校就是自己的家。学生毕业离校，我在家为他们包送行饺子，并逐个送临别赠言。所有这一切，使我真正得到了学生的信任，他们有什么心里话也都愿意同我谈。有的同学在院刊上发表文章称我为“第二妈妈”，这说明他们是真心爱我的，真正把我当作了亲人。有的同学在毕业离校时，眼含热泪，向我道一声“再见，妈妈!”

同学们越是信任我，我越觉得应该在各方面以身作则。在班里，凡是我要求学生做的，我首先做到。凡是我参加的活动，从不迟到半分钟。上早操我总是最早到操场，有时身体不好，仍坚持提前到。一次学校大扫除，有的女同学怕脏不愿扫厕所。我当时正生病，但我还是换上雨鞋站在最脏的地方打扫。这样，周围的同学很快也就行动起来了，像我们一样认真细心。通过这些活动，我和同学之间真正相互理解了。

采取多种形式进行专业思想教育

我认为，同志们的专业思想教育，应从入学开始就贯穿于课堂教学和平时活动之中。我发现一些同学专业思想不稳定，不了解这个专业，有的同学感到学统计不是自己的理想。针对这些情况，我分不同类型，采取不同形式，对他们进行专业思想教育，鼓励他们努力学习。我从中南财大了解到专科学生考取研究生的事，就又对他们提出了更高的要求，我还集中部分同学在宿舍里谈自己的亲身体会，讲述现场统计工作今后的要求，以及如何发挥统计的优势为管理服务，并列举了全国统计工作中的一些典型事例。我还经常找一些专业成绩差的同学多次谈心，启发他们的学习积极性。此外，我也充分利用班会和课堂的时间讲述统计专业的情况。我还请来自现场的统计短训班的学员来班开座谈会，这些座谈会对于同学们了解专业、安心学习起到了良好的作用。同学们的学习积极性激发起来了。

积极开展文体活动，活跃同学们的课余生活

考虑到如何帮他们合理安排学习生活，针对青年人的特点，在我院场地少、器材少的情况下，我带领同学们开展了多种多样的小型活动。如组织他们打羽毛球，我亲自给他们讲规则、当裁判，组织全班进行淘汰赛；很多同学想跳舞，但又不会，我就请外校的同学来教；学校的歌咏比赛，我动员全班同学参加，并亲自指挥排练；节假日，我和班委们研究组织“旅游”晚会；新年还组织了大会餐。这样一来，既活跃了同学们的课余生活，又增强了同学们之间的团结

和集体观念。

总之，在与学生相处的几年中，我深深地体会到，作为一名教师，任务是光荣的，责任是重大的，它不仅意味着育才，更重要的还意味着育人；而育人的关键又在于真正地理解和爱护、关心他们的成才。只有建立在师生互相理解的基础上，才能充分调动起教与学双方的积极性，更好地完成为国家培养既有专业知识、又有高尚情操的人才的光荣任务。

（本文发表于《山东工商学院报》1987 年 9 月 29 日第 2 期）

刻苦实践　执着追求

——访马致山副教授

马致山副教授被评为全国优秀教师，这既是他多年辛勤工作的结果，也为我院争得了荣誉。我们专程采访了马老师。

来到马老师家，我们向他表示祝贺时，马老师谦虚地连声说：我没有做什么。

我们请马老师谈谈自己近年来的工作情况及他对青年教师参加社会实践的看法。马老师说：我没有什么好谈的，但对青年教师参加社会实践，可以谈谈我的体会。我在东北工学院毕业留校以后，首先是到机械厂锻炼，和工人一样开车床，后来又到校办农场参加劳动。通过实践，我熟悉了工农，磨炼了自己。回到教学岗位后，我利用业余时间开始搞科研。我的第一个科研课题是合金熔炼的最佳配方。为了完成这一课题，我经常是下课就去赶火车（工厂在本溪），利用无课的时间与工厂的技术人员和工人们一起讨论研究，终于获得了经济效益。这次的成功，不仅使我感到社会生产的需要，而且使我感受到自己所学的知识是有用的，使我对社会服务的追求更强烈了，同时对我的教学工作也促进很大。调到本校后，为了尽快熟悉煤炭工业的生产及管理物资流通过程，自己多次到兖州矿务局和煤矿，去了解煤炭生产过程中的特点，研究煤炭生产中物资流通急待解决的问题。我认为，青年教师参加社会实践是十分必要的，但一定要讲求实效。

对目前我院师生员工普遍关心的如何办出我院特色的问题，我们请马老师谈谈看法。他说：我还没有成熟的看法，但是有两点我认为是办出我院特色所必要的。一是师资队伍素质的提高，重要的是对青年教师的培养，这是真正办出我院特色的基础；二是突出为煤炭事业服务的观念，密切结合我国煤炭工业生产的实际情况，从提高煤炭工业发展的经济效益出发，抓好科研。

对马致山副教授的采访结束了。通过采访，我们对马老师兢兢业业的工作精神和对事业执着的追求有了进一步的了解。马致山副教授今年不到50岁，已经单独完成或和他人合作完成出版了十几部专业著作，100多万字。目前他正在进行两本物资类教材的编写工作，一本《管理数学》是通过投标获得的，由几所院校合作，他担任主编；另一本《物流管理系统工程》是中国矿业大学研究生部邀请他参加编写的。另外，马致山副教授本着为煤炭工业服务的思想，正在着手就如何提高煤炭生产过程中物流经济效益问题进行分析研究。

马致山副教授在多年教学生涯中勤勤恳恳，教书育人；在科学研究中严谨治学，执着追求，正是我国教师队伍中的一个典型，反映出知识界人士的爱国之心和对祖国事业发展的关心和热情。我们愿马致山副教授的事业和我院的发展同步前进，一起为祖国的煤炭事业和四化大业做出更大贡献。

（本文发表于《山东工商学院报》1990年5月24日第15期）

我们这样走来

张开祝　刘晓东　颜晓英　马　涛

题记：20 年风雨沧桑，20 年矢志不移，20 年薪火传承，20 年春华秋实！从昔时的中国煤炭经济学院走到今日的山东工商学院，回眸 20 年的历史，是一曲跌宕起伏的乐章，是一首高歌传颂的诗篇，是一幅浓墨重彩的画卷……

在美丽富饶的胶东半岛东端，坐落着一座令人神往的魅力城市——烟台。她依山傍海、山水交融，渲染着一种物我相融、天人合一的美丽风光。这里有明代狼烟墩台烟台山，有道教全真派的发祥地昆嵛山，有中国四大名阁之一的蓬莱仙阁，有八仙过海的美丽传说，有始皇东巡、徐福东渡的历史遗迹……

就在这片山清水秀、人杰地灵的土地上，矗立着一所高等学府——山东工商学院。她犹如一艘扬帆远航的轮船，抱着对大海矢志不渝的执着追求，在经历了无数的明滩暗礁之后，终于一路逶迤驶来。

1983 年，为了适应煤炭工业发展对经济管理人才的需求，原国家煤炭工业部决定建立华东煤炭经济学院。此外，为了加强煤炭企业干部培训、培养矿区中小学校师资，决定同时建立华东煤炭教育学院，并将煤炭经济学院和煤炭教育学院统一筹划，两块牌子一套班子，命名为“华东煤炭大学”，校址就选定在我国 14 个最早开放的沿海城市之一的烟台市。

对于这所学校，煤炭部的领导曾给予了很高的期望，绘就了一幅美丽的蓝图，并表示要把学校建设成高起点、高标准、高质量的花园式高等学府。1984 年 11 月，华东煤炭大学建校指挥部成立，学校的筹建工作全面展开。正当征地任务完成之际，国家压缩煤炭部基本建设投资。1985 年 4 月，煤炭工业部决定缩小学校建设规模，提出建立中国煤炭经济学院。经过几番周折，同年12月，经原国家教委批准，中国煤炭经济学院正式成立，隶属煤炭工业部领导，面向全国招生，毕业生面向全国分配。

1986年3月，中国煤炭经济学院破土动工。针对当时的客观形势，学校提出了“边建校边招生”的方针，力求实现当年建校、当年招生的目标。此后，各路建设者们夜以继日，紧张施工，在不到半年的时间里，使各项教学设施基本配套。由于学校的宏伟蓝图和得天独厚的地理位置，也吸引了一大批来自全国各地的教师和名牌高校的毕业生前来任教。同年9月，学校迎来了第一批107名全日制本、专科大学生，创造了我国普通高等学校“当年建校当年招生”的历史，得到时任中共中央总书记胡耀邦的赞誉，为学校题写了校名。

20年前的烟台东郊，俨然一番渔村农庄景象，公共交通不便，生活设施不全。偌大的校园冷清荒凉，没有围墙，没有校门，只有空落落的几栋楼房，白天一望无际的荒草尽入眼帘，晚上呼啸的北风夹带着海水的潮汐声令人心寒。就是在这样的氛围中，这样的环境里，教职工的工作热情依然很高，他们在学校领导的带领下，发扬“自己动手、丰衣足食”的艰苦奋斗精神，开展了“南泥湾式”的垦荒建设运动。他们除了完成正常的教学任务外，还与学生一道美化、绿化校园。没有奖金，没有加班费，无人抱怨，无人退缩。一种责任心和创业的成就感，使当年的建设者们心甘情愿地为学校的建设奉献着青春，贡献着才干。

20世纪八九十年代，煤炭行业出现了持续亏损和效益滑坡的局面。历尽艰辛建立起来的中国煤炭经济学院，发展规模也受到了限制。1989年，中国统配煤矿总公司重新核定了学校的规模为1100人，煤炭教育学院停办。每年的财政拨款仅能艰难地维持日常教学费用。由于学校规模萎缩，原定专业无法开办，致使许多教师闲置，无办学效益可言。这时候的学校建设虽然被称为“小步快跑”，但“小步”是步履蹒跚，“快跑”是举步维艰。

无论是上级领导还是教职员工，都对学校的生存和发展产生了疑问。在前途渺茫的情况下，学校党委及时调整了办学方向，从以规模的扩大为主，转向以内部管理机构和机制的建立、完善为主，使教学、科研、管理、后勤、校产等各项工作基本上走上了正轨，但终因资金所限，校舍面积不足，学生人均建筑面积、图书资料等硬性指标连续几年无法达到国家规定的标准。

为了弥补国家投资不足，改善办学条件，学校领导不得不将相当精力投入校办产业，并取得了较好成效，为学校的生存和发展提供了部分资金。1988年，在高等学校率先创办了外向型校办企业。1991 年，校办产业在煤炭系统高等学校范围内率先实现收入超千万，利润过百万。1992 年，被原国家教委作为“经营开道，发展校办产业”的典型向全国高等学校介绍和推广。

1995 年初，学校接到国家教委关于实行本科教学工作合格评价的通知。对照评价指标体系，当时的办学条件远远未达到合格标准。但如果评价不合格，学校将面临着停办或降格。学校再一次面临生与死的考验。

面对痛苦的现实，学校党委决心化压力为动力，以挑战为机遇，号召全校师生员工下定决心，背水一战，“以评促建，边评边建，不惜代价，确保合格”。

为了学校的前途和命运，广大教职员工发扬了高度的“舍小我顾大我”的无私奉献精神，虽然工资低、福利待遇差，但仍无怨无悔，坚定地团结在党委周围，忠实地履行着自己的职责。就连初评专家都为此发出过感叹：教师这么清苦，福利待遇这么差，敬业精神还能这么好，真是可敬可佩！

1997 年 9 月，煤炭工业部调整，充实了学校领导班子。新班子一成立，就以团结一致、奋发有为、开拓进取的新形象出现在全校师生面前，进一步调动了广大师生员工的积极性。在此后的时间里，师生们没有了休息日，没有了你我的工作界线，人人顾全大局，人人恪尽职守，全校上下达到了空前的团结和统一。

1997 年 11 月 17 日至 21 日，是全校师生有史以来最受“煎熬”的五天，也是最有期盼的五天，更是决定学校前途命运的五天。原国家教委本科教学工作合格评价专家组经实地考察认为，学校各项指标基本上达到了“B”级标准，在某些方面，还达到了“A”级标准。

以 1997 年 11 月顺利通过本科教学工作合格评价为契机，学校终于结束了痛苦挣扎、徘徊不前的历史。1998 年至 2003 年短短的 5 年，是学校高歌猛进、日新月异的 5 年，是抢抓机遇、迅速崛起的 5 年。学校以教学为中心，以科研为重点，以改革为动力，全面加强本科教学，夯实学科基础，努力改善办学条件，提高教学质量和办学效益，取得了显著成绩。

——1998 年 9 月，学校管理体制改为中央与地方共建，以山东省为主，在学校发展史上掀开了新的一页；

——2003 年 2 月，由中国煤炭经济学院更名为山东工商学院，为学校发展带来了新的契机；

——坚持发展是硬道理，紧紧抓住发展第一要务，办学条件显著改善，综合实力迈上了一个新的台阶；

——教学工作的中心地位更加牢固，科研工作的重点地位更加突出，教学科研达到了一个新的水平；

——党建和思想政治工作富有成效，全校人心思上，人心思进，精神状态良好，为学校的发展注入了新的活力；

——扩大发展用地，新征办学用地514亩，教工生活区用地1186亩，为学校的发展开辟了新的空间。

2003年1月，学校又接到教育部关于本科教学工作水平评估的通知。学校党委抢抓机遇，迎难而上，积极贯彻“以评促建、以评促改、以评促管、评建结合、重在建设”的方针，以非凡的勇气，率先而且独自在山东省高校中扛起了迎接本科教学工作水平评估的大旗。

从接到教育部评估通知到专家组进校的300多天时间里，全校上下自觉地迸发出“校兴我荣、校衰我耻”的集体荣誉感，把自己的前途命运与学校的事业发展紧密联系在一起，形成了前所未有的向心力和凝聚力。2003年11月29日至12月5日，教育部专家组进驻学校，对本科教学工作水平进行了实地检查评估，并对办学定位、发展速度、育人环境、办学质量、校风建设、人才培养等给予了高度评价，最终获得良好成绩。本科教学工作水平评估结果表明，学校已进入了良性发展轨道。

2004年1月，新一届领导班子审时度势，乘势而上，提出了“上规模、上档次、上水平”的工作目标和“加强主体、壮大两翼、形成特色、协调发展”的工作思路。2004年7月2日至4日，中国共产党山东工商学院第一次代表大会胜利召开，向全校师生吹响了建设山东高水平财经大学的号角，标志着学校的发展进入了一个新的历史时期。

在大会精神的鼓舞下，全校上下高举团结的旗帜、学术的旗帜、发展的旗帜、改革的旗帜，大力实施“学科立校、人才强校、特色兴校”战略，使办学规模继续扩大，办学水平明显提高，综合势力显著增强，各项事业都有了长足发展。一所以经济、管理学科为主，经、管、法、文、理、工六大学科门类相互支撑、协调发展的“教学型、多科性、有特色”的高等学府已经凸显在世人面前。

如今的山东工商学院，高可以望山，远可以观海；春来花团锦簇，草木泛青；夏至绿树成荫，湖光潋滟；秋日云高气爽，落英缤纷；冬日银装素裹，松柏傲立。楼房鳞次栉比，景致各具特色，树木错落有致，草地四季常绿。

她是中国教育系统信用AAA级单位、山东高校德育工作先进单位、山东省高校贯彻《学校体育工作条例》优秀学校、山东省高校社会治安综合治理先进单位、山东省教育工会先进集体、山东省花园式单位、山东省文明校园。

目前，学校占地1450亩，校舍建筑面积近37万平方米，教学仪器设备总值4100余万元，图书馆藏书86万余册。全日制在校生人数16000余人，教职工980余人，其中教授70人、副教授183人，博士49人、在读博士82人、硕士355人；拥有享受国务院政府特殊津贴专家、山东省有突出贡献中青年专家、山东省学科带头人、山东省教学名师、山东省理论人才"百人工程"、教育部新世纪优秀人才支持计划人选、全国优秀教师、山东省高校十大优秀教师、山东省十大中青年法学家等高层次人才36人。

拥有"企业管理""管理科学与工程""统计学""宪法学与行政法学"4个省级重点建设学科，其中"企业管理"还被确定为"十五"期间省级强化建设重点学科。拥有省级人文社会科学重点研究基地和部级行业研究基地4个。

《经济数学基础（一）》《计算机学科导论》《市场营销学》《统计学》《管理学》5门课程先后被评为省级精品课程。《管理学》《工程估价学》被列为省级教学改革试点课程。

自1998年以来，学校先后获省部级以上科研成果奖35项，主持国家自然科学基金和社会科学基金等科研项目17项，合作研究国家级项目20余项，省部级项目200余项，获省级优秀教学成果奖17项。

拥有一级学科16个，二级学科43个，设二级学院和教学部17个，本科专业31个，"人力资源管理"和"统计学"被列为省级改革试点专业。经过探索和实践，学校已形成了以管理学科见长、以煤炭经济见强、以区域经济见优的办学特色。

广大学子在国际奥林匹克体育与文学大赛、全国数学建模大赛、全国电子设计大赛、全国大学生课外学术科技作品大赛、山东省电脑知识大赛、山东省大学生辩论赛、山东省大学生创业计划大赛、山东省大学生英语演讲比赛、山东省校园剧大赛、山东省大学生篮球联赛、山东省大学生运动会等多项比赛中，都取得了优异成绩。所培养的毕业生具有良好的思想道德素质、扎实的基础理论知识、较宽的专业知识面、较强的实践能力，深受用人单位欢迎。5年多来，本科毕业生一次就业率一直保持在90%左右。

学校是山东省中外合作办学最早、正规学历教育并且拥有《中外合作办学许可证》的单位之一，具有招收外国留学生资格。目前已与加拿大、韩国、俄罗斯、澳大利亚、新加坡等15个国家的教育部门和高等院校建立了友好合作关系。

20年的风雨凝结了今天的春华秋实，20年的成果也必将酿造未来的香醇！如今，山东工商学院人已经为自己绘就了“三步走”的发展蓝图：

第一步，到2010年，在校生规模达2万人，部分学科达到省内一流水平，拥有30名以上省内知名、全国有影响的专家学者，拥有10个以上硕士学科点，把山东工商学院建设成为山东高水平财经大学。

第二步，从2010年起到2020年，在校生规模适度发展，部分学科在省内处于一流水平、在全国有较大影响，涌现出若干名省内一流、全国知名的专家学者，获得博士学位授予权，把山东工商学院建设成为山东一流财经大学。

第三步，从2020年起，向全国高水平财经大学迈进。

“长风破浪会有时，直挂云帆济沧海！”回首过去，展望未来，山东工商学院人可以自豪地说：我们能够创造历史，也必将赢得未来。我们相信，沐浴着新世纪的曙光，山东工商学院一定会成为一颗璀璨的明珠，镶嵌在凤凰山下、黄海岸边！

（本文发表于《山东工商学院报》2005年10月6日第243期）

光阴有限　情感无限

张云起

金秋送爽，天高云淡，在这美好的日子，我们迎来了山东工商学院建校20周年！在这里，我谨代表全校教师，向山东工商学院20年校庆表示热烈祝贺和真诚的祝愿；同时向前来参加庆祝大会的领导、嘉宾和校友们表示热烈欢迎和衷心的感谢！

20年，对于历史的长河是那样短暂，但20年对于一所大学却是发展的关键。20年前，我们学校的开拓者们，不怕生活的艰苦，不畏烈日严寒，在荒滩上起步，在困境中发展。为了学校的建设，他们付出了青春；为了学校的前途，他们奉献了才干。他们无怨无悔，用信念撑起了一片蓝天！全校师生不会忘记他们的艰辛、他们的奉献，他们的开拓精神永远牢记我们心间！

20年来，我们的学校从一片荒滩变成美丽的画卷，如一颗璀璨的明珠，镶嵌于凤凰山下，闪耀在黄海岸边！学校“以教学为中心，以科研为重点，夯实学科基础，创造办学条件”，培养和引进了一批在学界有影响的专家和学术骨干。20年矢志不移，20年薪火承传，形成了“管理学科见长、煤炭经济见强、区域经济见优”的办学特色，正向山东高水平财经大学的目标迈进！20年来，学校犹如大海中的航船，满载着一批批莘莘学子，劈波斩浪，勇往直前！

作为中国煤炭经济学院早期的学子，我聆听和目睹了学校前10年的建设历程；作为山东工商学院的教师，我参与和见证了母校近10年来跨越式发展。多年来，我和全校老师们一样把学校看作自己精神的寄托、心灵的家园，把自己的命运同母校的兴衰紧密相连。在理想的天空，我们用坚强的翅膀丈量每一片深邃浩瀚；在知识的海洋，我们用执着的舵盘迎接每一次巨浪狂澜！

20年是一段辉煌，更是一个新的起点。我们看到了20年的辉煌业绩，同时，也看到学校在未来发展中面临着巨大挑战。作为山东工商学院的教师，我和我的同事们将以科教兴国的崇高使命为己任，秉承“惟平惟准，近知近仁”的校训，教书育人，任劳任怨，严谨治学，海纳百川，为学校早日跨入山东高水平财经大学行列贡献智慧、奉献才干！

来宾们，朋友们，20年风雨春秋，镌刻着每一段发展里程；20载岁月更新，载录着每一个光彩瞬间。在我们的心目中，光阴有限，情感无限！让我们以热诚的双手握住热诚的双手，让我们用成功的渴盼鼓舞成功的渴盼！

让我们真诚祝愿：山东工商学院的明天更加美好！我们的前途光明灿烂！

（本文发表于《山东工商学院报》2005年10月7日第244期）

这里没有四季

——西校区建设工地侧记

黄　斌

西校区建设工地上，到处是忙忙碌碌的身影，满眼是堆积如山的土方，高高的塔吊耸立蓝天，繁忙的车辆川流不息。了解这片土地，熟悉这里发生的故事的人都知道：这里没有四季！

无论是酷暑严寒，还是春天秋天，西校区工地都一如既往地忙碌着，在这里，没有季节观念：隆冬飞雪不言寒，早春风尘敢笑天，伏暑骄阳逼汗尽，晚秋雨后下泥潭。西校区工地，是建设者的熔炉，是奉献者的火线。走进基建处驻西校区办公室，迎面感受到的是简朴：三张简易木桌拼成方台，两组文件柜壁立两边，板房夹墙上是基建处工程技术科值班表和西校区工程进度表，进度表上一个红色的箭头十分显眼。在与正在值班的基建处工程技术科科长王淮中交谈中，我们了解到新校区建设已经取得阶段性成果。目前已进驻 7 个施工队，1000 余名施工人员日夜奋战在工地。一期工程开工 5 个项目，其中 3 栋学生公寓的主体工程已经顺利通过质检部门验收，一栋学生食堂主体封顶，二号教学楼基础底板砼已经完成浇筑，南大门至学生公寓主干道路基已经完成，各类地下管道正在铺设。尽管面临重重困难，但大家都力争在合同工期内完成任务。

正如基建处处长王永生所总结的，基建工作之所以能在短期内取得令人欣喜的成绩，靠的是一种和谐的团队精神、自觉的敬业精神、无私的奉献精神。

基建处驻西校区办公室由 3 人组成。他们自西校区开工以来，每天早晨 6 点准时到达工地现场巡视，晚上还需要坚持旁站，风雨无阻。也就是从那时起，节假日、星期天已与他们无缘，加班加点倒是成了家常便饭。即便是在这样的状况下，全体成员也没有一句怨言，没有半点懈怠，在这里，你所看到的只是一个个忙碌的身影和一张张疲惫的笑脸。平日里，哪位同事生病了或是工作忙不过来，大家总是互相关爱、互相照顾，从不因个人的事情耽误工作。用他们自己的话说就是：学校的利益高于一切。他们是这样说的，也是这样做的。正是这样一支摧不垮的队伍，这样一种可贵的精神，形成了一股坚实的力量。

敬业是干好工作的基础和保障，这一点在基建处驻新校区办公室全体工作人员身上体现得尤为突出。浇铸水泥工序需要“旁站监理”，24小时不间断值班，人在现场一时一刻也不能离开。在寒冷的冬日，尽管寒风刺骨、艰苦难忍，却没有一个人退缩。能做到这样，没有一支过硬的队伍是不行的，没有一种精神的支撑是不行的。新校区地处丘陵山地，地块分属六个村子，校区内有些设施需要拆迁，有的道路需要封堵。在这样的环境中搞建设，各方面的关系都需要协调，可谓困难重重。面对复杂的局面，基建处的同志们不等不靠，想尽千方百计，不知跑了多少腿，磨破了多少嘴皮子，在短时间内顺利地解决了配套设施的接入问题。工作中，他们的原则是既要把事情办好，又要把事情办巧，花最少的钱办最多的事。

在西校区南门有一条道路，是施工车辆出入的主道，也是各种垃圾上山填埋的必由之路，要把这条上山走了多年的老路堵住，不是件容易的事情。为了妥善处理好这件事，基建处经过反复考虑，与莱山区市容环卫部门以及埠岚村多方沟通，确定了最佳方案，在原来的路口设一个临时岗亭，24 小时值班，专人管理进出工地现场的人员和车辆，规范工地秩序，保证场地环境，确保路面卫生，得到了莱山市容环卫部门的肯定。

打开西校区建设短暂的史册，你会发现里面有着许许多多感人的画面：工程技术科科长王淮中，父亲患病远在江苏，考虑到自己肩上担负的责任，他没有守候在父亲的床前，而是身先士卒，一心扑在工地上；杨麦仓和姬光玉，分管多个工地，为了工作，他们勤勤恳恳，不分昼夜，忘我工作，把工地当作自己的家……这段日子里，感人的事迹就像一颗颗闪亮的珍珠，镶嵌在学校建设的史册上。

西校区的建设正在顺利推进，一座新的园林化、数字化的大学正在凤凰山下悄然矗立。从这匆匆而去的岁月里，我们可以真切地体会到：一批不知疲倦的拓荒者在努力地奋斗着，有一种无形的精神在支撑着一项宏大的事业，山东工商学院的明天不是梦。

（本文发表于《山东工商学院报》2006 年 6 月 2 日第 274 期）

继往开来

——庆祝《山东工商学院报》创办20周年

阙德汉

1986年暑假，我从山东矿业学校（现山东科技大学）调入中国煤炭经济学院（现山东工商学院），担任党委宣传部长。到任后，我考虑，除搞好日常的宣传和思想政治工作外，还有项重要的工作是把《中国煤炭经济学院学报》和《中国煤炭经济学院院报》创办起来。作为新造的普通本科院校，有了学报就有了自己的教学、科研和学术交流的重要阵地；有了校报，就有了校内外，特别是校内信息交流的重要平台。这对学校的建设和发展具有重大意义。我将想法向当时的校领导汇报，得到了校领导的大力支持和帮助。

紧接着进行了筹造工作。办校刊需要人才，首先从校外选调了原北京大学中文系毕业的黄安栋同志，然后又从校内选拔了曾经办过报纸、有办报经验的郑建平同志到宣传部工作。宣传部安排他俩具体负责办报的筹造工作和校刊创办后的日常编辑、出版等具体业务工作。经过大家的共同努力，在半年多的时间里，报刊终于同师生员工见面了，得到了师生员工的肯定、欢迎和好评。在办报过程中，我们克服了许多困难，如报刊印刷问题，当时学校印刷厂条件有限，我们就送到烟台日报社或烟台港务局印刷厂印制。为了把报纸办好，当时对校报办报工作提出了一些要求，主要有：第一，要认真贯彻党的路线、方针、政策，特别是党的教育方针。第二，要为培养和树立优良的校风、教风、学风做出自己的贡献。新造学校，一开始就重视培养和树立优良的风气十分重要，校报要成为培育、树立优良校风、教风和学风的重要宣传舆论阵地。第三，要重视校报稿件的及时性、准确性和可读性。所谓及时性，就是要及时传达上级领导的指示意见，及时反映广大师生员工的活动及各方面情况；所谓准确性，就是传达、反映的信息要实事求是，要客观真实，掌握分寸，既不能夸大，更不能弄虚作假。及时性、准确性是可读性的重要基础。任何一种报刊，如果得不到广大群众的喜爱，失去了读者，它就没有生命力了。第四，要搞好校报的交流。校报创办后，我们积极争取参加省内和国内有关校报工作会议，从中学习办报经验。同时，每期报纸出版后，我们主动将校报寄给省内外的兄弟学校有关部门，也请兄弟学校将他们的出版物寄到我校，我们从中学到了不少办学经验。第五，要加强校报通讯员队伍的建设。建立覆盖全校各单位、各部门的通讯员网，不断提高通讯员的素质，使校报源源不断地获得大量信息和有质量的稿件。

校报 20 年的历程，充分展示和浓缩了山东工商学院建立和发展壮大的历史。创办 20 年，积累了不少办报经验，取得了显著成绩。现在的校报，无论是版面设计、稿件质量还是印刷水平，都有很大的提高。要认真总结经验，发扬成绩，克服不足，把校报办成具有自己鲜明特色、更受师生员工和读者喜爱的报纸。

我是校报 20 年来的忠实读者，每期必读。现在虽然退休多年了，我和其他离退休同志一样，把校报作为了解学校各方面情况的最主要的渠道和窗口。对学校取得的每一项成绩和进步，我们都感到由衷的高兴和很大的鼓舞，从而激励我们更加关心、关注和热爱学校。

在校报创办 20 年之际，作为老读者，想提几点希望：一、继续坚持和实践好办报初期提出的办报宗旨和要求。二、增加和扩大信息量。凡有利于促进学校发展进步、有利于调动教职员工积极性、有利于学生健康成才的信息要尽可能多报道。要拿出一定的版面，选登或摘登兄弟院校教学科研、管理、师生员工典型事例等方面的信息，使我们得到启迪，受到教育。三、要定期或不定期地出点增刊、专刊或专栏。如校庆，可全面系统地介绍学校的发展变化和取得的成绩等。又如招生时出招生增刊，具体介绍学校和二级学院的情况，年度招生计划，在校生的学习、生活感受等，此增刊可广泛散发到有高中毕业生的中学，这也是招生宣传的重要手段之一。再如学生毕业时出毕业就业增刊，介绍毕业生情况，优秀毕业生事迹，毕业找工作的一些好经验、好做法，就业工作后涌现出的一些典型人和事等。这种增刊可大量散发到企事业单位，这也是学校推销自己的毕业生、促进就业的好方法之一。总之，校报应为学校事业的发展服好务，应为师生员工服好务。

预祝《山东工商学院报》越办越好。

（本文发表于《山东工商学院报》2007 年 6 月 2 日第 312 期）

这样一路走来

郑建平

1987年春，刚刚建校一年的中国煤炭经济学院，各方面都还处在起步的时候，在校党委和有关部门的关怀下，校报工作就已列入了学校的重要工作日程之中。也就在这时，我从教务处调到了宣传部，开始了校报的筹备工作，学校又从烟台广播电视大学调来了黄安栋老师，我们俩开始了全面的准备工作。

我们首先与烟台市委宣传部加强了沟通，征得了他们的支持和指导。1987年5月25日，《中国煤炭经济学院报》第一期正式与全校师生见面了。我校首任党委书记伊长顺为校报撰写了创刊词，我们也向全国700余所大专院校寄出了我们的第一期校报。校报是顺利出版了，但是各种问题也随之而来。首先就是印刷问题。80年代，印刷业还大多是以铅字印刷为主，照片也是丝网铅版制作，效果粗糙模糊，很难尽人意。就是这样，校内印刷厂也难以承担这种工作。为此，我们几乎跑遍了烟台市所有能印刷的单位。当时，烟台市能承担4开2版以上印刷的单位寥寥无几，而烟台日报的大胶印又因为我们校报太少而拒绝了我们。为了提高校报的印刷质量，我们跑过海军航院印刷厂、烟台港务局印刷厂、福山中学印刷厂，甚至跑到了潍坊安丘一中印刷厂去印报。为了印好每期报纸，学校安排了专车给我们，有时为了赶着校对和修改，司机师傅就和我们一起加班加点，中午都来不及回家吃饭。尤其是在安丘一中印报时，一次就得三四天，去一个人连校代改，印好后扛着厚厚的一捆报纸乘火车返回来。尽管当时出版周期长，时间宽裕，但由于稿件的撰写、照片的拍摄都要我们自己去做，所以还是很紧张、很辛苦的。但每次看着一张张散发着油墨香味的校报时，虽然心里感到还有许多的美中不足，但心情还是很快乐的。1990

年5月，校报首次获得烟台市内部刊物准印号，证号09。到了1994年3月，随着校报工作各方面的提高，我们终于拿到了正式户口，烟台市报刊出版许可证：YB01017。1995年6月，许可证变更为第06046号。至此，我校校报在省教育厅和政府有关部门的认可和帮助支持下，已由起步走向发展并趋于成熟的阶段，而我们自身的各方面素质也在不断得到提高，为校报向更高层次的发展打下了坚实的基础。

回首20年过去，今天的校报，已是面目一新，改天换地。随着时代的发展，知识的更新，科技的飞跃，我们的校报已经站在一个崭新的平台上，正向着更高、更远、更贴近师生的目标迈进。作为一个伴随校报一路走来的校报工作者，我心中满是欣慰，也有更多的祝福：愿我们校报承载着学校发展的历史，一步一个脚印地走下去。同时也更激发了我与校报同发展、共荣辱的责任心和使命感，我和校报一起一步一步走来，再一步一脚印地向着更加灿烂的明天走去。

（本文发表于《山东工商学院报》2007年6月2日第312期）

十年随记

于　波

1998年秋天，母校体制划转。那年，我正在一所偏僻的乡镇中学备战高考。谁曾想，来年秋天会和这所学校结缘，成为体制划转后的第一批学生。

转乘了几次车后，疲惫的我终于到了烟台这个陌生的城市，并被热情地送上了新生接待车。印象里，在那个秋天阴沉的下午，车载着我们离开了闹市，开往人烟渐少的郊区。窗外苍茫的山色起伏而漫长。

“到学校东门了！”师兄说。我们不由得往外看去，开放式的校门映入眼帘，门内两侧纵深的郁郁雪松挡住了两旁的风景，随着车的前行才豁然开朗起来。校园略显荒芜，建筑寥寥可数。前面一教学楼孤零零地伫在树丛中，左面零散的运动场、色调灰旧的几栋学生宿舍和两座食堂汇成了学校的中心区，右面杂乱的树林和草丛顺着渐高的地势蔓延……

入学后，我才了解了学校步履维艰的创建和发展历史。我们这一届是幸运的，赶上了国家高等教育管理体制改革和大扩招，学校迎来了前所未有的大好发展时机，在校生人数1998年前的几年里一直是2000人左右，到了1999年突破了3000人。这一年我们也有幸住进了新建成的18号宿舍楼，并在新建成的第二教学楼上课。学校蹒跚过冬后迎来了春天的讯迹，孕育着希望和生机。

经过了艰苦的军训、班级的聚会、宿舍的卧谈、师生的交流、校园的漫步，我们对学校渐渐熟悉起来，亲切起来，热情起来。冬日里，一场漫天大雪将校园装点得洁白无瑕。全体师生踏雪游行欢庆澳门回归。鲜红的系旗、欢快的人群映衬在一片白色的世界里，分外耀眼。几个好友租了台相机，奔忙在校园内外的雪地里四处取景拍照，却不想到头来两个胶卷全部曝光，虽然一张相片也没留下，但银装素裹的校园里打闹嬉戏的那个上午，却成为每个人心底难忘的回忆。

学校紧锣密鼓地进行建设，同学们勤奋忙碌地孜孜求知，一如这激情如火的夏。2000年暑期，19号学生宿舍楼正在紧张施工。刚好装下两人的吊篮从一层升到七层，悬在楼外的半空，我和钳工师傅顶着烈日安装着墙外的晾衣绳。一个炎热的上午，在半空作业的我听到从地面传来的呼喊。辅导员田老师打听着找过来，跟我说："这儿的活太辛苦。学校承办了全国少年读书夏令营活动，我给你争取了一个组织服务的名额，是很好的社会实践机会，也有些报酬，准备准备吧。"我的那个暑假忙碌并幸福着，很充实，太难忘。开学后新生顺利入住的新宿舍楼有我洒下的汗水。几天的相处，我和夏令营的小朋友们结下了深深的友谊，告别时彼此依依难舍。一个多月勤工助学挣得的钱差不多能够保证新学期的生活费了。

转眼间到了2001年秋，好友送来他的新一期诗刊《榕树下的飞蝶》，文句清丽雅洁，读来赏心悦目。他是经济系的宋延涛，笔名飞蝶，文秀纯净，是我组织创办综合性期刊《芳华》时向他约稿并渐渐熟识的。虽因平时各自忙碌见面不多，但彼此性情相投，是淡如水的君子之交。那时学校各种协会、社团开展得有声有色，各系间的同学因兴趣爱好聚到一起，彼此认识交流，相互学习进步，课余生活丰富而充实。清晰地记得，那一年学校着手迎接省高校校园文明建设评估的工作，有如此多彩的校园文化生活内容，评估建设最终获得优秀也就不足为奇了。

不觉又冬去春来，大学四年行将毕业。不幸的是正好赶上了非典，而且2003年毕业的学生正好是扩招的第一批，就业形势严峻。那段日子，大家见面的第一句话就问："工作怎么样了？"往往是几人欢喜几人忧。在这个困难时刻，学校千方百计采取措施帮助联系就业，大家更是不敢有半点儿松懈，多方打听，多种渠道了解招聘信息，联系工作岗位。可喜的是，通过努力，有的考取了研究生，有的考上了公务员，有的去了企事业单位，大都有了比较满意的归宿。荣光的四年，难忘的四年，又历经"非典"，弥足珍惜。

毕业留校后，我一直在党办、校办从事文秘工作，完成了从学生到职工的转变，少了些学生会主席的激情爽利，多了些文案前的冥思缜密。而今，从入校求知到留校任职已近十年，从弱冠到而立，我在这里度过了青春岁月最好的年华。工作性质使我更加全面和深入地了解和掌握学校的建设和发展状况，从另一个角度深切感受着学校几年来发展的日新月异。

闲来经常拍一些学校的风景照上传校友录，老同学惊讶母校的变化，羡慕我留在母校的幸福。前几日，好友毕业后重回母校，漫步在校园里，感慨颇多。毕业以来，23 ~ 26 号宿舍楼、第五教学楼、科贸楼、体育馆、艺术中心、青年公寓等一大批建筑如雨后春笋般耸起，西校区从无到有，现已初具规模，荒芜之地变成了热闹的教学区。今昔对比，我们依稀记得：19 号宿舍楼原是几排平房，作为学校机关、各系的办公场所，图书馆南门厅的孔繁森半身石像就是从那里移迁过来的；23 号宿舍楼原是一个小礼堂，是供教师们文艺活动的教职工活动中心；第五教学楼原是几间瓦房——原来的校学生会、大学生活动中心；幼儿园南的两栋职工楼原来是一个小花园；青年教师公寓原是校医院和一潭湖水……旧貌换新颜，母校经过了拓荒时代，进入了发展的新时期。

在办公楼加班的夜晚，依稀听得不远处海浪潮声。站在窗前远望夜景，校园内灯光闪烁，静谧清雅；校园外万家灯火，霓虹交错，点点路灯连成一条条金黄的长龙蜿蜒远去。

在朝阳初升的清晨，沿着迂回的小路登上学校后面的凤凰山顶，举目东眺，校园东西校区全貌尽收眼底，海天成一色，霞光泽校府。这正是：

结缘相伴愈十载，
其间辛欢皆宽怀。
弄潮揽翠今又是，
再起凯乐入胜来。

（本文发表于《山东工商学院报》2008 年 12 月 5 日第 369 期）

和易以思　近说远怀

——八五级校友赠石记

傅志明

八五级校友举行毕业二十周年聚会，欲赠石予母校以资纪念，嘱我代拟铭文。我觉得此事关系重大，自己又才疏学浅，难当此重任，故当即推托。对方告以时间紧迫，需一两日内拟就，找别人来不及，只好答应试一试。

我想毕业学子之于母校，所欲表达的无非就是赞颂、感激、怀念与希望之情。赞母校之德之教，感母校之恩之情，念母校之师友岁月，望母校之繁荣兴旺。但要用寥寥数字，将此四情熔铸一体，实在很难。若非有如椽大笔，就只有借用古人经典之言。

古代教育经典，首推《礼记》中的《学记》《大学》《中庸》以及《论语》《孟子》诸篇，又以《学记》论述最为全面，对教育的重要性也最推崇，被认为是古之王者“建国君民”第一国策，“化民易俗”必由之路。印象中《学记》有不少论述学校教育的内容，也有许多格言警句，或许有可引为铭文之言。于是将《学记》原文找了出来，从头到尾仔细读了一遍，对其中的两段特别感兴趣。

一段是论述古代学校教育之道的：

> 古之教者，家有塾，党有庠，术有序，国有学。比年入学，中年考校。一年视离经辨志，三年视敬业乐群，五年视博习亲师，七年视论学取友，谓之小成。九年知类通达，强立而不反，谓之大成。夫然后足以化民易俗，近者说服，而远者怀之。此大学之道也。

我国古代教育的理想是培养“足以化民易俗”的大成人才，这样的人才能使周围的人心悦诚服、远方的人心怀向往。这难道不也应当是我们今天的大学、我们每一个大学生应有的理想与追求吗？

另一段是论述教育方法的：

> 故君子之教喻也。道而弗牵，强而弗抑，开而弗达。道而弗牵则和，强而弗抑则易，开而弗达则思。和易以思，可谓善喻矣。

引导但又不牵着鼻子走，让学生亦步亦趋，就会有一个平和愉悦的教学氛围与心境；严格要求但又不压抑学生个性，教与学都会简单容易；耐心开导但又不满堂灌，把什么都告诉学生，学生就会独立思考。这应该是关于启发式教学最早也最经典的论述。在古人眼里，启发式教学不仅是一种方法，更是一种境界、一种理想。它无疑也是所有学生永远的期待，是每一位老师应有的追求。

“和易以思，近说远怀”，我的脑海中立即闪现出这八个字。这不就是很好的两句铭文吗？言辞简练，寓意丰富。你可以把它看成是赞颂，也可以看成是期待，还可以看成是一种理想。随你站在什么角度，怎样去理解都行，就是抛开其本意，从字面上理解，也很不错。“和易以思”就是要常思“和”与“易”。“近说远怀”可以理解成“近者说，远者怀”，意思是近处的人心悦诚服，远处的人心怀向往；也可以理解成“近时说，远时怀”，意思是在校的时候愉悦快乐，离开母校以后仍怀念不已。

常思“和”与“易”，实在是很应该的。苏格拉底说过：“未经审查的人生没有价值。”人之高贵在于有智慧，在于能够超越于本能之上，用理智指导生活，认识与追求神圣与不朽，做自己的主人而不是激情与欲望的奴隶，因此总是应当思考一些问题。“和”与“易”都是中国古代重要的哲学范畴，可以说代表了我国古人最高的智慧。“和”代表一种状态、一种境界、一种追求，也被看作世间万物繁荣兴盛之根本大道。个人、家庭、单位、社会、国家、世界，无不以“和”为贵，和平、和谐、和气、和乐都是我们孜孜以求的。古人有“和实生物，同则不济”之说，《中庸》认为“和”乃“天下之达道”，“致中和，天下位焉，万物育焉”，只有达到中和的境界，天下万物才能各得其所，各安其位，各成其就，世界才会拥有持久的和平与繁荣。张载认为世间的“浮沉、升降、动静、相感之性”都中涵于“太和”之道，由此才有“絪缊、相荡、胜负、屈伸”等无穷无尽的变化，不了解这一点，就算有周公那样的雄才大略，也没有什么可值得称道的。刘克苏博士有“心中和，世界平”之说。如果我们每个人都知道“和”之可贵，都常思、常求“和”，都能够做到心和，何愁不能实现家和、单位和、社会和、国家和、世界和？这难道不是我们时时刻刻都应当认真思考的吗？

“易”在《周易》里有简易、变易、不易三种意思。简者，简单也，所谓大道至简。在古希腊人眼里，简单是美的最高境界。但世界是复杂的，社会是复杂的，单位、家庭都是复杂的，因为人是复杂的，复杂得让人难以理解，更难以欣赏。罗丹说：世界不是缺少美，而是缺少发现。我想也许就是因为我们太复杂，不能像纯洁的婴儿那样每天都能感受到无穷无尽的惊喜。老子教育我们要见素抱朴、少私寡欲、专气致柔如婴儿，也就是要我们简单一点，因为大道至简。如果我们都能常常思简求简，也许就会少一些令人食不甘味、卧不安枕的心机与算计，多一份顺其自然的淡定与安闲；世界也会少一些纷扰与嘈杂，多一些单纯与平静，多一份美。

变易者，变动不居，生生不息之谓也。《周易》有“为道屡迁，变动不居”以及“生生之为易”之说。柏拉图认为整个可见世界都是可朽的，处于永不停息的生灭变幻之中，不值得留恋和追求。因为你得到的再多，也终究会随风远去，被时间的洪流冲走，不可能真正拥有。所谓名缰利锁，财富、地位、名声等等不过是束缚人的枷锁而已，为这些东西呕心沥血、殚精竭虑，不仅愚蠢，也很可悲。世间的根本大道在于不断地创生，而不在于拥有。《周易》说：“乾道变化，各正性命，保合太和，乃利贞。首出庶物，万国咸宁。”老子说：“金玉满堂，莫之能守；富贵而骄，自遗其咎。功成身退，天之道也。”所以“圣人处无为之事，行不言之教，万物作焉而不辞；生而不有，为而不恃，功成而弗居；夫唯弗居，是以不去。”所以循天之道，就应当努力为世界创造一些东西，留下一些东西，而不应费尽心机尽可能多地去占有甚至掠夺。如果我们都能用心体会这些道理，相信天道变化，相信生生之谓易，相信天行健，君子以自强不息，也许就会少一份自矜与傲慢，多一份谦逊与平和；少一些狂妄与怨恨，多一些理解与宽容；少一些你争我夺的破坏，多一些合作互惠的创造与建设。

不易不是不变，而是“变”中有“常”。一方面，“变”即是“常”。主张“一切皆流”的古希腊哲学家赫拉克利特同时也有“惟变斯定”之说，中世纪哲学家奥古斯丁则有“不变而使一切变”之言。另一方面，“变”不是乱变，而是有所遵循，有所依归。《中庸》所谓“其为物不贰，故其生物不测”，《庄子》所谓“生物者不生，化物者不化”，都是这个意思。老子说：“复命曰常，知常曰明。不知常，妄作凶。知常容，容乃公，公乃全，全乃天，天乃道，道乃久，没身不殆。”变动不居的万事万物最终都会复归本根，这就是“常”，就是永恒不变的天道。懂得这一点，才叫聪明。不知道这一点，想怎么做就怎么做，就会遭遇凶险。而真正懂得“常”的人，一定心胸宽广能容，也一定会背私为公，如天一样无私覆，如地一样无私载，如日月一样无私照，因而也会终其一生都幸福安康。所以人应当知常守常，而不能随心所欲、无所顾忌。孟子说读书人应当“穷不失义，达不离道。穷不失义，故士得已焉；达不离道，故民不失望焉。古之人，得志，泽加于民；不得志，修身见于世。穷则独善其身，达则兼善天下”。《中庸》说“君子素其位而行，而不怨乎其外”。无论富贵还是贫贱，也无论身处高官显位还是流落穷乡僻壤，总是“依仁由义”，所以能够“无人而不自得”，能够真正实现个人的价值。个人如此，家庭、单位、社会、国家、世界莫不如此。洪堡说大学应当是民族精神文化生活的典范，孟子认为知识分子是民之所望。如果自己都无所坚守，而是随波逐流，与世俗同其流而合其污，怎么能够成为典范呢？怎么能够成为人民的希望与寄托呢？所以，我们确实应当常常思考在天地之间、红尘滚滚之中，有永恒不变的法则。如果我们都能这样，也许就会多一份敬畏，多一份坚守，少一些胡作非为，也少一些同流合污与随波逐流。

想到这些，觉得确实可以将“和易以思，近说远怀”八个字刻在石头上，放在我们可爱的校园里，于是就将其推荐给石永昌。承蒙不弃，现已被刻上九吨巨石，安放在学校东大门里南侧草坪之上。见之者多有不解，常有人问我是什么意思。其实什么意思完全不是我能够说了算的。字已经刻在石头上，将与石同在。就是石头不在了，对某些有心人，字会依然存在。至于什么意思，那就“仁者见之谓之仁，智者见之谓之智”了。我只能将我的所思所想写下来，只能算是尽一份文责，而不是定解。在我看来，想一想将它捐赠给母校的八五级校友，以及千千万万过去、现在和将来的校友们，在他们心中会有怎样的情感，母校对于他们意味着什么，也许会更有意义。

（本文发表于《山东工商学院报》2009年9月4日第396期）

在那些艰难的岁月里

刘炳南

1994年6月，我奉调到山东工商学院的前身——中国煤炭经济学院担任第二任院长。对于这所学校，我曾有所接触，知道历任领导中不乏精明强干的“老教育”，像刘亮、张燮伦、罗太炎、华曾侃等人，都是从兄弟院校中选拔出的有作为的领导来建设新校的；教职工中也有一批精兵强将。我也知道，这所学校虽说建校时间不长，可是经历了大起大落的坎坷。

在海滨城市的烟台建一所煤炭高校，缘起于煤炭部高扬文部长振兴煤炭教育的设想。部里规划得很宏伟，学校的办学内容定为煤炭经济、师范、教师进修三部分，4000学生规模的本科大学，起了“中国煤炭经济学院”这个国字号的校名，高部长请胡耀邦总书记亲笔写了校牌，请有名的西北设计院和中国矿业大学联合搞了设计、做了沙盘，总建筑面积近40万平方米，总概算9800万元。部里还让学校组织人到南方和东北沿海城市的大学考察，要博取各校之长，建成全国一流的、公园式的校园，可以让社会共享。还要在海边建高级招待所、度假村，准备接待部里的会议和国际会议。这里不但是人才的培养基地，还要成为煤炭科技的交流基地、高端人才的疗养休息处所……学校领导的干劲很大。1986年，国家计委列项之后学校就动了工，决心三年建成，而且当年开工当年招生。东北师大、东北财大、武汉大学、中国矿大、山东矿院都支持学校的教学，教师的待遇也比外校高。各名牌大学的毕业生一批批来校从教，学校里热火朝天，蒸蒸日上，各项工作都力争上游，也总结出了好多经验。中国煤炭经济学院一时声名鹊起，北京的好多领导、名人来校视察和讲演。

可是学校刚轰轰烈烈地干起来，煤炭部由于种种原因又否定了这个项目，要学校“下马”，投资中断，在建工程停止。学校诞生不久，突然由“宠儿”变成了“超计划生育的私生子”。学校领导特别是罗太炎同志忍辱负重，费了九牛二虎之力才保住了项目，可是这时部里定的调子是“小打小闹”，学校规模不准超过一千学生。当时是计划经济，煤炭部这唯一的投资渠道几乎断绝了。由于在校学生少，收入寥寥，其他的进项就更谈不到了。学校经济困窘，有时发工资都有困难，常常依靠别人的支援过日子。学校陷入一个长不大、死不了的状态。尽管学校领导千方百计发展校办产业，改善教工生活，也只能是杯水车薪、顾此失彼。

学校教工在极其困难的条件下苦苦支撑，精神可嘉。可是由于许多基本办学条件不达标，受到了国家教委的“黄牌警告”。

我到学校时，这里已经没有了建校初期的火热景象，一条烟威公路把学校分成了三块不说，剩下的790亩地的校园，大段地方没有围墙。里边除了零星散布着一些家属宿舍点式楼、幼儿园之类的建筑以外，教学建筑只有一座不大的教学楼和三座学生宿舍。由于教工宿舍紧张，学生宿舍楼里还住着许多家属。学校的建筑物已经被烟台市政府指责为陈旧落后，影响市容。特别是一所财经类大学竟然没有一座像样儿的图书馆，实验室里只有二三十台286苹果机，早就该淘汰了。党政机关办公是在一座小学楼里。校园里到处可见一些建校初期留下的工棚和校外人员搭建的五花八门的小房子，有的形成了不小的院子，有的盖到了教学楼的门前。举目四望，大片的野草、苇蒿，还有附近的老百姓、学校的教职工种的果树、庄稼、蔬菜……

这时我已经57岁，是等待退下来的年龄了。一个就要退休的人调到海滨城市烟台来工作，很容易被人误认为是来找地方退休养老的，这对工作可是非常不利的。再说学校正处在困难之中，我必须处处检点。我只身到任，不带一兵一卒，爱人是高级实验师，退休后跟我到烟台。到校后，只在招待所住了一夜就搬进了只有38平方米的“青年公寓”。那间住房放下我俩的床就关不上门了；厕所是蹲坑，让人做了一个木架子才能勉强使用；洗澡只能在小厕所里，第一天我就被地上的肥皂水滑倒，摔到了厕所外边，差点出了大事。办公室里的家具都是从各处凑来的，那个长沙发掉了一条腿，用砖头垫起来才能坐，办公用品也没买一件新的……

我到学校不久，又传来了国家教委要对学校进行“合格评价”的消息。如果“黄牌警告”再加上“评价不达标”，那人心会更散，到时学校的存在会出现变数，更难谈发展，后果是不堪设想的。泰山压顶，形势逼人。

要想引导学校走上振兴之路，首要的是振奋教职工的精神；要想振奋教职工的精神，先要让大家客观地认识自己学校当前的处境。这并不是一件容易事。

怎么办？只能痛下决心，破釜沉舟，背水一战！党委先下决心，校领导时时处处以身作则，率先垂范，让群众看到榜样和希望。我在教工大会和学生大会上明白地告诉大家：我不是来退休养老的，“老牛已知夕阳晚，不用扬鞭自奋蹄”。为了和大家一起把学校办好，我不惜拼上老命，请大家相信我、支持我、监督我，向我看齐。

说到做到。我放弃了一切节假日，办公室里放了劳动工具，除了工作就是干活。直到退休，我四年没下过一次海。老伴除了给我做饭，常常自己在院子里拔草。

我离退休只有三年多的时间了，要摘掉“黄牌”，通过评价，时间紧迫，必须采取一些果断有效、立竿见影的措施，才能尽快振奋士气，保住前人的奋斗成果，使学校走出低谷，迈向正常发展的道路。在高凤志书记的支持下，我们建议把评价时间定在 1997 年 11 月，给我们些准备时间，随后我们雷厉风行地采取了一系列举措。

首先尽快向上级如实汇报学校的现状，提出挽救、振兴学校的具体意见，表明自己的决心，争取领导的支持。我们提出了“一年上轨道，三年见成效，五年争上游，十年创一流”的奋斗目标。当务之急是先把围墙修好，保住自己的地盘。1995 年春节前夕，我挖空心思地给王部长写了一封长信，附上学校的地形图，用特快专递寄给他，让他能在春节休息时间抽空仔细看一下。这一招很管用，春节刚过，这个报告就批到了教育司。

为了改变学校杂乱荒凉的形象，这年的春天我从省煤炭局要了点坑木林造林费，师生一齐动手，把校内的空地都种上了树，路边栽上了花草，还用市里城建施工挖出的一些大石头堆了几个景点。全校师生对自己动手绿化、美化自己的校园都非常积极。暑假，三伏天，我到处追煤炭部的领导，再三说明，一个办学 8 年的财经类大学没有一座像样的图书馆是说不过去的，若再不建，我没脸面对师生。虽然因此我受到了领导的批评，可也厚着脸皮争上了一个 10000 多平方米的图书馆项目。我和分管后勤和校办产业的副院长徐承德、罗太炎商量，先集中有限的校办产业创收，甚至不惜卖掉学校最好的那台面包车，修围墙、修道路、平整校园、建运动场，又把一个旧锅炉房改造成为职工活动室……为此我逼着罗院长一年上交 100 万元。虽说惨淡经营，学校的面貌却在一天天改变。教工住宿困难，我们“滚动集资”建住宅，决心把学生宿舍还给学生，改善学生的住宿条件。

为了凝聚力量，党委调整了学校的系、部和专业设置，加强了教研室，重用了一些教学骨干。尽快召开了首届教职工代表和工会会员代表大会，明确学校定位，制定十年发展规划，让师生在困难的时候看到学校的前途。为了让全校师生关心学校的工作，每月的院长办公会都以《院长办公会通报》的形式，向全校通报工作安排。过一段时间就开个大会，向师生通报行政工作情况以鼓舞斗志。我们充分发挥工会的作用，建立领导接待日制度，设立党委和院长信箱，认真听取和尊重群众的意见。

克服困难是一方面，树立一个良好的校风更重要。我们要求各级领导“为官存正气，从政树廉风”，厉行节约，勤俭办学，人人敢说“向我看齐”。学校领导带头放下架子，自己能干的事情自己干，卫生、绿化人人动手，精减不必要的临时工。全校方方面面精打细算，压缩一切非教学开支，节省每一分钱向教学投入。党委领导说服院部机关干部，到建校初期民工住的临时平房办公，把原来办公的楼房让给学生做实验室，改善办学条件。小院里最大的一间屋当会议室，里边唯一的装饰是那“自力更生　艰苦奋斗”的条幅。我们在那个平房小院里，树立了孔繁森的塑像，自己种植了花草，上下班打铃，官兵一致，乐观向上。党委的同志满怀信心地说，解放战争中，三大战役的统帅部是在西柏坡的小土房子里，我们这是砖房子了，领着大家建好一个学校还有什么问题？学生们看到领导励精图治很受感动。国家教委知道这件事情后，在一份《评价简报》中说我们“这是办学思想端正的具体表现”。

学校的主要任务是教育好学生，教育好学生并不靠优越的物质条件，主要靠良好的教风和学风。在教学副院长裴震同志的积极筹划下，学校很快召开了第一届教学工作会议，提出要加强校风、教风、学风建设，加强教师队伍建设，加强专业建设，大力改善教学条件。我们对各个教学环节和教学过程都提出了严格要求，强化教研室工作，从抓教师的授课计划和教案、上好每一堂课开始，努力提高教学质量。校领导带头深入到课堂、教研室。我定期在学生宿舍住宿，吃学生食堂，和学生一同出操，有空就听课，保证让学生睡好觉、吃好饭、上好课。教研活动深入了，教师们认真改进教学方法，积极参加调研、科研，教师中开始涌现出一些教改积极分子，也有了在社会上引起重视的科研成果。对于严肃考试纪律，杜绝考试作弊，更是铁面无私。良好的教风、学风在形成。在这些方面我们敢和兄弟院校比高低，首先在精神上富有起来。

学校的思想政治工作有了很大的改进，工会的工作十分活跃。以校为家，校荣我荣，校耻我耻，为学校振兴贡献力量的思想又渐渐在教工中恢复、发扬光大。争先创优受人尊敬，义务劳动形成风气。春节过后，为给返校的学生一个好的影响，我带领教师打扫教学楼，天寒地冻，一些老教授自己拿了脸盆子，用凉水擦拭教室的桌椅，令人感动。图书馆搬家，书记、院长带头，全校教职工参加，没用一个临时工，三天完成任务，馆长还伤了腰。党委副书记、副院长于全，组织大家健全了岗位责任制，制定了各类人员的“职业道德规范”。我们的学生工作走在了前边，在 1995 年秋季烟台市举行的大中专院校学生队列表演中，我校学生一举夺魁。整齐的队列行进在大街上，口号声响彻云霄，使烟台市的领导和群众对中国煤炭经济学院刮目相看。

大刀阔斧地拼了一年，学校的基本办学条件有了较大改进，“黄牌”被摘掉了，更重要的是师生的精神面貌在变，教工有了信心，学生斗志昂扬，领导也提高了威信，学校渐渐走出了低谷。1996 年新任党委书记曲建新上任后，又和大家一同奋斗。

这时，我了解到国家教委正在学习德国和加拿大的职教模式，大力发展我国的高等职业教育。这对于我们这样一所小而弱的大学来说，未必不是一条出路。学校组织了几个教学骨干，到北京几所高职院校考察，大家都看到了这种教育模式在我国是有广阔发展前途的。在国家教委职教司的支持下，我们雷厉风行，立即让裴院长带队到加拿大辛力嘉学院考察，并签订了联合办学协议：引进加方教学模式，共同制订教学计划，使用加方教材，加方派专业教师来校任教并协助培训我校教师，共同培养学生，发给毕业生两国共同承认的学历证书。学校很快招收了第一届学生。辛力嘉学院的董事会主席亲自来校参加了“中加高等应用技术学院”的挂牌仪式。这种实质性的联合办学，在我国煤炭系统是首家，在山东省也是走在前边的。我们的行动之快，连国家教委职教司的领导都感到吃惊，兄弟院校不再小看我们了。我们办外事也是很节省的，领导班子中只有我和裴院长为签协议去了一次加拿大，礼品是从批发市场买的。我和三个教师那次出国，只拿出了一天时间到白求恩的故乡等地看了一下，其余的时间都在他们的 9 个校区中考察、学习。

接受国家教委的“合格评价”，是摆在学校面前最艰巨的任务。煤炭部教育司的领导明白，由于先天不足、硬件太差，眼下也没有资金支持我们，他们担心过关不易。我倒是很有信心，学校评价我组织过多次，硬件差我们可以在软件上补，我相信学校的师生。我们反复地做了动员，明确地告诉全校师生，这次评价能否达标，不仅关乎学校的命运，也与大家的切身利益联系在一起。

我们把指标详细分解，做到从校领导到教师、工人、学生，人人有责任，个个有任务。以评价指标为标准，缺什么补什么，谁缺谁补。首先要求在涉及校领导的“领导作风”“人文环境”等指标必须达到A级标准。经费不多是客观的，用在教学上多大比例是主观的。硬件不足有客观原因，努力不到是主观表现。学校形成了千钧重担大家挑、人人肩上有指标，为评价做贡献光荣、拖评价后腿可耻的热火朝天的局面。一时间，全校师生摩拳擦掌为评价取得好成绩而共同奋斗。我们还组织骨干到刚通过评价的莱阳农学院学习，聘请外校有评价经验的同志来校帮助筹建展室。在1997年上半年组织的初评中，专家组为学校领导视学校存亡为己任、全校师生齐心协力团结奋斗的精神所感动，一致认为在现有的条件下，学校做了最大努力，给了我们比条件好的老学校还高的评分。

我到了退休年龄，身体也实在支持不下去了，神经官能症和房颤都发展到了很严重的程度。“以身殉职”似无必要，年轻人比我的条件好得多。我给省、部领导写了报告，要求按时退休。1997年9月，来了接替我的年轻院长，我如释重负，11月学校通过了评价。时过不久，学校遇到了体制改革的大好时机。在一届届新领导的带领下，学校飞速发展，欣欣向荣，不断迈上新台阶，我对此无比兴奋。想想昔日的艰难困苦，我也感到很欣慰。我希望今天在校的师生，不要忘记学校还有这样一段历史，更不要丢掉艰苦奋斗、勤俭办学的革命精神。

回顾历史，那些艰难的岁月虽然过得轰轰烈烈，可是也留下了不少遗憾：全校教工跟着我过了苦日子，可是他们并没有得到多少回报；相反，有些人的个人利益受到了损害，特别是为了引进新教师，按当时烟台市关于房改的政策，收回了几户不合理的住房；另外在干部的提拔、家庭的照顾、待遇的提高诸多方面的问题都没有及时解决……这些问题主要责任在我。可是，当时之所以那样做，有它具体的历史原因，并非有什么私利。

（本文发表于《山东工商学院报》2010年12月31日第451期）

一个大门　半部校史

——从大门变迁看学校的发展

黄　斌

对于山东工商学院众多学子来说，位于清泉路西侧的东校区东大门才是学校的正门，那是一扇能让他们走遍四方仍难以忘怀的大学校门。

如今，这座建校25年的学校正焕发出迷人的魅力，尤其是东大门综合改造以后，她已经成为烟台市风景优美的大学校园之一。这里不仅有悠久的历史文化积淀，还有高耸挺拔的建筑，起伏蜿蜒的道路，葱郁茂盛的花木……25年的沧桑岁月里，这里的一砖一瓦、一草一木都见证着学校的发展变化，也诉说着其中的动人故事。要了解其中的点滴，请允许我先从几十年间学校大门的变迁讲起。

20世纪80年代初，山东工商学院开始筹建，建校初期，由于学校选址在烟台市东郊，交通不便，以至于早期来报到的工作人员，多数不知道这所新建学校的准确位置，乘车路过学校驻地，因为没有大门标志，常错过站点。下车以后打听学校在哪里，村民一脸茫然，不知学校所在，所幸尚有知情者，遥指西面荒草萋萋的山坡——可能就在山上。学校紧邻老烟威路（现清泉路），地域内农田、果园和荒地不规则地分布着，没有一条像样的道路，没有大门，连围墙都没有。由于学校刚开始创建，还没有正式命名，为了方便工作，学校最初租借了清泉寨村一个院落，只有几座低矮平房，并在平房门前竖起一块白底黑字的木牌子，上书"华东煤炭大学建校指挥部"几个大字。后来在现体育馆位置新建一排平房，临时安置职工家属，同时作为施工管理人员办公室，办公室门口悬挂着一块"华东煤炭大学筹建处"的牌子。再后来征地边界确定下来，围墙建起来了，教学一楼、15号学生宿舍和学生一食堂也建成了，学校就在现在东大门位置建了一个临时大门——两间平房和两扇钢管门，也有了正式的校名：中国煤炭经济学院。大门面对的是老烟威路，路宽只有 11 米，路东是一条乡间小道，北侧一片农田，南侧是规划中的招待所，前行大约 70 米，就是大海。两扇钢管门虽然是临时校门，却结束了学校没有校门的历史。学校的第一座大门建成了，校园再也不是“敞开式”的了，校内安全状况明显改善，第一批学生有了一个安静的学习生活环境。

再后来学校大门又重新设计，北侧主体建筑为船形，南侧构筑物为帆形。大门建成后，给人感觉建筑高度有限，体量不大，视觉上缺乏冲击力，但船型大门相较于第一座大门，有一个明确的主题和寓意，是一个相对完整的校门。大门虽不够完美，但学子们总算有了驻足留念的地方。船型大门经历了十几年风雨，门前校名也由中国煤炭经济学院改为山东工商学院。在这期间，学校和整个社会一样，周边的一切都发生了巨大变化，黄海游乐城投入使用，门前城市道路拓宽，并安装了路灯，滨海路通车……城市建设可以说日新月异。这时候再看我们学校的大门和周围环境，低矮陈旧，污水四溢，杂乱拥挤。难怪有烟台市民说，看不出是一所大学；当地政府部门也曾善意地开玩笑说，你们学校内秀啊。如果说看到和听到这些无动于衷，那怎是真话？哪一个亲历学校成长的人不对学校发展寄予厚望？

每到新生报到的时候，校门前人头攒动，新生与家长们争先恐后地把船型大门上“山东工商学院”拍进大学第一天的镜头里，尽管环境有点乱，大门不起眼。转眼时光飞逝，山东工商学院校门前又涌动着一排排学士帽，飞舞的学士帽下是一张张青春洋溢的脸。

一千多个日夜里，每当他们需要把大学时代的亮点录入自己的记忆时，他们总是自然而然来到那个镌刻着“山东工商学院”六个大字的地方。那是他们共同的青春纪念碑，而每逢这时，他们总是希望山东工商学院的校门能更美更壮观，确切说，学子们希望自己的大学能拥有一个让他们在多年以后仍能够魂牵梦萦的新校门。

一所学校的魅力，不只限于教学科研，大学之为大学，需要理性，也需要灵性；需要底蕴，也需要气韵。大学的精神、回忆、诗情画意乃至校友对大学的感情，是需要美景作为背景和载体的。而大学校门，自然是最具象征意义的标志，自然是学子们对于校园回忆的起点和终点，是学子们四年大学生活中最弥足珍贵的风景，更是人们认识和了解山东工商学院的名片。大学固然需要厚重的内涵，但同样需要一个好的门面，正如一个经纶满腹的学者也需要一张充满着睿智的脸。

对于学校主大门是否新建，学校领导考虑得更周全。经过讨论调研，学校决定从彻底改造东大门及周边环境入手，把东出口广场当作学校景观的有机组成部分，改善校容校貌，树立学校开放办学的现代大学新形象。2005 年，20 年校庆以后，学校正式开始征集东大门建筑方案。立项之初，学校领导责成基建处广泛听取多方不同意见，充分论证，大胆创新，经过十几轮方案征集筛选，反复调整，于 2007 年最终落实了最佳设计方案。

为了不影响师生正常的学习生活，校领导精心谋划，选择在假期开工，尽管在雨季施工难度很大，麻烦很多，却保障了正常的教学生活秩序。在建设过程中，基建处需要解决的问题更多，东出口地下管道纵横，网线密布，改造难度巨大，加上季节性因素导致多次返工，给施工和管理造成很大阻力，但职能部门统筹安排，科学组织，克服困难，于 2008 年 11 月完成主体工程建设目标。

另外，在确定浮雕设计方案时，也经历了许多波折，先后设计了多个方案，校领导多次组织校内外专家研究讨论，历时 10 个月，最终确定“飞越文明，群星闪耀”主题设计方案。2009 年 9 月，东出口工程正式完工并交付使用。

我们闲暇时漫步在清泉路上，与宽敞的滨海路相比，感觉清泉路虽经拓宽，但仍显得拥挤，在这条路上，唯一让人眼前豁然一亮的，就是山东工商学院东校区的大门。

说是大门，其实是对称的两栋弧形建筑形成的通道，或称为出口，功能兼顾使用和景观效果，一侧满足保卫处办公住宿，另一侧作为印刷厂厂房。因为两弧形建筑立面设计为主题浮雕墙，加之建设内容还包括了主体建筑、广场及校训柱、道路、主雕塑等，所以准确讲应该是东出口。

从清泉路上向西望去，新出口就像一个张开怀抱的巨人，以一种海纳百川的气势，欢迎四方宾朋，体现了现代化大学多元开放的办学理念和自信向上的精神面貌。

那八尊将军红花岗岩砌筑的校训柱，铜铸篆字校训“惟平惟准，近知近仁”置于柱子上端，古朴而厚重，体现了学校努力倡导的办学理念，与灵动明快的浮雕墙形成鲜明对比；而依次展开的两侧各 42 米浮雕墙，则以恢弘的气势与象征文明现代的大学校园融为一体。南北两侧浮雕主题，一方面象征美丽和谐的校园环境、多彩的大学生活以及多元学科的聚合，另一方面象征大学生走向社会，为国家经济的发展和文明进步做出贡献。

仔细端详主体浮雕墙，眼前一条大的弧线（地平线），将画面分割为两个时空：上为日月同辉，群星闪耀，象征永恒的主题；下为浮雕主题形象，以建筑结构和自然形态横向展开，遥相呼应。分为上下两个层次：主体人物、情节置于画面下端，表现形式丰富，宜于近距离观赏；横向展开的象征符号置于上端，适宜中远距离观看。横向展开的构图形式与观众视觉流程相符，形成连贯的画面主题。

南侧表现传统的文明符号（海上丝绸、彩陶、商鼎、马踏飞燕等），北侧表现现代科技文明（城市建设、环保、新能源、航天等），一古一今，矗立在广场两边，仿若两个阔别已久的故人，默默凝视，长久对望，相互传递着旷远的神情。进出大学校门的大学师生，是联系传统与现代之门的纽带，与飞跃文明群星闪耀的主题相对应。

浮雕材质选用质朴的芝麻白花岗岩，采取深浅浮雕结合的手法，形成较好的视觉效果，同时也有效降低了成本。

大门正面分别悬挂着“山东工商学院”校名和校徽，字体敦重，透着与这个现代大学相映的古朴意蕴。

一进大门，两侧各有一排四季透绿的雪松，冠盖云霓，蔚为壮观，这几棵大树，与学校同龄，是建校初期栽下的，古老的雪松见证了校园的发展。在东出口规划改造之初，曾有人提议铲除这几棵树，校领导力排众议，保留了下来，也留住了这段历史。原有 10 米主干路拓宽为 16 米，视觉开阔，兼顾广场和道路两功能，人行道外移，衔接人行道的绿地起到了隔离、划分空间的作用，营造了一个相对隔离的小环境。

北侧与体育馆之间有一片绿地，空间内以略微起伏的自然式绿地为主，以斜坡形式进行高差处理，植被交织，起到阻挡视线、隔离噪音、防尘防污的作用。有春季垂穗、花香四溢的槐树，也有树形婆娑、嫩绿柔美的柳树，这一近乎自然的生态林，空间自由，意境优美，与道路两侧整齐的植物和谐统一，开合有致，丰富了校园景观。

南侧与田径场之间空间通透自由，开敞明亮。自然式绿地、植物的配置，与原有自然景观元素协调统一。

沿新建道路西行约 60 米，在原花坛位置，新建一尊 12 米青铜主体雕塑，名为“镈兴鼎盛”，象征人才辈兴，国家昌盛。

2010 年 9 月，位于东大门清泉路以东、滨海路以西的三角绿地景观广场竣工。新建广场实现大门前广场空间的适度延伸，更有利于表现学校大门的建筑风格，烘托大学校门的气势。广场植被以绿地为主，乔冠结合，营造出优雅休闲的广场环境。

东出口建设顺利完工后，周边环境焕然一新，整体功能性齐全，格调清雅大方，景色宜人，各方面都取得了良好的效果，深受师生好评，现已成为学校最具人气的地方。这里有新生报到时的兴奋与自豪，也有老生话别时的激情与宏愿。随着整体环境的改善，东出口广场将发挥更重要的作用，成为山东工商学院学子最值得留恋的地方。

如果把学校大门的变迁作为学校发展的缩影，那么建校 25 年来，山东工商学院的历史就是一部从无到有、从小到大、从弱到强的成长发展史。从建校初期的校舍建筑面积不足 1.5 万平方米，首期招生 100 人，到如今的校舍建筑面积 47 万多平方米，拥有全日制在校生 18600 人，真可谓人才济济，成果丰硕。今天的山东工商学院已经发展成为一所以经济、管理学科为主，兼有文、法、理、工等 6 个学科门类，人文荟萃，思想活跃，学术气氛浓郁，在全省乃至全国有一定影响的多科性、财经类、有特色的高等学校。

建校 25 年来，有多少志士仁人投身我校，走进这座大学校门，传播知识，播撒文明，又有多少人学成后走出校门，回报社会，成为国家建设的精英！其中有甘于奉献的教育工作者，有搏击商海、事业有成的商界领袖，有投身实业、功成名就的企业家，还有立足政界、服务桑梓的政府官员……他们都是我们这所大学的骄傲！

我们驻足东大门，感受大环境的冲击，体会思想的细腻，看师生高谈漫语，听大海涛声响起，自豪之感怎能不在心中洋溢？

时光如梭，岁月有情，相信新大门今后将演绎出更多精彩的故事，见证山东工商学院新的发展历史。

（本文发表于《山东工商学院报》2010 年 12 月 31 日第 451 期）

山东工商学院发展目标简史

张开祝

所谓目标，是指组织或个人想要达到的境地或标准，是一个组织或个人希望在一段时间内通过一系列的措施所要达到的目的。目标决定动力，动力来自目标。目标越大，动力越足；目标越低，动力越小。世界上，任何组织、任何人都有自己的发展目标。一所高等学校的发展目标包含很多方面，有近期发展目标、中期发展目标和长期发展目标，有办学目标、定位目标、人才培养目标，有战略目标、战术目标等等。这些目标的确立，不仅是高校自身办学实力、办学性质诸多要素作用的结果，也是全体师生员工思想认识统一的结果，更是全体师生员工共同努力所要实现的价值追求和精神所在。没有明确的目标引领，师生员工就会迷失方向，丧失前进的动力。一所高校的发展目标具有四个最基本的特征：一是激励性。发展目标要有拉动力和驱动力，要能激发师生员工为之奋斗的欲望，激励师生员工的斗志。唾手可得或缺乏激励，不叫发展目标。二是时限性。发展目标的实现要有一定的期限，是经过一段时间的努力才能达到的。随时可取或永远无解，就失去了设定目标的意义。三是清晰性。发展目标是什么，指向性必须清晰，不能模糊；发展目标的标志有哪些，必须有确定的内涵，有可衡量的标准。含糊不清或模棱两可，成不了发展目标。四是简洁性。发展目标是对学校未来发展走向的总概括，要朗朗上口，便于记忆，因而要求语言简洁，能一语道来。绝大部分人记不住、只沉睡在文件里的发展目标，很难发挥应有的作用。

对于一所高等学校来说，到底要把自己建成什么样子，各有各自的“奋斗理想”，或曰“一流大学”，或曰“知名大学”，或曰“高水平大学”等等。

就山东工商学院而言，在其25年的不同成长历程中，都会根据经济社会和高等教育的发展变化，结合自身的办学条件、办学实力，提出相应的发展目标。

一、学校发展目标的萌芽阶段（1984 ~ 1997年）

从1984年12月开始筹建，到1997年11月本科教学工作合格评价通过，是学校发展目标的萌芽阶段。

最早的“奋斗理想”是1984年筹建时提出的“华东煤炭大学”，下设两个学院：煤炭经济学院和煤炭教育学院。煤炭经济学院为煤炭系统培养经济管理人才，煤炭教育学院为煤炭系统培养中小学师资。但因种种原因，“大学”这一“理想”未能付诸实践，随后便于1985年12月诞生了“中国煤炭经济学院”。其实，这时候的“理想”还不能称其为真正意义的“奋斗理想”，仅仅可以称其为“建校理想”。

初步意义上的“奋斗理想”出现在1994年。为使学校发展走出低迷的困境，时任学校领导提出了“一年上轨道，三年见成效，五年争上游，十年创一流”的奋斗目标。在此基础上，1995年1月，首届“双代会”第一次会议审议通过了《中国煤炭经济学院1995—2005年改革发展规划提要》，进一步提出：“一年上轨道，三年见成效，五年争上游，十年创一流。背靠行业，面向社会，建成全国煤矿经营人才培训基地、全国煤矿管理科学交流中心、全国煤矿两总师（总经济师和总会计师）业务和信息交流中心，同时积极向地方靠拢，努力为山东省的经济建设和文化发展服务，使自己处于教育体制改革的有利地位。”这个“奋斗理想”，是在学校发展处于徘徊不前的历史条件下提出的，尽管在一定程度上起到了鼓舞士气的作用，但由于当时受诸多因素的影响，并没有在全校上下达成共识，更没有引起师生员工的共鸣。

1997年11月，学校顺利通过原国家教委组织的本科教学工作合格评价，全校教职员工深受鼓舞，士气大振，从中也看到了学校生存与发展的希望。之后，随着办学条件的不断改善和办学实力的不断增强，全校上下便开始有意识地探索符合学校实际的发展目标问题。

二、学校发展目标的探索阶段（1998 ~ 2003年）

从1997年11月顺利通过原国家教委组织的本科教学工作合格评价，到

2003年11月以良好成绩通过教育部组织的本科教学工作水平评估，是学校发展目标的探索阶段。

1998年10月，经全校师生员工及教职工代表大会主席团讨论，党委研究通过了《中国煤炭经济学院1998—2001年发展规划》，其中提出：到2001年，把学校建成以经济学和管理学类专业为主，兼有理、工、文、法专业，学科结构合理，教学和科研方面具有较强实力，有配套的教学设备和条件，有较高的教育教学质量、办学水平和办学效益，在山东省同类院校中声誉良好、特色鲜明的普通本科院校。

2000年3月，首届教职工代表大会通过了《中国煤炭经济学院深化校内管理体制改革总体方案》，提出：争取在三年时间内，把学校建成特色鲜明、优势明显的普通本科高等学校。

2001年12月，第二届教职工代表大会一次会议审议通过了《中国煤炭经济学院"十五"发展计划和2010年发展规划》，明确提出：到"十五"末期，把学校建成有较高的教育教学质量和办学效益、特色鲜明、省内外有较大影响的普通高等学校；在实现"十五"计划的基础上，再经过5年的努力，把学校建成特色更加鲜明、有广泛的影响力和知名度、在国内同类高校中整体办学实力居于前列的综合性财经大学。

2002年12月21日，第二届教职工代表大会二次会议又号召全校上下进一步解放思想，抓住机遇，深化改革，与时俱进，开拓创新，加快发展，为把学校建设成为高水平财经类院校而努力奋斗。

这以后，"省内知名、国内有较大影响的普通高等学校"以及"有较大影响和知名度的山东省高水平财经类院校"等，时常出现在学校简介和有关报章之中。尽管如此，这时期的"奋斗理想"并没有形成一个"固定概念"，仍处于前后不一致状态，师生员工中也很少有人对此耳熟能详，信手拈来。

2003年11月，学校在山东省高校率先接受教育部组织的本科教学工作水平评估，并取得了良好的成绩，这标明学校已进入良性发展轨道，发展目标的确立也就应时而生。

三、学校发展目标的确立阶段（2004年至今）

自2004年7月中国共产党山东工商学院第一次代表大会，到2010年6月中国共产党山东工商学院第二次代表大会，是学校发展目标的确立阶段。在这个阶段，学校根据形势的变化，先后提出了“山东高水平财经大学”和“有特色开放式工商大学”两个发展目标。

（一）“山东高水平财经大学”

1.“山东高水平财经大学”的确立

2004年1月12日，学校党委召开了全校干部会议，号召全体师生员工进一步解放思想，与时俱进，开拓创新，努力开创学校各项工作新局面，为建设山东高水平财经大学奠定坚实基础。“山东高水平财经大学”作为一种“特定概念”或一种“奋斗理想”，首次被提了出来。

2004年2月15日和3月20日，《山东工商学院报》刊登了原党委书记毕宪顺撰写的《正确处理十大关系　推动山东工商学院持续快速健康发展》和《论主导山东工商学院事业发展的若干根本性问题》两篇文章，都使用了“山东高水平财经大学”这一概念。还是在3月20日，他在全校学生干部大会上，号召全校学生和教师一道，以科学发展观为指导，为把山东工商学院建设成山东高水平财经大学做出应有的贡献。他强调，“山东高水平财经大学”是一个特定的概念，不能多一字，也不能少一字。

2004年7月3～4日，中国共产党山东工商学院第一次代表大会通过了原党委书记毕宪顺代表党委所作的《解放思想，与时俱进，深化改革，加快发展，为建设山东高水平财经大学而努力奋斗》的工作报告，“建设山东高水平财经大学”的目标，被确定为全校师生员工的共同“奋斗理想”，也成为学校历史上具有真正意义的发展目标。

此后，在学校召开的各种会议上、领导讲话中和文件报章里，“山东高水平财经大学”成为使用频率最高的词语之一。

2.“山东高水平财经大学”的含义

“山东高水平财经大学”有两方面的含义。一方面是“词面”含义，要点有四：第一，是“山东”高水平财经大学，而不是“全国”高水平财经大学，更不是“世界”高水平财经大学，这是空间定位；第二，是山东“高水平”财经大学，而不是山东“知名”财经大学，更不是山东“一流”财经大学，这是水平定位；第三，是山东高水平“财经”大学，而不是山东高水平“理工”大学，更不是山东高水平“综合”大学，这是学科定位；第四，是山东高水平财经“大学”，而不是山东高水平财经“院校”，更不是山东高水平财经“学院”，这是层次定位。所以，“山东高水平财经大学”是一个由这四个部分构成的有机整体，融合着学校的空间定位、水平定位、学科定位和层次定位。另一方面是“发展阶段”含义，要点有三：第一，仅是学校近期所要实现的“奋斗理想”，即到2010年，在校生规模达到2万人，部分学科达到省内一流水平，拥有30名以上省内知名、全国有影响的专家学者，拥有10个以上硕士学科点，把学校建设成为山东高水平财经大学；第二，又是学校中期所要实现的“奋斗理想”的起点，即从2010年起到2020年，在校生规模适度发展，部分学科在省内处于一流水平、在全国有较大影响，涌现出若干名省内一流、全国知名的专家学者，获得博士学位授予权，把学校建设成为山东一流财经大学；第三，更是学校远期所要实现的“奋斗理想”的基础，即在实现近期、中期“奋斗理想”的基础上，从2020年起，向全国高水平财经大学迈进。由此可见，“山东高水平财经大学”，既是学校近期的“奋斗理想”，又是长远发展的基础。就是说，建不成“山东高水平财经大学”，就建不成“山东一流财经大学”，也迈不进“全国高水平财经大学”。

3.“山东高水平财经大学”的标志

“山东高水平财经大学”的标志主要包括高水平的师资、高水平的学科、高水平的科研成果、高水平的管理、高水平的人才、先进的办学思想、鲜明的办学特色、良好的社会服务功能等因素，主要有以下七个方面：

第一，在校生2万人，意味着学校规模达到全国财经类院校中列，同时拥有与此规模相应的办学条件和相当的综合实力。

第二，部分学科达到省内一流水平，就是说学校的省校两级重点学科，一部分要达到省内一流水平，处于领先地位，一部分要建成省内高水平学科，具有明显优势。这些学科都要成为硕士学位授权学科，个别学科要具备培养博士研究生的条件并能联合培养博士研究生。

第三，拥有30名以上省内知名、全国有影响的专家学者，有了这30人，也就有了10个以上硕士学科点。

第四，学校的类型定位为教学型，构建以本科教育为主，兼有研究生教育、高等职业技术教育、国际合作办学、成人继续教育、短期培训等多层次、多形式的办学体系。

第五，在学科类型上，以经济、管理类为主，兼有法、文、理、工等6大学科门类相互支撑、协调发展的财经类普通高等学校。

第六，在办学特色上，区别于一般高等学校，所设学科绝大部分为管理学科，因而以管理学科见长；区别于财经类高等学校，因原隶属煤炭部领导，又以煤炭经济与管理研究见强；区别于省内外高等学校，因地处沿海开放城市烟台，且是胶东半岛唯一的一所财经类高等学校，又以区域经济研究见优。

第七，在服务面向上，立足山东，面向全国，服务地方经济与社会发展，为基层培养复合型、应用型人才。

在“山东高水平财经大学”的引领下，学校的各项事业取得了长足进步，教育教学工作成效显著，学科建设取得重大突破，科研实力不断增强，人才队伍建设卓有成效，办学条件明显改善，合作交流逐步扩大，管理水平不断提高，思想政治工作扎实有效，党建工作全面加强，学校的发展迈上了一个新台阶。

（二）“有特色开放式工商大学”

1.“有特色开放式工商大学”的确立

2009年2月24日，第三届山东省学位委员会第一次工作会议在济南召开，会上，我校在7所申报院校中脱颖而出，通过硕士学位授权立项建设单位评审，学校的发展又站在一个新的历史起点上。面对新形势、新任务、新要求、新期待，学校党政领导重新审视了学校发展所处的外部环境和内部条件。为适应经济社会的发展要求，适应高等教育的变化态势，进一步充实办学内涵，进一步提升办学实力，进一步彰显办学特色，尽快成为硕士学位授权单位，追求一种更加有特色、更加开放式的奋斗目标，成为全校师生员工新的愿望。

2010年6月21～22日，中国共产党山东工商学院第二次代表大会召开，通过了党委书记魏金陵代表党委所作的《继续解放思想，坚持改革创新，为建设有特色开放式工商大学而努力奋斗》的工作报告，报告根据我国经济社会和高等教育的发展与变化，尤其是山东省财经类高校布局的调整，号召全校师生员工承前启后、继往开来，用更开阔的视野、更长远的眼光、更高的要求，努力推进“有特色开放式工商大学”建设。“有特色开放式工商大学”便成为学校发展历史上又一个新航标。

2.“有特色开放式工商大学”的含义

所谓“有特色开放式工商大学”有两个方面的含义。一方面是“词面”含义，要点有四：第一，是“有特色”的开放式工商大学。具有自己独特的气派、风格和品质，在教育教学、人才培养、学科建设、专业设置、管理服务、校园文化等各个方面都要做到人无我有、人有我优、人优我特、人特我强。第二，是有特色“开放式”的工商大学。在地域上，既是山东烟台的，又是国内国际的；在领域上，既是高等教育的，又是经济社会的；在意域上，既是海纳百川的，又是气势磅礴的。要以开放作为办学理念的重要内容，以促进自身内涵发展为目的，以融入社会、服务社会为核心，以扩大对外开放程度、完善校内开放机制为基本内容，以广泛的合作与交流为重点，把开放意识贯穿于教育教学、学科建设、科学研究、队伍建设、社会服务、国际交流等各项工作。第三，是有特色开放式的“工商”大学。它是一所以经济和管理学科为主，以理、工、文、法学科为强力支撑的多科性有特色财经类大学，而不是师范、理工、医学、农学等单科性大学，也不是包罗万象、门类齐全的综合性大学。第四，是有特色开放式工商“大学”。是“大学”，而不是“院校”，也不是“学院”。所以，“有特色开放式工商大学”融合着学校的办学内涵、办学方式、办学属性和办学层次四个部分。另一方面是“发展阶段”含义，要点有三：第一，它承接着未来十五年学校发展所要实现的第一阶段目标，即从2010年起，用两年左右时间，完成硕士学位授权单位建设任务，成为硕士学位授权单位；第二，是未来十五年学校发展所要实现的第二阶段目标，即在实现第一阶段目标的基础上，再用四年左右的时间，到2015年建校30周年前后，更名为山东工商大学，建成有特色开放式工商大学；第三，是未来十五年学校发展所要实现的第三阶段目标的起点，即在实现第二阶段目标的基础上，再经过十年左右时间建设，到2025年建校40周年前后，力争成为博士学位授权单位，建成更高水平的工商大学，跻身全国财经类院校前列。由此可见，“有特色开放式工商大学”具有承前启后的作用，它既是未来十五年学校发展第一阶段目标的提升，又是未来十五年学校发展第三阶段目标的基础。就是说，成不了“硕士学位授权单位”，就建不成“有特色开放式工商大学”，也跻身不了全国财经类院校前列。

3.“有特色开放式工商大学”的标志

结合我国高等教育尤其是山东省财经类院校的实际，回顾发展历史，定位客观现实，瞄准发展未来，“有特色开放式工商大学”的标志主要包括五个方面：

第一，学科定位。所要建设的有特色开放式工商大学，是以经济和管理学科为主，以理、工、文、法等学科为强力支撑的多科性大学。

第二，类型定位。是以培养具有实践能力和创新精神的高素质应用型人才为根本任务，以学科建设提升专业建设、课程建设，教学引导科研，科研促进教学，教学科研紧密结合、协调发展的教学型大学。

第三，模式定位。是办学理念更开放、社会联系更密切、对外合作交流更广泛、国际化水平更高、外部资源支持更有力、内部资源共享程度更高，开放式人才培养、开放式科学研究和开放式管理经营有机统一的开放式大学。

第四，内涵定位。是教育教学质量较高、优势学科在全国知名、整体办学实力在同类高校中居于前列，有广泛影响和知名度的特色鲜明的大学。

第五，面向定位。是面向全国，服务地方经济社会发展，服务煤炭行业建设，具有更强的社会服务功能的山东省属大学。

总之，“有特色开放式工商大学”是一所有内涵、有特色、更开放、更和谐的创新型工商大学。

当前，全校上下正在“有特色开放式工商大学”发展目标的感召下，继续解放思想，坚持改革创新，全面实施“质量立校、特色兴校、学科强校、人才名校”战略，坚定不移地走创新发展、内涵发展、特色发展、开放发展、和谐发展之路，努力推动人才培养质量明显提高、学科综合实力明显提升、社会服务能力明显增强、人才队伍建设明显加强、学校管理水平明显提高、师生幸福感明显上升。

（本文发表于《山东工商学院报》2010 年 12 月 31 日第 451 期）

依山立骨　凭海扬帆

刘晓东

1985 年 12 月 3 日，原国家教育委员会批复：

> 为了适应煤炭工业经济发展对经济管理人才的要求，提高我国煤炭企业的经营管理水平，经与国家计委研究，同意以山东矿业学院济南分院为基础，建立中国煤炭经济学院。

很快，在原本偏僻的烟台东郊，在旷野和荆棘丛中，一支精干的建设队伍出现了，一群又一群乐观笃行、怀抱理想的年轻人加入了……

一座新兴的大学悄然兴起了……

经过 25 年的艰苦创业，山东工商学院，这所原名中国煤炭经济学院的经济类普通高等学校，已经由面向煤炭行业、服务面向单一的行业高校转变为面向地方经济社会发展和行业发展的多元服务面向的省属高校，由以规模扩张为主的外延发展时期过渡到以提升质量为主的内涵发展阶段，并于 2009 年 2 月 24 日，在第三届山东省学位委员会第一次工作会议上脱颖而出，成为硕士学位授予单位立项建设单位。为了这个目标的实现，山东工商学院人做出了长期艰苦的努力，通过硕士学位授权立项建设单位评审，办学水平上了一个重要的台阶。2010 年 6 月 21 日山东工商学院第二次党代会召开，深刻总结了中国共产党山东工商学院第一次代表大会以来的工作，充分肯定了过去取得的成绩，明确提出了今后一个时期的发展目标和主要任务，确立了建设有特色开放式工商大学的奋斗目标。

25年来，学校秉承“惟平惟准，近知近仁”的校训，弘扬“敬业、诚信、求是、创新”的校风，始终坚持以中国特色社会主义理论体系为指导，坚持社会主义办学方向，遵循高等教育办学规律，以学科建设为主线，以教学工作为中心，以队伍建设为关键，以科学研究为支撑，以人才培养为根本，以服务区域和行业发展为宗旨，全面提升教育教学、科学研究和社会服务水平。

坚持学科立校，学科实力显著增强。以“汇聚学科队伍、凝练学科方向、构筑学科高地、营造学术氛围”为指导，在具体实施中又提出“非对称发展”战略，针对近年高等教育发展中热衷于追求大而全，专业设置趋同化问题突出、个性不足、发展优势不明显的问题，始终如一地坚持全面贯彻“学科立校”，坚持以学科建设为主线、以重点学科建设为核心，带动学校其他各个方面工作。在实践中重点建设管理学科，积极发展经济学科，大力扶持工学学科，促进经济与管理融合，工科与商科相长，加强省校两级重点学科建设，在管理科学与工程、企业管理2个省级重点建设学科基础上，新增产业经济学、统计学、宪法学与行政法学3个省级重点建设学科，煤炭产业发展与创新研究、半岛经济研究2个省级研究基地，新增8个校级重点建设学科和10个校级重点扶持学科；突出煤炭经济、半岛经济研究，强化建设管理科学与工程、工商管理、应用经济学、计算机科学与技术4个一级学科，形成了“管理学科见长、煤炭经济研究见强、半岛经济研究见优”的学科特色与研究优势；推进“人才名校”战略，实施了“125人才工程”“双百工程”和“创新团队工程”等，形成了高水平学术带头人大有作为的环境和机制。近五年，引进和培养了具有博士学位的中青年教师114人，目前全校教学科研人员中博士比例为17.09%、硕士比例为66.1%、高级专业技术职称比例为40.54%，45岁以下的中青年专家占学科队伍的83.19%，形成了一支结构合理、实力较强的学术研究梯队。近五年举办国际国内学术会议近30次，学术队伍参加国际国内学术交流活动500人次以上，在学术会议发表论文400余篇。

坚持深化教育教学改革，稳步提高人才培养质量。2003年，学校以良好成绩通过了教育部组织的普通高等学校本科教学水平评估，是山东省率先通过评估的高校。以此为契机，学校进一步深化教育教学改革，积极探索和完善创新型人才培养体系。院长刘全顺指出，过去，我们的教育由于受大工业化社会人才培养模式的影响，过于强调规范性和统一性，这就使得每个受教育者的头脑都成为教育流水线上的“思维标准件”，整齐划一、循规蹈矩，人才培养质量受到较大影响。为充分挖掘教育资源、提升教育教学水平、进一步提高人才培养质量，学校组织实施了“专业建设、课程建设、教学方法、实践性教学、教学质量监控与保障、教学管理信息化”六大教改工程，教学质量稳步提高。优化专业结构，培育特色专业，已拥有工程管理、统计学、市场营销、计算机科学与技术6个省级特色专业，管理学、技术经济学、经济数学基础等12门省级精品课程，市场营销系列课程教学团队、计算机科学与技术专业教学团队5个省级教学团队。学校已授予23届近24000名本科毕业生学士学位，近五年毕业生一次就业率平均为88%，96%的用人单位对我们的毕业生感到满意。

扩大对外开放，强化国际化办学，也是山东工商学院强化人才培养的重要举措。经过十余年的探索，学校同美、英、加等11个国家和地区的高等院校建立了友好合作关系，先后聘请了100余名外籍教师和专家学者来校任教、学术交流和合作研究，并派出近500人到国外高校留学，充分挖掘了教育资源，对在新的历史条件下拓展财经类人才的国际视野、提升实际应用能力起到了良好的作用。

坚持创新科研管理机制，科研水平明显提升。学校重视科学研究，完善激励机制，加大经费投入。近五年，科研成果增量较快，层次和质量明显提高，获第四届中国高校人文社会科学研究优秀成果三等奖2项，获山东省自然科学奖、科技进步奖和山东省社会科学优秀成果奖等奖励59项；承担国家自然科学基金项目、国家社会科学基金项目、教育部人文社科规划项目、山东自然科学基金等省部级以上项目389项。出版专著和教材81部；在“*Journal of Scientific and Industrial Research*”《中国科学》等学术期刊上发表论文5751篇，三大检索论文259篇。

坚持加大资金投入，办学条件全面改善。学校加大对学科建设、教学和科研的投入，强化公共服务体系的保障功能和共享功能，办学条件和学科装备明显改善，电子图书达59.5万册，电子期刊达15500种，改善工作条件的各项投入达44242.52万元。

长期以来，学校坚持发展为第一要务，以改革求发展，以创新求发展，学校学科实力迅速增强，人才培养质量稳步提高，走出了一条内涵外延互动，又好又快的发展道路。经过25年的建设，学校现有占地1300余亩，校舍面积46万余平方米，全日制本科在校生达18000余人，现有教学科研人员805人，其中高级职称343人（正高107人，副高236人），博士118人，硕士523人；有享受政府特殊津贴专家、全国优秀教师、山东省有突出贡献中青年专家、山东省教学名师、山东省优秀教师、山东省十大中青年法学家等30余人；有18

个学院（部），22个研究院（中心、所），44个本科专业，5个省级重点建设学科、2个省级研究基地；图书馆藏书174.1万册（含电子图书59.5万册）；教学科研仪器设备总值7194.39万元，专业实验室面积11454平方米。经过25年的建设与积累，我校已成为一所以经济、管理学科为主的教学型、多科性、有特色的财经院校，并凝聚了一批具有创新精神、学术水平较高的学者。

积极进取，乘势而上，全面推动学校工作再上新台阶。山东工商学院申硕的成功，开创了山东工商学院的办学新纪元，实现了发展进程的重大跨越，实现了山东工商学院办学水平和办学层次的重大突破。但正如党委书记魏金陵指出的，今后的工作更加任重道远，这时候明确的目标和有效的实施就更为重要，山东工商学院历史上有几次重要的发展目标设定和调整，这些目标的制定对学校实现又好又快发展起到了巨大推动作用。现在，学校面临的形势变了，发展思路要调整，发展目标也要修改和完善。今后，学校要以科学发展观为指导，坚持“育人为本、质量为先、特色鲜明、结构合理”的发展方针，努力建设特色鲜明的、优势学科在全国知名、省内一流，具有良好社会影响的山东工商大学。

围绕新的更高的发展目标，山东工商学院继续坚持发展这个第一要务，紧紧抓住重点学科建设、教育教学质量提高和教学改革，抓师资队伍建设，抓文化建设、党建和思想政治工作这些重点工作，一个也不放松。学校出台了《重点学科建设实施方案》，召开了重点学科建设启动大会，校领导还与各个学科的带头人签订了任务书，学校加强科研创新团队建设，全方位树立大学科建设理念，努力建设学科高地；学校出台了关于构建专业实践教学体系的实施意见、教学成果奖励办法、大学生学科竞赛管理与奖励等，启动了教学质量工程，全面致力于促进教育教学质量的持续稳定提高；学校还注重做大做强半岛经济研究院和煤炭经济研究院，办出特色和水平，充分发挥为地方经济社会和行业发展服务的功能，积极为地方经济和文化建设做出贡献。

2009年，伴随着伟大祖国六十年华诞，山东工商学院也是喜讯连连：由刘全顺教授主持的“财经院校高水平教育教学研究与实践”项目荣获国家级教学成果二等奖，国家级教学成果奖实现零的突破；以范辉教授为负责人的《计算机科学与技术》专业和《操作系统》课程分别被批准为国家级特色专业和精品课程，以宋华岭教授为负责人的《项目管理学》课程被列为国家级双语教学示范课程建设项目，国家级质量工程实现重大突破；由9名教师主持的课题分别获国家自然科学基金和国家社会科学基金资助，国家级科研课题取得新佳绩；有4名教师分别获全国优秀教师、山东省有突出贡献中青年专家、山东省社会科学学科新秀、山东省教学名师、山东省高校“大众报业杯”十大优秀教师荣誉称号，高层人才继续脱颖而出；朱智林教授负责的《单片机原理及应用》课程被评为山东省高等学校省级精品课程，省级质量工程建设又有了新进展。

25 年经管类本科生培养的探索与实践，25 年的经管学科建设和积累，为学校开展硕士学位教育奠定了坚实基础。申硕的成功是对山东工商学院 25 年奋斗史的一种承认，第二次党代会的胜利召开是对我们争取更大成就的一种铺垫，山东工商学院人将继续高举中国特色社会主义理论体系这一伟大旗帜，认真贯彻落实科学发展观，紧紧围绕学校中心任务和目标，以更加饱满的热情、更加昂扬的斗志和更加扎实的作风，坚定信心，振奋精神，团结拼搏，奋力开拓，开创山东工商学院更加美好的明天，为有特色开放式工商大学的早日建成，为山东省科教兴鲁、人才强省战略的推进做出更大的贡献。

（本文发表于《山东工商学院报》2010 年 12 月 31 日第 451 期）

科研硕果压枝低

——山东工商学院科研工作的探索与实践

李效杰

在25年的发展过程中，山东工商学院准确把握高等教育发展趋势，立足学校办学实际，始终把科研工作视为提高教育教学水平和提升人才培养质量的重要支点，在科研工作方面不断加大人力、物力、财力和政策投入，取得了丰硕的科研成果，探索出了一条教学型财经类院校加强科研工作、促进学校科学发展之路。

以体制机制规范科研工作

规范完善的管理体制和运行机制是科研工作顺利开展和高效运转的决定性因素。建校以来，学校始终注重加强科研工作体制机制建设，出台了一系列科研工作制度性文件，以完善的体制机制规范科研工作。

在1994年召开的第一次科研工作大会上，学校把“科学规划、强化管理”，放宽科研政策、加强科研制度建设作为科研工作重点之一。1999年8月召开的第四次教学科研工作会议上，刘全顺院长提出了“进行制度创新、寻求有效的运行机制”的工作思路，指出要抓好“目标管理体系、考核评价体系和利益分配体系”这“三个体系”，进一步加强科研工作，并提出了制度创新的具体做法。2003年7月，学校出台了《山东工商学院关于加强科研工作的决定》，对此后一段时期学校科研工作的指导思想、发展战略、目标任务、体制保障等作出部署；在2004年学校召开的第一次党代会上，重申了加强科研工作的紧迫性和重要性，进一步明确了加强科研工作是学校发展的阶段性首要任务；在

《山东工商学院“十一五”建设与发展规划》中，学校把加强科研工作作为促进学校高质量、高水平、跨越式发展的六条方针之一。“十一五”期间，学校还专门出台了《山东工商学院“十一五”科研规划》，提出了“十一五”期间学校科研工作的总体思路、保障措施、发展目标等。2010年召开的第二次党代会上，学校又把“加快推进科研工作”作为今后五年学校的主要任务之一。以上这些,都在体制及政策层面确立了科研工作在学校发展中的重要支撑作用。

实施了《山东工商学院科研管理办法》，明确了科研管理的工作思路，加强对科研计划与项目、科研经费、科研成果、成果转化、人文社科重点研究基地和学术活动等的管理，规定了各项管理的主要内容、目标任务、考核措施、奖惩标准、保障措施、实施细则等。

建立了规范的科研激励机制。制定了《山东工商学院科研奖励办法》，重奖获得国家自然科学奖、国家技术发明奖、国家科学技术进步奖、教育部高等学校科学研究优秀成果奖、国家社会科学基金优秀成果奖以及省部级优秀成果奖的科研成果；设立了校优秀科研成果奖，奖励校级优秀自然科学优秀成果、应用成果和人文社科优秀成果；对于国家级、省部级、地厅级以及横向课题等科研成果，视其完成进度和质量，分别给予相应的奖励；奖励教师发表的学术论文、出版的学术著作、被国际检索机构检索的论文，奖励职务发明专利奖。

完善了科研资金保障机制。实行了科研项目匹配资助制，对于国际合作项目、省（部）级及以上纵向课题、教育厅项目和省教育科学规划项目，学校予以匹配资助，省部级及以上有资项目按一比一匹配，国家级自筹经费项目按3万元匹配，省部级自筹经费项目按1万元匹配，省教育厅自筹经费项目按0.5万元匹配。设立了资助科研基金，用于资助校内优秀科研项目，重点项目每年10～20项，每项资助4000元，青年项目每年20～30项，每项资助2000元，并严格资助科研基金的管理、使用和资助项目的考核。设立了博士科研启动基金，鼓励和支持具有博士学位的教师做好科研工作，资助额度由人才引进政策确定，资助项目研究期限一般为二年。出台了《山东工商学院学术著作出版管理办法》，每年投入经费10万元，用于资助在职科研人员撰写的学术专著和博士论文，每部著作资助0.8万元，严格学术著作的申报、评议、入选程序，确保达到预期的资助效果。

形成了高效的科研服务保障机制。推行科研工作网络信息化，开发了网络信息管理平台，完善了科研计划管理、成果管理、科研机构、学术交流、学科建设及科研工作量考核等一整套管理流程，实现了计算机网络信息化、自动化。

建立了课题指南数据库、学科专家数据库、科研数据库、课题申报和成果奖励流程数据库等，实行链式操作，基本实现了无纸化办公，所有决策均在网络科研管理平台记录在案。加快科研资源集成化建设，在科研计划和成果管理环节上，建立论证会制度，站在学科高度，集聚、整合课题申报和成果评奖。加强科研档案管理，明确归档范围、归档流程、案卷管理要求，保障科研统计资料的完整性、准确性和及时性。

进一步规范了科研行为。出台了《山东工商学院学术道德与学术行为规范》，进一步规范广大教师的学术科研活动，大力倡导求真务实、勇于创新、严谨自律的治学态度和笃实诚信、戒浮戒躁的科研风气，努力提高科研人员的政治素质、业务能力和道德修养，构建有助于公平竞争、充满活力的学术氛围。成立了学术道德与学术行为规范监督委员会，作为校学术委员会下属的专门委员会，专门负责受理个人或有关业务部门的举报，对违反学术道德与学术行为规范的行为进行界定和处理。

以学科建设引领科研工作

学科水平的高低是一所大学办学水平高低的主要标志。山东工商学院从学校实际出发，注意发挥学科建设在科研工作中的引领作用，以学科建设为基础加强和促进科研工作。

早在 1997 年迎接本科教学工作合格评价之前，学校提出了加强学科建设的思路，通过本科教学评价后，学校又提出了抓好重点学科建设的思路。在学校“十一五”发展规划中，确立了“以科研为重点，紧紧抓住省校两级重点学科建设不放松，全面提高学科实力和水平”的发展方针，明确了以学科建设为龙头带动和促进科研工作的政策措施，提出了学科科研工作的六大任务。成立了学科建设领导小组，负责领导、规划、监督学校的学科建设全局性的工作。

2003 年学校实施了“学科立校”战略，2010 年第二次党代会后调整为“学科强校”战略。学校党委行政站在学科前沿，在深入研究基础学科、主干学科、支撑学科和交叉学科等学科体系的基础上，进一步明确了学校的学科体系，确立了学科发展的目标，即：学科综合实力明显提升，力争 1 ~ 2 个学科全国知名，2 ~ 3 个学科全省领先，形成具有较强竞争力的高水平优势学科群。部分学科研究方向达到国内领先水平。实现高水平学术团队、高层次科研项目、高水平标志成果、高级别科研奖励的重大突破。

实施了《山东工商学院重点学科建设方案》，明确了学科发展的总体目标以及重点学科建设的发展理念、建设思路、学科布局、基本要求、主要任务以及管理体制机制等，对重点学科建设的主要指标提出要求，如某一时期获得省部级以上科研项目数量、省部级以上科研奖励数量、科研经费数量、著名检索机构收录论文数、年度发表的论文数目、出版专著或教材、研究课题、力争取得的奖励等，围绕重点学科建设加强相应的科研工作。

学校不断加大在学科建设方面的投入，学科建设成绩斐然。目前，学校学科布局更加合理，涌现出一批国家级和省级重点学科、特色专业等。学校现有计算机科学与技术、统计学两门国家级特色专业，项目管理学是国家级双语教学示范课，操作系统入选国家级精品课程，有管理科学与工程、企业管理、产业经济学、统计学、宪法学与行政法学等5个省级重点建设学科，有工程管理、统计学、市场营销、计算机科学与技术、工商管理、会计学等6个省级特色专业，有经济数学基础（一）、计算机学科导论、市场营销学、管理学、统计学、行政法学、操作系统、基础会计、技术经济学、单片机原理、西方经济学、人力资源管理等12门省级精品课程。有会计学、技术经济及管理、产业经济学、区域经济学、应用数学、计算机应用技术、世界经济、概率论与数理统计等8个校级重点学科，有政治学理论、劳动经济学、社会保障、社会学、金融学、经济法学、信号与信息处理、教育经济与管理、计算机软件与理论、英国语言文学等10个校级重点扶持学科。学科建设的强势发展，其本身就是科研工作卓有成效的重要表现，同时也有效地促进了深层次的科研工作。

以人才团队支撑科研工作

高层次人才和优秀团队是做好科研工作的决定性因素。山东工商学院切实加强人才队伍和科研团队建设，以人才和团队强化科研工作。

学校牢固树立“人才资源是学校的第一资源”的理念，2004年实施了“人才强校”战略，2010年第二次党代会后实施了“人才名校”的发展战略，把人才队伍建设当作提高科研水平的头等大事，采取了一系列措施加强人才团队建设。

积极从校内选拔聘用高层次人才，推行了重点学科带头人和学术带头人制度，每两年从在职具有高级职称或具有博士学位的教工中评选一次有突出贡献专家，每次选拔5人，管理期为4年。管理期内，学科带头人、学术带头人和有突出贡献专家享有相应的待遇，并要主持完成一定的科研任务。

实施了“125人才工程”，面向校内外公开招聘高层次人才。“125人才工程”具体是指：到2010年左右，培养和引进10名在同学科国内领先的学科带头人、20名在省内一流的学科带头人、50名在省内领先的学科带头人。“125人才工程”每年遴选一次，管理期为4年，每两年考核一次。三个层次的人才有着严格的入选条件，国内外符合条件、具有相应资质的学者均可报名竞聘。竞聘成功后，必须在管理期内完成一定的科研教学任务，经专门的委员会考核认可后，方可获得全部的待遇。

积极引进校外优秀人才。根据学校发展的需要，每年都制定高层次人才引进计划，对于引进的教授、博士等高层次人才，给予一定的优惠政策；推行了名誉教授、特聘教授、兼职教授聘任制，利用校外优秀师资来调整和完善学校人才队伍结构，充实师资队伍，造就一支专兼职相结合、老中青相结合的科研梯队。

把青年教师的培养作为人才工作的战略重点。制定了《山东工商学院青年教师培养与管理工作暂行规定》，实行教师岗前培训和青年教师培养导师制，完善体制机制、优化工作环境，鼓励青年教师勇挑重担。积极支持和帮助青年教师申报、承担科研课题，在设立的校内资助科研基金中，专门划出一定比例用于支持青年教师的科研工作，促进青年教师早日主持、参与重要科研工作，成长为学有专长的优秀教师。

加强创新团队建设。贯彻《山东工商学院创新团队管理办法》精神，聘请校外专家组成评选委员会，按照选拔程序，从现有教师中筛选出有一定研究基础、同一研究方向有若干名研究人员、研究内容新颖或学科交叉性强的研究群体，孵化在国内外具有重要影响的科研成果或创建新学科，形成新的学科增长点和省内领先、国内知名的研究群体。每个创新团队给予5万元经费支持，其工作任务主要是在学科前沿领域或交叉领域从事基础研究和应用基础研究，不断跟踪学术前沿和推进学科发展，推动重点学科和交叉学科的发展。

目前，山东工商学院有专任教师755人，其中教授100人，副教授209人，博士144人。硕士以上学位专任教师共有588人，占专任教师总数的82.2%。现有享受国务院特殊津贴专家4人，山东省有突出贡献的中青年专家6人，全国优秀教师7人，教育部新世纪优秀人才支持计划入选者2人，山东省教学名师5人，山东省优秀教师、师德标兵3人，山东高校十大优秀教师5人，山东省十大中青年法学家1人，山东省“百人工程”理论人才2人，山东省社会科学学科新秀1人。有5个省级优秀教学团队，20个校级优秀教学团队，10个校级创新团队，为科研工作的有效开展提供了坚实的组织保证和智力支持。

以研究基地孵育科研工作

人文社科等重点研究基地是加强科研工作的重要平台。山东工商学院依托办学特色和优势，加强省级研究基地项目建设，充分发挥研究基地在孵化培育科研工作中的作用。

2007年，学校申报的“煤炭产业发展与创新研究基地”获批山东省人文社会科学研究基地，“山东半岛经济研究”获批山东省社会科学规划重点研究基地。为加强两个基地的建设，学校制定了《山东工商学院人文社会科学重点研究基地管理办法》，设定了翔实的建设标准，对研究基地的发展方针、主要措施、建设目标等作出了明确规定。

依托半岛经济研究院和煤炭经济研究院，建立了以研究院为主的研究基地二级管理体制，学校、研究院、研究基地有着各自的权利和义务。研究基地实行基地负责人、首席专家负责制，基地负责人主持基地日常管理工作，首席专家负责组织基地学术研究活动。各研究基地设学术委员会作为学术研究指导机构，负责审议研究基地的学术研究方向及中长期研究发展规划等，每届组成人员应为单数且不少于5人，任期3年。

积极推动研究基地主动承担重大科研项目，产出重大科研成果。每个基地每年获批的国家自然科学基金项目、国家社会科学基金项目不少于一项，并主动从国内外有关部门承揽各种研究项目，广开科研项目和经费来源，每个研究基地每年的到账科研经费不少于10万元。加强经济和社会发展重大理论和实践问题研究，积极参与各级政府决策部门委托的政策咨询研究项目。瞄准学科前沿，增强创新意识，树立精品意识，力争产出填补学科空白和具有学术前瞻性的创新之作。

加强研究基地的投入和管理。学校每年为每个研究基地投入专项费用不少于10万元，用于学术活动、科研设施、图书资料、网络管理等的支出。加强研究基地档案建设，建立了重大事项报告制度、科研成果简报制度和统计年报制度。学校每学期开展一次检查工作，促使研究基地尽快达到应有的建设标准。

几年来，两个研究基地汇聚了一大批优秀科研人才，形成了一批以省突出贡献专家为核心的学术带头人和一批学术视野开阔、创新思维活跃的学术骨干队伍，凝练了海岸带研究、煤炭产业创新等一系列研究方向，形成了许多高层次的科研成果，有效地发挥了研究基地深化和促进科研工作的作用。

以研究项目推进科研工作

科研项目是科研工作的重要载体，科研成果水平的高低是衡量科研工作水平高低的重要标准。山东工商学院积极鼓励教职工申报高层次的研究项目、出高水平的科研成果，用研究成果和研究项目支撑科研工作。

学校每年都制定科研项目工作计划，积极组织国家级项目、省部级项目以及横向课题、纵向课题、校级课题等各级各类科研项目的申报、评审与立项工作。鼓励教职工与企事业单位联合进行横向项目研究，鼓励申报各级各类纵向项目和校级项目，积极开展校级资助项目。学校不断加大项目管理，督促、检查各项目组的计划落实情况，协调项目研究过程中的各种关系，组织项目结项等各项工作。

广开项目渠道，争取外部资源。紧密围绕地方经济社会发展需求，开展了横向联合与协作，争取项目多渠道发展，充分调动广大科研人员的积极性和创造性，深入有合作意向的大中型企业开展专题调研，促成横向合作，争取更多的横向课题。

严格项目的结题工作。科研项目结题验收工作贯彻学术评议与行政管理相结合的原则，实行学院、二级学院（教学部）两级管理模式。对各类纵向科研项目，经校学术委员会评审通过，已达到学校规定结题基本条件，方可向项目来源部门申请以其所规定的结题形式结题。对于跨年度科研项目，学校按上级相关管理文件进行年度检查，并负责向上级主管部门联系结题事宜。

仅最近 5 年，学校在科研立项、高层次科研成果方面取得重大突破。承担国家自然科学基金、国家社会科学基金、国家软科学、教育部发展规划项目等纵向课题 404 项，出版专著和教材 146 部，在《中国科学》《管理世界》等学术刊物发表论文 5751 篇，SCI、EI、ISTP 检索 199 篇，获中国高校人文社会科学研究优秀成果三等奖 2 项，山东省自然科学奖、科技进步奖和山东省社会科学优秀成果奖等 74 项。

以特色研究升华科研工作

特色是学校发展的灵魂所在。山东工商学院把彰显办学特色作为学校发展的重要因素，以特色科研升华科研工作。

实施了“特色兴校”战略，按照优质性、持续性、前瞻性的基本原则，将特色放到整个社会大背景下统筹规划,保证办学理念和特色发展目标的先进性。注重政策的连续性和工作方式的循序渐进，在特色发展项目的选定、提炼和升华上下功夫，努力打造优势项目和强势特色，以特色促进学校持续、健康、协调发展。

强化建设管理学科，积极发展经济学科，大力扶持工学学科，促进经济与管理融合，工科与商科相长。加强省校两级重点学科，发展优势学科和学科群，推进研究方法创新，促进和带动计算机科学、数学、法学与管理学、经济学的渗透融合，用新的研究方法推进现有的研究方向，确立和扩大特色研究领域。

坚持研究机构的开放性和资源共享，注重整合外部学科资源，尤其是特色研究领域的学术资源，针对不同学科的现状和潜力，发挥院（部）在学科建设中的主体作用，打破行政壁垒和学科壁垒，积极推进各学科对校外学科的融合借鉴。

经过几年的努力，“特色兴校”战略成效明显，形成了“管理学科见长、煤炭经济研究见强、半岛经济研究见优”的学科特色和研究优势。

管理学科比较优势已经明显。全校 13 个学科型学院中有 4 个属于管理学科，在建的 5 个省级重点建设学科、2 个省级研究基地中有 3 个属于管理学门类，44 个本科专业有 17 个属于管理学科；管理学科拥有的博士占全校总数的 44%，管理学门类学生占在校生中的 48%；在国家自然社科基金评审中，2007 年山东省共获得管理学科项目 8 项，我校独占 4 项，2008 年山东省获得 10 项，我校就有 3 项，在山东省高校均居第一位。

在煤炭经济研究方面，学校以煤炭行业为依托，发挥煤炭经济研究院的优势，承担了 90 多项国家自然基金、国家社科基金、国家软科学等项目，参加了国家煤炭产业政策与规划等宏观决策的研究与制定。学校横向课题及经费主要来自煤炭企业，在煤炭企业发展战略与规划等领域显示出比较优势。

在半岛经济研究方面，学校紧紧抓住山东省“东部突破烟台”的机遇，发挥学校在区域经济学和产业经济学学科方面的优势，突出城市经济、海岸带经济、临港产业等研究内容，开展半岛城市群与产业发展、半岛区域经济评价与规划等领域的研究。承担了 60 多项相关的国家社科基金项目、国家自然基金项目和山东省社科规划等项目，开辟了“半岛经济论坛”，编辑出版了《半岛经济评论》集刊，半岛经济研究优势已露端倪。

以学术交流助推科研工作

山东工商学院坚持“百家争鸣、百花齐放”的方针，大力开展国内外学术交流活动，以高层次的学术交流拓展科研工作。

加强校内学术交流活动。每年举办一次学术活动月，通过开展学术交流会、报告会、讲座、论坛等形式开展学术交流，促进学术活动的常态化。每两年举行一次优秀科研成果奖评选活动，全校符合条件的科研成果均可参评，在校内各学科、专业之间开展深入的交流活动，促进学校科研水平的整体提高。

开展多层次、多渠道、全方位的国际国内合作与交流。积极推进与国内外高校和学术团体的联系与合作，与20余所国内外知名高校建立了长期合作关系。加强与友好学校的校际合作，开展多边交流，促进科研信息共享与科研合作，联合开展学科建设，积极开展教师、管理人员、学生的双向交流与学习。本着“合理配置梯队，长期占据资源”的原则，积极推荐学校学者到各类学术团体中任职，提高学校的学术影响力。

积极邀请国内外著名专家学者来校讲学、访问，鼓励和支持教师特别是青年学术带头人参加国内外学术会议和专业培训，提高学术水平和科研能力。仅最近几年，就先后邀请中科院院士冯士筰等著名专家学者400余人次来讲学，聘请了60余位名誉教授、兼职教授和特聘教授，资助教师参加国内外学术会议600余人次。

承办国际国内重要学术会议，推广学校的学术品牌。仅最近5年，学校先后举办了WITNESS首届仿真优化系统应用国际学术会议、中俄改革回顾与展望国际研讨会、中国管理论坛、全国计算机模拟与信息技术学术会议、山东经济学年会等50余个国际国内学术会议。

几年的艰苦努力，终于换来了收获的喜悦，山东工商学院在科研工作方面取得了突出成绩，并于2008年年底以较大优势获得硕士学位授权单位建设立项，实现了师生员工的十年夙愿。目前，学校正加快推进硕士学位授权单位建设，有了深厚的科研积淀，必将为这一目标的实现提供坚实的科研基础支持。

（本文发表于《山东工商学院报》2010年12月31日第451期）

栽培剪伐须勤力　切磋琢磨当弘毅

——山东工商学院实施“本科教学质量与教学改革工程”纪实

闫秀梅

山东工商学院坐落在黄海之滨，依山傍水，是一所拥有海纳百川气度的年轻大学。自建校以来，学校就迈着稳健的步伐不断发展，尤其是近年来，学校以科学发展观为指导，以提高教育质量为立校之本，不断深化教育教学改革，优化人才培养模式，出真招、出实招、出新招，探索出了一条符合学校实际的人才培养新路子。

教学工作是学校的中心工作，提高教学质量是学校永恒的主题。我校牢牢把握人才培养这个根本任务，遵循高等教育教学基本规律，解放思想、更新观念，争先创优、真抓实干，为扎实推进有特色开放式工商大学建设而奋斗。如今，突出本科教学中心地位的战略思想已深入人心，教改工程硕果累累，教学质量稳步提高。

育人不为稻粱谋　出真招保障教学

山东工商学院是一所教学型普通本科院校，自建校以来就以“惟平惟准，近知近仁”为校训，形成了“艰苦奋斗、自立自强，锐意改革、开拓创新，用心干事、争创一流，尊重教师、关爱学生”的山商精神。

学校实行了党政一把手作为教学质量第一责任人、主管教学工作的副院长为直接责任人的教学质量管理工作责任制。学校领导班子成员定点联系各基层教学单位，及时解决教学工作中存在的问题；校领导经常研究教学工作，并经常深入课堂，在教学第一线了解教学工作情况；党委会、院长办公会等把教学工作作为中心议题；学校每隔两年召开全校性的教学工作会议，研究教学工作中的新情况、新问题，交流、总结和部署教学工作，不断推进教学管理、教学内容和教学方法改革。实行教学基本状态通报制度，对各院（部）的教学质量、学生学习质量、出勤率等指标数据适时公布，加强监督。

学校加大教学经费投入力度。随着办学规模的不断扩大，采取多种切实有效的措施，加快办学条件的改善。加大实验室建设的力度和实训基地的建设力度，建成山东省高校最先进的商学实验中心等。在充分调研、反复论证的基础上，筹建工学实验中心；在西校区建设更具特色的能够满足外语教学和中外合作办学的新型实验场地。设立教学改革和教学研究专项基金，用于教师对教学改革项目的研究，为促进教学工作的深入发展提供资金保障。

建立和完善了全面的激励机制，进一步增强了教师从事本科教学工作的积极性。营造人人关心教学、人人支持教学的良好氛围，形成领导重视教学、科研促进教学、管理服务教学、后勤保障教学、舆论支持教学的良好局面。

心齐是我校取得各项成绩的前提。全体师生员工发扬严谨、务实、团结、奉献的优良传统，在教学研究、教学改革、专业建设、课程建设、实践教学、学生实践创新能力培养、教学团队建设、质量监控体系的完善、日常教学管理工作等方面，均取得了优异成绩，学校的教学质量和教学水平显著提高。

面对轻松的人际关系、严格的教学要求、充足的教学资金、严明的奖罚措施，每位老师都能在学校找到属于自己的位置，并且充满向上的动力，关注育人，淡化个人私利。众人心底的无私，造就了山东工商学院蓬勃发展的今天。

抓教学凝练心血　出实招培育精品

学校全面实施“质量立校、特色兴校、学科强校、人才名校”战略，坚定不移地走创新发展、内涵发展、特色发展、开放发展、和谐发展之路，毫不动摇地坚持全面提高人才培养质量、科学研究水平和社会服务能力的发展思路和指导思想，紧紧围绕“建设特色鲜明的，优势学科在全国知名、省内一流，具有良好社会影响的山东工商大学”的发展目标，全面实施教学质量工程，以项目建设为龙头，狠抓教学基本建设，全面推行教学改革，有计划、有步骤地实施教学质量工程。

1. 加大专业建设力度，注重专业的内涵建设。

经过充分论证、积极准备，学校加快推进学科专业结构调整，重视对新增专业的建设和规范。加强学科带头人、专业负责人制度；制定出详细的专业建设考核指标、专业建设考核验收办法，并严格按专业建设方案及考核指标进行检查；加强主干课程，扩大选修课程，突出专业、人才培养的定位与特色，加强专业课程体系的建设；开发建设网上教学平台，实现教学网络化，校内优质资源共享；充分发挥教研室在专业建设中的作用；配套相应的激励措施，形成有效的竞争机制。及时修订教学计划、课程教学大纲、实验教学大纲；将教学内容与学科专业发展趋势紧密结合，充分反映学科前沿及专业发展动态；切实加强专业建设的组织领导工作，调动一切积极因素，形成良性专业建设与改革机制。

学校现有44个本科专业，形成了以经济、管理学科为主，兼有法、文、理、工等六大学科门类的多科性财经类高等院校的办学格局。通过不断努力和精心培育，计算机科学与技术专业在2009年被批准为高等学校国家特色专业建设点。2010年统计学专业入选国家级特色专业。截至目前，工程管理、统计学、市场营销、计算机科学与技术、工商管理、会计学6个专业被批准为省级特色专业，另有市场营销等10个校级品牌专业。

2. 高度重视精品课程建设，充分发挥精品课程的示范作用。

精品课程建设是高等学校教学质量与教学改革工程的重要组成部分。学校课程建设在认真做好省级及校级教学改革试点专业和试点课程工作的基础上，以基础课和专业基础课为主干，兼顾学科与专业分布，构建校、省、国家三级精品课程体系，充分发挥精品课程的示范带动作用。建设具有一流教师队伍、一流教学内容、一流教学方法、一流教材、一流教学管理特点的示范性课程，做到高起点、高标准、高要求，体现先进性、科学性和示范性。由学术造诣较高、具有丰富授课经验的教授或博士学位研究生主持，形成了一个结构合理、人员稳定、教学水平高、教学效果好的教师梯队。精品课程高度重视实验、实习等实践性教学环节，具有科学高效的现代教学管理体系，拥有一套比较完备的、立体化的系列精品教材。

经过几年的建设，学校的精品课程建设实现了从无到有、从省级到国家级的飞跃。目前《操作系统》被选为国家级精品课程，有《经济数学基础》《计算机学科导论》《市场营销学》《管理学》《统计学》《行政法学》《操作系统》《基础会计》《技术经济学》等12门省级精品课程，另有38门校级精品课程。

3. 持续深化课程建设，大力开展双语课程。

学校课程建设坚持加强基础、优化结构、注重实践、形成特色的整体性优化原则，把素质教育贯彻到课程教学过程当中。突出重点，以点带面，坚持“以人为本”，逐步确立学生在教学过程中的主体地位，不断改进教学方法和教学手段，提高课堂教学质量。

从2005年下学期开始，学校采用边试验边总结、逐步推进的办法，积极开展双语教学。双语课选用高质量的外文原版教材，开发和研制课程多媒体课件；组建由高水平的教授担任主讲，由富有潜力的副教授和讲师辅助讲授的教师梯队；使用外语授课的课时数占本门课程上课总课时数的50%以上。

学校管理科学与工程学院宋华岭教授主持的《项目管理学》（Project Management）被选为国家级双语教学示范课程建设项目。2010年校级双语教学示范课程建设立项5门。

4. 建立团队合作机制，提高教师的教学水平。

师资队伍建设是学校一项长期的发展战略，它关系到学校的发展、办学的声誉，是提高教学质量的根本所在。学校按照“充实数量，提高素质，优化结构，稳定骨干，造就名师”的工作思路，在教师内部实行“一帮一，结对子”的方式，由教授、副教授辅导讲师、助教，发扬传、帮、带的优良传统，大力推动助教制度和教师能力提升计划，加强对青年教师教学能力（包括实践教学能力）的培养。通过教学团队，研究和改革教学内容，开发教学资源，开展启发式教学、讨论式教学和案例教学等教学方法改革，促进教学研讨、教学经验交流，加强对青年教师的培养。

在全校建立老中青搭配合理、教学效果明显、具有示范作用的教学团队。由具有较高的学术造诣和创新性学术思想、品德高尚、治学严谨、具有协作精神的专家为带头人。带头人坚持在教学第一线为本科生授课。学校现有省级教学名师5名，校级教学名师10名，有计算机科学与技术、市场营销系列课程和经济数学基础系列课程5个省级教学团队，高等数学教学团队等10个校级教学团队。

5. 强化教学研究意识，开展教学研究和教材建设。

学校营造良好的教学研究氛围，创造教学研究条件。开展多种形式、多个层面的教学研究活动，如教学研究专题研讨会、经验交流会等，吸收学生参加相关的教学研究活动，积极促进知识创新、管理创新、教学创新。由教务处组织征集教学研究问题，组织专家讨论确定并发布。设立教学研究基金，以立项的方式资助国家级规划教材、省部级和校级重点教材的编写出版，通过精品课程建设带动精品教材的建设。

在全校师生积极参与下，先进科学的教学研究成果不断涌现，推动了学校教育教学工作不断发展。《财经院校高水平教育教学研究与实践》荣获第六届高等教育国家级教学成果奖二等奖。在第六届山东省高等教育教学成果奖的评审中，学校共获得9项教学成果奖，其中一等奖2项，二等奖3项，三等奖4项。截至目前，共获得26项省级教学研究项目奖。《工程估价学》《管理信息系统》等3部教材被教育部确定为普通高等教育“十一五”国家级规划教材。

6. 加强通识教育，形成以儒商精神为主的财经类人才培养模式。

通识教育能够培养学生的想象力，而想象力正是创造力的基础。我校高度重视通识教育。针对学校的定位和学生的综合素质，建立起富有特色的经典教育课程体系，造就了一支优秀的教学团队，构建起以经典文化为核心的通识教育平台，研究和探索通识教育的长效机制，培养有特色、有潜力、有智慧、能创新的综合型、实用型高级人才。

我校于2005年成立了“经典教育研究中心”和“中外文化经典教研室”，至今已建立起一支学历高、素质强、业务精、专兼职结合、校内外结合的教师队伍，在全校开设了《中外文化经典导修》《经典讲座》等20多门课程。启动了中外文化经典“博士讲坛”，多次举办以弘扬中华文化为主题的讲座和朗诵、书法等活动。

2010年9月，我校被确定为“中华诵·经典诵读行动”试点单位。学校出台《山东工商学院“中华诵·经典诵读行动”试点工作方案》，支持强化通识教育，要求进一步开发出具有学校特色、支持专业发展和人才培养模式改革的课程，整理出版中国文化经典。培养高水平的经典诵读、书写、讲解的优秀师资队伍。在全校范围内开设《儒家文化经典解读》《儒商及儒商精神》等选修课程，形成以经典文化教育为核心的课程体系，为培养富有儒商精神的财经类人才奠定理论和实践基础。

2009年我校积极组织承办了“中华诵·2009经典诵读大赛”山东省烟台分赛区的比赛，在山东省决赛中，我校代表队获大学生组第一名，留学生组第三名，两名学生获得优秀奖，学校获得优秀组织奖。在“2010经典诵读大赛”山东省教育系统决赛中，我校学生获得三等奖。

师生共同谱新篇 出奇招培育人才

创新能力不足是目前我国大学生普遍存在的问题。对此，学校加大了实践教学的力度，通过培养学生实践能力，增强其创新能力，从而提高学生综合素质。通过着力构建“四层次、五模块、六能力、七平台”创新型实践教学体系，将产、学、研结合作为主线贯穿于实践教学体系之中，充分体现了学校的办学特色和优势。

1. 抓好实践教学的“四层次、五模块”，注重知行统一，将应用能力和潜能的培养和挖掘渗透到学校教育的全过程。

“四层次”包括基本素质层次、基础技能层次、专业技能层次、综合训练层次。“五模块”即素质拓展模块、实验教学模块、实习实训模块、论文设计模块、科研创新模块。

学校尤为重视实验课的改革。加快教学实验室的改造和建设步伐，通过学校、社会、个人等多种渠道筹集资金，购置先进的实验教学设备，改造实验教学环境。目前基础课程的教学实验开出率达到100%，专业基础课程和专业课程的教学实验开出率达到95%以上。在保持各专业特色基础上合理设置，精选经典内容，增加设计性、综合性实验。选取有一定工程或社会实际背景，体现应用性、先进性、综合性的课题，形成综合性的实践教学环节。开展多种形式的实习，强化各环节的质量监控。

加强校外实习基地建设，积极探索开放实习的途径。经过几年的建设，学校现拥有一批高质量的专业对口的实践教学基地，每个专业都有与之相对应的校内外实践教学基地。以校内现有的商学实验中心和相关专业实验室为依托，充分利用硬件资源向学生开设生产实训和仿真训练等实训项目，为学生将来就业提供最佳的演练和实训锻炼。截至现在，学校共成立了7个共青团中央就业创业实习基地和140个教学与就业实习基地，先后有3000多名学生到实习基地锻炼实习，其中大约15%的学生被实习基地所在单位录用，80%的学生因为有基地的演练和实训经历优势找到了理想的工作

在完成毕业设计和毕业论文时，鼓励学生选择实践性研究论题，鼓励学生参与科研和社会实践等，并将其纳入到创新学分管理之中。各实践教学环节累计的学分（学时），人文社会科学类专业不少于总学分（学时）的20%，理工类专业一般不少于总学分（学时）的30%；学校文法类专业实验总课时占课内计划总学时的比例不低于5%，理工科类专业控制在30%以内，经管类专业实验总课时要占课内计划总学时的10% ~ 15%；有综合性、设计性实验的课程占有实验的课程总数的比例达80%以上。适当增加独立设课实验课的数量。

2. 培养学生“六大能力”，注重学思结合，将全面培养人才和系统培养人

才融入到学校教育的各层面。

以教学内容改革和加强实践性教学环节为核心，培育学生的认知能力、适应能力、沟通能力、实践能力、创新能力、科研能力。将学生六大能力贯穿于教学的全过程，实现学生知识、能力与素质三者的统一。

科研处、教务处、学生处、学工部、团委等部门定期举办形式多样、内容丰富的学术讲座，让更多的学生接受学术熏陶，开阔视野，活跃思维，切实提升人文素养和科学素质。鼓励学生结合所学知识，在教师指导下利用业余时间开展课程内容专题讨论、学术报告会、演讲会等活动，写出较高水平的书面报告或组织课外科技活动小组等。鼓励学生在学习专业课程阶段参加教师的科研课题，或由教师组织成立课外科技活动小组，完成一定的科研任务，并撰写文献综述、生产现状调查、研究论文、实验设计等。

积极支持和组织学生开展丰富多彩、健康有益的社团活动，认真组织学生参加社会实践和社会调查活动，并做到精心策划、周密组织、有效检查，使学生认识社会，提高学习的主动性和积极性，增强自我塑造意识。

采用“请进来、走出去”的方式，加强与国内乃至国外院校在学生创新活动方面的交流。同时，在教师中创造一种关心学生创新、扶持学生创新的良好局面，促进创新活动的良性循环。

3. 构建“七大创新平台”，注重因材施教，将创新精神和创新能力的培养贯彻到学校教育的纵深处。

为培养具有创新精神和创新能力的应用型、复合型高级专门人才，构建“七大创新平台”，包括第一课堂创新平台、第二课堂创新平台、实践教学创新平台、大学生社团创新平台、大学生自主创业创新平台、和谐校园创新平台、图书馆创新平台。

学校成立了由校长担任组长的创新领导小组，保证组织落实、政策落实、措施落实和经费落实，结合学校学科建设规划、队伍建设规划和平台建设规划，制订计划，出台相关政策措施，保证创新工作高效、持续、稳定、协调发展。遵循个性化原则，构建多样化的人才培养方式。

强化教师的创新意识和育人意识，更新教学观念，改进教学方法，实行个性化教学，努力为学生提供扎实宽厚的基础科学知识、学科前沿理论和思想。

学校高度重视国家、山东省组织的大学生数学建模竞赛、电子设计大赛、英语竞赛等学生创新实践活动，推进素质教育，培养创新型人才。为此，学校颁发文件并成立大学生科技创新委员会，每年拿出 10 万元重奖进行科技创新的大学生。目前，先后有80余名学生获国家和省部级奖励，在全国大学生数学建模大赛、全国大学生电子设计大赛、全国“挑战杯”大学生课外学术科技作品竞赛、全国首届统计学专业优秀学士论文评选、国际奥林匹克体育与文学大赛、山东省“百灵杯”电脑知识大赛、山东省大学生创业计划大赛、山东省大学生辩论赛等多项比赛中，都取得优异成绩。在2009年全国大学生电子设计竞赛中，学校派出的4支参赛队中有3支参赛队获得全国二等奖，1支获山东省二等奖。在2009中国大学生就业模拟大赛中，我校学生荣获一等奖。在首届全国大学生统计建模大赛中分获二等奖、三等奖。在共青团山东省委联合《大众日报》组织开展的以“调研山东”为主题的大学生社会调查活动中，我校学子获得一等奖。山东省第八届“齐鲁大学生软件设计及外语大赛”上，获大赛软件组一等奖1项，二等奖3项，三等奖6项；英语组获大赛英语组二等奖2项，三等奖7项，优胜奖5项；日语组获三等奖3项。在2010年全国大学生数学建模竞赛中获国家二等奖……

“问渠那得清如许，为有源头活水来”，由于学校锐意改革，不断创新，采取了多项切实有效的措施，促进了教育教学质量的全面提高。展望未来，学校在既定发展思路的引领下，将继续深化质量工程建设；将继续发挥财经学校与现实经济建设结合紧密的优势，紧跟时代发展趋势，探索开放办学的新形式与新内容，继续严格管理，不断完善教学质量监控体系；将继续坚持制定科学、合理的项目评价标准和考核要求；将继续发挥“质量工程”的示范、辐射和引领作用，将教学改革进行到底。

从建校之初发展到今天，老山商人筚路蓝缕、兢兢业业，新山商人薪火传承、改革创新，几代山商人共同的特质是辛勤耕耘、志存高远。正是这种精神，引领着学校迈向更光明的未来，铸造更辉煌的明天。

（本文发表于《山东工商学院报》2010年12月31日第451期）

情融文字　意溢纸端

——回望校报的 23 年

颜晓英

题记：23 年，或许只是时间长河里一朵寻常的浪花，然而，对于一份报纸而言，却意味着从呱呱坠地到风华正茂，从默默无闻到影响渐广，从一抹新绿到一方园地。

毕业后，我有幸来到校报编辑部，开始了与校报朝夕相伴的日子。转眼间，五个年头过去了。每当手捧着沉甸甸的校报合订本，翻阅着一张张墨香未尽的纸页，总会有一种特别的情愫直抵我的胸口。我想这应该是一种无言的感动吧。一页页白纸黑字间，一行行简约的文字里，有峥嵘岁月里的故事，有你我熟悉的名字，也有激情飞扬的青春……

在建校 25 周年之际，作为校报的一分子，我总想对校报说点什么。然而当试着去回顾校报的发展足迹时，我似乎感到了肩负的压力。因为 23 年的时间长度，等同于山东工商学院的发展史；而这 23 年里 450 期报纸的出版过程中，又有多少故事蕴藏其中，有多少身影从其中闪过？所以我的只言片语，又怎能还原校报的真实，怎能将这深沉而厚重的历史书写详尽？

但最终，还是深情让我鼓起了勇气。虽然，只是片段而已，但仍不碍于我对校报那份深沉的爱。

忆往昔

1987 年，刚刚建校一年多的中国煤炭经济学院，各方面都还刚刚起步，5

月25日，在学校建设发展的号角声中，《中国煤炭经济学院报》创刊号出版了，原党委书记伊长顺发表了题为《创办一张有特色的院报》的署名文章代创刊词。自此，校报作为学校最悠久的文化载体之一，开始了她的发展历程。

1987～1989年的校报属试行阶段，出版周期尚不固定，持有的是山东省新闻出版局发给的“内部发行”特许证。1990年校报改为月刊。1998年，校报获批国内统一刊号。1999年校报改半月刊。2003年，学校更名为山东工商学院，校报报头名称也相应变更为“山东工商学院报”。2003年7月，校报改为周刊。2006年1月，校报的第一版和第四版改为彩印。如此，校报一路坚实地走来，实现了从无到有，从内部刊物到公开刊物，从不定期出版、月刊、半月刊到周刊，从黑白印刷到彩色印刷的转变。

铭校史

无论是在当年条件简陋、艰苦卓绝的条件下，还是在今日楼群挺拔、师生数万的环境里，这样一份伴随学校诞生、成长的报纸，一直在用纸墨和影像记录着这片热土上的一段段历史。23年后的今天，我们依然能从那发黄的纸页中触摸到学校发展的脉搏，倾听到学校前行的足音：1991年，校办产业在煤炭系统高等学校范围内率先实现收入超千万，利润过百万，并被原国家教委作为“经营开道，发展校办产业”的典型向全国高等学校介绍和推广；1997年11月通过了国家本科教学工作水平评价，结束了学校痛苦挣扎、徘徊不前的历史；2003年通过教育部本科教学工作水平评估，学校进入良性发展轨道；2004年第一次党代会召开，吹响了建设山东高水平财经大学的号角；2010年第二次党代会召开，开启了山东工商学院人新一轮创业的壮丽征程……

倾全力

镶嵌在字里行间的不仅有我们的校史，还有几代办报人不懈的努力。23年的时光，一批批编辑、记者、通讯员离开了校报，离开了山东工商学院。他们带走了校报生涯中一段难忘的岁月，却留下了一份未了的情缘。“回味编辑部里共聚一堂的温馨气氛，回眸那个充满激情的集体，仿佛我还不曾离开过。如果说当初进入校报是偶然的话，那么爱上校报是一种必然。”“从精挑细选各类来稿，到反复推敲修改文章字句语法，到逐字逐句反复校对样报，再到最后的定版，一张翰墨飘香的报纸，凝聚着大家多少智慧、心血和汗水，恐怕只有做过报纸的人才能了解其中的艰辛与喜悦。”……每每读到这些感言，一幕幕伏案修改、忙碌奔波的画面便在心灵深处氤氲成一道特别的风景，一种深深的思念之情也在心底蔓延开来。

每一期报纸与广大师生见面之前，作为办报人的我们，内心总会有几分隐隐的担忧。因为我们所面对的读者有着较高的文化层次和阅读要求，虽说之前已经做了反复的修改和校阅工作，但我们仍能感到所背负的那份期望的分量，这份期望，来自校内广大师生，来自工作岗位上的校友，也来自兄弟院校的同仁。每当有读者通过电话、电子邮件等方式同我们交流写作心得、办报经验时，我们都如获至宝，这份报纸已经得到了那么多人的关心和关注，我们又怎能不竭尽全力？

期未来

办出自己的特色和影响，一直是校报编辑们追求的目标和努力的方向。近年来，我们优化了校报的版式设计，加强了特色栏目的设置，力求用生动的版面形式和深入的选题策划打动读者；为凸显校报的思想性、导向性，适度增加了新闻评论；还不定期推出专刊、专版，服务学校的重大活动。于是，在广大读者的赞许声中，我们收获了欣慰，收获了喜悦。正是这份欣慰与喜悦，让我们拥有了继续前行的力量。回首《山东工商学院报》的发展历程，我们为之骄傲的是，我们一直在努力应时顺势，图新促变。也正因如此，无论是在今天还是在明天，我们都可以坚定而自豪地说：历史固然精彩，未来更应期待。

（本文发表于《山东工商学院报》2010 年 12 月 31 日第 451 期）

美丽如她 快乐与我

李 爱

1985年12月，冬天了，有些冷，但也是积蓄力量的季节，她出生了，典型的“80后”。有着“80后”的青春、活力，也有着“80后”的徘徊、迷茫。家长给她起了个好名字，叫中国煤炭经济学院，可能当时父母希望在他们的庇护下，让她好好地成长。在2003年，她十八岁了，按照现代人的观念，她是成年人了，应该开始自己独立的生活了，可以离开父母自己闯荡了。离开父母的庇护，也为了表决心，她把名字改成了山东工商学院，她决心用这个更体现自己特点的名字做一番事业。用现在时髦的话来说，她很年轻但很“给力”。

“依山傍海，风景秀丽，春来花团锦簇，草木泛青；夏至绿树成荫，湖光潋滟；秋日云高气爽，落英缤纷；冬季银装素裹，松柏傲立。优美洁净的自然景象、错落有致的建筑楼宇和诗情画意的苍林翠木有机融为一体，铸起了莘莘学子展翅腾飞的知识殿堂。”曾经有人这样形容她，如此之美，让人神往。而我真正认识她是在2005年，那时的我刚毕业，有一番自己的理想抱负，青涩、懵懂。与她相识，我想跟着她，想融入她的团队中，她接纳了我，我说“我会努力的”。转眼五年过去了，五年中，我在自己的岗位上，适应了，也在不断地提高自己。如今，她——山东工商学院，也渐入佳境。

五年之前，我对她真的了解不多。一直求学的我，可能太忙碌了，碌碌无为，而错过好多美好景色。知道她坐落在烟台，而不是好多人所认为的济南；知道她依山傍水，临海而居。来到山东工商学院，才知道那是真正的临海，出校门，过马路，就是大海。最初的山东工商学院，不对，应该是中国煤炭经济学院，只有两排小平房，几位老师，十几个学生，学校显得有些荒凉而冷清。即使这样，老师们也依然保持很高的热情，愿意倾其所有，把知识传授给学生。因为老师和学生人数不多，所以课上课下大家都打成一片，学习、娱乐、运动一样都不能少。这是院里的老教师给我描述的景象，看他们描述时的表情，能感受到他们很享受这回忆的过程。我经常像演电影那样在脑子里呈现那些场景，很让人羡慕。后来，一个五年过去了，又一个十年过去了，学校里平房变成了楼房，楼房也起了一栋又一栋，学生从几十个变成了几百个，几千个。老师也从几个人，变成了几十个人，几百个人。她成长了，壮大了，有力量了。

我来到的这个五年，正是她努力奋斗、大展宏图的五年。很多老师说我们赶上好时候了。“好时候”这个词我们经常听到，改革开放的成果让我们赶上了，国家的繁荣昌盛让我们赶上了，国泰民安让我们赶上了……其实，我觉得每个时期都有它的美好，有人觉得现在的教学条件好，有计算机，有多媒体，有投影仪，他们没赶上，很遗憾；也有人喜欢过去，只有黑板和粉笔，教室里是活动的桌椅，他们感觉这样上课更好。对我个人而言，这五年更重要。我有了自己的小家，变成了别人的妻；也算是有了自己的小事业，变成了别人口中的师。五年时间说长不长，说短也不短，刚找到工作时，好多同学笑说我从一个校门到了另一个校门，都没有真正踏入过社会。我不觉遗憾，学校何尝不是一种社会呢，教学育人也是社会重要之一环。记得有人说，当兴趣和职业能结合在一起时，那这个人就是很幸福的。作为一名教师，是我的职业，也是我的兴趣，我很幸福。每学期面对新的学生面孔，学生面对新的课程，我觉得能把我所学、所想传达给他们，就是幸福的事情。尽管有时学生让我生气，但有时他们也让我很欣慰；有时候我觉得上课很难，但更多的时候我觉得上课很快乐。可能人就是在矛盾中成长、生活吧。我总是在想，作为一名老师，我并不指望所有教过的学生都记得我，也不期望我讲的所有内容都得到学生的认可。只要有一个学生进步了，改善了，我就很开心。只要学生以后生活得好，即使在他大学的记忆里没有我的印象，我也觉得教过他们，很高兴。

我参与的这五年，学校的教师队伍增加到了 1100 人，学生也早已突破了一万人，接近两万了。本科专业增加到了 40 多个，涵盖了经济、管理、文学、法学、理学、工学等 6 大学科门类。那么多的教学楼、那么多的宿舍楼出现在我们面前，仿佛一夜之间。学校占地有 1300 多亩，校舍建筑面积达 47 万多平方米，学校的面积大了，变成了两个校区，她要更操心了。发展成现在这般规模，我知她还不满足，还要继续向前。也知多年来她的不易，这当中多少辛苦和劳累，没几人能真正体会。路是一步一步走出来的，大厦是一点一点盖起来的，目标也要一个一个去达成，因为热爱，因为有目标，那就有干劲。

接下来，她会有一个又一个五年，我愿意陪着她，做好一个又一个五年，看这一个个五年的变化、成长。虽然她看上去还很年轻，但她很强壮。她对自己要求越来越高，完成了本科，也要硕士，还要做博士。尽管她也有一些问题，也有一些坏毛病，比如团队内人员的平衡和配合问题，团队的日常管理、运行等，但谁不犯错呢，知错能改，在错误中成长，也是值得称赞的。

她是“80后”中的佼佼者，愿她做到篮球场上的姚明、110米栏上的刘翔那样优秀。我衷心希望她蓬勃发展，希望她变成山东、全国一流的，全世界一流的。

最近人们都在讨论“幸福感”这个词，在她的这个团队里，大家是幸福的，我们都会认真、努力地去做。

她是美丽的，但不乏奋斗的活力；我们是快乐的，更具拼搏的动力。

祝福她——山东工商学院！

（本文发表于《山东工商学院报》2010年12月31日第451期）

砺剑十八载　只为护才俊

——我校心理健康教育工作侧记

朱祥龙

心理健康教育工作不是一项“形象工程”，真正抓好了，肯定有利于学生的成长成才，肯定有利于教育教学的开展，肯定有利于向社会输送更多更好的合格建设者。对此，山东工商学院心理健康教育工作者有着深刻的认识。

回首过去，值得欣慰——

18 年来，在各届各级领导的亲切关怀下，在各位老师和各届“阳光天使”的辛勤努力下，我校心理健康教育工作牢牢把握机遇，在不平坦的道路上迎难而起，创造了令人欣慰的成绩。

放眼未来，重任在肩——

当学生心理健康教育工作站上新台阶、展望新高度之时，学校的办学环境、学生的成长环境和个人经历又发生了复杂的变化。紧跟时代发展步伐，紧盯学生成长历程，谨言慎行、如履薄冰地开展工作，已成为事关学生个人健康成长、事关学校各项事业顺利发展的关键所在。

辉煌十八载，点滴成就折射出领导关爱

走进位于综合楼 14 楼的心理咨询中心，舒缓的音乐，温馨的环境，让人情不自禁地放松下来。办公场所 300 余平方米，心理咨询室、心理阅览室、团体咨询室、朋辈咨询室、沙盘游戏室、音乐放松室、心理宣泄室……应有尽有，室内各种设施齐全，为心理健康教育工作的顺利开展提供了一流的工作环境和设施储备，从一个侧面展示了我校心理健康教育工作的非凡成就。

管中窥豹，可见一斑。一切要追溯到18年前——

1994年，我校办学规模还非常小，全校不过5个教学院部、1500余名学生。然而，时任校领导敏锐地意识到：学生个人的健康成长和现代化合格人才的培养都离不开学生个体心理的健康成长。为此，他们多次召集有关教育、心理问题专家和老师对心理健康教育工作进行专题研究部署，并划拨专款、选择办公场所、选派专业人员成立了大学生心理咨询中心，为全院师生提供心理健康教育服务。

作为一门边缘学科，心理学与其他学科的交叉点很多，心理健康教育工作更有其独特的工作方式和工作规律，必须有一批人员进行长期的深入研究。

有鉴于此，由分管学生工作的副校长为组长、有关心理专家为成员的心理健康教育领导小组也就产生了。历经多年发展，目前，我校已经组建了一支以专兼职心理辅导老师和全体政治辅导员为主体，以外聘专家和“阳光天使”为辅助，专兼职相结合的高素质的工作队伍。

为了鼓励相关人员进行心理学方面的研究和知识普及工作，学校还将心理健康教育纳入到德育工作的日程和计划之中，从人员配备、硬件设施、制度建设、工作方法、咨询手段等方面都进行了详尽规定，并出台了一系列配套政策。

同时，学校还采取“请进来”和“送出去”相结合的方式进行师资培训。18年来，共聘请校外专家讲学30余次，选派近百人次外出学习、深造。

“一分耕耘，一分收获。”如今，我校已形成了课内与课外、教育与指导、咨询与自助相结合的心理健康教育工作体制。2009年，学校被评为“全国高校学生心理健康教育工作先进单位”。

艰辛十八载，些许进步凝聚着师生汗水

大学生心理咨询中心成立之初，作为一个财经类院校，我校的心理健康教育工作基础很差，周围院校也没有什么先进的经验模式可供借鉴学习。没有基础，心理健康教育工作人员就点滴积累；没有经验，心理健康教育工作人员就摸着石头过河。

问渠那得清如许，为有源头活水来。为做好心理健康教育工作，各位老师在学习中成长，实践中探索，逐渐从门外汉成长为合格的心理咨询教师，从合格的心理咨询教师成长为优秀的心理咨询专家。

学校心理健康教育工作的每一个进步、每一次成长，都离不开心理教师们

的辛勤付出；学生们打开心结、豁然开朗后的每一个笑容、每一次释怀，都倾注了他们太多的心血。因为缺乏更为专业的后续督导，在一次次的心理危机干预之后，不少心理咨询教师在把释怀和愉悦送给了学生同时，却把压力和恐惧留给了自己——他们在夜晚变得敏感恐惧，经常做噩梦，承受着常人难以想象和理解的心理折磨。

人的因素，事关一项工作的成败。面对如山压力，要想做好心理健康教育工作，仅有好的硬件设施和制度组织保障，仅靠专业老师开展工作，显然不够。要将工作的触角延伸到我校的每一个班级，深入到了每个学生的内心，就必须有一大批能够接近同学、了解同学，并且具备相当专业素养的学生帮助开展工作。

对此，我校实施了“阳光天使”工程，每年都要通过笔试、面试以及卡特尔十六种人格因素测试等，招收心理健康教育工作“阳光天使”。历年来，我校共招收、培训“阳光天使”近 2000 人。他们通过“天使来信”“天使在线”等活动，累计向同学发放书信 8100 余封、答复同学疑问 5000 余条。

与此同时，学校还通过心理学专业课程、电话咨询、网络咨询和心理健康教育宣传活动等，在大学生中普及心理卫生知识，将心理健康教育的方法、理念、技巧融入到学生的日常生活中。

18 年来，我校共为近万名学生提供心理健康援助，累计发放各类心理知识卡片 19000 余张，举办人际关系、大学生婚恋问题等专家讲座近 200 场次、心理沙龙 120 余次。

18 年来，我校有 1 人被评为山东省心理健康教育先进个人、21 篇专业论文获奖。在 2009 年山东省心理健康教育年会上，我校作为全省仅有的四个典型之一发言，我校也连续两年被评为“山东省大学生心理健康节优秀组织单位”。

如今，我校已然形成了各班心理健康联络员—各院（部）学生工作者—校心理健康咨询中心，这样一个自下而上的三级服务网络，形成了集“建档、咨询、团体活动、网络交流、宣传”为一体的心理健康教育模式，为学校各项工作的顺利展开提供了强有力的支持。

风雨十八载，肩负重任更应放眼未来

宝剑锋自磨砺出，梅花香自苦寒来。一路走来，我校心理健康教育工作历经风雨，有成功时的欣喜若狂，也有遭遇挫折后的短暂烦恼。然而，成功也罢，失败也好，一切都已成为历史。

砺剑十八载，只为护才俊。面对学校各项事业的迅猛发展，面对新的社会要求，心理健康教育工作重任在肩，必须立足现实，放眼未来——

当代大学生面临的就业、学习、生活、人际交往等压力比以往任何一个时期都要大，因此也就更容易产生心理问题。需要全体心理健康教育工作者抛开过去的成绩，摆正心态，戒骄戒躁，认真研究和把握心理健康教育工作的科学规律，创新工作方法，创造性、前瞻性地开展工作。

面对我校创建有特色开放式工商大学的艰巨任务，需要全体心理健康教育工作人员充分发扬时不我待的奉献精神，以更加坚定的决心、更加有力的举措、更加完善的制度来规范、发展心理健康教育工作。

面对新的社会环境和学生个人成长历程，需要全体心理健康教育工作人员充分发扬勇于创新的精神，以更大的决心和勇气不断研究新情况，不断分析新问题，不断推出新方法，有的放矢地为不同家庭背景、不同成长经历的学生提供个性化的咨询和服务，为我校各项事业的健康发展、为向社会输送健康合格人才保驾护航。

（本文发表于《山东工商学院报》2012 年 12 月 7 日第 525 期）

让梦想永远盛开在学生的心田

——我校学生工作亮点纷呈

朱祥龙

2013年的春天，注定因梦想而飞扬热烈，因梦想而无比厚重。“中国梦”的伟大构想化为美好现实，需要我们每一个人敢于梦想，并勇于以实际行动将梦想付诸现实，这是我们的神圣使命。

近年来，我校学生工作紧紧围绕学校“培育具有新儒商精神的高素质应用型人才”这一中心目标，亲而不宠，严而不厉，通过个性化教育、人性化管理、亲情化帮扶等措施，全力做好对学生的教育、管理、帮扶工作，用真情、真爱、真为去激发学生心中梦想，引导他们将梦想落到实际行动上来，帮助他们勇于实现自己的梦想。

个性化教育，放飞学生“心中梦想”

每个人都有自己的梦想。每个人的梦想，都应得到大家的充分理解、认同与尊重。

国际商学院大二学生李晓申就有一个梦想——

5月18日晚，山东工商学院首场在校生个人演唱会“想你的夜——李晓申个人演唱会”在学校大学生活动中心礼堂举办。

谈起这事，李晓申自己感觉：“这一切好像是一场梦！”的确，如此近距离地触摸梦想，让他感觉有些不真实。

为了李晓申的个人演唱会，李晓申所在的国际商学院提前一年成立了“李晓申演唱会筹备工作小组”，辅导员杨军老师更是积极地为他联系场地和安排筹备，一帮志同道合的朋友义无反顾地鼎力相助……

个人的坚持努力、众人的支持帮助，使得李晓申最终得以实现自己开演唱会的梦想。

教育的关爱，既应该是对学生群体生命的关爱，也应该是对学生个体生命的关爱。面对来自五湖四海的学生，面对他们的飞扬个性和强烈的自我价值实现欲望，作为学生工作者，我们既应该关注学生的共性发展，也应充分重视学生的个性发展。

对此，学校学生工作处紧紧围绕“新儒商”精神内涵，重点突出其中的“正心诚意”“明礼守信”“家、国、天下”等，针对学生不同年级特点，结合专业、家庭、性格等因素，设定了不同教育内容，分解目标，层层推进，逐步提高，从专业学习、心理帮扶、人际关系、社会认知、人生规划等方面，帮助学生摆正学习目标，找准人生方向，放飞心中梦想。

针对大一新生，开展包括校规校纪、心理健康等12项内容的入学教育，帮助学生认识大学、了解大学，初步梳理自己的个人定位、专业认知、人生规划和理想信念等；

针对大二学生，主要结合每年的校园文明宣传月、诚信教育月等活动，从文明恋爱、人际交往、快乐成功等方面帮助学生“正心诚意”“明礼守信”，逐步提高自身文明水平；

针对大三学生，重点利用“全员社会实践活动”，深化他们的专业认知与社会实践能力，不断增强、巩固他们的学习意识、实践意识，进一步提升了学生的专业素养；

针对大四学生，结合学生考研、找工作等实际，帮助他们进一步全面认识社会、了解社会，在不断地认识与反思过程中，正确处理“家、国、天下”三者的辩证统一关系，全面提升自身综合素质。

这种尊重学生个体、关注学生个性、注重个性培养的教育方式，点燃了学生“心中梦想”，使得他们敢想、敢做、敢为，在释放自身青春个性的同时，也理解了乐学善为的道理，更懂得了个人价值与社会价值的辩证统一。

人性化管理，呵护学生“心中梦想”

会计学院大二学生张晨在为去省里参加“沙盘比赛”还是留在学校参加校电视中心台长竞选纠结的时候，老师告诉她，二者的时间虽然冲突，但事情本身并不冲突，先去参加省里的比赛要紧。只要自己有信心、有能力，竞选台长的事情，可以为她单独考虑……

张晨眼下的梦想其实很简单，那就是尽可能鱼和熊掌兼得。

梦想，不应该仅是一个抽象的概念，而应该是以一个一个具体的目标为载体，每一个具体目标的实现就意味着我们距离自己的梦想更近了一步。

当代大学生虽然个性和能力较强，但在自我定位、自主学习、情感调节等方面大多有所欠缺，他们实际上还是一群没有长大的孩子。

通过人性化的管理，精心呵护学生“心中梦想”，引导他们向着梦想努力前行，为学生创造最适合、最有利的成长条件帮助他们实现梦想，在学生的成长历程中就显得尤为重要——

“榜样示范”力促学生成才。工作中，我们尽量避免单纯的说教式教育管理模式，而是针对不同专业、年级学生，发挥优秀学长的示范作用，利用优秀校友的成功经验来激励学生乐于学习、善于成功。

同时，我们从学生日常的“出勤、成绩、评比”，各项荣誉和奖助学金的评比审核等，到优良学风班集体的“申报、创建、实施”，进行动态化管理，随时抽查、及时评估，确保优良学风始终在一个良性循环的轨道上。

“家的温馨”力助学生成长。学生宿舍是学生生活学习的重要场所，也是学校育人的重要阵地。在保证学生有一个优良居住环境的同时，我们更加注重宿舍的文化建设、服务管理的规范化建设。

每年开展的大学生宿舍文化节，通过富有特色的活动，在丰富学生文化生活的同时，不断提升宿舍文化品位，努力营造良好的文化生活环境。

公寓管理人员也能真正把学生当成自己的孩子，尽量掌握所在公寓每一名学生的个性特征，尽可能提供个性化教育服务。工作中，规范服务、文明用语，用自己的一言一行来潜移默化地引导、教育学生；生活中，注意嘘寒问暖，让学生时刻感受到家的温馨与关爱。

“最轻惩罚”力保学生成人。在对违纪违规学生的处罚过程中，把握“教育为主、处罚为辅”，在制度允许的范围内，尽量减轻或免于对学生的处罚。尽最大可能消除学生以后人生中的障碍，让他们学会律己以严、待人以宽。

亲情化帮扶，助推学生“心中梦想”

5 月 19 日，武汉一名大学生骑自行车撞到一位老人后，因无钱交医疗费用而劫持医生。我们在为该学生的冲动而扼腕叹息的时候，也认真分析导致这一悲剧发生的深层次原因。诸多因素中，贫困应是不能否认的一个主要的诱因。

贫困，是家庭经济困难学生梦想折翼的一个极为主要的因素。

据统计，我校目前有家庭经济困难学生 3800 余人，特别困难学生 1500 余人，分别约占在校生总数的 19% 和 7.5%。帮助他们解决物质困难、消除心理上的“贫困阴霾”是学校的一项重要工作，每年国家和学校用于这部分学生的资金达 1300 余万元，每年学校心理咨询中心都要为近 700 名学生进行个别心理辅导。

工作时，学生工作人员始终把家庭经济困难学生当作自己的亲人一样，将心比心、感同身受，充分尊重他们的人格尊严、个人隐私，真正做到“资助而不显摆，帮扶而不越位”，彻底扫除困扰家庭经济困难学生心理上的“贫困阴霾”。

此外，为加强家庭困难学生的独立自主、感恩回报、诚信做人等教育的时候，我们充分遵循学生自愿的原则，协调、组织他们参加力所能及的各类活动。

亲情化的帮扶使得家庭经济困难学生在帮助他人的劳动中赢得了生活的信心，获得了帮助他人的愉悦感，有力地增强了他们实现梦想的勇气。

人的梦想从来就不是孤立的，一个梦想实现了，新的梦想也就会随之产生。每一个人的梦想也不是孤立的，个人的梦想汇聚成流，就是集体的、民族的、国家的梦想。

党的十八大提出我国教育发展的目标：到 2020 年，全民受教育程度和创新人才培养水平明显提高，进入人才强国和人力资源强国行列。期间，每一位学生、每一名学生工作者都应该大有作为。

“帮助每一名学生认清自己的梦想、实现自己的梦想，并引导他们随之拥有更高、更新的梦想，让梦想永远盛开在学生的心田。”这应该是全体学生工作者的梦想。

（本文发表于《山东工商学院报》2013 年 6 月 21 日第 546 期）

从苦教苦学到乐教乐学的华丽变身

——我校全面推行教学改革的破冰之旅

闫秀梅　任松芹　焦玉华

自上学期以来，我校师生热议的话题是学校推行的教学改革。这次改革，体系庞大，内容丰富，令人目不暇接。新的教学方式的推行，使课堂上学生不爱学、老师很无奈的局面有了很大改变。这是我校以提高教学质量为抓手，以教学改革为中心，提高人才培养质量带来的喜人现象。

回想近年来我校推行教学改革走过的道路，很多一线老师万分感慨。采访过程中，有的老师说，这次改革称得上是一石激起千层浪。

一石激起千层浪

据悉，就在学校提出要推动教学改革之初，很多人心存疑虑。个性化培养，师资力量够吗？“通识教育”课程加大，那专业课怎么办？课程群建设，这个课怎么上？太多的疑问萦绕在教师心头。同样感到困惑的还有学生，难道以后上课我们变主角？难道光听听讲、记记笔记的懒散的上课方式要结束了？听说实践教学也与以前有很大不同了？学生们议论纷纷。

面对师生的疑问，学校领导坚持认为思路决定出路。面对势在必行的改革，魏金陵书记鼓励大家说，“我们要有勇气面对新的形势，大家要准备进行一次破冰之旅”。

一项改革，牵动全校的神经，为了提高人才培养质量，全面提升学校就业竞争力，一场行之有效的改革随之全面展开！

教务处处长刘传庚则一再告诉任课老师：教学过程的评价涉及作业、上课发言、研究报告、小组讨论、个人陈述、自我评价、小组评价、班级讨论、教师点评、考试等多个环节。今后要注重课程教学过程每一环节的评价，降低期末考试分数的比重；引导学生质疑、调查、探究，促进学生主动地、富有个性地学习；给学生"展示自我，体验成功"的机会，提高沟通能力，让学生在课堂上动起来。

开展教学改革工作以来，各学院高度重视此项工作，认真分析了新形势下高等教育的发展趋势、现代社会对人才培养的需求，总结了各专业的办学历程、学科优势，开展了大量的调研工作，对原培养方案进行了全面修订。据了解，目前，我校针对新形势的教学改革已经迈出了一大步。当前的改革已是柳暗花明又一村。

柳暗花明又一村

"老师，我设计的这个软件为什么总是调试不成功？""老师，我想参加智能车大赛，请老师多指导。"课下很多学生追着老师问，课上同学们照样闲不着，大家就一些问题展开争论，"为什么网上一件衣服卖98元时你想买，而仅售18元时你却不屑一顾？""假如你想推荐你的城市，你会怎么说？"

我们的学生，开始关注身边的现实问题，开始主动学习专业知识，思维、表达能力与日俱增。看着这些，当初坚持教学改革的领导们颇感欣慰。

不仅仅是学风有了很大改变，学校的教学改革之风吹遍了教研室的各个角落。

教研室改革初见成效

近3年来，教务处不断强化教研室组织教学的权力，在加强软、硬件的同时，注重教研室内涵建设，充分发挥教研室组织教学、研究教学、交流教学方面的功能，制定《山东工商学院教研室建设试行方案》，明确教研室建设理念、教研室设置条件、职责、基础任务等。各教学院（部）根据教研室设置条件，在充分论证和研究的基础上，设置本科专业教研室53个、专科专业教研室6个、课程教研室30个（含兼职4个）。

建立健全教研室年度考核机制。各教研室对照具体考核指导进行自查，各教学院部负责审查总结，教务处组织专家通过查阅相关总结材料，依据评估指标体系，进行全面检查和量化考核。考核为优秀的，学校给予一定表彰和奖励。学校加大了教研室建设的资金投入，每年划拨教研室经费 170 多万元，确保各项教研室活动尤其是教研活动的顺利、高效开展。通过教研室活动，加强大学教师的组织归属感，形成有吸引力的组织文化，加强教师之间的交流与合作。

鼓励教师在业务上的互相帮助，开展“传、帮、带”。制定《山东工商学院青年教师教学导师制实施办法》，由经验丰富的老教师对青年教师进行指导和培养。青年教师在导师指导下，至少掌握一门课程的教学内容、教学要点；能够撰写教学大纲和教案，熟悉并掌握教学环节的全过程和教学规范。

课程观摩活动渐成气候

早在 2012 年 1 月教务处就下发了《关于开展 2012 年课堂教学改革项目申报的通知》。通知要求教师应树立“以学生为本”的教育理念和“质量立校”的教学意识，强化学生应用能力的培养，鼓励教师立足教学实际开展课堂教学改革，大胆探索教学方式和考试考核方式的改革途径，推行“读、写、议”和合作性学习改革，鼓励并引导教师在教学实践中不断改革创新，逐步形成基于能力培养的合作性学习的教学模式和教学组织方式，以此推进我校的教育教学改革，不断提高办学水平和人才培养质量。

2012 ~ 2013 学年第一学期学校开展了全校范围的课程观摩活动，目的在于提高教师授课技能，推进课程建设，展示、总结、交流我校国家级、省级、校级精品（双语）课程、特色专业、教学团队、教学名师在课堂教学改革方面的成果。53 位教师的 48 门课程成为我校第一轮观摩课程。

专家对本次观摩课程，在教学态度、教学设计、教学内容、教学方法、教学效果、教学特色等六个方面进行评价。与以往不同的是增加了教学设计评价，即要求任课教师改革思路清晰、目标明确，有课程总体设计和课堂设计方案。倡导教师采用启发式、探究式、参与式教学方法，鼓励学生自主性学习、合作性学习、创新性学习，重视学生的学习效果和充满活力的课堂学习氛围。

2013 年 4 月，教务处又出台了《2012—2013 学年第二学期课程观摩活动总体方案》，进一步发挥观摩课程的示范作用，提高广大教师的授课技能，激发教师进行教学研究和教学改革的积极性，推进合作式探究式教学模式改革，实现我校应用型人才培养目标，形成我校办学特色。与第一次相比，这次课程观摩活动在组织形式和内容都上有所变化，如邀请浙江万里学院钱国英副校长来我校作了关于“应用型人才培养理论与实践”的讲座，彭新敏、钱裕禄两位教师进行了“合作式探究式教学模式”讲课示范，观摩课时间由原来的随堂听课改为教研室活动时间等。

全校性的课程观摩活动得到专家、领导和一线教师的一致认可。大家认为，针对课堂教学改革的观摩活动是一次大胆、有益的尝试，对改变传统教学模式、树立现代课堂教学理念、推进教育教学改革、提高教学质量有着十分重要的意义。

课程观摩活动充分反映了我校课堂教学的基本情况和教师的授课水平，为我校的教学改革提供了宝贵的经验和方向性的指导。打铁要趁热，在一系列的改革取得成效之际，我校将进行人才培养新方案的修订。至此，教学改革已是渐入佳境时。

改革渐入佳境时

为了进一步推动教学改革，学校正酝酿2013年人才培养方案。人才培养方案是高等学校人才培养的总体设计蓝图，是实现人才培养目标和基本培养规格的指导性文件。为了贯彻落实教育部《关于全面提高高等教育质量的若干意见》精神，我校在原来人才培养方案基础上全面修订和完善2013年专业人才培养方案。学校专门出台了《山东工商学院关于修订人才培养方案的指导意见》（院发〈2013〉40号），对此次人才培养方案的修订进行指导。该指导意见对总学分、课程设置、课程结构、通识教育课程设置、实践教学等作了具体规定。

校领导对此次本科人才培养方案修订工作十分重视。刘全顺院长要求：“人才培养方案应该围绕‘培养什么样的人’和‘怎样培养人’两个基本问题，以课程体系和课程内容的整合为核心，以突出学生能力发展为主线，以社会需求为导向，明确高素质应用型人才培养的规格定位；以开展合作性学习教学模式改革为着力点，加强对课程体系和课程内容的整合。”

新的人才培养方案重在将通识教育与专业教育有机结合，并处理好理论教学和实践教学、课内教学和课外指导、基础学习和科研训练以及社会实践的关系。打破学科壁垒，相关专业打通培养，优化课程体系，精选教学内容，进行课程的重组和整合，避免因人设课、重复设课，提高课程的综合化程度。进一步深化实践教学改革，完善实践教学体系，改进实践教学方法，丰富实践教学内容，加强学生实践能力和创新精神培养。尊重学生的自主选择，鼓励学生自主学习，为学生自主学习和研究创造条件。

结合学校教学改革实际，各个专业从找准人才培养目标定位入手，培养社会需求的复合、应用型人才，以“培养具有新儒商精神的高素质应用型人才”为目标，体现“商蓝融合、煤经渗透”特色，以能力培养为核心，促进知识、能力、素质协调发展，坚持通识教育、专业（卓越、应用）教育、创新创业教育并举。

课程体系由课程结构、课程形式、课程实施等几个部分组成。这次课程结构的调整，注重专业交叉复合，深化教学内容、方法、手段和考试改革，强化实验、实训、实习等实践教学环节，优化理论教学、实践教学与素质拓展三大课程体系，构建以学生为主体、以教师为主导的合作性学习教学模式，实现从注重知识传授向更加重视能力培养和素质提高的转变，增强人才培养的社会适应性和服务能力。

从教务处获悉，我校已经全面启动新一轮人才培养方案修订，以完善高素质应用型人才培养体系，逐步构建基于能力培养的教学模式，努力提高教学质量。

改革重在培养学生的科学素养和人文精神，促进学生综合素质的提高。有位退休的教授在校园散步，看到晨读的学生，他非常欣慰地说：学生在山东工商学院接受教育可能只有短短四年，但通过四年的自主学习，与老师的近距离交流沟通，所培养出的学习、沟通、发现能力以及在全校营造出的润物无声的教育环境下浸润出的精神气质，却能让他们受益一生，可谓教泽绵绵无穷期。

教泽绵绵无穷期

新的培养方案将更加注重“以学生为本”的原则，更加凸显我校本科教育特色。盛国军副院长强调说：“这次改革，重在制定专业人才培养目标和与之相适应的课程体系。要坚持知识、能力与素质均衡发展的原则，坚持符合规范、准确定位、突出特色的原则，坚持共性提高与个性发展相结合的原则，坚持课程体系和教学内容整体优化的原则，提高学生的科学素养和人文精神，促进学生综合素质的提高。”

这四个原则各有其涵义，教务处有关专家一一为我们进行了解读。要按照知识、能力、素质“三位一体”人才培养模式，科学选择知识体系，合理设置课程和教学环节，构建与人才培养目标相适应的专业教育知识体系。改革理论课程教学模式，注重联系实际，加强实践教学，提高实践教学质量，增设项目化训练，把能力培养贯穿于人才培养的全过程。树立课程群建设理念，对原有知识结构和课程体系进行科学性分析，在适当压缩总学分的基础上整合课程，解决课程教学内容交叉重复问题。注重基础知识教学对培养人才专业思维能力和专业核心能力的作用，注重科学思维方法训练。以此为契机，逐步推进“两增两减”教学转型，即增加学生自主学习时间，增加教师课下指导读写议、批改作业、培养学生能力的时间，减少理论教学体系中授课课时，减少教师考核工作量。树立课程群建设理念，学科基础课要力求知识领域覆盖面宽，授课内容“精”和“实”；专业课要突出核心（主干）课程设计；专业方向课要以社会需求为导向，将知识教学与能力培养有机结合，重点培养学生应用专业知识解决实际问题的能力。加强通识教育，把人文教育和科学教育融入到人才培养全过程。

根据不同基础学生的需求，继续对部分公共基础课程实施分级教学，实施分类、分段培养，提供多样化的课程体系和学习指导，探索以学为中心的教学模式，在教学内容的深度、广度以及教学的组织安排上给学生更多选择空间。

开设导论课程，由高水平教师和实业界专家共同讲授，使学生全面了解专业和学科，尽早确定学习方向和目标；注重课程关联性，优化课程结构，促进课程融合，使理论教学、实践教学、素质拓展在教学内容、时间和运行上保持一致、协同和连贯；要处理好平台课程与模块课程、公共课程与专业课程在整个课程体系中的关系，处理好基础教学与专业教学、主干学科与相关学科的关系。

强化实践教学、注重实践能力与创新精神培养原则，各专业要紧密结合专业特点和人才培养要求，分类构建实践教学课程体系，增加实践教学比重，确保各类专业实践教学的学分（学时）。学校专门出台《山东工商学院“大学生创新实验计划”项目管理办法（试行）》，推动我校本科生创新性实验实践活动的开展。

在采访过程中，我们随机采访了一些教授、部门领导、青年教师及学生，大家都对正在进行的改革表示了期待，认为此次教学改革意义重大，直接关系着人才培养质量的提高，不但具有挑战性，还应具有系统性和开放性。有位教授郑重地总结说：我校的改革之路还很漫长，但这场破冰之旅，必将是一条通往鲜花之路。

（本文发表于《山东工商学院报》2013 年 7 月 9 日第 548 期）

出一项制度钉一个钉

——写在学校贯彻党的群众路线系列制度出台之际

吴现波

“少数人靠觉悟，多数人靠制度。”把教育实践活动开展好，不仅需要立足当前、切实解决师生反映强烈的突出问题，更需要着眼长远、建立健全促进党员干部为民务实清廉的长效机制。近日，学校党委印发《关于完善有关制度，进一步做好直接联系群众、深入调查研究工作的意见》，同时一并修订完善、建立健全了督查督办、情况通报、联系师生、公务活动等方面的多项制度。这既是我校制度建设的重要成果，也是我校巩固扩大教育实践活动成果的重要保障。

制度的生命力在于执行力。每项制度都似一颗锋利的钉子，钉子打造好了，就要钉在该钉的地方，发挥应有的作用。钉子不用，散落一地，就会硌脚、扎胎，阻碍人们前行的步伐；制度不执行，只挂在网上、停在纸上，就会失信于师生，影响事业发展的速度。我们出台这些制度，目的是反对包括形式主义在内的“四风”，如果制度得不到很好的执行，那制度本身就异化成了最大的“形式主义制度”。“令在必信，法在必行”，出一项制度，就要钉一个钉！

增强制度意识，是钉牢制度之钉的前提。要广泛宣传制度，深入学习制度，使广大党员干部了解制度、崇尚制度、遵守制度，坚决澄清、纠正“定制度是为了应付上级检查”“执行制度会束缚工作手脚、影响工作效率”“制度可以选择性执行”等错误认识，增强制度意识，牢固树立严格按制度办事的观念，养成自觉执行制度的习惯，把制度转化为党员干部的行为准则、自觉行动。

夯实工作作风，是钉牢制度之钉的基础。“世界上怕就怕‘认真’二字，共产党就最讲认真。”抓制度执行要有求真务实的作风，要以敢于碰硬、勇于较真的态度，坚决反对对违反制度的行为熟视无睹、听之任之的好人主义，坚决纠正以文件代替贯彻、以会议代替落实、把制度停留在纸上嘴上的形式主义。要处处、时时、事事维护制度的权威性，做到有法有规必依、执法执规必严、违法违规必究，形成“正气内存，邪不可干”的良好局面。

强化监督督办，是钉牢制度之钉的关键。要把新出台的“督查办法”落实好，对制度执行情况，该立项督办的就按程序督办催办，该依法公开的就及时公开公示；对制度执行牵头责任部门，成绩突出的就大力表彰，工作不力的要坚决追究问责。要充分调动广大党员干部和师生员工参与制度建设、监督制度执行的积极性、主动性，提高制度执行的透明度和公信力，营造以遵守制度为荣、以违反制度为耻的校园氛围。

抓制度执行，领导干部要亲自抡锤砸钉、率先垂范。这次集中出台的各项规章制度都明确了责任领导和牵头部门，目的就是建立制度建设和执行的责任制和问责制，确保每项制度都有人抓、有人“钉”。为此，领导干部要“两手抓”：一手要抓制度执行的组织领导，强化执行制度情况的监督检查，确保制度行得通、管得住、用得好；一手要抓表率作用的发挥，树立法律面前人人平等、制度面前没有特权、制度约束没有例外的意识，高标准、严要求，带头遵守制度，坚持原则、敢抓敢管，维护制度的严肃性，一级抓一级，一级带一级，务求把各项制度落到实处、取得实效。

（本文发表于《山东工商学院报》2014 年 4 月 11 日第 577 期）

风起扬帆正当时　乘风踏浪谱华章

——我校创业教育服务新儒商人才培养纪实

魏振波

创业教育是使被教育者具有一定创业能力的教育，旨在培养人的创业意识、创业思维、创业技能等各种创业综合素质，它被赋予了与学术教育、职业教育同等重要的地位。我校根据社会发展与需求，依托学校自身特色与学科优势，提出了培养具有新儒商精神的高素质应用型人才的培养目标。围绕这一人才培养目标，我校的创业教育乘势而上，开拓创新，探索出了具有自身特色的“三四三”创业教育理念与框架。“三四三”的第一个“三”指的是创业教育工作“理念、制度、资源三位一体”，“四”指的是“大学生为主体的新儒商四层次创业教育培养体系”，第二个“三”指的是“创业教育推进要搭建好文化、课程、实践三个平台”。

创新创业理念先行

理念是行动的先导。创业教育是什么？创业教育为什么？创业教育怎么做？这曾是一度困扰我们的一系列问题。学校“具有新儒商精神的高素质应用型人才”培养特色的定位，无疑给出了这些问题的答案，为我校的创业教育指明了方向。引用学校领导的话说，“培养‘具有新儒商精神的高素质应用型人才’这一定位，符合我们财经类院校的类型特征，我们应该致力于培养有德有才的具有大商科背景的人才。这样的人才进入工商企业界各个行业，即便他们不是‘老板’，也会对商业道德的重树起到积极的作用。我们要着力于这类人才的培养，加大创业教育的力度，让更多的毕业生自主创业。我们不仅要培养

'老板'，更要培养有素质、有道德、有社会责任感的企业家。"在国家重视、社会需要、政府推动的新形势下，高校不仅要搞创业教育，还要搞好创业教育。

如何搞好？我校做出了积极的探索与学习。我校采取"请进来""走出去"的策略，邀请校外同行分享创业教育工作理念与经验，走出去"南下北上"，赴温州大学、黑龙江大学、义乌工商学院等创业教育典型高校考察学习，带回许多值得借鉴的先进教育理念与做法，开展了创业教育大讨论，进一步统一了认识，解放了思想。学校成立了创业领导小组，为创业教育开展提供领导协调、制度保障与经费支持。

创建体系搭建平台

经过几年的探索、摸索，我校初步形成了"新儒商四层次创业教育体系"。"四层次"是指大学生的"创业意识激发""创业知识传授""创业技能提升"和"创业项目孵化"，四个层次依次递进。针对这一体系，我校重点搭建文化、课程与实践三个平台。通过"企业家论坛""创业大讲堂""校友报告会""创业大赛"等丰富多彩的文化活动平台激发学生创业意识，传承创业精神；通过"创业学""创业概论""ERP 课程""KAB 创业实操""SYB 创业培训""创业精英班""创业沙龙""企业创办模拟""企业经营模拟""企业管理模拟""创业实践挑战""创业训练营"等课程平台传授创业知识、理论与技能；通过提供场地支持、政策支持、导师配备、资金支持等途径搭建实践平台，吸纳、孵化创业项目。四个层次密切联系，构成了我校新儒商创业教育的有机整体。

迄今，我校的企业家论坛已经举办过 10 届，邀请到的企业家嘉宾有 30 余位，涵盖了新东方、金山网络、张裕集团等知名企业，参加活动的学生数量累计 13000 余人。论坛的主题与内容，从对大学生就业择业到大学生生涯规划，从企业家自身的成长与创业经历到新儒商精神与素质的培养，从创业的素质与需求到对大学时光的珍惜，无不是对在校生一次次的激励与精神的洗礼。企业家论坛也因此被评为"山东省十佳优秀校园文化活动"。此外，创业名家大讲堂活动、新儒商企业家大讲堂、诺基亚青年创业大讲堂、创业校友报告会、创业服务进校园、商业实训大赛、创业教育讲座、校内创业计划比赛等活动，也深受大学生们的喜爱。这些第二课堂活动极大地丰富了我校创业教育的内容，深化了创业教育的效果。

我校累计完成了40个班1600余人的KAB创业实训，5400余名毕业生参加SYB创业培训课程。学校先后投入500万元建成了面积2000平方米的商业模拟实训室、创业实训室、ERP沙盘实训室等创新创业教育实训平台，投入300万元建设了面积近3000平方米的大学生创业孵化中心。体系的创立，平台的搭建，使得新儒商特色人才的培养变得顺畅、有序。

跟进政策保障制度

我校从政策支持、激励制度、管理制度和学习平台四个方面支持与鼓励大学生创新创业。先后出台实施了《山东工商学院关于加强大学生创业教育的意见》《关于加强新儒商文化建设的意见》《山东工商学院校内大学生创业教育实践基地管理办法（试行）》《山东工商学院“大学生创新实验计划”项目管理办法》，鼓励学生依托专业，不断在创新的基础上开展创业活动。为加速初创企业的发展，提高大学生创业成功率，学校制定并落实了若干鼓励大学生创业的优惠政策，主要包括享受房屋免租金、水、电、网络，导师指导制度，创业基金支持等。我校设立专项创业扶持基金，出台实施了《山东工商学院大学生创业教育基金管理办法（试行）》《山东工商学院大学生创业中心管理暂行办法》《大学生创业中心公约》《山东工商学院大学生创业导师管理办法（试行）》等一系列制度与办法。

整合资源整体推进

新儒商特色人才的培养本身就是在创业，需要各方面资源的支持。根据对本校大学生的调研，大学生创业最缺乏的是场地、导师的指导与创业启动资金，扩建孵化场地、对接内外部资源、筹集创业基金自然成为学校工作的重点。2010年，学校挤出几间办公用房作为学生创业场所，为学生提供基础的创业配置。2013年，随着创业大学生热情的高涨与创业项目的增多，原有场地已经远远不能满足创业大学生的需要，学校优化资源配置，将原来用于建设地下车库的场地改建为大学生创业中心，对于建设中的难题，分管领导现场办公及时解决。经过一个暑假的紧张建设，崭新大学生创业孵化基地及时投入使用。学校鼓励专业教师指导大学生创业，并支持教师参加创业师资的培训与认证，先后有27名教师完成教育部创业骨干师资培训、KAB或SYB的创业培训师认证。学校重视有实践经验的企业家或创业校友对创业大学生的指导与教练，经常聘请企业家导师到学校创业大学生交流分享。目前，每个大学生创业团队都配有 1 ~ 2 名指导老师或企业家导师。

我校积极对接政府与社会组织，争取更多的社会支持政策与资源。与KAB全国办公室对接，2007年成立大学生KAB创业俱乐部，2011年挂牌成为“大学生 KAB 创业教育基地”，成为 KAB 创业教育全国大家庭的一员，参加每年KAB全国性的交流、培训与比赛等活动。与烟台市大学生创业园签订合作协议，接纳我校大学生创业团队入驻，享受烟台市关于大学生创业优惠政策，以创梦网络科技有限公司为代表的一批创业团队顺利入驻烟台市大学生创业园。我校与烟台 YBC（中国青年创业国际计划）办公室对接，设立 YBC 服务站，争取创业小额贷款与社会企业家导师的“一对一指导”。在校外建立创业孵化园地2 处，设立共青团中央“青年就业创业见习基地”6 处。

在整合资源的基础上，学校探索推出了电商创业经理班、创业精英班等，开发专门课程、配备专门师资，提供专门教学设备，培养专门创业人才。“经理班”“精英班”优质的资源吸引着同学们跃跃欲试。

精心经营贴心服务

作为创业教育的实践层面，大学生创业孵化基地承载了大学生创业梦想的实现。大学生创业中心克服人员短缺、资金与经验缺乏等困难与问题，积极为创业大学生提供贴心服务。

根据需求，创业中心进行了合理的功能区划分，培训区、咨询区、服务区、文化展示区、素质拓展区、孵化区，为创业大学生量身订做了完善的创业服务“套餐”。与学校新儒商文化与新儒商人才培养相呼应，打造有学校特色的文化，包括 LOGO、创业校友故事、新儒商精神文化墙等，使进入大学生创业中心的每个创业者感受到学校人才培养的特色以及对他们的期待。学校为大学生提供创业咨询、创业培训、创业测评、水电暖网、工商注册、创业补贴对接等服务，为创业者保驾护航。设置创业咨询室开展创业咨询与创业测评，接待来访创业学生，每个学期都会为上百人答疑解惑。组织校内外专家，对所有入驻创业中心的项目开展准入论证，帮助学生完善创业项目。

成效初显前路长远

四年来，创业孵化基地先后入驻创业团队80余家，行业涉及网络科技、影视传媒、电子商务、广告设计、教育培训、校园生活服务等多个领域，先后孵化出四海教育、影人影视传媒、创梦网络科技、校宅购、迈高机器人科技等37家自主创业企业，大学生创业成功率达到了80%以上。带动就业1200余人，实现总产值近5000万元。在连续几届校园招聘会中多个创业企业返校招聘，反哺学校，真正意义上实现创业带动就业。2010年，四海教育张强被评为“山东大学生十大创业之星”；2013年，影人影视传媒有限公司负责人苏文被评为“山东优秀大学生创业者”，李继臣被YBC全国办公室评为“全国最佳创业青年”，张延东、周金刚、魏振波等多人被评为“全国青年创业教育先进个人”，学校被评为“全国优秀就业创业教育先进集体”“山东省创业教育示范高校”。2014年，迈高机器人科技有限公司、创梦网络科技有限公司两个创业团队获得创青春山东省创业大赛实践类金奖，将代表山东省参加全国总决赛。山东工商学院大学生创业中心被评为山东省“2014年省级大学生创业孵化示范基地”。学校的创业教育和学子创业事迹得到《中国青年报》《中国教育报》、山东电视台等新闻媒体的关注与报道。

虽然我校创业教育取得了一点成绩，但这与学校的长远目标还有很大差距，离国务院、教育部将创业教育融入人才培养体系的要求还相差很远，与创业教育先进典型高校相比，我们还有很长的路要走。面对新形势、新要求，我们必须增强紧迫感，深入研究，不懈探索新儒商高素质应用型人才培养的规律与途径，不断推进我校创业教育的发展，提高我校人才培养质量。相信，创业教育会在我校建设“有特色开放式工商大学”征途上做出新的贡献！

（本文发表于《山东工商学院报》2014年10月10日第595期）

第二篇

教师风采

篇首语

高校校报对新时期高校教师素质的展示

按照《高校教师职业道德规范》要求，广大高校教师要切实肩负起立德树人、教书育人的光荣职责；加强师德建设，关爱学生，严谨笃学，淡泊名利，自尊自律，弘扬优良教风，提高业务水平；以高尚师德、人格魅力、学识风范教育感染学生，做学生健康成长的指导者和引路人。这就要求高校教师素质的全面提升。

高尚的师德是为师之本。高校教师应该忠诚党和人民的教育事业，自觉践行社会主义核心价值观，带头传承中华民族优秀文化和传统美德，尊重学生个性，激发学生潜能，陶冶学生情操，做学生的良师益友，把开拓创新当作为师之重，创新教育教学方法和人才培养模式，促进科研与教学互动，强化实践育人，激发学生的主动性和创造性。

修身立德，为人师表，既是教师的职业要求，也是教师的内在素质。高尚的师德在一代代教师中薪火传承、生生不息。正是因为老师对学生人格的培养起着举足轻重的作用，教师的行为潜移默化影响着学生，才会有“学为人师、行为世范”这样的标准来衡量教师这个职业。

教育的标准离不开大爱，教育因爱心和奉献而崇高，教师因高尚品德而美丽。教育家陶行知曾说：“真教育是心心相印的活动。唯独从心里发出来，才能打到心灵的深处。”教师淡泊名利，安于奉献，坚守在三尺讲台，毫无保留地传授科学文化知识，以学生的成长进步为自己的人生追求，无论是润物无声地悉心教诲，还是坦诚批评、严格要求，都寄托着老师对学生的厚爱和期盼。学生的成才，离不开老师毫无保留的奉献。社会文明的传承，依靠教师的贡献。

教师的奉献，不仅表现在教了多少学生、传授了多少知识，更在于如何影响和引导学生。教师应该关爱学生，心底无私，乐于付出，境界高远。课堂上，老师严谨治学，课堂下，对学生悉心指导，学生一定会将这些融入自己的生活。蓬生麻中，不扶则直，教师如果用爱来打动学生，用真来影响学生，用直来教育学生，用美来熏陶学生，用严来约束学生，用善来感染学生，必会对学生整体素质的塑造起到决定作用。教师如果用渊博的知识使学生信服，用学则须疑的探索精神来引领学生，用严慈相济的态度来因人而异地施教，即使是桀骜不驯的学生，也会变得上进而守教。在老师的言行举止的影响下，对于社会上奉行的一些诸如拜金主义、享乐主义、极端个人主义，深受教师影响的学生自然会明辨是非，抗拒逆流。如是，师德之光则会照亮学生的人生，学生是社会的希望，教师就是那点亮希望的火把。

正是因为有师德火光的闪烁，才有高校不断提升的综合实力。因为一个学校不能仅仅靠品牌、生源和硬件，也不仅仅是看师资队伍的学历、科研和教学经验，还应该强调教师的师德。山东工商学院涌现出一大批脚踏实地、爱岗敬业、忠于职守、乐于奉献的教师，在各自的岗位上以育人为乐，展示了师德的光辉，推动着我校形成良好的道德风尚，塑造着学生健康的心灵。为人师者用高尚的师德来教育学生，这是山东工商学院，也是时代的宝贵的精神财富。

本篇收录了一些记录我校教师的专题报道和事迹介绍。这里有赢在执行、成绩斐然的学者，有或充满人格魅力、或课堂上神采飞扬、或大爱无疆的老师，让读者感受到山商教师的文化学识、精神风采与人生感悟。这些通讯报道角度新颖，见解深刻，说服力强大，文风朴实无华，充分展示了新时期高校教师的综合素质。

时代在发展，高校不是一个封闭的象牙塔，多元的观念、喧嚣的声音、名利的诱惑会使教师受到影响，面对这些，教师更应该坚守心中的明灯，默默耕耘，甘为人梯。有竹影扫阶尘不动、月穿潭底水无痕的定力，才会有教育的春天，这是学生的大幸，也是社会的大幸，正是因为如此，我们才更加强调师德，更加注重师德，更加宣传师德。

一位教学名师的执行力

——记第二届山东省高校教学名师范辉教授

稽文章

范辉教授现任我校信息与电子工程学院院长，计算机科学与技术一级学科强化建设责任人，学校“125 人才工程”第三层次学科带头人，兼任太原理工大学计算机软件与理论学科硕士生导师，中国计算机学会 YOCSEF 济南学术委员会委员、顾问，山东计算机学会常务理事，山东省高教学会计算机教学研究专业委员会常务理事。2006 年被评选为第二届山东省高校教学名师。

范辉教授治学严谨，他认为一丝不苟、敢于负责、锲而不舍的工作习惯是事业成功的起码条件，也是一个人学问修养的基本标志。在这种理念的指引下，范辉教授不仅自己在教学、科研上取得了丰硕成果，还带领信息与电子工程学院取得了令人瞩目的成绩，也带出了一支团结和谐、有较高学术追求和良好教风的教师队伍。

教学工作情有独钟，教研成就硕果累累

范辉教授对教学工作情有独钟。在他心目中，教书育人是教师的天职，把学生培养好是教师的第一要务。从教 23 年来，范辉教授给本科生开设了 6 门专业基础课，课堂教学工作总量超过 1 万学时。在平凡的教师生涯中他深深体会到，只有挚爱教学、精心教学、创新教学，才能够提高教学质量，培养出高素质人才。

他不断潜心研究讲课的“门道”，并在实践中体验，日积月累，形成了他独到的教学风格，他讲授的《计算机学科导论》《操作系统》三年内先后被评

为山东省级精品课程。学生是老师教学效果的最好裁判员。多年来，学生对他的教学的评价得分总在90分以上。学生网上评教说："范老师讲课情绪饱满，富有激情，他渊博的知识激发了同学们对本专业的兴趣"，"范老师讲课极富感染力，对学生有责任感，能做到既教书又育人，我佩服他"……范辉教授认为学生的欢迎和爱戴是自己人生价值的自我实现，也是一种乐趣。

他认为精心教学就是要把教学作为一门艺术，精益求精地去追求更高的境界。讲好一门课，不仅要学养深厚，要有精深的学术功底，还要广见博识，融会贯通，更要对教学内容精心设计，倾心投入，孜孜不倦，让学生学会思考，学会做一个高尚、睿智的"科学人"。

他认为创新教学就是要不断改进教学方法，形成自己独到的教学理念。他关注国内外学科发展的动态，研究探讨学科发展的规律与趋势，主动地合理组织课程和制订教学计划，积极参与精品课程的建设，以编写高质量教材为己任，自觉指导和帮助青年教师，为他们的成长提供或创造各种机会和条件，组织他们参加学术性、教研性科研课题的研究和教材的编写，在合作共事的过程中帮助他们不断提高专业水平和授课水平。原达和郭玉刚两位教师在协助范辉教授填写"申硕表"后，深有感触地说："范院长给我们任务的同时，也给了我们学习提高的机会。"

多年来他在教学理论方面进行了深入的研究和探索，获得多项优秀教学成果奖，形成了鲜明的教学风格，为教学梯队建设做出了突出的贡献。截至目前，范辉教授主编了6门课程的教材，其中《操作系统原理与实训教程》（第二版）被列入"十一五"国家级规划教材。在《中国大学教学》《计算机教育》等期刊发表了10余篇教学研究论文，主持山东省精品课程建设项目2门，荣获山东省高等教育优秀教学成果奖1项。

学术追求锲而不舍，科研工作成绩显著

范辉教授专业功底扎实深厚，学术思想活跃，科研能力突出，在教学的同时，长期致力于计算机科学与技术学科的科研工作，在智能虚拟环境、计算机辅助几何设计、移动Agent计算理论等研究方向上做了许多卓有成效的研究，并取得了一些标志性成果。先后在《计算机学报》等国内外学术刊物和会议上发表论文100余篇，其中被SCI、EI、ISTP收录28篇。已主持完成省部级项目16项，获得省级科技进步二等奖1项，通过省级科技成果鉴定项目6项。

目前主持的项目有国家自然科学基金、山东省自然科学基金、科技部创新基金和国家安全生产监督管理总局安全生产科技发展指导性计划项目4项。

范辉教授在学术追求上锲而不舍。他长期致力于“矿井通风可视化中的建模与实时模拟的并行处理问题”研究，在经过七次申报国家自然科学基金项目失利之后，面对着不理解，他不气馁，而是认真总结经验，按照评委的意见仔细修改自己的方案。他以信息与电子工程学院现有研究力量为主，重组研究团队，历经八年磨砺，他的研究理论日臻成熟，终于于今年以优秀的评定列入国家自然科学基金资助项目，实现了我校工科国家自然科学基金项目零的突破。

范辉教授认为，大学教授的课程要教得好，必须以较强的科研能力和较多的科研成果作为支撑。只有长期坚持科学研究，才能驾驭学术发展的脉络与前沿，才能把最优秀和最先进的成果及时传播给学生，才能站在高山之巅去审视和把握教学改革的方向。因此，他提出，助教也要考核科研工作量，并在信息与电子工程学院内全面施行。这一要求引导了一批年轻教师的快速成长，刘延武、董付国、贾代平等一批年轻教师脱颖而出。

三年来，范辉教授作为一名学科带头人，在做好自己科研工作的同时，还带出了一支有较强科研势力的创新团队。从2003年6月起，信息与电子工程学院先后获批国家自然科学基金项目1项、科技部技术创新基金项目1项、山东省自然科学基金项目3项、国家安全生产监督管理总局科技发展项目5项；在《计算机学报》《软件学报》《物理学报》等国内外学术期刊和学术会议上发表学术论文360余篇，其中，SCI、EI、ISTP收录34篇，获得国家发明专利2项，科研进账经费突破200万元。

狠抓教风力促学风，提高人才培养质量

作为院长，范辉教授抓学风建设的故事在我校学生工作者中是人人皆知的。他认为，科研成果和教学成果最终要体现在人才的培养质量上，没有良好的人才培养质量，再好的科研成果和教学成果也不被学生认可。

刚来校时，他还在校外居住，周末他能早晨6点多钟就来到学校，和辅导员一起，一个宿舍一个宿舍地走，每到一个宿舍他都嘘寒问暖，和学生坐下讨论学风、教风的问题。和院长这样双向交流，好多学生还是第一次，话匣子打开了，学生把自己对课堂教学的意见一股脑地说了出来。有的学生还把自己逃课的原因道了出来。有的学生临时有事不在宿舍，听说范院长到了宿舍都想法

返回来。就这样，范辉教授几乎走遍了自己学院所有的学生宿舍。

这样的“走访”让他坚定了抓好学风建设的决心，他召集领导班子和学生辅导员开会，向大家通报了自己收集到的信息，研究学风建设问题。

他认为学风建设包括教师的治学作风建设和学生的学习目的、学习态度、学习纪律等方面的作风建设。“放羊式”的教风和沉醉于“电子鸦片”的学风，必然严重制约着教学质量的提高。他提出抓学风首先要抓教风。

为此，他提出在现有师资水平和客观现实条件下，规范日常教学管理，使教职工全心全意投入到教学活动中去，改善教风和学风，进一步提高教育教学质量。一是规范课程大纲，细化课程要求；二是规范成绩考核，全程式多样化，就是除了期末考试，加入了期中考试、课程小测试、平时作业和实验报告，由这些辅助考核成绩来综合决定学生的最终成绩；三是强化课堂纪律，实行课堂签到制，保证到课率；四是引入竞争机制，突出排序作用；五是虚心向优秀教师学习，自觉形成严谨的治学作风；六是营造和谐的氛围，增强教师的凝聚力，就是在紧张的教学科研工作之余，积极组织教职工参加文体活动比赛，进一步加强集体荣誉感，积极向上，形成一个团结活泼的和谐氛围，增强教职工的凝聚力和战斗力。

措施一出，上下齐动，一时教风和学风为之一新。与此同时，强化对学生的刚性要求，对基础差的学生实行假期集中自习。2004 年国庆节，为了使中新计算机学院的新生听懂外教的授课，范辉教授和 4 名专业教师说服学生集中补课，他们自己也放弃假日休息，陪同学生度过了 7 天的假期生活。事后学生感动地说，如果没有这 7 天的补课，是不会这么顺利地通过新加坡方考试的。

三年来，信息与电子工程学院的教风建设取得了长足的进步，学生评教中有 4 名教师进入学校前 10 名。

良好的教风促进了优良学风的建设。三年来，学生有 26 人次获得全国大学生数学建模大赛国家二等奖，有 15 人次获得全国大学生电子设计大赛山东省二等奖，有 1 人获得国际奥林匹克体育与文学大赛第一名，并应邀赴瑞士接受国际奥委会主席罗格的接见，有 1 人获得山东省大学生创业大赛一等奖。考研录取率保持在 20% 左右，列全校前茅。

实施借力发展战略，带动团队整体提高

信息与电子工程学院成立之初，仅有一个本科专业，现在已发展成六个本

科专业，拥有在校学生近2000人。面对快速膨胀的专业规模，范辉教授和领导班子成员利用学校给予的支持，提出“虚心学习，借力发展，带动团队整体提高”。

他认识到工科高水平的人才难得，因此，在抓好人才“自我孵化”、督促青年教师进步成长的同时，利用自己来自“211工程”学校的优势，广泛联络，虚心向省内外专家学者学习，经过三年的努力，在计算机、通信、电子、控制学界构建了良好的人际关系。一批国内外知名专家学者，如山东大学计算机学院张彩明教授、清华大学计算机学院胡事民教授、香港城市大学计算机专家王鲁生教授、太原理工大学余雪丽教授等，先后成为信息与电子工程学院的特聘教授、兼职教授，来我校进行学术交流，培训青年教师；又向信息与电子工程学院推荐介绍优秀的博士生毕业生来校工作，并选拔优秀的博士进站学习。三年来，信息与电子工程学院先后引进和培养硕士以上学位的教师39名，其中博士学位的10人，师资队伍建设有了大跨步的发展。

入专家“围”，进学术“圈”，合学问“流”，是范辉教授向教师提出的学术要求。在范辉教授的支持和鼓励下，信息与电子工程学院先后有40余人次参加国内、省内的专业学术会议，有近20名教师成为有关专业学术团体的成员。在范辉教授的推荐下，原达博士还成为中国计算机学会YOCSEF济南学术委员会的委员，青年学者贾代平的学术报告受到中国通信学会学术年会与会者的关注。由于范辉教授的积极争取和省内计算机学界对信息与电子工程学院的关注，山东计算机学会2006学术年会今年暑期在我校成功举办。

千斤重担大家挑，人人身上有指标

实际、可实现的目标能产生强大、鼓舞人心的动力。看到其他兄弟院系的快速发展，范辉教授向全体教师发出了“缓进则退、不进则亡”的警告。在学校党委和行政的支持下，他果断将目标管理机制引入学院管理，用SMART标准设置工作目标，使工作目标具体、可衡量、可行、有时间限制，而通过努力又可以实现。

通过讨论，他集思广益，将全年工作量化为24项具体目标，每个目标后都有具体人落实，千斤重担大家挑，人人身上有指标。每一个指标执行人都感到了身上担子的压力，而每完成一项指标，又感到快乐惬意，有一种自身价值实现的快感。

“目标管理”机制启动之初，许多人都为范辉教授捏着一把汗，这些目标能实现吗？知识分子好面子，一旦实现不了怎么办？因为有些目标确实不是完全靠自己努力就可实现的。怎么办？干！时下不是最流行讲“执行力”吗，咱们就从执行力入手。

管理学有一重要理论：“要想具有很强的执行力，就需要找到执行力强的人”。如何挑选执行力强的人？范辉教授认为，我们大家就是执行力最强的人，有学校党委和行政的有力支持，有团结和谐的优秀团队，办法总比困难多。只要坚持“自动自发、注重细节、为人诚信”这最重要的三点，就没有什么困难不能克服。

今年四月份的学校田径运动会上，为完成全校排名保二争一的目标，范辉教授在运动场上足足待了2天，现场观战、督战，调度力量。有的教师年龄大了，有的教师体弱多病，但受到团队荣誉的鼓舞，还是积极报名参赛。“爱拼才能赢”，在强队如林的形势下，硬是拼得了第一名。

2006年9月，新学期伊始，范辉教授又和全院教职工对目标责任的履行情况进行了细细盘点。尽管时间过半，目标任务实现过半，但他告诫大家“行程百里半九十”，学术追求任重而道远。

荣誉属于集体，事业永无止境

在日常教学、科研、管理工作中，范辉教授的一些工作设计、目标设定，也曾招来部分人的不理解，说他是理想主义者，乃至是空想主义者。对此，范辉教授的确也曾如芒刺在背。他说：“没有任何结果的豪言壮语，怎能不引来别人的不信猜疑？一想到这里，便进一步激起我不懈努力、决不放弃的信念。无论如何，我要对自己的承诺有个交代。”正是在这种外在压力、内在动力的双重驱动下，范辉教授凭借着对事业的执着追求、对工作的高度负责的态度，实现了自己一个又一个目标。面对着刚刚获得的山东省高等学校第二届教学名师奖，他不无感慨地说：“我所获得的这项奖，不是我个人的荣誉，应该归功于大家，归功于我们学校干事创业的和谐氛围，归功于山东工商学院这个集体，因为如果没有学校领导的支持，没有大家的帮助，没有所有人的激励，这项奖是不可能得到的。”

荣誉只说明过去，事业永无止境。范辉教授表示：珍惜荣誉，不累于荣誉，更不辜负大家对他的关爱，努力提高师德素养，增强教书育人的责任感和使命感，关爱学生，尊重学生，用自己的一言一行感召学生；以三尺讲台为根基，掌握科学的教学方法，把握先进教育教学理念，运用好先进的教学手段和灵活多样的教学方式，把课堂作为再现大师们发现知识、创造知识的舞台，引领学生进入科学的殿堂；继续发扬锲而不舍的精神，耐得住寂寞，坚持个人魅力与学识魅力“双馨”，不断取得新的标志性研究成果，主动承担起学科建设和师资培养的重任。

（本文发表于《山东工商学院报》2006 年 9 月 15 日第 282 期）

让新理念在事业中闪光

——记山东省优秀教师、师德标兵宋华岭

王 雪 迟爱玲

宋华岭教授，现任我校管理科学与工程学院院长、山东师范大学博士生导师、我校“125 人才工程”首批一层次学术带头人，中国软科学研究会理事、中国复杂系统研究会理事、烟台市首批“有突出贡献的中青年专家”，联合国特邀中国资源专家，澳大利亚莫那什大学管理系访问学者。曾赴美国宾洲大学、俄罗斯管理学院、澳大利亚新南威尔士大学、新西兰奥克兰理工大学进行学术交流，到访过十几个国家。获“烟台市优秀人才奖”“山东省优秀教师”“山东省师德标兵”等荣誉称号。

宋华岭一直从事教学与科研工作，数十年如一日，坚持不懈。从教 25 年来，他热爱党的教育事业、爱岗敬业，以身作则、严于律己，充分发挥了一个带头人的模范作用。不仅自己在教学、科研方面取得了丰硕的成果，而且在他任管理科学与工程学院院长后，制订了学院“五行八字”的发展规划，取得了令人瞩目的可喜成绩，并带领青年教师进行课题研究，以教学促科研，以科研促教学，形成了一支学术追求高、教风良好、能感悟言传身教、影响和引导学生树立正确的人生观和学习态度，具有团队合作意识的教师团队，使得管理科学与工程学院在各方面都蒸蒸日上，成绩喜人。

探索特色教学模式，践行教学新理念

宋华岭十分重视教学工作，他不断探索教学规律，积极进行教学方法与教改项目的研究，努力提高教学效果，逐渐探索出一种富有特色的教学新模式。

他认为高校教学方法改革应坚持过程式思想，实现课前、课堂和课后教学环节的有机结合。在补充课内容、突出学科前沿知识、丰富课堂教学的基础上，提出了“简单、复杂、发散、收敛”的教学新理念：使用简单的教学手段；拓展复杂的教学内容；海纳百川、集思广益、学习吸收，建立学习型教师；在教学中，严谨治学，避急功近利，踏踏实实，一步一个脚印，不断攀登教学高峰。

在从事教学工作以来，他先后给本科生、硕士与博士研究生讲授了《矿井优化设计》《管理学》《管理系统工程》《复杂性理论》《模糊数学》《优化设计》《运筹学》《决策论》等多门跨学科、跨专业的基础课和专业课，并利用自己精通英语的优势，进行双语教学，取得了优良的教学效果，博得了广大师生的好评。同时，他带领相关教师与一些企业建立了合作关系，坚持实践教学，培养社会需要的人才。管理科学与工程学院培养学生的创新意识强，学生考研和就业率比较高，学生就业后工作能力强，深受广大企业的欢迎。

加强学术研究，紧抓科研工作

在紧抓教学工作的同时，宋华岭也一直致力于学术研究工作。他专业功底扎实，学术思想活跃，科研能力突出，利用系统理论、复杂性理论与社会科学理论的交叉与综合，对复杂系—企业系统的组织管理复杂性评价问题进行研究；提出“广义与狭义管理熵理论”的研究领域，把熵理论作为一个基本理论应用于复杂工程系统、宏观与微观管理系统理论的范畴，提出了“高熵工程系统”的概念与理论，深入研究高熵工程系统的不确定性、可靠性、运行熵等复杂性问题。特别是在进行理论研究的同时，选择资源型企业组织——矿井系统或矿区系统，典型的人—机—环境复杂工程系统作为研究对象，进行理论与实践应用研究。他还主持和参加了国家自然科学基金、国家软科学、山东省自然科学基金等十几项国家级、省部级和企业的有关复杂工程系统与资源管理理论与实践方面的研究课题。在《管理科学学报》《系统工程理论与实践》《煤炭学报》《管理工程学报》《系统工程学报》等重要学术期刊和国际学术会议上发表了50多篇学术论文，其中近20篇被美国工程索引EI和ISTP等检索；出版专著3部，其中英文专著1部，参编3部。

在不懈的努力下，他的研究取得了骄人的成绩，获得中国高校人文社科优秀成果三等奖，山东省社会科学优秀成果一等奖、二等奖，山东省科技进步二等奖、三等奖，煤炭工业科学技术奖二等奖两项，“烟台市优秀人才奖”“山东省优秀教师”“山东省师德标兵”等多项奖励和荣誉称号。

作为一名学术带头人，在做好自己科研工作的同时，他还带领青年教师进行课题研究，形成了一支团结和谐、具备较强科研力量的创新团队，因为只有长期坚持科学研究，才能驾驭学术发展的脉络与前沿，才能把最优秀和最先进的成果及时传播给学生，才能站在高山之巅去审视和把握教学改革的方向。这正是宋院长反复强调的以教学促科研、以科研促教学的积极作用。

“五行八字”学院文化建设精髓

作为管理科学与工程学院院长，宋华岭非常重视学院的发展情况，他制定了“五行八字”的发展规划，作为学院文化建设发展的精髓。

“八字”即“简单、复杂、发散、收敛”的新理念，将其融入学院文化建设的精髓。

“简单”从本质上讲即教学手段简单化，具体来说可以理解为直率、率真、坦诚、简捷、干练、日清、日新、高效：求真实干，建立一支关系简单、行事简捷、作风干练、团结和谐、奋发向上的团队；形成开诚布公、直言不讳地表达个人的意见、观点和思想的习惯与风气；确保行事公正、公开、公平。

“复杂”即全面、全心、细心、精心、精致。在学术研究中高起点——研究复杂、难度大的新、尖问题，在科研立项、论文、获奖的层次和等级上出标志性的成果，占领学术研究高地。在行政管理上精心与精致的精细化管理——追求高管理水平，高效率，树立“五精五细”的管理理念：精心、精髓、精确、精致、精品，细在课堂、细在环节、细在考核、细在监督、细在规范。

“发散”可以理解为海纳百川、博采众长、集思广益、学习吸收，建立学习型组织。培养一种精神、一种素质——学习吸纳，追求一种境界——学术研究无止境，建设学习型组织和具有创新意识与能力的团队。

“收敛”主要从个人品质方面进行定位。收敛欲念与私心，培养一心为公的意识；做人襟怀坦白，坚持真理；做事踏实肯干，敬业爱业；做学问严谨治学、避急功近利，一步一个脚印，不断攀登学术高峰。

“五行”则突出管理，包括五个战略、四个基本管理体系、三大支持保障体系、两个发展阶段、一个共同愿景。

五个战略即学科强院发展战略、学术立人人才战略、教学第一基本战略、特色专业品牌建设持久战略、学术交流集成战略。

四个基本管理体系为树立新观念——人才人文管理理念、教学人性化管理理念、学生家庭化管理理念，包括：精细化的学科建设与学术立人管理标准体系，规范化的教师岗位作业管理体系，人性化的考核奖惩、末位淘汰的激励与惩戒人力资源管理体系，人本化的学风建设与学生管理体系。

三大支持保障体系：学科建设形成完美的学术研究支持体系，包括标志性项目、成果、学术梯队、人才、基地平台等各个子体系的建设；教学实践形成完善的教学与实验支持体系，包括师资队伍建设、专业建设、特色专业与品牌课程建设、教材建设、实验教学与实验室建设、实习与毕业设计（论文）环节建设等子系统的建设；以法治学形成完整的制度管理支持体系，包括各种规范化的管理制度、文件、条例、文档、案卷等涉及教学、科研、学生管理等子系统建设。

两个发展阶段：第一阶段为 2007 ~ 2008 年，实现申报硕士点成功的目标，争取到一级学科的硕士点；第二阶段为 2008 年后，人才培养和学科建设实现质的飞跃，树立在山东省的学科先进地位。

一个共同愿景为配合我校的总体发展目标，建设管理科学与工程学院的美好愿景：以“简单、复杂、发散、收敛”为学院文化与理念，建设团结和谐的学习、工作氛围，使管理科学与工程学院员工人人精神舒畅、生活幸福；学生学风纯正，就业管道通畅；人才工程大见成效、学科地位有所增强，力争在短期内实现在我校领先、在山东省先进的学术地位。

同时宋华岭也一直将“简单、复杂、发散、收敛”这八字作为自己的人生哲学理念，在工作和生活中他始终坚持着这八个字。用直率、率真、坦诚、干练的态度全面、全心、细心、精心地做好工作与生活中的点点滴滴，海纳百川、博采众长、不断地学习吸收，保持着一颗收敛的心，培养一心为公的意识，在人生的道路上一步一个脚印，踏踏实实走好每一步。

最后，宋华岭送给同学们一个包含全部成功因素的秘籍就是 Passion——激情，热情。其丰富的内涵是：P——plan，做事情之前必先制定一个完善的计划；A——Ambition，要有雄心壮志；actualization 要敢于面对现实；S——study，活到老，学到老，人的一生要不断学习、不断进步、不断超越；S——Sincerity，与人交往要讲究诚信；I——innovation，要富有创新意识；O——Opportunity，the opportunity only give one who is well-prepared，抓住机遇，机遇只偏爱有准备的头脑；N——Never give up，决不放弃。

宋华岭对我们大学生充满了信心，在采访的最后，他鼓励我们，作为青年一代，要时刻怀着一颗努力的心，不断学习进取，提高自身的综合素质能力，去开创非凡的未来。

（本文发表于《山东工商学院报》2007 年 10 月 26 日第 324 期）

言为师表　行为世范

——记 2007 年山东省教学名师韩玉良

丁　敏

韩玉良，现任我校数学与信息科学学院院长，应用数学学科的带头人。多年来，他一直孜孜不倦地工作在教学第一线，从事数学的教学和研究工作，主要讲授课程有《数学分析》《常微分方程》《实变函数论》《复变函数论》《高等数学》《线性代数》《高等几何》等。主持完成省部级及省教育厅课题 4 项，主编《实变函数论》教材一部；主编《经济数学基础》系列教材一套，并于 2002 年获山东省省级教学成果奖三等奖。主讲课程《微积分》2003 年被评为校优质课，并获校优秀教学效果奖，2004 年获山东省第一批省级精品课。2001 年以来，在主持数学与信息科学学院管理工作的同时，还承担着繁重的教学、科研任务。在工作中，他大胆创新，带领数学与信息科学学院从白手起家到硕果累累。2007 年，韩玉良被评为山东省教学名师。

三尺讲台洒真情　教学工作结硕果

韩玉良说：“作为院长，首先是一名教师。”因此，他多年来一直严守为人师表、诲人不倦的誓言。他将教学工作摆在了自己的各项工作的首位，这促使他在教学工作中精益求精、锐意创新。如今，他依然坚持在教学工作的第一线，培养着一批又一批人才。在谈到如何才能成为一名合格的教师时，他说，一个优秀教师所必须具备的首要素质就是对教书、对所从事的专业、对所教的学生的一种深刻的、执着的热爱。如果没有这种爱，在教学中就找不到激情，找不到那种身心俱醉的投入感觉，找不到一种自我实现的满足感。当一个教师站在神圣的讲台前的时候，他必须用全部的身心力量来展现自己，不能慵懒，不能敷衍，不能面无表情，不能无所用心。

他认为教书是一门艺术。艺术的本质是创造，因此教书就不会是一种简单的机械的重复，而应该经常注入新鲜的东西；艺术的本质是一种激情，因此教书就不可能是呆板的毫无生气的照本宣科，而应该是生命热情的全部投入。为使自己的教学水平在前进中发展和完善，他不断潜心研究各类教学“门道”，关注同学们的需求，形成了自己的教学特色。

他认为，一名优秀的教师，应该是在自己的领域里学有专长、有所造诣的学者。他在完成教学、管理工作的同时，积极从事科学研究工作，致力于微分方程定性理论的研究，先后在 *Applied Mathematics Lette*、*J Math Anal App*、应用数学学报、*Ann of Diff Eqs* 等刊物发表学术论文 30 余篇。其中有十余篇被美国《数学评论》收录。同时在具有高阶奇点的多项式微分系统、常微分方程定性理论、概周期微分方程等方面，取得了一系列具有较高学术价值的成果，先后发表学术论文 30 余篇。

不懈的追求、无悔的付出，为韩玉良带来了丰硕的成果。他在 2002 ~ 2003 学年度荣获教授、副教授组优秀教学效果一等奖；主持完成了山东省面向 21 世纪教学内容与课程体系改革课题——《经济数学基础》教材建设；出版了 1 套《经济数学基础》系列教材，并荣获山东省教学成果三等奖；主持《微积分》课程建设，2004 年被评为山东省首批省级精品课程。

满腔热情谋发展　专业建设谱新篇

2001 年春天，对数学与信息科学学院来说，是一个不平凡的春天，一个具有重要意义的春天。3 月 19 日，学校党委做出了一个重要决定：成立数学系。4 月 25 日，当时的副院长刘全顺、组织部长盛国军主持召开数学与统计系全体教职工大会，宣布学校这一决定。4 月 28 日，数学系正式成立，多项工作开始启动。韩玉良临危受命，带领数学系仅有的 17 名教师，勇挑重担，勇往直前。

数学学院创院之时，面临着经验少、人员少、困难多的重重难题，为使数学学院快速驶入发展的快车道，动员群众力量，集思广益，他号召广大教职工为学院发展献计献策。在他的带领下，大家制定、修改并完善了两个专业的培养计划，贯彻以人为本、以学生为本的理念，明确了“加强基础、拓宽口径、重视应用、分流培养”的办学思路。从 2003 年起，数学学院在学生入学的前两年不分专业，打通基础，而在后两年按专业方向分流培养，使专业结构更加合理，给学生以第二次选择专业的机会，为学生的发展提供了更加广阔的空间。辛勤劳动必然结出丰硕成果，数学学院已有三届本科毕业生，这三届毕业生的考研率、就业率均名列学校前茅。

韩玉良认为，作为一个教育工作的管理者，只有大胆、创新才能使工作不断向前发展。创新教学要求不断改进教学方法，形成自己独到的教学理念，于是，他密切关注国内外的教学、科研动向，取人之长，补己之短。他借鉴外校的成功经验，着手制定“3+1 模式”的培养计划，并于 2007 年付诸实施。这在我校乃至山东高校都是首创。

建一流学术队伍　构筑学科高地

韩玉良认为，作为高等学校的二级学院，教学工作是中心，学科建设是重点。而队伍的建设是做好教学工作和学科建设的前提和保障。有了一流的师资队伍，才能有一流的教学水平、一流的科研成果，才能在课程建设、专业建设、学科建设中披荆斩棘，勇往直前。2001 年数学系成立之时，只有 17 名教师（其中五位已经退休，一位出国，一位离调），如此匮乏的师资力量，远不能满足教学工作和专业建设的需要，因此，从一开始，他就将师资队伍的建设放在了首位，并明确表示，要使学院的建设持续健康快速地发展，最关键和决定性的一条，最根本、最有效、最现实的途径和方法，就是千方百计培养、吸引、用好人才，建设一支高水平的师资队伍。

目标一经确定，他就带领数学学院的教职工投入到了紧张忙碌的工作中，他煞费苦心、下大力气，坚持引进与培养并重的方针，在 6 年的时间内，共引进教师 36 人，其中教授 3 人，副教授 2 人，博士 8 人，硕士 18 人。在引进的同时，也注重现有师资力量的培养和提高，鼓励青年教师攻读学位，其中，已有 3 位教师获得博士学位返校工作，还有两位在读博士。先后派多位教师进修，解决专业课的燃眉之急。到 2005 年，已基本扭转了数学学院师资力量严重不足的局面。截至现在，数学学院的学术梯队建设已颇具效果，共有专业教师 49 人，初步形成了职称结构、学历结构、年龄结构比较合理的师资队伍，学术梯队基本形成。

2002 年，他大胆改革，开学校之先河，率先设立特聘教授岗位，还聘请了几位兼职教授，在关键时期起到了决定性作用。

正是这支高水平的学术队伍，为数学学院创造了一个又一个辉煌。2003年6月，“应用数学”专业被列为校重点建设学科，为学科的发展起到了积极的促进作用；先后有几十人次参加全国或国际性学术会议，了解学科的前沿动态，加强与学术同行的交流与合作；邀请十几位国内知名专家来校访问，作学术报告；2005年成功举办“第三届全国青年微分方程会议”，文兰院士等一批高水平专家出席会议并作了大会报告，提高了我校数学学科的知名度，为学科的进一步发展营造了良好的外部环境；2004年以来，先后在《中国科学》等SCI期刊发表学术论文十余篇，率先实现了全校高水平学术论文零的突破，成为学校的一大亮点；2005年，两项成果分获山东高校优秀科技成果二、三等奖；2005年，“概率论与数理统计”被列入学校重点建设学科，为学科的进一步发展提供了有利条件；2005年，微分方程课题组被列为学校创新团队计划。

为了谋求学院新的发展，2006年开始，由教授、博士牵头，按八个方向组织读书班（课题组），开展经常性的学术活动，这是整合学术方向、夯实学科基础、构筑学科高地的有力举措。

新形势光明无限　新征程机遇万千

高水平的科研队伍、严谨的治学作风，为数学学院的进一步发展打下了坚实的基础，但只有将眼光放长远，才能获得长足的发展。面对已经取得的教学、科研成绩，韩玉良仅仅付之一笑，成绩的取得只能代表过去，而不会创造美好的未来。

面对今后的发展，韩玉良提出了更高层次的目标：在专业建设中，以“3+1培养模式”为重点，不断提高专业建设水平，加强学生综合素质的全面提高，保持考研率、就业率在全校的领先地位。在学科建设中，2007年申报应用数学硕士点，2009年申报基础数学和概率统计硕士点，将申硕作为学科建设和科研工作的重中之重，集中人力、物力、财力围绕申硕开展工作。并在今后的几年中，将师资队伍的建设从重点引进转移到内部整合和培养上。鼓励教师积极参加学术研讨班，鼓励中青年教师进修、访问以及攻读硕士、博士学位，同时加强对青年教师的指导，促进整体素质的全面提高，争取到2010年教授、博士达到30人，有8人以上进入“125人才工程”行列。

为达到上述目标，要有科学的管理体制和运行机制。经过几年的实践，数学学院已形成了“教学系 + 课题组”的模式：四个教学系负责专业建设、课程建设的实施，八个课题组是学科建设和科研工作的落脚点。他说这是数学学院的“四梁八柱”。

概括数学学院所面临的形势，他说，“前景光明，困难很大”。所谓前景光明，就是经过六年的发展，有了一定的基础，有了很好的发展势头，照这种势头和这样的速度来发展，数学学院将很快迈上一个新台阶。所谓困难很大，是指数学学院还处在发展的初级阶段，发展的时间短，力量还很薄弱，同其他院校的数学专业相比还有很大差距，同我校的其他院系相比仍存在差距。但他依然信心百倍地带领数学学院阔步向前！

（本文发表于《山东工商学院报》2007 年 11 月 2 日第 325 期）

深受学生喜爱的女教师胡广宇

王建英

“你想学习真正的英语吗？快去听胡广宇老师的课吧。”学生在网站上发出这样的帖子；

“能做胡老师的学生是一种幸福。”这是记者在采访中听到的学生最普遍、最真挚的赞美；

“到大学遇到胡老师太晚了。”这是刚听胡老师课的大四学生普遍感到的遗憾……

学生对胡广宇老师的喜爱可以从网上评教看出来。每学期她的评教都是最好的。我校学生有权参与评判的教学效果奖，连续8个学期，外国语学院的女教师胡广宇获得教授组一等奖，创造了学校自开展评教以来的“唯一”。

胡广宇老师，你使用什么魔力赢得了学生由衷的喜爱？

个人魅力让学生迷恋　综合实力把学生征服

爱美之心人皆有。她高高的个头，白净的皮肤，飘逸的长发，时尚的衣着打扮，尤其是她那种永远乐观阳光、自信豁达的神态和超凡脱俗的气质，让每一个刚与她见面的学生都会感到眼前一亮，对她产生好感。

犹如男女之间的谈情说爱，外在的美会一时吸引对方的眼球，但要征服对方的心，却需要在长期交往的过程中表现出内在的文化修养和素质。胡广宇老师至今的学历，依然是她1985年毕业于山东师范大学外语系英美语言文学专业的本科学历，一个货真价实的本科生。然而她喜爱读书，饱览古今中外文学名著，深厚的文学底蕴和文化素养，以及她留学、出国等丰富的生活阅历，使她在讲课时能口吐莲花、妙语连珠，加以诙谐幽默的讲课风格，深深吸引、感染着每一个学生。记者采访了十多名学生，尽管他们都是胡老师教学接手时间不长的学生，但每个学生都由衷赞叹："胡老师的每堂课都是一次精彩的讲座。"她能让每个学生听完她的课后，就会为有时不得已而缺听她的一堂课而感到遗憾。053班英语文学专业的王敏同学，因去青岛参加高级口译考试，少听了胡老师的一堂课，回来后她抓紧时间复习补课。她说，"少听胡老师的一次课，是很大的损失，不补上下堂课就会跟不上。"

大学四年级的学生因就业压力大，缺课现象相对普遍，但胡老师从2006年担任大三、大四学生的高级英语专业课后，上课时从没有一人无故缺课。有的学生一夜不睡，第二天只要是胡老师的课，他也会照常提前挤到前排占座。

《高级英语》使用的是我国英语专业的经典教材，它的课文难度大、文化跨度广、课文题材丰富多样、背景知识深厚，如果照本宣科，学生会感到晦涩难懂进而产生厌学情绪。她讲每节课，都会穿插很多与课文有关的文化背景、人文、地理、历史知识和环境面貌，把这节课讲得异常生动，学生既加深了对课文的理解，又学到了很多新鲜知识，引起了极大的学习兴趣。讲到比较难懂或难记的英语单词时，胡老师或配以故事，或配以滑稽幽默的形体语言。比如讲解Love is a Fallacy（爱情就是谬误）这篇课文时，"calculating"（精明的、算计的）这个英语单词，她讲了一种大学男生从进入大学第一天起就具备很高的计算性和精明度，他们会精明地选择自己的专业，并据此精心地寻找符合未来事业标准妻子的故事，而这正是文中男主人公的真实写照。讲一个羞涩偷看的动词cower，她会让学生自愿站到讲台上模仿这个动作，让学生在轻松、快乐的氛围中加深了对所学知识的记忆。听她课的很多学生感叹："啊，原来高级英语课可以这样讲！""听胡老师的课，真是人生一大享受呀！"

她授课完全用英语，包括语法的讲解。她讲课语速很快，说这样可以让学生集中精力听讲，能调动学生上课时脑、耳、眼、口、手全部感官，提高课堂学习效率，改变中国学生由来已久长期形成的被动学习状态。通过实践，这种方法很有效，她讲课时的每一分钟，学生都会聚精会神地听。

她的语音纯正优美，这广为人知。外国语学院组织全体教师观摩她的课，教师们听完后说，她连续8次获得教学效果一等奖，我们无话可说。今年教育部组织的英语本科专业评估，专家听完她的课，也由衷伸出大拇指，记住了胡广宇这个名字。外语学院院长高新华握住她的手连连说："老胡，谢谢你，你为咱外语学院长脸了，你是咱外院的牌子。"

专业课如此，双学位的课也深受学生的喜爱。回国后她还先后推出了学术讲座：北美文化亲历、欧洲文化之旅、英语听说读写方法探讨。场场学生爆满，大家不吃饭就去抢占座位，好多学生是站着听完的。

女教师胡广宇，用她的综合实力彻底征服了她的学生。

她用最朴素、最真挚的情感坚守着人民教师的道德底线。

都说梅香源自苦寒来。然而记者通过多方采访认为，与其说胡广宇的综合实力来自于她的勤奋，不如说来自于她对教师职业道德底线的坚守。她说："我没有什么崇高的理想，我选择了教师这个职业，一要对得起学生，不能误人子弟；二要对得起学生家长，不能让他们的血汗钱白流；三要对得起这份工资，不能只拿钱干不好活儿。"

她就是用这份最朴素，也是最真实的情感——良知，看待她的职业，对待她的学生，真正做到了淡泊名利，潜心教书育人。教学中，她努力探索最有利于学生接受的教学方式，认真对待每节课，备课一丝不苟，既利用现代多媒体的便利，细致地做好每个课件，又保留着传统教学中的有效手段，下功夫手写教案。从 2004 年到现在，她手写的教案已有几尺多高。她说，通过动笔写教案，讲课时思路会更加清晰、流畅。比如《悲伤的年轻人，迷惘的一代》这节课，如果不给学生讲透当时的历史背景、青年所处的社会历史地位等，课文会很难懂。课下，她查阅了很多有关背景资料和图片，除了做好课件外，还手写了 16 开满满 63 页纸的教案，而每次上课前，她总要再认真看看明天要讲的课，并补充相关的内容。讲这节课时，仅背景知识的讲授就写满了整整 6 块黑板。学生们被她的敬业精神深深感动了，"老师，你讲得已经很好了，不用太劳累了。"

她的勤奋和认真不仅表现在备课、讲课上，为帮助学生通过英语专业四级考试，她修改学生的作文，会把学生一个一个分别叫到教室的前面，当面批改，从词汇、语法、结构、逻辑、内容等方面指出学生的问题及修改对策，让学生知道错在哪儿、为什么错，使学生印象深刻，有的放矢。她辅导的 2004 级一个班英语四级考试，全班只有两名同学没有通过。她上的每一堂课，从不会迟到一分钟，也不会早下一分钟。她说，不能浪费学生的宝贵时间，因为他们现在是为自己的一生打基础。

三尺讲台抛真情 洒向学生全是爱

胡老师对学生的爱，远远超出了一个教师的职责范围。

她尊重学生。每学期第三周，她会让学生写改进讲课的意见和建议，并分门别类进行汇总，很快抽出专门时间给予答复。每学期快结束时，她还要学生再写一次反馈意见，并把学期初和学期末的两次意见进行对比，以此改进自己的教学方法，提高教学水平。

她上课时，不要学生起立，回答问题也不用站起来，颇有点西方国家民主课堂的风格。学生早上没有吃饭，把早点带到了教室，见老师进来，就匆忙收起来，胡老师见状总会说："吃完吧，不吃饭怎么上课啊！"但在课堂上，她对学生要求非常严格。每讲一个段落，她都要求学生朗诵课文，开始，有些学生声音很小，她会毫不客气地命令："大声朗诵。声音小得像蚊子，谁听得见！你们是学语言的，连说话别人都听不清楚，将来如何进行语言交际！连说话都缺乏自信，将来如何能自信地生活在这个世界上！"她讲课时，会突然向学生提出一个问题，一个学生回答稍微迟缓了，她会立即让下一个学生回答，有时一连会叫四五个学生。起初，学生对她的严厉很不习惯，课下给她发短信，"老师，你太严厉了，太伤我们的自尊了，其实我会，只是反应有点慢。"她向同学们解释说，"反应速度慢说明你上课没有全力以赴、集中精力听讲，又缺乏自信心，这是你日积月累被动学习的习惯造成的。以前，没有人这样无情地敲打过你，你没有意识到自身的问题。我今天没有给你留情面，是希望你能从今天的尴尬和伤害中开始改变，从现在改变，一切都不晚，你会成就一个自信的、充满魅力的自己。"学生们明白了：严是爱，松是害，老师是为我们今后的人生考虑呀！对比学生的反馈意见，学期初，他们对胡老师的严厉很恐惧，学期末，他们对此已经渐渐地接受了，习惯了，从中找到了自信，发现了自身的潜质，并开始期待这种富有刺激性的挑战。

当然，学生回答对了，胡老师照样会毫不吝惜她的赞美，很自然地拍拍这个学生的肩膀说："Thank you，baby！"她公平地对待每一个学生，在课堂互动中，她会调动到每个学生的学习积极性，让每个学生都能感受到她的爱。学生为了得到她的夸赞，课上会非常认真地听讲，课下会认真地预习。053 班学生刘明慧，原来是个非常内向的女孩，上课从不发言。自从听胡老师的课以后，变得开朗、自信了，课堂上，每次她都争先恐后地朗诵课文，回答问题。

她说："我努力表现自己，就想听到胡老师的一句夸奖，那会让我回味、自豪好几天呢。"

讲台上，她不仅向学生传授文化知识，同时也时刻不忘向学生讲授做人的道理和社会经验。这方面，她丰富的社会阅历变成了她宝贵的资源。她毕业后，曾先后从事过外企翻译、英语导游等工作。因为语言能力好，语音面貌纯正，经常被市外办借去担任大型国际会议的翻译。1997 年调到我校外事办工作，2003 年到加拿大留学一年，获 TESL 初级、中级和高级职业资质证书。由于她出国机会多，接触的人也多，见多识广，又留心国外的风土人情和不同的地域文化，善于收集资料和保留，这些，不仅为她讲课提供了宝贵的资源，同时也为她向学生传授人生经验提供了翔实的资料。

她爱学生，有时絮絮叨叨地像妈妈。学生要毕业了，她会抽出时间专门为大家讲解应聘注意事项和面授技巧；天凉了，她会嘱咐大家增加衣裳；春天到了，她会告诉学生是打蛔虫的好季节；英语专业女生多，她会时时提醒她们注意卫生和保养……很多女生感到胡老师像她们的妈妈。"胡老师，您如一缕阳光，温暖了我的视线，绚丽了我的生活。"女生李双双对胡老师一句富有诗意的赞美，表达了所有女生的心声。那些男生更是崇拜他们的胡老师，说："胡老师就是我们的教母。"

投之以桃，报之以李。学生是知道感恩的。她撒向学生多少爱，学生就会回报她多少爱。她进教室前，学生会把黑板擦得干干净净。每年教师节、春节等节日，她都会收到 300 多条短信祝福。有一年教师节，她一走进教室，就被眼前的情景震撼了，墙上的黑板满满地写着：胡老师我们爱你！全班学生手捧采摘来的野花，唱着英文歌曲欢迎她。她眼含热泪说："Thank you! I love you!"学生齐声回答："I love you more!"

让胡老师更为终生难忘的是，她给 2004 级 2 班的学生上的最后一节课。这些学生中有的听了胡老师两三年的课，师生间结下了深厚的感情，毕业前那堂课上不下去了，学生把剪成钥匙状的一个蓝色的纸壳交给胡老师，上面有学生制作的视频网址。学生让胡老师亲自在电脑中输入网址，点击回车，屏幕上出现了全班每个学生的生动画面和感人留言，配以动画和优美的音乐，屏幕下方是醒目的大字：献给我们最最亲爱的胡老师！此时此刻，没有任何语言，每个人的眼中都涌动着泪水，学生开始小声抽泣，随后放声大哭："胡老师，以后我们再也听不到你的课了。"胡老师也流泪了，她走到学生中间，和学生们紧紧拥抱在一起……

都说现在是一个浮躁的时代，是一个物欲横流的时代，能够以淡泊宁静的心态默默地做些平凡实在的事情，是一种“奢侈”。然而，女教师胡广宇享受了这份“奢侈”，她安贫乐道，用自己的一言一行，维护了人民教师——这个太阳底下最光辉最神圣职业的光辉和神圣。

（本文发表于《山东工商学院报》2008 年 11 月 7 日第 365 期）

十年磨一剑

——王广成的科研之路

刘海军

主持并参与完成4项国家级课题、5项省部级课题、2项厅局级课题，其中3项成果达到国内先进或领先水平，发表论文50多篇，出版专著3部，课题及专著共获得山东省各项科研奖励5次……这便是山东工商学院院长助理、科研处处长王广成教授10年科研工作中取得的丰硕成果。

凭借突出的科研成绩，王广成教授在近日也被山东省人民政府授予了“山东省有突出贡献的中青年专家”荣誉称号，2008年全省100名专业技术人员获此殊荣。

获得一系列荣誉之后，将荣誉归功于所在学校和自己的团队的王广成教授很平静，并没有流露出太多成功的喜悦，因为王广成知道，个人科研成果的取得并不足以为喜，推动整个学校的科研工作向更高层次、更高水平迈进，才是他真正要攀登的高峰。

十年科研硕果累累

1999年，王广成来到山东工商学院任教，辛勤的工作和独特的科研思路使其迅速在学校的科研队伍中崭露头角。

王广成长期从事资源与环境经济学、矿业系统工程与矿业经济等领域的科研工作，立足矿业、强调系统管理思想和研究方法的集成，“将经济学、管理理论、数学方法与系统工程的理论和方法有机结合，研究矿产资源与生态环境系统、区域经济系统、矿业和企业组织系统的重大问题”，成为他独特的创新研究体系。

2000 年，来到山东工商学院仅一年的王广成便被任命为山东省重点学科“管理科学与工程”的带头人。在他的带领下，“海岛地区生态经济模型及其实证研究”“矿区生态健康评价理论及实证研究”“海岛地区可持续发展模式”“矿产资源管理理论与方法研究”等 6 项省部级以上科研项目顺利完成。

其中，国家自然科学基金项目“矿区生态健康评价理论及实证研究”经专家评议，一致认为达到了国内领先水平，并于 2007 年 7 月获山东省第二十一次社会科学优秀成果二等奖，其研究成果已在招远金矿区得到了应用。

而山东省自然科学基金“矿产资源管理理论与方法研究”在获得山东省科学技术进步二等奖的同时，其在矿产资源管理与方法、矿业税费制度方面的部分成果已被政府决策部门所采纳，达到国内先进水平。

这些为沿海地区可持续发展模式、产业结构调整、矿产资源管理等提供了诸多参考的研究成果，不仅在学术界产生一定影响，也为政府决策提供了智力支持和决策依据，带来了良好的经济、社会效益。

在自身科研工作取得一系列成绩之后，王广成在 2006 年被调任为山东工商学院科研处处长。“从搞一个人的科研，到推动和协调全校的科研工作，压力和责任要求我必须不断地进步。”王广成对此感到任重而道远。

在新的工作岗位上，学校各院部的科研项目申报论证会、科研与学科建设座谈会都会出现王广成忙碌的身影。

他结合自己多年从事科研工作的体会，与教师们一起畅谈如何选好有价值、先进性的科研课题，鼓励教师及时了解从事研究领域的学术动态，把握学术前沿。同时，王广成每年年初都会亲自组织规模较大的国家项目申报动员和经验交流会，尽心尽力、不厌其烦地把最新的国家社会科学基金和国家自然科学基金项目指南推荐给教师。

在王广成任科研处处长期间，学校的科研立项和经费数量取得重大进展。三年来，学校获得国家级课题 22 项，其中国家社科基金项目 6 项、国家自然科学基金项目 12 项、国家软科学项目 4 项，完成了“十一五”规划的 80%；省部级课题 188 项，在“十五”期间年均 25 项的基础上增长了 2 倍，完成“十一五”规划任务的 94%；累计外来科研到账经费 132.27 万元，学校事业费列支 904.6 万元，可支配科研经费达 2232.16 万元。

同时，学校获奖层次和数量实现了新的突破。学校近三年连续获山东省社会科学优秀成果奖 10 项，是“十五”期间的 2 倍；获第四届中国高校人文社会科学优秀成果三等奖 2 项；获山东自然科学奖、科技进步奖和山东省社会科学优秀成果奖等省部奖 48 项。

从一名学科带头人和学术骨干，王广成开始成为全校科研工作的带头人。

从科学管理中要成绩

这一系列成绩的取得，单靠王广成的一腔热情和埋头苦干是不可能实现的。只有凭借科学有效的管理，才能实现学校整个科研工作的进步。

在成为科研处处长后，王广成从 2007 年开始每年年初都会根据山东工商学院“十一五”科研规划、“十一五”学科建设规划，确定当年国家级课题立项、省部级课题立项、到账经费、外聘专家学术报告、省部级奖项等年度指标，并将这些指标分解到各个学院（部），实施目标管理。

以科研处作为调协部门，调动一切积极因素争取项目和奖励，这样既增加了各学院的压力，又充分调动和发挥了他们的科研积极性。同时，为使科研管理更加科学化、制度化，王广成主持起草了《科研项目结题管理办法》《博士科研启动基金管理办法》《关于科研项目经费匹配的补充规定》《学术道德与学术行为规范》《校内资助科研基金管理办法》《科研档案管理办法》《山东工商学院人文社会科学重点研究基地管理办法》等 7 个科研管理文件，并对《山东工商学院科研管理办法》和《山东工商学院科研奖励办法》两个科研文件进行了修订。

各项文件的制定和修订，对科研项目的鉴定、验收，博士科研启动基金管理，学术道德与学术行为进行了规范，对校内资助科研基金管理、项目经费匹配政策进行了完善。这样，不仅有利于形成新的激励机制，更保障了广大科研人员的切身利益。

“有了各种条例的规范，可以在项目申报、优秀科研成果奖励推荐等方面尽量做到公平、公正，从程序上尽量减少人为因素的影响。”王广成说。多年在科研第一线的工作经验，使他在科研管理上也形成了一系列独到的体系，从而提高了科研项目的完成质量，并推动全校科研创新能力和总体水平的提高。

三团队完备科研力量

既要管理全校科研，又要自己从事科研，很多人都钦佩王广成过人的精力和热情。在被问到是如何完成如此繁重的工作时，王广成幽默地说：“我虽没有三头六臂，但有三支精英团队与我一起从事科研工作。”

为做到科研管理与研究的有机统一，王广成从工作的实际要求出发，着力打造出科研创新团队、科研管理团队和他本人带领的学术团队这三支队伍。三个团队的密切合作与配合，支撑王广成完成了各项复杂而又艰巨的任务。“一切归功于团队”，也因此成为王广成在谈起荣誉时最常说的一句话。

为推动全校科研工作的进展，学校先后两次遴选了 8 支科研创新团队，经过几年的建设，各个团队都取得了若干标志性成果。

在科研管理上，科研处一批专职科研管理人员组成了科研管理团队。科研工作成果越多，这支团队工作量就越大，由于人员少、任务重，团队中每人平均每月至少要出差 2 ～ 3 次，奔走于不同的科研管理部门。

“在校坐得住，出去办成事”，是王广成对这支科研管理团队的基本要求，他自己则成了这支队伍的后勤大管家。“为了让他们轻装上阵，以饱满热情投入到工作中去，在生活上解决好每位同志的后顾之忧成了我的新工作。”王广成笑着说，“每人家里的‘鸡毛蒜皮’我都要记在心上，要不他们怎么能安心往外跑”。

而王广成自己带领的学术梯队，则帮助他在繁重的管理中顺利完成了多项科研项目。王广成说，我们每获批一个科研项目，都组成一个相对稳定的研究小组，分工负责，经常召开课题组研讨会，推进课题组的科研工作。

在王广成的带领下，团队中有 3 人晋升为教授，成员先后主持承担了省部级项目 4 项、厅级项目 3 项，出版专著 3 部，在核心期刊上发表论文近百篇。

几年中，王广成既高质量地完成了科研和管理的各项任务，又为学校带出了一批科研新兵，建立起一支完备的人才梯队。

为人师表严于律己

为了保证做好科研管理这项本职工作，王广成个人的科研工作只能在假期和周末展开。尽管科研和管理占据了王广成的大部分精力以及几乎所有的假期和周末，但他始终没有忘记自己作为一个教授的职责，再忙也要为学生们留出上课的时间。

王广成的课同他的科研工作一样具有新意和内涵。几年来他所承担的《西方经济学》《产业经济学》《工商企业管理》等十几门课程都是学生们最受欢迎的课。

而为了给学生营造出更浓郁的学术气息，王广成每年都要聘请数十位国内外专家来校做学术交流，并组织协调教师参加国内国际学术会议，使更多教师融入国际国内的学术领域，从而为他们帮助学生开阔视野提供便利。

为人师表不仅体现在教学方面，王广成在工作上也成为其他老师的表率。作为科研处处长，王广成比普通教师有更多的机会获得项目和奖励，但他还是对自己申报的项目和奖励提出了要求，把更多的机会让给普通教师。

任现职以来，王广成从未申报过限额申报的项目，三年未申报国家项目，只获批一个省级，所获批项目明显少于他之前在学院工作时的数量。对于自己在科研处的团队，王广成也严格要求他们每人只能有一个在研课题，上一课题未结题，不得申报下一课题。

王广成说，在科研管理岗位的主要职责是科研管理，主要精力还是要放在为学校争取更多的科研项目和奖励上，只有这样才能赢得学校和教师们的信任。

十年磨一剑

在来到山东工商学院的10年时间里，王广成从科研能手成长为带动全校科研工作推进的科研处处长。对于过去的辉煌和荣誉，王广成早已放下，因为王广成知道，未来是一条全新的征途，需要他在下一个甚至几个10年的时间里去重新开拓。

“学校的科研工作任重而道远，我作为科研处长，主要职责是推动学校的科研工作不断向更高层次、更高水平迈进。我个人获得的算不了什么，把学校的科研工作搞好了，才是我们最大的荣耀。”展望未来，王广成心中已经有了明确的目标和方向。

（本文发表于《山东工商学院报》2009年6月26日第393期）

严谨治学　辛勤耕耘

——记第五届山东省教学名师王艳明

侗　然

王艳明教授，现任统计学院院长、党总支书记，山东省首批特色建设专业——统计学专业建设负责人，山东省省级重点建设学科——统计学学科带头人，中国统计学会理事、中国统计教育学会常务理事，校“125人才工程”学科带头人，校级科研创新团队“统计学理论、方法及应用”带头人，烟台市莱山区人大代表。2009年8月，被评为第五届山东省教学名师。

王艳明教授1987年7月从上海财经大学统计学专业毕业后，来到了刚建校不到两年的山东工商学院（原中国煤炭经济学院），20余年来她一直从事教学与科研工作，历任教研室主任、系副主任、系主任、二级学院院长、党总支书记等职。她在工作中恪守三条原则：作为教师，要热爱教育事业，为人师表；作为专业建设负责人和学科带头人，要有精深的学术功底，严谨的治学风范；作为二级学院负责人，要勇于创新、严于律己、作风正派、尽职尽责。

言为师表，行为世范

王教授钟爱教育事业，20余年来一直工作在教学第一线，以教为乐、以教为荣。在教学中，怀着一颗对教师职业敬畏的心，时时铭记教师的神圣职责，每次授课、每个教学环节，都一丝不苟。她认为：三尺讲台虽小，但丝毫不敢有懈怠之心，只有花费足够的精力与时间去备课，才敢走上讲台面对学生。一堂课下来，只有看到学生满意的神情她才会如释重负。作为教师，看到自己的付出有所收获，自己的学生有所成就，她会由衷地高兴。她经常与她的朋友、同学说："教师这个职业是一个让人越干越喜欢的职业，因为它会让人的思想灵魂不断升华，让人的知识不断丰富，让人的素质不断提高，时间愈久，感受愈深，收获愈大。"

从教20余年来，王教授先后为全校本科生主讲公共基础课、专业基础课及专业课10门，课堂教学工作总量近万学时，教学效果优秀，得到教育部本科教学评价专家组、业内人士及学生的高度评价。学生网上评教说："我很喜欢和尊敬统计老师，她是一个很有责任心、知识渊博的老师，她课讲得很好，课堂中引入一些实例注重联系实际，注重培养我们解决问题、分析问题的能力"，"通过老师的讲解，学到了很多知识，也学到了许多做人的道理……"

王教授除了在教学上认真地履行自己的职责外，还注意在生活和思想上关心、帮助学生。特别是对家境贫困、生活有困难的同学，王教授更会伸出援助之手，采取不同方式给予资助。与困难学生结对子，从思想上开导，帮助他们树立正确的人生理想；从学业上鼓励，帮助他们克服学习过程中的障碍；从生活上关心，帮助他们克服暂时的困难。她的学生对她敬爱有加，一名2002届统计专业学生毕业后在给王教授的来信中写道："从您的身上，我不仅学到了专业知识，更重要的是我学会了做人的道理。您在很多方面给我树立了榜样，在我看来，作为一名老师，不仅要'学高'，更重要的是'身正'，这样才能学高为师，身正为范，而您恰恰是两者兼备的典型。"

脚踏实地，专业建设结硕果

王教授认为要培养高质量的专业人才，必须在专业建设上下功夫。多年来，不论是做教师还是做教学管理人员，她都非常重视与抓好专业建设工作。2002年统计学专业被确定为省级试点专业，为了做好试点专业建设，当时作为统计系教学副主任的王艳明，制定了非常详细的专业建设实施方案，先后带领广大教师赴上海、北京、南京等高校进行专业调研，并利用到东北财大开统计教育会议之机，就我校"统计学专业教学改革试点方案"请统计学界知名学者进行了论证，各位专家对我校统计学专业的发展从不同的角度提出了许多有价值的意见与建议。2005年山东省教育厅组织了由中国科学院、上海财经大学、东北财经大学等单位的7位知名统计专家对统计学试点专业进行验收和鉴定。验收专家认为："该专业被列为省级教学改革试点专业以来，对人才培养目标、课程体系、教学内容、教学方法和手段进行了卓有成效的改革，加大了师资队伍建设、教学实习基地建设的力度。学校对试点专业的改革和建设十分重视，配套经费到位。”最终结论为：“该项目改革思路明确、创新性强、成效显著。达到国内同类研究中先进水平。”2009 年王艳明教授主持的该项建设成果获得山东省教学成果二等奖,这也是对我校统计学专业建设取得成果的充分肯定。2006 年统计学专业又被确定为山东省首批特色建设专业，能被确定为省级试点专业和特色专业的“统计学”专业在山东高校只有我校。负责完成了保险专业的申报、调研及论证工作，2006 年被教育部批准为我校新增专业。对于新专业的建设，王艳明教授与分管院长密切配合，拿思路、提想法，组织带领广大教师参与建设，带领教师到著名高校进行专题调研学习，多渠道引进专业教师，组织召开保险专业建设研讨会，进一步明确了保险专业建设的思路，为保险专业建设打下良好基础。

不懈的追求与努力，带来了较为丰硕的教研成果与奖励。她先后在《高等教育研究》《统计教育》等期刊上发表教研论文 10 余篇；主持及参与各类教学研究项目 10 余项；教育部高等学校统计学教学指导委员会推荐系列教材编审委员会委员；参编“十一五”国家级规划教材 1 部、全国“十五”统计规划教材 1 部、主编中国科学院规划教材 1 部；取得省级教学成果二等奖 1 项，校级教学成果奖 3 项，中国统计教学学会优秀调查报告二等奖 1 项。

不断追求，科研成绩显著

王艳明教授知道教学中的很多知识不仅源自书本，还要靠自己的科研积累。她认为，教学要教得好，必须以较强的科研能力和较多的科研成果作为支撑。只有长期坚持科学研究，才能驾驭学术发展的脉络、占领前沿，才能把最优秀和最先进的成果及时传播给学生，才能使自己视野更开阔、知识更丰富，才能站在高山之巅去审视和把握教学改革的方向。

作为统计学学科带头人，王艳明教授始终将“营造良好的科研氛围，打造一支作风正派、求真务实、团结合作、勇于创新、严谨自律、方向稳定、学术道德高尚的学术团队”作为统计学学科建设追求的目标。统计学学科作为应用经济学下的一个二级学科，在学科建设上一直走在学校前列，2005 年被确定为省级重点建设学科。在学校申硕的过程中，统计学学科发挥了重要作用，2009 年学校取得硕士建设单位，12 名学科带头人中有 2 名是统计学学科教授。

王艳明教授除了带好统计学科研团队外，在经济与社会统计分析、统计调查与预测等方面，也做了许多有成效的研究，并取得了一些标志性成果。先后在《统计研究》等国内外学术刊物和会议上发表论文40余篇，出版著作1部，2008年主持完成了国家社科基金项目“现代企业统计理论与实践创新体系研究”1项、省部级项目5项，参与完成国家社科基金项目等各类科研项目12项，多项科研成果达到了国内领先水平，受到业界专家的好评。科研成果获得省部级奖4项，其他奖励10余项。

恪尽职守，做好统计学院的各项工作

王艳明教授除了承担教学、科研任务外，还担任统计学院院长、党总支书记，可谓事务繁多。作为二级学院主要负责人，王艳明始终以一名党员干部的标准严格要求自己，时刻告诫与提醒自己不要辜负校领导与统计学院全体教职工的期望，面对众多的工作任务与压力，一刻也不敢放松与懈怠。多年来，王艳明教授绝大部分精力都投入到统计学院的建设与发展中，经常加班加点，很少有休息日、节假日。在工作中努力做到以身作则，尽职尽责，处处以大局为重，不贪图名利，不计较个人得失，心系统计学院，脚踏实地地干好每一项工作。王艳明教授认为，作为一名干部要做到以下几方面：必须有高度的责任感、事业心；工作作风要求真务实，积极进取；要有正确的政绩观，要促进统计学院得到事业发展，教职工得到利益；领导班子强化团结意识，成员之间要密切配合、互相支持、互相帮助、互相信任，做到心往一处想、劲往一处使，发挥班子的整体效能；个人品德要做到“学高为师，身正为范”，要有公心、爱心，要与教职工打成一片，关心广大教职工利益。

1999年3月，王艳明教授开始走上系领导岗位，担任数学与统计系副主任，分管教学管理工作。2001年3月成立了统计系，在2001年3月至2003年3月两年间，由于当时系主任在省委党校学习与工作调动，王艳明教授绝大部分时间主持统计系行政管理工作，当时在系里工作的班子成员只有书记与她两人，王艳明教授既要抓教学又要抓科研，还要负责其他行政管理工作，2001年计划去中国人民大学做访问学者也因工作需要而放弃，但她没有抱怨和牢骚，而是以极大的热情和干劲，一步一个脚印地开展各项工作。

在王艳明教授的带领下，统计学院教职工以一种“争优创新、敢打硬仗”的拼搏精神，团结合作、共同努力，使统计学院教学、科研、学生培养等各项工作都取得佳绩。在专业建设上，统计学院有省级特色建设专业，省级精品课程，省级教学成果奖；在师资队伍建设上，统计学院有省级教学名师，省级社科新秀，“大众报业杯”山东高校十大优秀教师，“富民兴鲁”劳动奖章获得者，省高校优秀共产党员等；在学科建设上，统计学院有省级重点建设学科，为学校申硕建设强化重点学科之一；在科研建设上，2003 年以来主持国家级项目 3 项，其中国家社科基金项目 2 项、国家自然基金项目 1 项；在学生培养上，多年来统计学院考研率、就业率均名列我校前茅。2007 年学生作品《农村留守儿童学习成绩影响因素的统计研究》获得第十届“挑战杯”全国大学生课外科技作品竞赛三等奖，获得全国高校学生社会调查分析报告二等奖、三等奖各 1 项，全国及山东省数学建模竞赛二等奖、三等奖 3 项，9 篇论文获得全国优秀统计学士论文及山东省优秀学士论文。

成绩只能说明过去，面对我校新的机遇、新的挑战，王艳明教授对统计学院的发展提出了更高的要求。在教学中，鼓励学生探索创新，实现教育思想从以传授知识为主向以培养创新能力为主的转换；以科学研究促进教学上水平，以过硬的学术素质确保教学质量和水平不断提升；以国家级教学质量工程建设为目标，促进教学水平的大幅度提升；凝聚力量，打造素质过硬、结构优化的教学团队，为山东工商学院美好的明天做出更大的贡献。

（本文发表于《山东工商学院报》2009 年 9 月 11 日第 397 期）

教书就是在做事业

——记会计学院青年教师谷增军

李　丽

谷增军（1979年6月出生），2003年毕业于沈阳工业大学工商管理学院会计学专业，2004年至2006年就读于东北大学工商管理学院，获管理学硕士学位，主要研究方向是会计电算化、ERP研究与开发、CIMS，现任会计学院会计信息化教研室主任。2007年12月至2008年6月主持会计学院《会计信息系统》精品课程的建设，并如期通过学校验收。2007年12月至2008年12月期间主持完成山东工商学院校级教学研究项目《会计学科学生计算机应用能力培养模式研究》。2008～2009年度被评为“山东工商学院先进工作者”。

教书就是在做事业

由于教师少，学生多，谷老师常常要上很多课，有时要全天上课；从第一节到第十节，相同的内容反反复复。谷老师已经做了四年，还要一直这样做下去。他说要干一件事，就要坚持走下去。当年和他同一年毕业的同学，现在在青岛都已经有房有车了，可他至今还住在留学生公寓。我问：“同样是研究生，和同学比起来岂不是很吃亏？”他却说：“我在做我的事业！我要把它做大、做好。”是啊，把工作当事业做，再苦再累也心甘情愿！

当问及最初工作的感觉时，谷老师笑得像孩子一样，那段回忆是很美好的。第一堂课看见台下那么多的学生，又紧张又激动，而且足足激动了一个星期。现在三年多过去了，当初的新鲜感早已不在，而积累下的是不断改进的教学经验。没有教科书，他自己编；理论课乏味，他想尽办法调动学生的积极性。“当初选择了教师这一行，就要把它干好，”谷老师这样说。我问：“怎样才叫做好了？”他说：“自己所讲的东西学生都掌握了，并且可以运用，就算做好了吧。”每次看见学生上课时点头同意自己的说法，明白一个个知识点，这就是自己的努力被别人认可了，那时是他最开心的时候，这种成就感慢慢地累积，让他感觉教书很愉快，说明自己可以为社会做些什么。

工作太忙，他总是上课、学习，至多看看电视、听听广播。从2006年工作开始，他不断地在学术性期刊上发表论文，不断地证实自己的能力。谷老师从小就是个认真务实的人，所以工作四年就完成了几本教科书的编写，即使在工作量这么大的情况下，还要准备考博，他的步伐从未停过。

学生更像是朋友

采访刚开始时，我还有些紧张，谷老师说：“没关系，我们应该更像是朋友的，就当聊天就行！”确实，老师年龄不大，用他的话说“我们还没有产生代沟！”这也是他的学生大多喜欢他的原因吧，要不然也不会有毕业两年的学生在工作中遇见麻烦，还喜欢打电话向他咨询请教。遇见棘手的问题，他们会一起讨论，这也是积累教学经验的方法。这些问题，他会在上课时讲授给学生。谷老师说：“最重要的是实际操作能力，理论知识只有运用到工作中，才叫学到手了。”

谷老师总是在第一节课时，把自己的手机号写在黑板上，方便同学遇见问题时可以及时解决。“这样做是不是把自己的时间都交给了你的学生？”我问。他说：“学生有问题，不及时解决，会忘记的。新问题变成老问题，这样问题永远都解决不完。再说，我们可以当作朋友进行交流！”

再年轻的光阴也会逝去，他回想起三年前刚工作那会儿，他还可以和学生们聊校园生活，聊自己玩的游戏，聊自己和同寝室的“卧谈会”。现在他和学生们成了无话不说的朋友，可谓亦师亦友。所以，他的学生总是那么喜欢他，觉得谷增军老师很亲切。

学生是核心

“大学中，学习自然很重要，不管你学什么，最终都是为就业服务。”这使我更加意识到了学习的重要性。“不管是考研还是考公务员，都是为将来就业做准备，所以在大学期间多积累知识，多学习几门技术，在就业时的那份简历就不至于空荡荡的，也让企业有选择你的理由。”

“这里的学习，不仅是学专业课知识，还要参加各种活动并从参加的活动中不断积累属于你自己的财富，比如经验或是为人处世的道理，参加社团、学生会、实习，暑假或寒假打工等等。打工的同时也可以挣一些外快，贴补自己的生活，一举两得。眼光不要只放在学校，校园毕竟太小，不足以让你去飞翔，大学里，也该接触一下社会，了解社会，了解就业形势。”

“对于考研的同学，那段日子是极其艰苦的，尤其是最后一个月，有时候自己会坚持不下来，有必要找几个研友一起学，这样互相搀扶，才有动力，才更容易坚持下去。选择了就不要放弃，还是这句忠告：坚持了你就可能成功，不坚持，就没有成功的可能。”

“上大学开始就应该给自己设一个目标，在大的目标下设小目标，小目标下再设目标，目标层层地剥离开来，你发现它会距你愈来愈近，实现起来也就有个方向，不至于迷茫，不偏离重心。”

谷老师一口气说了这么多，从学习到就业到考研，不知道他在课下想了多少次，回答了多少遍这样的问题，今天才会聊得这么激动。学生的事，他总是放在心上。

他在用心做他的事业，认真、坚定、一如既往。他用执著的信念、真诚的笑容打动了每一位学生，“桃李满天下”将是他最辉煌的荣耀。

（本文发表于《山东工商学院报》2010 年 5 月 14 日第 424 期）

春风化雨　桃李芬芳

——记计算机科学与技术学院博士后厉玉蓉

姬柏盛

“我们喜欢听厉老师讲课：她讲课自成体系，条理清晰，举重若轻，声情并茂……一个很难懂的问题，经她一启发、一比喻，就变得简单明了，而且记得特别扎实……她对学生一视同仁，用大姐姐般的爱心呵护学生。”同学们发自内心的赞语，讲述的是计算机科学与技术学院数字媒体技术教研室主任厉玉蓉。有同学在“山东工商学院网上评教系统”中这样描述她：她和蔼、可亲、可敬，她渊博的学识、严谨的教学、周密的思考、细致的讲解和生动的比喻，常常在我们心中引起共鸣。

从教十余年，在山东工商学院的三尺讲台上辛勤耕耘了近六年，她把对学生的爱融进了教育事业、融进了课堂，醉心科研、努力提高自身业务素质是她一贯的追求。“我很幸运，选择了教师职业。我视这个神圣的职业为骄傲，我的生命也因为选择了这个职业而更加有意义。”厉玉蓉如是说。

坚持教书育人醉心教育事业

1975 年，厉玉蓉出生在黑龙江省牡丹江市一户普通的工人家庭。1993 年，她以优异的成绩被保送到吉林大学数学系本、硕、博连读。1999 年获得硕士学位后留校任教，2003 年博士毕业，2004 年初由吉林大学调入山东工商学院信息与电子工程学院，2006 年入山东大学计算机科学与技术博士后流动站工作，2008 年出站。出站后，她回到山东工商学院，任计算机科学与技术学院数字媒体技术教研室主任。

十年来，厉玉蓉用爱心和耐心维护着学生的自尊心。无论什么时候，学生都可以找她解决学习上、生活中遇到的问题。她经常放弃休息，给学生补课。课堂上，有学生给她搬来一把椅子，请她坐下讲课，她却说：我是老师，站着讲课是我的责任，坐下讲后边的学生听不清，会影响学习效果。她认为，课堂上，不仅要向学生传授知识，还要把培养学生的能力、提高学生的素质融入课堂教学之中。教师的一举一动、一点一滴，教师的学识眼界、思维方式、品格风范，都会默默地影响学生的心理、情感和个性，影响着他们思想品格的修养和全面素质的提高。

厉玉蓉说，教师的职业是神圣的，家长把孩子的未来托付给你，社会把学生的成长寄托于你，你必须用自己的心来点燃学生的心，用自己的头脑武装学生的头脑。“作为一名教师，我深深感到自己最大的欣慰和欢乐莫过于学生的点滴成长。虽然面对着各种各样的诱惑，但我对教师的职业依然无怨无悔。如果人生真有来世的话，下辈子我还选择这神圣的职业——教师，为民族的发展做些添砖加瓦、架桥铺路的工作。”回忆自己教书育人的点点滴滴，厉玉蓉深情地说。

教育以爱先行　但求无愧人师

面对学生成长过程中的困惑和烦恼，她谆谆教导，悉心引导；面对青年教师初上讲台的陌生与茫然，她亲历亲为，耐心指导。她愿意做一盏灯，为她的学生、为年轻的教师点亮人生的一段旅程。

厉玉蓉经常教诲学生：“进入大学绝非人生的巅峰，它只是为步入社会做进一步的准备。倘若你能做到两个‘学会’，你的收益将会很丰厚。其一，学会怎么学，怎么自主地学，并提高自己解决实际问题的能力；其二，学会怎么做人，怎么做事。其实做到两个‘学会’并非难事，更无需什么天赋，每个学子都能做到，关键在于‘用心’。”

她爱自己的学生，关心他们的学习和生活，特别是那些遇到困难的学生，比如学习吃力、家庭困难、学习偏科等等，厉玉蓉都能比较全面地掌握这些学生的信息，定期找他们交流并适时伸出援助之手。然而当学生考试成绩不理想而向她求情时，一向和蔼可亲的她却毫不留情：“我可以给你补课，给你答疑，却不能为你考试作弊开绿灯，因为我要对你负责。”有的家长找关系、托人情，想尽办法想让自己的孩子走“捷径”，但在她这里行不通，因为她认为，“严，才是爱。”

厉玉蓉还把自己十余年教学的心得详细介绍给青年教师。她说，良好的课堂效果，就是用较少的时间，引导学生较快地领会新的知识，激发学生主动地去探索新的知识，指导学生学会掌握新知识的方法和途径。“我们要高度重视课堂教学，只有把每堂课备好，讲好每堂课，才能使学生以较少的时间获取较多的知识，所以一定要重视备课和讲课这两大环节。”她告诉自己和年轻教师，“当老师是很辛苦的，所做的工作又非常琐碎。但是付出是一定会有收获的。‘待到山花烂漫时’就是我们最高兴的时候。”

辛勤耕耘十载　硕果累累满枝

全身心投入到教书育人事业中的厉玉蓉，对待工作勤勤恳恳。从教十余载，先后为本科生讲授《编译原理》《计算机图形学》《数据仓库与数据挖掘》和《离散数学》等课程，其中《编译原理》和《计算机图形学》作为计算机学科的专业基础课程和专业骨干课程，多年来一直未曾间断。2009 年，年仅 34 岁的她成为山东工商学院与山东师范大学联合培养硕士研究生的首批研究生导师之一。在出色完成教学任务的同时，厉玉蓉博士还在计算机图形学领域肩负着繁重的科研任务，自 2004 年调入山东工商学院以来，先后主持国家自然科学基金项目 1 项、参与 1 项（第二完成人），山东省自然科学基金项目 1 项、参与 1 项（第二完成人）；先后在《软件学报》《计算机辅助设计与图形学学报》等核心学术期刊上发表论文近 20 篇，其中被 SCI、EI 检索论文 6 篇。

在研究道路上辛勤探索的同时，厉玉蓉始终牢记自己作为教师的第一职责：教书育人。在大学里，每次 45 分钟的课堂教学是师生最重要的互动平台。结合时代的特点，为了短暂的 45 分钟的课堂教学，她需要不断地阅读与课程相关的书刊；为了充实这 45 分钟的课堂，她又必须实实在在地从事现代科学的研究，加深自己学术底蕴，真正做到从自己满满一桶水中交给学生一杯水。为了这充满活力的 45 分钟课，她还必须具备一个教师的素养，音色宏量，吐字真切，抑扬顿挫，通过深入浅出、思路清晰的讲解使学生理解每一个概念和理论。虽然她已讲授了十余年的专业课程，但每次上课前，她还是非常认真地备课，结合历届学生不同的情况，以达到课堂教学最佳效果。

“台上一分钟，台下十年功”，这是厉玉蓉对教师职业的理解。

始终坚持奋斗在大学教学第一线的厉玉蓉，把物质享受看得很淡。“科学研究如果能够做到淡泊名利，应为至高境界。人类追求至真、至善、至美的理想境界，科学教育应承担重要责任。追求真理，是我们教师首先应该做到的，我们更有责任教育我们的学生有如此的追求，用我们追求真理的热情去感染我们的学生，使他们敢于追求真理，敢于承担社会责任。”想起自己教学科研的每件事，厉玉蓉真诚地说。

谈到从教感悟，厉玉蓉说：“从事教学科研工作的十年，是我青春岁月中最宝贵的十年，也是我人生中最美丽的一段时光。十年的教师生涯，让我深深体会到，只有热爱学生，对学生投以饱满的热情，才能和学生心心相通，才能真正做到育人而不仅仅是教书；只有热爱工作，才能乐此不疲，才能有更多的热情去创造；只有热爱生活，才会发现更多的快乐，心神愉悦地享受每一天。教学研究的投入是无形的，但却是快乐而无怨的。其乐趣与收获不但来自于自己的发现、创造和实践的过程，更在于学生豁然开朗的一瞬间。”

陶行知对于教师职业曾这样概括：“千学万学，学做真人；千教万教，教人为真。”这个概括，用在厉玉蓉身上很恰当。

（本文发表于《山东工商学院报》2010 年 5 月 21 日第 425 期）

用真情教书　用真心育人

——记信息与电子工程学院教师隋金雪

李长培

隋金雪，博士，1977年生，现任信息与电子工程学院自动化教研室副主任、控制科学与工程党支部书记。隋金雪把教师看作一份神圣职业，他立足三尺讲台，以心血铸就自己无悔的人生选择。

心系学生，以生为友

“因为喜欢，所以义无反顾”，见到隋金雪老师，他说的第一句话就是“我喜欢学生，喜欢大学的氛围。”虽然工作没几年，但他与许多同学结下了深厚的友谊。采访他的那个晚上，恰巧几个大四的同学打来电话向他询问有关工作的事，从谈话中可以看出他们关系的亲密。

第一次接触隋老师，是在大一自动化导论课上。对于刚刚步入大学校门的自己来说，校园里的一切都是那么的新鲜和陌生。隋老师的衣着很普通，相貌也很普通，但与其他老师不同的是，他每次下课都会留出半小时时间和我们进行交流，回答我们各种各样的疑问。他时常对我们说：“我还年轻，咱们就是兄弟姐妹，永远不会有代沟。”

“学生需要严师，更需要慈祥和宽容。教师对学生的爱要以对学生的尊重和信任为前提，对学生的严应当是严中有爱、严中有章、严中有信、严而有度。”隋金雪老师总是这样描述自己的为师之道。左手是良心，右手是责任，他把学生看作自己的全部。隋老师对专业课程的学习要求十分严格。自动化专业有门核心专业课《现代控制理论》，是自动化专业考研的双控课之一。因为工科的专业课学习需要大量的练习，每次隋老师都是拎着一个沉甸甸的大包把作业带回家。每次上课，他都向学生提问问题，把所有问题消灭在课堂上。在隋老师的课堂上，看不到伏案迷糊打盹的学生，也看不到交头接耳者。因此，《现代控制理论》课的评教成绩始终在94分以上，全校名列前茅。

每年，隋金雪老师都会无偿地给考研的学生进行辅导，把历年的考研知识点给大家讲透，针对不同的学生提出不同的专业要求。为了让大二大三的学生积极备研，他会邀请考上研究生的优秀学子参加考研交流会，分享考研经验。每年学生报考研究生选择考研课程时，选考《自动控制原理》这门课程的学生特别多。从考试的情况来看，《自动控制原理》这门课程的考研成绩非常理想，很多学生考入天津大学、西北工业大学、南京航空航天大学等名牌学校。

隋老师非常关心学生的学习成绩，每学期都会把学生的成绩调出来，一一查看，对学习存在问题的学生和基础较差的学生及时进行谈话。他一直注重学生的毕业实习和毕业走向，说这对学生很重要，可以让学生学以致用，提高学生实践能力。他积极与外界企业联系，拓宽毕业生实习渠道；利用寒暑假多次走访慰问毕业生，了解学生的就业情况。

隋老师重自身学识修养的提升，重学生行为规范的养成，重团队互学互助的交流。他热心集体活动，无论是学院举办的各类比赛还是与学生之间的各种交流活动，他都精心准备，积极组织，热情参与。课余时间，为了让同学们锻炼身体，培养吃苦耐劳的精神，他时常组织学生一起爬山；为了使同学们能更好地了解专业知识，他每年都会组织大一新生参观实验室，举行各类新老生交流会；为了丰富同学们的第二课堂，他成立了深蓝工作室，培养出一大批IT精英。同时，作为控制科学与工程党支部书记，他积极团结各位老师，做好党建工作，在2008年，控制科学与工程党支部荣获学校优秀“党员之家”称号，是全校唯一一个获此殊荣的教工党支部。

创新教学，科研显著

“平凡之中蕴藏伟大的追求，平静之中怀抱满腔的热血，平常之中饱含强烈的责任感”，信息与电子工程学院院长朱智林这样评价隋金雪老师。

在教学的过程中，隋金雪老师一直秉承一种理念：授之以鱼，不如授之以渔。在讲授知识的同时，尽可能将科研和教学结合起来，将学科发展的前沿知识讲授给学生，力争培养学生的学习能力。“学而不思则罔，思而不学则殆”，他边学习边思考，不断钻研教材，关注教学动态，将所学与所思结合起来，提高教学水平，使教有所乐，学有所得。

教学不是强迫，不是命令，而是钻进学生心灵世界去寻找、激活学生的积极因子，创造种种环境条件，刺激其产生求知的兴趣和探索的欲望，让学生在动脑、动手、动口中学习，在活动中学习，在互动中学习。隋金雪老师做到了这一点。他上课特别有激情，不管在什么时候上课，他总是精神抖擞，以饱满的热情全身心地投入到课堂之中。课堂上，隋老师讲课黑板板书和多媒体课件双管齐下，图表、文字等内容用多媒体课件展示出来，既节约时间又简洁明了；原理的推导、系统工作的整理、练习题的解析他都会一一讲解。隋老师在多媒体课件上也煞费苦心，融入各种元素，吸引学生上课的注意力。同时他结合自己多年教学经验，把高深难懂的工科课程诠释得通俗易懂。由于学生在学习的兴趣、爱好、风格、学习基础等方面都会存在一定程度的差异，他会承认和尊重学生发展上存在的差异性，区别对待课堂教学中常常表现出的优势、中间、劣势三类学习群体，在实施整体教学的同时，尽量满足不同类型群体的学习需求，关注处于劣势的学习群体。为了引导学生进行探究性学习，他积极探索网络立体化教学模式，建立了信息与电子工程学院实践教学网，积极推进学院实验室建设，先后走访考察了山东大学等高校实验室，并用DV刻录下来做成视频传到实践教学视频网供学生观摩。

用率先垂范的品格激励学生，用广博精深的学识丰富学生，用循序渐进的方式引领学生。隋金雪老师贴近学生生活的教风，和蔼可亲的教态，抑扬顿挫的声音，独特的教学艺术，无不体现着他“用真情教书，用真心育人”的职业原则。从教几年来，隋老师先后在《中国矿业大学学报》《传感器与微系统》等刊物上发表论文近20篇，教研论文5篇，其中EI、ISTP检索12篇；承担山东省教育厅项目1项，参与国家自然科学基金项目2项，山东省自然科学基金2项，获得山东省科技进步奖二等奖1项，烟台市自然科学学术论文二等奖1项，多次荣获教学效果二等奖、教学大纲评比二等奖等荣誉。

教师的教育理念因开拓而闪亮，教师的教育工作因耕耘而芬芳，教师的精神动力因奉献而充实。教师的职业生涯犹如登山，为了成为一名成功的教师，隋金雪老师就像一个登山者，朝着高处一步一步攀登，以锐意进取、乐于奉献的精神诠释着教师这份神圣职业的含义。

（本文发表于《山东工商学院报》2010年6月4日第427期）

率真女教师快乐工作的故事

——访政法学院王秀哲博士

王晓霞

王秀哲，女，副教授，1992年毕业于黑龙江大学哲学专业，2002年获黑龙江大学法学硕士学位，同年考入苏州大学法学院宪法行政法专业博士研究生，2005年取得法学博士学位，论文《隐私权的宪法保护》获2005年苏州大学优秀博士学位论文、2006年度江苏省优秀博士学位论文。2008年成为中国社科院法学研究所进站博士后。2005年到我校工作至今，多次获得优秀教师、优秀共产党员称号。

王老师主要研究领域是宪法基本权利。她参加工作以来，主持完成了国家级项目1项、省部级项目2项，参与科研项目10余项，发表论文30余篇。今年年初，她主持的国家社科基金青年项目《我国隐私权的宪法保护研究》顺利结题，被全国哲学社会科学规划办公室鉴定为优秀等级。该成果从理论上填补了我国隐私权宪法保护研究的空白，对于立法部门和学术界认识隐私权基本权利的地位和制度保障具有重要的参考价值，是我校首次获国家级科研项目优秀等级鉴定的项目。

另外，她撰写的专著《隐私权的宪法保护》荣获2009年第二十三届山东省社会科学优秀成果二等奖，公开发表的论文多次获得山东省司法厅、教育厅、烟台市的社科奖励。2009年，博士后选题“宗教信仰自由权的宪法保护”获全国博士后科学基金会二等资助。

“这就是最适合我的舞台”

身穿淡蓝色上衣，下配白色碎花点缀的黑色短裙，肩挎细带背包，清新淡雅而富有活力，热情洋溢中彰显着蓬勃的朝气，好似青春并没有随着年龄的增长而离她远去，这就是39岁的王秀哲给我的第一感觉。

“我喜欢当老师，我认为这就是最适合我的舞台。”自1992年大学毕业便在学校任教，从教已十几年的她，从未改变自己的职业初衷。“我从上学到教学，没有离开过学校，学校自由的氛围是我一直向往的工作环境。”谈到当初的职业选择，王秀哲如是说。

“我很享受自己的工作，和学生们在一起，就觉得自己永远会这么年轻，充满活力。”“人生难得几回幸运，能做自己喜欢的事，是我人生中最大的幸运！”言谈中，她脸上满是对工作的热爱和对生活的感激，让我也不免为之动容。

作为一名教师，繁重的教学任务是不可避免的。当被问及自己的教学感悟时，王老师这样回答：“教学是个良心活儿，自2005年任职于山东工商学院，我就一直担任《宪法学》的教学任务，对于宪法学，可说是倒背如流，如果想应付，真的很简单，但是当一踏上讲台，看到学生那一双双渴望的眼睛时，就觉得自己一定要把课讲好，只有这样才能对得起他们，也对得起自己的良心。”紧握的双手，显示出了她内心的激动。从她列举的每年查找宪法事例、与实践结合更新教案内容、策划组织学生讨论、引导学生关注法治实践的具体工作中，我看到了认真背后的辛苦，明白了“良心活儿”的实际内涵。

“喜欢做，就去做，就这么简单”

虽然到我校没几年，王老师的科研可是硕果累累。当问及她的科研经验时，王老师用了一句充满“80后”个性意味的话回答了我：“喜欢做，就去做，随心而做，就这么简单！”干脆利落的话语中透露出她对科研工作的浓浓热爱。“科研刚开始都是枯燥的，特别是纯粹的理论研究，没有兴趣是出不了成绩的，只有积累多了，到一定程度了，就自然而然出成果了。其实，我不太在乎结果，我更看重的是过程。”

兴趣是做好科研的前提，但只有刻苦努力才能真正有所收获。王老师对待自己的课题，就像照顾自己的孩子，高标准，严要求，不放过任何疑点，不搞明白不罢休。“时间对谁都是平等的，关键看你如何利用，”这是王老师的时间观念。今年寒假，教学楼内没有暖气，但她依然在教研室一待就是一个月。天道酬勤，一个月的时间，她先后完成近两万字的课题论证，近3万字的博士后课题写作。有人说“成果是勤奋和汗水的凝聚”，我看不无道理。

王老师正是凭着这种信念，凭着这种尽职尽责的态度，她所主持的科研课题才会取得如此优异的成果。言传身教，耳濡目染，在王老师所教授的学生中，每年考试成绩都相当出色。

教学相长，把科研融进课堂，是王秀哲老师做科研的另一法宝。“学生的思想对于搞科研的人来说，是一笔巨大的财富。”在谈到这一点时，王老师显得有些兴奋，“记得我曾经在《法商研究》上发表《利益平衡与价值选择中的堕胎规制研究》一文，就是和同学们共同合作创造的成果。”原来，在王老师曾经教授的一堂《宪法学》课中，涉及公民的生命权的宪法保护问题，有同学就“计划生育体制下，公民有没有堕胎权”“胎儿有没有生命权”提出了疑惑，王老师组织学生进行了深入细致的讨论，就是这场讨论引发了王老师对于这一问题的深思，后通过广泛搜集资料，写下了这篇论文并发表在高水平的学术期刊上。

“当成朋友，相互尊重”

“大学生，都是成年人了，当成朋友，相互尊重，就好了。”这是王秀哲老师对于师生如何相处这一问题的回答，“其实，大一学生刚来，还不熟悉，对我还是有点敬畏的，因为我上课很严肃，课堂本身就应该严肃点。呵呵，所以大三大四的学生跟我交流的偏多一点。”在谈到自己的学生时，王老师一脸的幸福。“我和学生交流，很多时候，都是发短信啊，聊 QQ 什么的，有时候，他们用网名或匿名的方式和我聊天，说是这样才自在，嘿嘿，其实我都知道他们是谁。”怕我不信，王老师还特地举一个例子，“比如我的一个学生张立，她的网名就是张六一，立分开就是六一嘛，一猜就对。”率真的个性、毫无掩饰的笑容中露出几许的“顽皮”，让我在一瞬间明白了为什么学生们都爱跟这样的老师做朋友。

说到自己的学生，王老师打开了话匣子，“这学期刚开学那天，是三八妇女节，我走进教室时，就看见讲台上放了一块巧克力和一张贺卡，呵呵，当时心里老高兴了，觉得学生真可爱。”说到兴奋处，王老师老家东北话都出来了。是的，也只有这样朋友式的老师，才会真正受到学生们的爱戴。

“运动让我年轻，让我快乐工作”

瘦弱的肩膀，娇小的身躯，怎么看，也跟运动会教职工女子组 1500 米冠军联系不起来。“可别小瞧我，我可是长跑健将，每年的运动会，我都会参加，去年我还参加 3000 米了呢。”看到我质疑的目光，王老师急急地解释道，“其实，我每天都坚持锻炼的。多运动，有好处，可以让自己从身体到精神都年轻，并始终保持快乐的生活态度。我经常和那些想考研的学生说，你们要想考上研究生，一定要先锻炼好身体，而且只有锻炼好了身体，才能永葆青春。我的学生常夸我身材好、有活力，原因就是坚持运动！”王老师愉悦地向我传授着年轻的秘诀。

为了测试一下王老师所说的年轻，我脱口问了句：“老师，你什么星座？”“水瓶座！”像是看透了我的小伎俩，王老师干脆而又得意地回答道。“怎么样，没代沟吧？我羽毛球打得最好，都快达到专业水准了，找机会练练？”她笑着看着我。

采访在这爽朗的笑声中接近了尾声。没有我想象中的呆板，更没有我印象中女博士的那般沉闷。王秀哲老师就像一个永远都朝气蓬勃的年轻人，热情洋溢、活力四射。她快乐工作，率性生活，在这个任思想自由驰骋的美丽象牙塔内，用永远年轻的心态去书写着自己如夏花般绚烂的人生！

（本文发表于《山东工商学院报》2010 年 6 月 11 日第 428 期）

为师如登山

——一位青年教师的攀登小结

宋英杰

从小老师就告诉我，学习如登山，只有经历攀爬的艰辛才会看到峰顶的美景。在经历了多年的攀登之后，2006 年我很荣幸地来到山东工商学院，开始了教师工作这另一番神圣的攀登旅程。短短几年时间，经历了开始的艰辛与困难，体会了教师的责任与神圣，也收获了小小的经验与成果。

激情中起步

如何做一名称职的老师，如何做一名学生心目中的好老师，对于刚刚踏上教学岗位的我来说，心里有点迷茫与忐忑。但是，作为一名年轻人，既然选择了这一神圣的职业，就必须充满激情地去干这项工作。

这种激情体现在课堂上忘我的“表演”。我经常把自己想象成一个晚会节目主持人，向学生介绍的是知识海洋中各种精彩的节目，我的工作是通过自己的激情讲述与串联，让学生对这些“节目”产生十足的兴趣与渴望。

这种激情体现在课后不分昼夜地备课。为了能够使课堂内容充实与精彩，我工作之初，几乎放弃所有休息时间，通过多种手段搜集资料，准备课程，真正实践“要给学生一滴水，自己需要准备一桶水”的要求。除了内容，讲课技巧同样至关重要，对于没有教学经验的我来说，授课技巧方面的欠缺往往大于授课内容。为此，我通过向老教师请教、观看教学录像甚至学习歌唱曲艺等方面的技巧，使自己在课程结构安排、授课节奏以及语言、形体等多方面得到有针对性的修炼。

这份激情源于对教师这一职业诚挚的热爱，源于对学生真正的关爱。刚刚走上讲台，不免紧张，难免有疏漏与不足，但站在讲台上，看到教室里一双双期盼的眼神，听到学生对自己的讲述发出的阵阵唏嘘感叹，之前的些许畏惧就会抛在脑后。正是这种激情让自己能够在最短的时间内站得住讲台，站得稳讲台，也逐步站得好讲台。

年龄拉近师生距离

作为年轻教师，相对于老教师欠缺的是经验和知识储备，唯一的优势也许就是与学生之间没有年龄隔阂。我们能够更多地了解学生们的兴趣，更深地理解他们的感受，更多地用欣赏的眼光看学生，用宽容的心态面对学生，从而在教学中有针对性地将所传授知识寓于他们感兴趣的载体上。

年轻人喜欢玩，我根据游戏教学法所提出的思想，将所讲授的课程尽量寓于游戏的形式中，使学生的整个学习过程变为一种有趣的游戏过程，令其主动去思考问题，主动去探索问题。如，讲授的财政学知识，组织一场模拟记者招待会，把一部分人任命为财政部长，要他们来完成一个国家的财政安排，另一部分人扮演记者，向财政部长提出现实的尖锐问题。通过激烈的辩论交锋，让他们主动学习当前财政的理论与焦点问题。再比如，年轻人喜欢卡通、动漫，在多媒体课程的讲授过程中，我就有意识地注意搜集一些相关知识的 FLASH 案例，从幽默的卡通故事中理解晦涩的理论知识。之所以会勇于实践这些措施，也许自己也是经历多年旧有的高校教学方法培养，对其中的弊端深有体会。

当然，与学生距离的拉近，并不是一味地迁就学生，甚至附和他们，当他们存在不良的学习倾向时，我也会坚决加以要求，做到宽严相济。

教学相长的双向学习

在教学的过程中，特别是在备课与上课的不断循环中，不仅学生很好地掌握了知识，提高了能力，我自己也对教学方法和许多理论知识有了更进一步的理解。特别是在既有教材中讲得不甚明了的问题，沿着问题去学习和思考，取得了一定的成果。在 4 年时间里，我发表论文 20 余篇，其中发表于《农业技术经济》《经济体制改革》等 CSSCI 来源期刊 4 篇，北大核心期刊 2 篇，EI 检索 1 篇，ISTP 检索 2 篇，获省教育厅课题一项、校内课题一项。在教学过程的不断深入中，自身教学水平不断提高，网上评教多次名列前茅。针对财经专业的教育观念、中西教学模式的比较等内容发表了教改文章2篇，参与教改课题2项。

也正是因为教学与科研中的不断深入，我深刻地认识到自身原有的知识体系和教学方法还远远满足不了成为一名优秀教师的全部要求。因此，我通过考取山东大学博士研究生的机会，进行更高层次的学习。从教师重新回归学生的感觉非常奇特，在博士的学习中，我对课堂教学的许多方面又有了新的认识，在与名校名师的交流中，对教师这一称呼又多了一份钦佩与崇敬。

快乐中前行

教师岗位是辛苦的，教师工作是需要耐得住寂寞的，同时教师工作也是无比快乐的。这份快乐最主要来自于学生的肯定。每当看到网上评教中学生一句句真挚的评语，每当深夜看到邮箱中学生充满渴望的请教来信，每当收到学生简短的几句节日短信祝福，我会发自内心地微笑，会感觉自己所有的付出都是有意义的。正是这份最简单的快乐，促使我在教学的攀登过程中永不懈怠。

如果把成为一名优秀的教师作为一座攀登的高峰，我想我离山峰还有很远的距离，沿途还会遇到许多困难与险阻。但是，我相信只要我们保持对教育事业的热诚和一颗呵护学生的心，我们每一名教师都会成学生心目中的好老师。

（本文发表于《山东工商学院报》2010年12月10日第448期）

张老师印象记

侍　闻

提起张老师，脑海中一下就浮现出来那个有点孩子气又很书生气的他。张子中老师，我们一般称呼老张、老张头、张老爷子甚至是张爷。听起来似乎没有那么“尊师重道”，但每一个称呼背后都是我们沉甸甸的尊重和爱戴。

他常说：我就是喜欢和学生在一起，觉得自己都年轻了

做张老师的学生已经三年了。我经常觉得，年轻时的他一定是个很帅气、很文学气的大好青年，正义中会带点叛逆，充满理想。他经常给我们讲他过去的生活，讲他的工作经历，讲他所向往的自由。

在教研室，张老师是唯一的教授，也担有一定的行政职务，但是他从来不会提这些，在他心里，就如同他在微博上对自己的描述：一名教书匠。第一次看到这个描述时，心里就有一股说不上来的温暖。

课堂上的他，总是那么富有激情，他倡导我们多进行交流，和老师，和师兄师姐，和同级同学，希望我们能自由主动地去营造沟通的平台。每次他的课上总会有一些互动性的环节，每当这时，他比谁都沉浸，时而笑眯眯地听着，时而又低下头记着。

好的老师总会带给我们很多感动，但所有的感动都比不过他的一句“我就是喜欢和学生在一起，觉得自己都年轻了”来得真挚，来得温馨。

他玩QQ，开微博，是个有点潮的小老头

张老师是我们公认的“潮爷”，他玩QQ、开微博，有时还会在专业的群里潜个水、冒个泡，很是欢畅。

张老师开微博没几天，更新了这么一条状态：开了个微博，就说我潮了？他一定在纳闷，为什么我开个微博就潮了呢。下面有人回复：心态像20多岁的小伙，怎么能不潮？这话说得好，与其说张老师潮，不如说他心态年轻。

他的潮，有点萌；他的潮，有点可爱。张老师知道我们经常用QQ，于是有什么事会在群里冒个泡儿通知一下。有一次，他一大早就在群里发了个通知，可是没人理他，他接着在后面补一句：太早了，你们还没睡醒吧。当我看到聊天记录时，差点被他萌翻了。前段时间，2007级师兄师姐的考研成绩陆续出来了，张老师便频繁地冒泡，每次的格式都是“雷打不动”：“[喜讯]：××同学考入××大学……”经常后面还会加一个欢呼或者撒花的表情，煞是可爱。我们一群人跟着后面做“偷笑”的表情。然后，张老师会继续发表情，又是“奋斗”又是“鼓掌”的。于是，我们封张老师为“表情帝”。他就像个学生一样，和我们“闹”在一起。他就这样潜在水里，关注着我们。

他懂学生，信任我，支持我们，是个让人温暖和充满力量的长者

因为《漂》的原因，我经常和张老师接触，在遇到困难时，得到了他很多的支持，也常常因此而感动。张老师一直鼓励学生自办媒体，进行教学实践。我想，《漂》从创刊开始到现在，不仅是我们的财富，也是张老师心中的至宝吧。

记得第三届换届时，我即将成为新一届的主编，跟着当时主编师姐去张老师那汇报。那一次他告诉我们，一定要做好自己的刊物，要做出特色，发挥我们专业的特长。这些看似平淡的话让我很是感动。作为刊物顾问，张老师从来不会站在官方的角度去说冠冕堂皇的话，他也不会说你们不许怎样或者你们要怎样之类的话，他希望我们能从专业层次上把刊物做好做大，要有学生自己的东西，而不是任何敷衍了事的表面现象。所以，我们几届一直没有忘记《漂》存在的意义，和张老师一样，我们希望它保留自己的纯真，成为校园的一方净土。

初任主编时，说实话，我心里有点儿打鼓，但张老师一句看似无心的话却

给我吃了定心丸，他说：侍闻不错的，我相信她。我应该是比较容易感动和需要信任的人吧，当张老师说他相信我时，那一瞬间的鼓励让我此后在《漂》里的日子里有了一种支撑。也许这句话，张老已经不记得了，但在我心里，是那么的珍贵。

他关心学生，真正为学生着想，是个负责的大家长

教研室的老师都很年轻，所以张老师自然而然就成了我们的“大家长”。

张老师经常找我们谈心。面临考研时，我们都心存迷茫，他竭尽所能地为我们做着指导，希望我们能慎重选择以后的方向，不断为我们鼓劲儿。

有一段时间，我对择校的问题非常纠结，张老师前前后后和我聊过很多次，最后一次的聊天是在 QQ 上，聊了一个多小时，当他敲下“因为你是老师的好学生，老师希望你们都能成功”时，我感受到了一位长者的用心良苦，以及其中的希冀。

张老师总是喜欢“张罗”很多事情，什么办报比赛、办刊比赛，他都忙得不亦乐乎，每每看到学生的优秀作品，比谁都骄傲，他觉得他的学生一届比一届强。那些作品全都存在他那个小柜子里，每次去教研室送杂志，看他郑重地打开那个柜子，我们都会觉得，那里，应该是他最珍惜的财富了。张老师常说，他要去申请一个新柜子，这个都快满了。听到这话，我能感受到他心中的那份自豪和欣慰。是啊，一年又一年，他送走的学生越来越多，收藏的东西也越来越多，这个柜子里，锁满了值得珍惜的东西。

（本文发表于《山东工商学院报》2011 年 6 月 24 日第 471 期）

暖色调的半边天

——我眼中的朱敏老师

王　亮

3月8日，平凡的一天，但对于全世界女性来说，却是个特殊的日子——联合国妇女权益和国际和平日。

教育工作者从事的是最辛苦的职业之一。选择教育工作，就是选择操劳。但当他们看到一个个才华横溢的学生行走在行业中，他们忘记了劳累；当他们看到家长脸上露出骄傲而欣慰的表情时，他们的每一个细胞都很振奋。我国存在女教师多于男教师的现状，女教师在教学上的辛苦不言而喻。

妇女节，写篇稿细数我眼中的朱敏老师。

第一印象：温暖的南方人

认识朱敏老师是在大学一年级的下学期，那时候朱老师教我们出版学基础。在那个阳光灿烂的下午，朱老师一袭黑衣，显得恬静而优雅。第一堂课，朱老师并没有给我们讲什么“大道理”，而是深入浅出地跟我们分享她的大学时光和对人生的点滴感悟，字字真情，句句感动。

“她就是个彻彻底底的南方女子，随性、简单”，这是我对朱老师的第一印象。第一堂课，朱老师告诉我们要学会思考、规划生活、广交朋友，这对我们的影响至今还在。总的说来，她的文字就是这般，简单而富于诗意，充满瑰丽的想象。

运动会上：她就是一只灵鹿

虽然我们的课程会安排在5楼、6楼等高楼层，朱老师每每气喘吁吁地“爬”上楼后，都会跟我们抱怨自己身体大不如前。直到一年一度的运动会上，我们才发现爬楼对于任何人都是平等的，但是跑步不是……2011年5月，我们在运动场见证了朱老师一个又一个“第一”，短跑、长跑、接力，朱老师在运动场就是一只灵鹿，只要有她在，政法学院就不用担心成绩。完美的表现让我们对朱敏老师貌似“羸弱”的印象大为改观，自从在场上打响第一炮后，不论是赛前还是赛后，朱老师都会被学生团团围住，递水、递毛巾。

不一样的课堂：重表达、重感悟

朱老师毕业于南京大学，在教学过程中，朱老师会在原本教学安排上增添很多开放式的环节。出版学基础课上，她推进课堂互动，安排每位同学在课前分享业内新闻，呼吁大家关注业内新闻，同时扩大阅读；图书学课堂上，她实行参与式教学，采用辩论赛、个人分享、小组讨论及主题汇报、成果批阅等形式多样的课堂教学。这学期，朱敏老师教我们编辑出版文献检索，现在想想，之前的那些课堂实践就是在锻炼大家的资料收集、整理加工和表达展示的能力。

作为狂热读书人，朱老师视书为宝，践行“悦读”。除了网络电子书，朱老师家里更有很多藏书。第一堂课，朱老师就向我们推介了很多作家文人的篇章或是小说。在教图书学的时候，朱敏老师都会把跟课本内容相关的图书带过来，即使课堂上真正能派上用场的时候不过几分钟的展示，朱老师仍会把书从家里带到课堂，与同学们分享。尤其是在“书籍设计文案”“最美的书”“另类装订图书秀”等个人分享环节的时候，朱老师每节课带到课堂的书至少都在5本。

第二课堂：于实践中收获精彩

除了三尺讲台之上的教学，朱敏老师还侧重引导学生开展课外具体实践。2011年的世界读书日当天，编辑出版学专业2010级同学首次集体办活动，当天各文学社、图书馆学生管理委员会及从2008级到2010级编辑出版学专业学生围绕各有不同的主题和安排，在不同年级间开展关于“4·23世界读书日”的活动。在第二餐厅前，我们搬桌椅、挂横幅，并结合之前针对全校13个学院大学生读书情况的问卷调查，为经过的同学宣传读书的重要性，展现出“读书是最美的姿态”的活动主题！

为了帮助学生更好地体会书评的魅力并学习写作书评，朱敏老师建议大家利用网络选择最让你动心的评论。朱敏老师同时推荐大家阅读《谁理你的理想》和《女人一思考，上帝也疯狂》的豆瓣书评，从中领悟出书评的对比和内涵。

朱敏老师作为我们专业的一名青年女教师，情感丰富、内心细腻。尤其是她的那一句“读书是最美的姿态”让人印象深刻，课堂上那些关乎梦想、关乎信念的话题不仅仅点亮了老师自己，也照亮了我们这群学生！我想，朱敏老师应该是暖色调的。3月8日，祝所有女老师节日快乐！

（本文发表于《山东工商学院报》2012年3月9日第493期）

严谨治学路　上下勤求索

——访“山东省有突出贡献的中青年专家”称号获得者原达教授

颜晓英

凭着突出的学术成就和科研业绩，我校原达教授继2010年被评为“烟台市有突出贡献的中青年专家”后，2011年度又获得“山东省有突出贡献的中青年专家”称号。这一喜讯传来，让更多的目光聚焦在原达教授身上。于是，我们也有了这一次近距离采访他的机会。

清晨的教研室里，暖暖的阳光透过玻璃窗静静地洒在办公桌上，使原本简洁的教研室里更添了几分温馨和惬意。没多久，一声轻轻的推门声打破了寂静，原达教授推门而入，并热情地同我们打起了招呼，之前还有些紧张的我们，心情一下子放松了很多。

采访之前，我们得知，原达教授现任我校计算机科学与技术学院院长兼服务外包软件学院院长，山东省“十二五”高等学校重点实验室“智能信息处理重点实验室”主任，山东工商学院“十一五”重点建设学科计算机软件与理论学科带头人，兼任中国计算机学会YOCSEF济南分论坛主席、中国人工智能学会数字内容安全专委会委员、中国工业与应用数学学会几何设计与计算专委会委员、全国数字媒体技术专业建设联盟副理事长、中国计算机学会高级会员，还是山东大学、山东师范大学兼职硕士研究导师。聊起这些，原达教授只是浅浅一笑，淡淡地说：“其实那些没什么，只是些头衔而已。”平淡、率真，是原达教授给我们留下的第一印象。

不断追求　科研硕果累累

当谈起他的科研成果时，原达教授如数家珍。他先后主持和承担国家自然科学基金、教育部科学技术研究重点项目、山东省自然科学基金等多项省部级以上科研课题的研究工作，通过省科技成果鉴定项目4项；在《计算机学报》《电子学报》等国内外学术期刊上发表学术论文30余篇，其中被SCI、EI、ISTP收录20余篇；获教育部科学技术进步奖一等奖1项、山东省科技进步奖二等奖1项、山东省自然科学奖三等奖1项。这些成果的取得，令在场的我们钦佩不已。

原达教授1997年7月从中国矿业大学研究生毕业后就来到我校任教，一直活跃在教学和科研一线。在多年的科研工作中，始终坚持服务社会的科研理念，围绕着计算机视觉、信息可视化、图像处理等领域急需的关键技术，开展深入而高效的科学研究，并在基于曲线演化的图像处理技术、三维可视化算法、基于组件技术的软件开发方法等方面，取得了显著成果。他注重强化社会服务功能，积极推动科研成果转化，研制成果已在省内外20余家医院得到成功应用，取得了良好的社会效益和经济效益，有力助推了地方经济的发展。主持研制的"基于组件技术的医学辅助可视化系统"荣获山东省科技进步奖二等奖，作为主要成员参与研制的"亚像素精度的三维CT数据可视化系统"荣获教育部科学技术进步奖一等奖。

近年来，原达教授主持和完成了国家自然科学基金项目"基于曲线演化的智能图像轮廓提取方法与并行处理研究"、山东省自然科学基金项目"移动分组无线网（MPRN）图像传输系统研究"、山东省优秀中青年科学家基金项目"曲线演化建模与CNN图像并行处理研究"、烟台市科技发展计划项目"基于组件的三维医学辅助可视系统"等10余项科研项目。2012年，主持教育部科学技术研究重点项目"基于多知识融合形变模型的动态视觉目标提取研究"，是我校首次承担该类项目的研究。

脚踏实地　学科建设卓有成效

作为山东省"十二五"高等学校重点实验室"智能信息处理重点实验室"主任、山东工商学院"十一五"重点建设学科计算机软件与理论学科带头人，原达教授秉承“培育人才，提升实力；锐化方向，突出特色”的发展理念。根据学科发展的实际情况，提出了“充分发挥团队作用，构建人才孵化平台；创建和谐进取的建设环境，培养踏实奉献的学科文化”的发展思路。近年来，计算机软件与理论学科团队共承担国家自然科学基金2项、山东省自然科学基金4项、其他省部级项目5项；在《计算机学报》《软件学报》等国内外知名学术期刊上发表论文120余篇，其中我校认定A类1篇，B类24篇，80多篇被SCI/EI检索。获山东省科技进步奖二等奖1项，中国煤炭工业科学技术奖三等奖1项，山东高等学校优秀科研成果奖二等奖2项、三等奖3项；出版著作3部；科研经费总额280万元。

认真履责　教学改革富有实效

作为计算机学院的负责人，他始终坚持将人才培养放在学院发展的核心位置。在人才培养的改革和探索方面，他与同事们一起做了大量的调查与研究工作，为培养具有开拓精神和创新能力的高素质应用型人才做出了积极贡献。经过坚持不懈的改革和发展，取得了一系列富有实效的教学成果。“计算机科学与技术专业”获批国家级特色专业，《操作系统》获批国家级精品课程，《计算机系统结构》等6门课程获批山东省省级精品课程，《操作系统原理与实训教程（第二版）》获山东省高等学校优秀教材奖一等奖，与山东师范大学联合培养研究生19人，在全国大学生ACM竞赛、全国大学生电子设计竞赛等全国性的比赛中获奖学生超过20人次。

学院的发展离不开对外交流，需要不断汲取国内外同行的宝贵经验。近年来，其学院先后与Montana State University、University of Georgia、清华大学、北京大学、中科院、山东大学等国内外知名大学、科研机构建立了密切合作关系，扩大了对外学术交流的渠道。通过与国内外相关领域专家的合作开发，计算机学院已成为学术研究、交流以及高科技人才培养的重要基地，为地方经济发展提供了技术与人才的双重支撑。

积极参与　社会学术工作显著

采访过程中，原达教授还和我们聊起了做好社会学术工作的重要。他给我们作了个形象的描述，让我们十分受益：社会学术工作就像是本职学术工作的外围，本职学术工作要做深做稳，而社会学术工作可以使学术的辐射效应更广更大。

近年来，原达教授积极参与社会学术工作，兼任若干学会专委会委员，他还被中国计算机学会（CCF）青年精英大会评选为中国计算机学会青年计算机科技论坛（CCFYOCSEF）优秀分论坛主席，所担任主席的“CCFYOCSEF 济南分论坛”同时被评选为优秀分论坛。通过参与社会学术活动，原达教授结识了很多“志同道合”的朋友，大家经常在一起交流学术问题，一起加油共勉，彼此间结下了深厚的友谊。同时，在交流的过程中，我校的知名度也有效地扩大了，“山东工商学院”这个名字，也被更多的人所知晓、所了解。

在采访进入尾声时，原达教授问起了我们的家乡，当我们说出家乡的名字时，他立马说出了当地的特色景点和特产。原达教授说，他很喜欢旅游，闲暇时和家人一起出去走走看看，感受不同地方的风土人情，是一件很快乐的事。当我们谈起了暑期的安排和打算时，他若有所思地说：“大学的暑假为很多没有假期的人所羡慕，作为大学里的一分子，我们要好好利用，绝不要荒废。”随后他结合自己的个人经历给我们提出了中肯的建议。

这就是原达教授，一位亲切、稳健、爱好广泛、知识广博的老师，一位兢兢业业、孜孜以求、淡定豁达的学者。

（本文发表于《山东工商学院报》2012 年 7 月 18 日第 511 期）

一部电话一张网

——毕业之际一道不能忽略的风景

李彦栋

一部电话、大学生就业难，两个看似风马牛不相及的事，而张群卿老师却通过一句句充满关爱的话语把它们密切联系起来，编织了一张包含学生、家长、教师和用人单位在内的就业促进网，在“史上大学生最难就业年”留下了美丽的色彩。

打给学生

“张老师，您好，说实在的，我签不签协议、就不就业与您真的关系不大，”可能电话打得太多太频，那边传来学生不耐烦的回音。

“能听到你说实话，我心里真的很高兴，不管你理解与否，我还是要从责任、情感及权益等方面再跟你啰唆几句……”

近两个月来，一台电话、一部手机成为张群卿老师不可或缺的物品，一句句温暖的问候，一声声善意的提醒，就像一股股暖流在312名毕业生心中流淌，传递着一名毕业班辅导员无私的爱。对待家庭条件困难的同学，张老师更是千叮咛万嘱咐，好像必须给他们帮上大忙才肯罢休。有时声音嘶哑，有时面带倦容，有时同学不解……但张老师就这样整天乐此不疲地打着电话，跟每一名毕业生“唠叨”个不停，白天没有时间就在晚上。用她的话讲，这办法虽显笨拙，但还是有效果的，尽管累但感到很快乐。只要得到同学网签成功的消息，她都会高兴得手舞足蹈，我也由衷地向张老师竖起了大拇指。

打给家长

“请问您是 ×× 的家长吗？我是她的辅导员老师，今年就业形势很严峻，同学们的心理会波动较大，希望咱们家长在帮助孩子解决就业时，多一些心理沟通……”

“还有，别忘了多提醒孩子在找工作过程中多注意财产和人身安全，工作安排妥当后，督促学生尽快返校，准备毕业论文……”

“好，谢谢！”虽然家长们的回话只有短短几个字，但语调中透露着感激，洋溢出赞美。看到张老师辛苦的样子，同学们善意地提醒她“不用给每一名家长打电话”，但她还是我行我素。刚开始我也不解，在与她后来的一次深入交谈中，我明白了，原来她内心早已深深地意识到解决大学生就业难的问题不光是学校的事，也是每一个家庭的事，只有很好地架起学校教育和家庭教育的桥梁，才能更好地破解这一难题。

打给任课教师

“大主任好，我是张群卿呀，还是要麻烦您跟所有的任课老师交代一下，如果能帮忙推荐用人单位,协助解决就业最好,实在不行,督促一下学生也好……”

“出口畅，入口顺，就业情况的好坏与专业招生密切相关，如果招不到学生，可要下岗了呀！”张老师这样“吓唬”着老师们。“你都快变成就业祥林嫂了，”电话那边传来老师略带调侃的回声。

跟任课教师在一起，张群卿老师总是围绕就业问题“喋喋不休”。“众人添柴火焰高”，张老师自知一个人的力量太小，也深知一线教师对促进大学生就业孕育着巨大的能量。一部电话成为她汇聚更多教师力量的有效载体。浓浓的爱意化作缕缕绕指柔情的春风，吹开了老师们的心扉；默默的行动成为丝丝催生万物的春雨，让就业工作在老师的心中生根发芽，一幅全员抓就业的美丽画卷就这样被一台电话和一部手机慢慢绘就。

打给用人单位

“请问，是青岛优创科技有限公司吗？这里是山东工商学院外国语学院，以往我们合作得十分愉快，今年能不能多签一些毕业生……”听得出张老师心中满含希冀。

“我是山东工商学院外国语学院的毕业班辅导员，今年的毕业生语音语貌好、专业素养高、综合能力强……”“老同学，如果你们单位用人，记着一定要多招我们的毕业生啊……”

一有机会，张老师就不厌其烦地向用人单位推荐自己的学生，碰到熟人就“硬塞”。尽管有很多时候吃了“闭门羹”，但还是会有很多用人单位被张老师“锲而不舍”的精神感动，抛来“橄榄枝”。每每这个时候，我们总能体会到张老师那会心的喜悦。

一台电话、一部手机，再简单不过的东西，张老师却用其编织了一张就业促进网，网起了学生和家长的理解和信任，网起了老师和用人单位的联系和支持，网的背后也镌刻着张老师坚韧质朴的精神风景，只要用心有爱，简单的往往就是最有效的。

后记：有这样一个群体，平凡的岗位，常规的工作，没有惊天动地的英雄壮举，却通过日复一日的辛勤耕耘滋润着学生的心田；没有荡气回肠的壮志豪情，却通过无怨无悔地默默奉献影响着学生的思想。在推动大学生就业的路上，他们且歌且行，有欢笑，也有泪水和心酸，他们就是大四毕业班的辅导员们，而张群卿老师只是他们当中很普通的一员！

（本文发表于《山东工商学院报》2013 年 5 月 24 日第 542 期）

风吹紫荆树　桃李共芬芳

——山东省教学名师冯烟利教授专访

闫秀梅　张　萌

冯烟利教授被评为山东省第八届教学名师。喜讯传来，记者有幸对他进行了采访。采访之前，先电话预约，电话线另一端传来爽朗的声音，定下日期，约在二教冯教授的办公室进行采访。去之前记者准备了很多问题。因我对冯教授早闻大名，但从未谋面。教授之姿，一般严肃，想到这里不由心内惴惴。

路上要经过一片紫荆，时值花树灿烂，有这些繁花映衬，去二教之路变得兴味盎然。

在种了几棵简约而不简单的绿植的办公室，我和助编见到了这位高而瘦、矍铄而爽利的教授，先前的担忧一扫而光。冯教授侃侃而谈，思维清晰，逻辑严密。整席谈话充分体现了一个工科教授的特点，他将庞大的谈话体系简单提纯、高度凝练，一语中的，无啰唆之语，无赘述之繁，客观准确而深入的叙述让文科出身的记者无法找出遗漏问题而加以追问。

记者终于有机会对这个工科教授抛出一个感性问题：如今社会喧嚣，价值多元，您对自己选择教师这个职业有过犹豫和怀疑吗？有过遗憾吗？冯教授一改谈话过程中的严谨，不假思索地回答：我很喜欢教师这个职业，对于自己的选择从未怀疑过，也没有遗憾。如今学校为教师提供的政策、条件都非常好，为教师提供了宽松的环境和成长的空间，而且高校老师是一个受人尊重的职业，凡此种种，我希望年轻老师能够珍惜现在的机会，以自己的行业为荣，并且投入其中……

冯教授留给记者最深的印象是没有一丝冗余，这既表现在他严密的逻辑思维上，也表现在干净利落的语言里，还表现在客观冷静的思考中。但这个严谨客观的教授在面对助编的提问时，身体自动前倾，凝神倾听，回答也极为准确详细。从这一细节可见他对学生的认真、负责、关爱。上午的阳光透过窗户照在冯教授的办公桌上，对学生的关怀在这个研究计算机的严谨的教授身上如阳光般洋溢开来。

离开的路上，又见大簇大簇紫荆怒放，记者觉得非常应景，且深有含义：北方紫荆适逢春天，花朵缀满枝头，连树干上都簇拥花团，无一片叶子，毫不繁琐，言简意赅，直击本质，传达出的精神实质跟这位严谨的先生一样。紫荆树花代表矢志不渝，冯先生对教育事业的热爱，也如他所言，从不后悔、毫无遗憾。紫荆花开满的校园，也象征着以冯教授为代表的我校教师正满园芬芳，他们矢志不渝，奉献于斯，他们对学生大爱无言，只将最纯粹、本质的东西呈现。

下面是采访冯教授的实录，记录在此以飨读者。

一、您认为怎样做一名有魅力的大学教师?

个人认为，一个大学教师是否有魅力的一个重要的评判因素，那就是口碑。所谓口碑，也就是同行和学生对你的评价，这可以通过两个方面来体现，一个是学术魅力，一个是人格魅力。学术魅力就是指你的知识渊博，学术能力强；人格魅力是道德风范、个人修养、心理素质、仪表等方面的综合体现，对于大学教师来说还包括语言表达，与学生交流的艺术和程度。

首先说说学术魅力，那就不可避免地要谈谈大学教师教学与科研的关系。大学教师把主要精力放在教学上，这是毋庸置疑的，但是科研也是我们的主要职责之一。这个问题要从两个层面来说：首先，在学校层面上，办学层次非常重要，因为学校的发展离不开上级的支持和外部的认可，只有上了层次，才能获取更多的资源，才会促进学校的发展，这才是良性循环。尽管我校的定位是教学型高校，但我们学校获得的硕士学位授予权和“山东省应用型人才培养特色名校”的称号，这些都有赖于全体教师取得的科研教学成果。其次，在个人层面上，教师的学术魅力最主要的体现就是科研能力，一个教师的个人事业发展、教学水平与科研息息相关。我们学校的科研处曾经作过调查，科研能力强、学术水平高的教师教学效果普遍也很好。这是为什么呢？我们经常说，要给学生一杯水，自己必须要有一桶水。教师在做科研的过程中掌握了全面的甚至跨学科的知识，具有前沿和应用的眼光，站得更高，眼界更宽，这样就更好地充当了学生的引路人。所以说，教师搞科研，自身的功夫才会硬，才能更好地为自己的教学服务。最理想的情况是：教师将自己的科研过程、体会、成果贯穿于整个教学过程中，这样会取得良好的教学效果。比如，我做的研究方向是计算机网络应用，我上《计算机网络》这门课时，结合我的科研成果来讲课，既深刻，又前沿，还结合实践，讲课过程不但游刃有余，还很有味道。

再来讲讲大学教师的人格魅力。教师站在讲台上，面对着众多的学生，他的言谈举止、衣着打扮，都会被每一位学生看到眼睛里、听在耳朵里。教师的一言一行、一举一动对学生的影响都是非常大的。这就要求教师提高个人修养，增强内涵，保持良好的个人品德。古人云“腹有诗书气自华”，就是说只要饱读诗书，学有所成，才华自然横溢，个人气质自然高雅。

可以看出，一位好教师会影响学生大学四年甚至一生。学生毕业以后，最愿意谈论的、最念念不忘的就是学校的老师，尤其是那些好老师：哪位老师有何特点，哪位老师给我的印象比较深刻，我从哪位老师那里学来什么人生经验。对于教师来说，一生之中得到最大的奖赏，就是学生对他的尊重和肯定。

大学教师还应该有高度的责任感和教学热情，应该热爱自己的工作。目前，大学教师在社会上是受人尊敬的，尤其在大学扩招以后，国家和整个社会对高等教育和高校教师，逐渐了解，观念发生了巨大的转变，非常重视。学校也从各个方面提供了优越的条件和自由、宽松的环境。作为大学教师，从良心上说，应该把全身心投入到教学、科研工作和服务工作中去，这也是一名大学教师的三项基本职责。

二、作为一名投身教育工作接近三十年的老教师，您对我校学生有什么建议吗？

西方大学有一种说法，一名大学生在读大学期间主要做三件事情：学业、社交和休息。我觉得这也很值得我们的学生借鉴。

学业也就是在大学四年应该完成人才培养计划规定的任务。西方学生学业上是非常繁重的，不像国内高校的大学生，考上大学就一下子轻松了，而是正好相反，大学学业比高中要重得多，有的课程教师要求学生在一周内完成四五百页的课外阅读量。我们的学生都是经过十多年苦读才能考上来的，在大学若不苦读，达到人才培养的要求那也是不可能的。其实，在某种程度上应保持高中时的学习精神。大学的学业与高中是有区别的，包含的范围比较广，其中重要的一项内容是自主学习，需要学会自主学习的方法，很多课程的老师在课堂上讲的内容需要学生在课外加倍扩充。我们学校要求：课堂学习与课外自学的学时比例至少为1∶3或1∶4。按照低限，一周课堂教学平均20学时，1∶3课堂教学和自主学习的比例，一周总学时80学时，一周用六天的时间学习，平均每天要达到12～14学时的学习时间。而且大学学习应该包括其他项目，比如实验、实践、实习、研究论文、毕业论文、第二课堂、创新学分、各种大赛，很多内容是中学时没有接触过的。同学们应该珍惜机会，明白完成大学学业不是很轻松的事情。只有这样，努力学习过硬的本领，将来无论是踏入社会还是继续深造都能更好地适应新环境，解决新问题。

第二个内容是社交，也很重要。应该在时间允许的情况下尽可能地参加各种各样的社团活动、创新活动、社会实践。与同学之间、与教师之间的人缘关系，是将来踏入社会的宝贵财富。我曾经使用过这样一个比喻：从数学角度讲，同学之间是等价关系，所有的同学都属于一个等价类，将来会在事业上、生活上互相帮助，应该非常珍惜这种特殊的重要关系。在信息时代，社交尤其重要，网络把人与人之间的关系拉近，从传统的"六度分割"（注：六度分割理论是一个数学和社会学理论，理论主要内容为：你和任何一个陌生人之间所间隔的人不会超过五个，也就是说，最多通过五个中间人你就能够认识任何一个陌生人，也称为小世界效应。）发展到"四度分割""三度分割"，人脉的建立是当今社会你走向成功的重要保证，按网络上的说法，"不是说你认识多少人，而是多少人认识你"。由此，我赞成学校采取宿舍混排——不同专业的学生交叉住宿的举措，支持大类招生，支持多开高质量选修课，支持第二专业，为我校学生不同专业、不同班级提供相互交流、相互吸收学习的平台。在社交过程中，同学们应该培养自己的表达能力、沟通能力和演讲能力。一个人的智商是天生的，而情商是可以后天培养提高的，因为这些都是将来同学们走向社会的重要保障。

理想状态是兼顾学业、社交和休息，但根据专家研究，三者只能选其二。至于牺牲哪一个，每一个学生都有自己的判断。我只想问一问大家，在大学四年中，有没有因为学习熬过夜？有没有中午不午休，到实验室、图书馆、教室去完成学业？我想，我的观点是不言自明的。

三、作为我校计算机基础教学部的负责人，您做了哪些计算机公共基础教学的改革工作？您认为计算机公共基础教学的发展趋势是什么？

从2006年我校成立计算机基础教学部，我担任教学部主任开始，我就在想计算机公共基础教学的本质是什么，我的答案是：计算机公共基础教学是面向非专业学生的，以提高学生的信息素养、培养学生的计算机应用能力为目标的一种教学活动。我们的教学过程应该按照讲授理论知识、引导学生运用知识、培养学生的实践能力这三个步骤进行。加强实践，或者说面向应用，成为我们计算机基础教学改革的中心思想，我们的教学改革工作就是围绕着这一思想展开的。

我们做的第一件事就是“课堂搬家”。我们将课堂搬到了实验室，改革为在实验室上课的“讲练同步”的教学模式。该模式在互动实验室授课，每个实验室有一台教师机和若干台学生机，计算机上安装互动教学软件，教师可以在教师机上讲解、演示，学生在学生机上观看教师的讲解后，马上进行练习，印象深刻，不容易遗忘。教师可以在教师机上查看、监控学生的练习情况，针对个别学生进行单独辅导或针对总体学生进行点评总结。此教学模式的主要特点为：学生边讲边练，教师实时监控与指导，学生的操作能力大大提高。根据多次试讲和征求学生意见的情况来看，这种教学模式既符合计算机基础课程的授课特点，又深受学生、教师的欢迎，所以我们将计算机基础课程全部改为这种教学模式。

第二件事就是加强学生的自主学习。我们采取了以下措施：首先，针对课程中每一部分知识点推荐相关的书籍、网站、视频等资料，指导学生进行自学，通过“延续性学习＋拓展阅读”加深课程理解，提升学习动力。第二，我们意识到，学生个体获取知识的能力是有差异的，要想取得较好的效果，光靠个人行为是不够的，因此，采用分组学习方法，以小组为单位，进行自学。第三，为了加强课下的练习和实践，设计了趣味自选习题模块，选择了一些相对有一定难度和趣味性的习题，对能在规定时间内完成并设计较好的同学进行加分。这样的习题对学生不是一种负担，而是一种挑战，让学生能更主动地去学习，提升学习兴趣，提高学生创新和实践能力。第四，由于课时所限，无法在课程中进行比较大型的课程设计环节，因此，我们转变思路，尝试采用“课程微设计”的方式实现这一课程目标。“课程微设计”是指设计一些简单但又有实用价值的小程序，如网页浏览器、个人记事本、简易电子黑板、小型游戏等，来完成对整个软件开发过程的了解和认识。“课程微设计”的开发训练，使得学生可以掌握知识的整体应用，学生可以在微设计的过程中建立一个完整的、系统的计算机软件开发概念。同时，也可以补充一些在课堂教学过程中没有涉及的知识，让学生能够深入地体会软件开发的思想和实际开发过程。

第三个举措是加强考核。我们对课程的考核方式做了改革：将计算机基础课程的考试方式由传统的不科学、不合理的笔试改为更能体现学生应用能力的机试，购置了专业的考试软件，建立了庞大的试题库，考试随机抽题，软件实时监控，考试过程科学、公平、合理。改革了课程成绩完全由一次期末考试决定的做法，将课程成绩由平日作业、课程设计、综合性作品设计、竞赛情况、期末考试成绩等多个部分按照一定比例组成，考核更加重视学习过程，更为合理。

另外我们在几年的教学改革过程中，还做了像精选、设计教学案例，制定每一门课的教学实施方案等等一系列的工作。我认为好的制度、好的方法一定要坚持，目的只有一个：把我们学校的计算机公共基础教学做得更好。

至于说计算机公共基础教学的发展趋势，随着时代的进步，学生入学时的计算机知识水平和操作水平都有相应的提高，城乡差别也在缩小；现在的信息技术高速发展，云计算、移动客户端、社交网络等新技术层出不穷，某些占IT领域主导地位的大型计算机公司的兴起和衰落，这些因素都会影响我们使用计算机的习惯，也会改变计算机公共基础教学的状况。不久的将来，计算机公共基础教学无论教学内容还是教学方式都会发生巨大的变化。

（本文发表于《山东工商学院报》2014年5月2日第580期）

一个70后教师的追求

——记全国优秀教师魏广芬教授

闫秀梅

“临毕业的时候，我们全班一起和魏老师吃饭，她问了我们每一个人的工作情况，把她四年级看到的每个人的优缺点都点评了一番。魏老师说，我们在一起了四年，她不想看着我们任何一个人走，可她又不能留下任何一个人。那天我们都很伤感，到现在，还经常想起魏老师的教诲。”在采访全国优秀教师魏广芬教授之前，记者早就对她有所耳闻。因为助编陈永围恰好是她的学生，而且是她的开山大弟子之一，提起魏老师，这个并不善言辞的小伙儿却滔滔不绝。

记者在路上经常会偶遇到她，朴素的装束，干练的短发，真诚的笑容，以及飞驰的电动车，这是我对她浮光掠影的一些印象。直到今天近距离跟她交谈，才真正了解到了她。

不太赶时髦的魏广芬

魏广芬的笑容极具感染力，眼睛弯成月牙，露出一口细碎的白牙，质朴而又纯净，十分耐看，一眼就让人觉得这是个内心明媚的人。记者跟她同龄，一下就拉近了距离，很快就找到了共同话题，采访过程充满欢声笑语。

记者故意打趣问道：“你是啥星座的？”魏老师一愣，很不好意思地回答：“我还真不太了解星座，我是双子座吧。6月份生的，算是双子座吗？”记者内心思考若干，还真不能做出准确判断，70后们对星座精研的似乎不多，于是放下这个话题，继续追问：“你玩微信吗？关注微博吗？”魏老师说：“比较少，偶尔会看。”

抛出两个话题都冷场，记者却很高兴，一个不太赶时髦的70后，对于星座、微博这些时髦的东西，不是特别玩得转，这完全符合我对一个工科人士的预期：永远删繁就简，对于工作、生活中不需要的东西不会关注太多，尽管外界乱花渐欲迷人眼，我自专心做实事。她笑着补充道："现在工作越来越需要这些东西了，我有时间也会看一下朋友圈，了解一些信息，以后也会关注微博微信什么的，为了工作方便。"这个回答也完全符合工科实用主义的特征。

做的比说的多

魏广芬是敏于行的人，从大连理工大学博士毕业后来到我校工作，科研和教学方面都做了大量工作，硕果累累。2008年起担任电子信息工程教研室主任，工作尽职尽责，高质量地完成了专业教学计划的修订工作，并担纲我校电子科学与技术专业的申请工作和负责人。此专业于2009年批准设立，2010年开始招生，在这期间筹备并建设完成了电子科学与技术综合实验基地，完善了我校的本科专业实验室建设，使我校电子科学与技术专业学生的培养步入正轨。近年来一直从事微传感器的测试、信号处理及微电子机械系统（MEMS）方面的研究。围绕气体传感器的检测和信号处理，提出了基于压缩感知、盲信号分离、Hilbert-Huang变换等混合气体分析识别技术，取得了较好的混合气体检测效果。目前主持在研一项国家自然科学基金面上项目"基于压缩感知的新型电子鼻系统原理研究"，主持在研山东省优秀中青年科学家奖励基金项目，参加在研一项国家自然科学基金项目、一项山东省自然科学基金项目，主持完成一项国家自然科学基金项目和一项横向项目。参加完成了国家863计划项目4项，国家自然科学基金项目1项，多项横向课题。在《自动化学报》等国内外期刊和国际会议上共发表30余篇学术论文，其中SCI收录9篇，EI收录18篇。授权1项国家发明专利，1项实用新型专利；申请3项国家发明专利，1项实用新型专利。两项成果分别在在2008年12月和2011年12月获得山东高等学校优秀科研成果奖（自然科学类）三等奖，排名均为第一。

但她又是讷于言的人。她的开场白是："我不太会说话，不知道怎么表达，可能更愿意做事，做的比说的多，能不说的就不说吧。"说完又露出孩子般纯真的笑容，算是对自己不会说话的注脚。记者仔细读了她在一些会议和开学典礼的发言稿，内容清晰，逻辑严密，简洁明丽，文采斐然，一个不太会口头表达的人隐身于文字，变成了善于表达的高手。这不仅仅是多年教育积累的结果，更是一种悟性和天分。

魏老师不是所有时候都讷于言，那只是在讲自己成绩的时候，在讲到自己的学生的时候，她变得神采飞扬，语速很快，滔滔不绝。“魏老师教课不是单一的教学模式，我们一起实践过情景模拟、师生互动、自学质疑等模式。我们不只是在呆板的课堂当中，最主要就是激发了学习的能动性，拉近师生的距离，让我们有了更多的交流。”她的学生陈永围说。

魏广芬刚开始参加工作的时候，内心着急，恨不能把所学的一切悉数教给学生。慢慢发现，这样信息量太大，学生接受起来会有难度，于是逐渐改变教学方法，讲更多的实例，做大量的实验，用尽量平实的语言，这样让学生做到每节课都有一些收获，慢慢积累下来，学生们的专业越来越入手，越来越扎实。

她先后讲授过《信号与系统》《数字图像处理》《数字信号处理》《计算机仿真及应用》《模拟集成电路设计》《集成电路版图设计》《电子科学与技术导论》等 10 余门专业基础课和专业课，很多很难的课程她总能深入浅出，举一反三，将不断发展的新技术引入课堂，注重启发学生的开放性思维，培养学生独立思考和分析解决问题的能力。在《电气电子教学学报》等期刊发表教研论文 2 篇，参与编写《数字信号处理》《数字电子技术》教材 2 部，指导了 50 名学生的本科毕业设计，其中 4 名学生的毕业设计论文被评为校优秀毕业设计论文。她多年指导学生参加全国电子设计大赛、集成电路设计大赛等比赛，取得了优秀成绩。

一心为了学生

魏广芬在采访中讲到了自己的一个学生，让记者印象很深。她第一堂课就关注到一个眼神孤独、跟周围落落难合的学生。“下课后，我走到他身边，看到他在看一本书，是关于人生、生命的玄之又玄的书，他很迷惘，又想找到生活的寄托，于是我就跟他交谈了几句，后来也经常跟他谈心。这个学生后来变化很大，专业做得非常好，非常扎实，毕业进了一家著名的企业，一直在做自己的专业。”魏广芬没有继续深入这个话题，没有说一些怎么引导学生、怎么让学生走出思想误区这种高大上的总结概括，但是细节体现真实，她就是这样一个实打实、没有杂念、一心为学生且不事张扬的人。

从魏老师学生的反馈来看，她的苦心和付出没有白费，收获了学生的怀念和尊重。在知道记者要写魏老师的稿子时，陈永围主动请缨，要联系他的同学接受采访，于是记者收到了大量QQ留言，令记者意想不到的是，魏老师提到的这个学生在晚上十二点时也给记者在QQ上留言："魏老师不止是帮助了我一个人，她是一名特别认真的老师，我们参加做电子设计大赛时候，接连遇到瓶颈，她一遍一遍地给我们看设计成果，指导我们改进，平常还照顾我们生活起居。有时她忘记吃饭，甚至忘记接孩子放学，比我们辛苦太多太多。"

荣誉归功于集体

"其实我得到这个荣誉感觉很吃惊，压力也挺大的，我第一反应是，怎么是我？第二反应是，还能评上？第三反应是，哎呀，压力挺大。"她笑言，"感觉挺不好意思的，今后要更加好好干活了。领导重视，自己就得加压啊。自己毕竟还年轻，做得也不是最好的，学校把这份荣誉给了我，压力挺大的，以后再重的任务，也不好意思抱怨了，再多的活，也必须得完成呀。还是要多出成果，不然真是不好意思了。学校把荣誉给予这些一线教师，确实是挺重视的。所以很感谢学校的良好氛围，感谢学校领导和老师们的帮助和支持，这也不仅仅是我个人的荣誉，更加体现了集体的力量。"

她又期期艾艾起来，重新流露出不太善于自我表达的影子，这位年轻的教授内心隐藏着一个十分害羞的自我。

魏广芬的科研水平和科研成果全校皆知，但是她自己并不满意，"说实话，科研其实挺累的，特别是教学和科研之间的关系，有时候很难处理好，每天忙忙活活一天就过去了，电话呀，各种事情呀，白天真没精力静下心搞科研，想写点东西，只能等晚上，有时候自己也想偷偷懒。但是每次出去开会的时候，都会受到刺激，看到同行做得比自己好，看看同学，出的成果比自己多，就会有种紧迫感，感觉压力很大，跟人家交流，如果自己做得不够硬，东西拿不出手，真是不好意思开口，回来还是得逼着自己，不能松懈。好在我们学校现在条件越来越好了，一线的老师也会越来越出成果的。"

一个快人快语的魏老师，又展现在我们面前。她不仅仅是独善其身，多年来一直跟同事们保持着良好的互动，协助指导教研室老师积极申报各种项目，在她的帮助下，很多老师的科研都得到了提升。

平衡好家庭和工作的关系

魏广芬的女儿上小学二年级，正是需要家长付出很多精力的时候。我问她：“你是怎么平衡家庭和工作的关系的？”她回答：“家里幸亏有老人的帮助，没有老人全部精力的付出，我们自己还真的很难忙过来。这么多年来，都是婆婆在帮我做了大量的家务劳动，特别是公公去世以后，婆婆一个人帮我们照顾孩子，真的很辛苦，十分感谢家人的付出。”说到这里魏老师有些沉默，坐在我面前的，不再是一个全国优秀教师，而是一个知道感谢父母付出、心疼婆婆的儿媳，从她的善良纯真的眼神里，看到的是知书达理、懂得感恩这种素质所带给我们的感动。

我们还聊了很多孩子教育的话题，她对自己的女儿的教育也是尽心尽力。“父母应该对孩子教育负责，孩子上小学后，我们两家两个孩子组团，轮流接送，这样节省了不少时间。”魏老师又变得快人快语起来，“组团接送，这是我们山东工商学院的特色。小型的互助组织，社会上多少人羡慕我们呢。”她是一个不因工作而忽略家庭的人，工作和家庭达到了很好的平衡。

在谈到自己的时候略显羞涩，在谈到学生的时候神采飞扬，在谈到工作的时候很实在，在谈到家庭的时候很动情，这个有着纯净笑容的魏老师，保持着大学校园里的纯真，带着工作的历练，怀着对学生的热爱，过着踏实的人生。她代表了 70 后们的状态：既承上又启下，既肩负重任又能轻装前行，既坚守着传统又保持着创新。

（本文发表于《山东工商学院报》2014 年 9 月 12 日第 592 期）

做学生放逐心灵的牧马人

——记山东高校十大师德标兵张顺堂

于　波

“内心有一团火，才能释放出光和热，而只有胸怀感恩心踏踏实实做人，抱以责任心勤勤恳恳做事，秉持空杯心认认真真学习，这团火才能经久不息，越烧越旺。”这是一位老师写给我校毕业生的临行赠言。这位老师就是刚刚荣获“大众报业杯”山东高校十大师德标兵、我校十大师德标兵称号，多次获得教学名师、优秀教师、教学成果奖等荣誉称号的张顺堂老师。

行得春风有夏雨

毕业离校前一天的晚上，工业工程专业的64名同学将张老师请到实验室里，每人点上一支小蜡烛，共同唱起《感恩的心》，诉说内心的不舍，表达由衷的感激。张顺堂老师感动地说：“这是同学们给我的最高褒奖，也是老师奉献终生的最大动力。”而类似感动人心的场面还有许多许多……

是什么样的付出换来学生如此的不舍与感激？采访过程中我们得知，张顺堂老师为人谦和真诚，曾经在企业工作过多年，有着丰富的工作经验和社会体验。他不仅在学业上对学生进行苦心诱导，也经常在思想上、生活上为学生定向指路。为了便于与学生交流，他一直坚持在网上与学生对话谈心，把思想政治工作寓于各个教学环节之中。他还勤于观察思考，善于发现学生的优点，以欣赏的目光对其加以引导，竭力挖掘出学生心底的巨大潜能，使之整体素质得到快速提升和进步。不少师生说：“找张老师很容易，他不在教室，就在教研室，假期多是在实习现场，大多数时间都与学生们在一起。”

张老师说，对自己的学生，要“爱”字当头，自己就是学生的“良师益友”。和学生在一起，他似乎总有无穷的话要说，大到国家大事、世界局势，小到说话做事、穿衣饮食，他总是那么努力地关注着学生的成长。他经常通过讲述先进人物事迹，向学生传递对国家、对人民应有的忠诚与责任，并利用课堂将做人、做事、做学问的大道理以轻松自然的方式传达给大家，给人启迪，引人入胜，以至于其他专业的许多学生都慕名“蹭”他的课。

除了三尺讲台，他还经常走进学生宿舍，与学生沟通交流。工业工程专业2009级同宿舍的6名同学因沉迷网游荒废了学业，期末考试几乎全部挂了科。了解之后，只要情况允许，张顺堂老师每个周末都会去宿舍与同学们沟通交流，耐心地进行劝导，帮助他们规划自己的人生，制定可行的学习计划，并坚持定期到自习室巡视，督促他们落实自己的目标。付出终有回报，2013年毕业时，原来的“问题”学生都有了显著进步，1人考上了研究生，1人通过了专业考试被银行系统录用，其他同学也都全部顺利就业。

对生活困难或者不幸患病的学生，张顺堂老师更是倍加关怀，主动伸出援手给予无私帮助。家族企业破产的2003级小王同学、身患重疾的2007级小朱同学、来自沂蒙老区生活拮据的2009级小张同学、因家庭作坊失火而失去父母的小杜同学……许许多多的同学因为得到了张老师各种形式的关怀和帮扶，摆脱了困境，顺利完成了学业。

亲切和蔼、笑容可掬的他，也有对学生“黑脸铁面”的时候。对于学生的毕业设计、课程设计、实验报告，他都编写了详尽的指导书，不放过每一个细节。市场经济的大环境中，许多学生以实习的名义长期滞留不归、专心挣钱，从而忽略了学业。对此，他严格把关，有的学生因此失去了毕业答辩的资格。有了严字把关，学生多了认真对待，少了应付了事，逐步养成了求真务实、严谨治学的作风。

孤独之前是迷茫，孤独之后是成长。在迷茫聒噪的大学生群体中，他用博爱与学识，春风化雨，点滴之间，帮助学生消除了困惑、明确了方向，帮助他们逐渐树立起正确的人生观、价值观和世界观。他不懈的努力，最终获得了同学们的爱戴。

“一二三四”的倾情投入

一名优秀的大学生至少应具备三种能力，即获取新知识的能力、驾驭组织的能力和融入社会的能力，而这三种能力多源于非学术性素质教育的结果。张顺堂老师牵头创建了学校工业工程专业，为专业建设和学生培养倾注了心血。作为学校“青春成长导师”、工业工程教研室主任，他围绕“培养什么人，怎样培养人”，带领他的教学团队实践创新，致力于从人文素质教育出发，在专业学生中构建并实施了“大一入轨、大二定位、大三助推、大四放飞”的“一二三四”大学生素质培养模式。

“大一入轨”，对大一新生进行专业思想教育、身份转换教育，让优秀毕业生言传身教，帮助学生树立健康的心态；“大二定位”，让大二学生确定自己考研、就业、创业或者留学的奋斗目标，并通过宣讲，施加一定的压力，促进学生良好素养的形成，鼓励学生参加各类专业性竞赛、社会调研等，拓展学生综合知识面；“大三助推”，持续实施高强度的专业技能训练，包括大量的课程设计、实验设计、现场观摩学习、专家讲座、企业实践等提升专业技能，向专业纵深拓展；“大四放飞”，利用搜集的各种案例，对大四学生进行全方位指导，提升学生就业与考研能力，帮助学生为走向社会做好准备。从“大一”到“大四”，张顺堂倾情投入其中，无私奉献着自己的力量和热情，指导引领着同学们循序渐进、不断成长。

由于踏实认真的工作，张顺堂指导的专业学生考研率、就业率在全校一直名列前茅，并且他指导的学生团队在各类重要比赛中屡获大奖：2009 年、2011 年荣获第四届、第六届“东风日产杯”全国工业工程应用案例大赛冠军，《光明日报》等媒体做了报道；2010 年、2011 年、2012 年连续三年获得 FOXCONN 烟台园区六大高校 IE 专业大三实习生提案改善大赛一等奖；2014 年获得 IE 专业大三实习生 WEGO（威高）集团 TPM 焦点改善一等奖。2013 年 6 月，他所负责的工业工程专业被推荐为山东省特色专业、卓越工程师教育培养计划试点专业等等。这些成果的取得，提升了学校的美誉度，激发了学生学习热情。

为就业扶学生一程

“要给学生一碗水，教师需有一桶水”，张顺堂深有同感，也为此践行。他始终站在科教第一线，主持和参与国家自然科学基金、省部级课题 12 项，出版学术专著 2 部，出版专业教材 3 部，发表学术论文 50 余篇，为 LG、中石油、山东烟草、山东黄金等数百家企业提供精益运营咨询服务，荣获山东省第 21 次社科二等奖、山东省科技进步奖等。

过硬的科研实力和服务社会的能力，让他有底气和条件更好地指导带动自己的学生开展社会实习、进行就业实践。他以专业大三、大四学生为科研主力军，组建了“制造系统管理与优化仿真”知识服务团队，以“制造型企业的精益生产模式”为核心成果，带领专业学生已陆续服务于齐鲁300余家企业，并得到了企业的高度评价。

2014年6月，工业工程专业2011级张韵旋等同学的“威高TPM推进焦点改善项目”，2010级王敏等同学的“瑞和丰家纺定置与目视管理系统设计”，2009级杜萱萱等同学的“山东黄金无轨车辆厂布局规划设计”，均被企业采纳。“学”与“习”的有效结合，大大强化了应用型大学生培养，甚至包括年轻教师队伍的培养，逐步形成了科研服务教学的良好格局。

在学生就业过程中，张顺堂老师想尽办法为学生鼓劲儿，鼓励学生走出去，增强就业自信心。他从清华大学、上海交大、浙江大学、天津大学、重庆大学等院校搜集了大量本科毕业设计、硕士生毕业设计供学生学习参考，通过学习比较，发现自己专业学习中的长处，然后鼓励学生要像这些学校的大学生一样，勇敢地走出去，到社会上挑选自己喜欢的企业。

不怕没出路，就怕没思路。张老师还通过各种渠道收集国内外各大公司的面试和笔试试题，并打印成册，置于专业公共书架上；他请各届考研就业成绩突出者写出心得体会，亲自为每篇文章作序，并传给专业的学弟学妹们。不仅如此，他还收集了大量知名公司的面试视频资料，利用业余时间让学生参考、学习，让学生在就业过程中不打无把握之仗。

张顺堂老师为企业服务的实际经历，也为他向企业推荐毕业生提供了契机。通过为企业提供咨询服务等渠道，他与企业建立了良好的互动，使企业有了对老师和学校的认可，黄金设计有限公司、海通物流公司等多家公司都表示愿意接受我校毕业生。另外，他还带着往届的优秀毕业设计到大型企业的人力资源推介，力求传达一个信息——虽然我们不是“211工程”学校，但我们专业学生的质量绝不亚于他们。他也经常带领学生义务为企业做布局规划设计，到海边清理垃圾做义工，为困难同学募捐，潜移默化地培养学生的社会责任感和奉献精神，向社会输送具有健全人格的优秀学生。

“选择了信仰就要抛弃心中的杂念，教师因使命而光荣。”为了培养学生成才，张顺堂老师以饱满的热情融入教育事业，以无私和真诚面对每一位学生，用一点一滴的行动诠释对教师的理解，在平凡的岗位上做出了不平凡的业绩。

（本文发表于《山东工商学院报》2014年9月12日第592期）

浸润翰墨香　更爱泥土香

——访政法学院季丽新教授

闫秀梅

关心农村生活，关注农村整治，对村民自治和农村协商治理机制深入研究，这样的教授应该是严肃古板的吧？扑下身子走进田间地头，跟老乡话家常，这样的教授该是不修边幅的吧？可是坐在记者面前的季老师，是一个穿着精致、声音柔和、容貌端庄的女老师，浑身洋溢着学者的优雅和舒缓，跟记者事先的设想一点都搭不上边，让人不由得猜想，是什么让她进行了这样的职业选择？是什么让这样一个书香萦绕的教授喜欢上了泥土芬芳？

科研和教学，都能跟田野挂钩

面对记者的疑问，季老师在记者一进门时就回答了这个问题。虽然长在城市，但是她的很多亲戚都在农村，假期会去农村度过。农民的淳朴、真诚深深影响到了她，所以从小就对乡村有很深的感情。历史、文化、资源等种种限制因素造成了农民生活的艰苦，这使得季丽新决心要为农民做点事。

毕业以后，因为工作需要，她经常去田间地头调查第一手素材以解决科研工作中遇到的困惑，所以，身在象牙塔，多年来最关注的仍是最具乡土味道的农村生活。时间久了，她越来越离不开乡村，离不开老乡，不管科研还是教学，总是能跟田野挂上钩。农村丰富的实践和实例，也为她的科研提供了真实详细的数据和资料。

多年来，这位城里生长、北大毕业、端庄优雅的大学教授，坚持理论联系实际的研究方法，带领由我校教师、政法学院政治学与行政学专业学生组成的科研团队，一起冒着严寒酷暑，穿过泥泞崎岖山路，走遍田间地头，收集第一手资料，进行农村政治发展模式调查，持续跟进村庄民主协商治理机制研究。他们踏遍了烟台周边近郊村子，甚至远至莱西、莱阳等地方乡村也都留下他们的身影。

团队成员走下课堂，深入农村，调查研究，获取真实数据，关注农村政治生活，进行着艰苦细致的调研工作，作为团队的带头人，季丽新教授感受良多。

练就一身武艺，才敢下乡

去农村调研，最难的是语言不通。季丽新从小说普通话长大，对胶东方言一句也听不懂。她刚开始带领学生去农村调研时，因为听不懂村民方言，他们常常面面相觑，一脸茫然。通过与当地人不断打交道和长期研习，现在季老师和她的学生们已经能够无障碍地和当地人沟通了。

除了语言不通，还要学会对付村民家的狗。农村每家每户都会养狗。每进一户人家，看见冲他们狂吠的狗，他们都会胆战心惊，有的学生会吓得掉头就跑，学生说："跟着季老师去调研，一定要穿运动鞋，练好百米冲刺的本领，跑得过狗，爬得了树，练就一身武艺，才敢下乡。"

不是每次调研都是愉快的，他们的调查经常会受到村民的抵触，因为不明白他们来调研的目的。很多村民都抱有戒心，不愿意配合调查；很多人会敷衍应付，不说真实的情况；也有个别的人会非常抗拒，将他们骂走，导致经常有一些女生哭着从老乡家里出来。

遇到恶劣天气的情况也很常见。季教授带领学生在莱西牛溪埠村调研时，赶上瓢泼大雨下了三天三夜。季丽新内心十分焦虑，雨不知道什么时候停。他们最后决定冒着滂沱大雨去挨家挨户地敲门。没想到歪打正着，村民因为大雨都无法去地里干活，家家户户都有人。那一次的调研非常成功，虽然每个人都淋成了落汤鸡，却在短时间内收集到大量的数据。多年来，这样难忘的事情数不胜数。

学生的安全问题更是让季丽新承受了很大压力。她跟组员同吃同住，时刻关心学生的生活起居。每次调研，不光要得到结果，更重要的是保证每个成员安全。去农村条件艰苦，一次就住一周左右，季老师身上承担的压力可想而知。每次他们去调研，都要带足几天吃的方便面和一些榨菜，在住处用开水泡方便面吃，一吃就是几天。很多老乡邀请他们一起吃饭，团队成员都坚辞不受，以免影响老乡的正常生活。

积极沟通，才能让别人理解

这样辛苦地搜集第一手资料，村干部和乡镇干部初期也经常不理解、不配合。几乎每个村的负责人都问过季丽新：你们来我们这里调查，目的是什么？季丽新每次都非常积极主动地进行沟通和解释，打消他们的疑虑。她说："我们来是为了带领学生下乡实践，了解课堂上学不到的知识。我们并不介入当地的纠纷。"

通过不断沟通，当地干部往往从不理解到接受、到十分欢迎他们去，现在季老师已经跟很多村子建立了长期联系。她在烟台市莱山经济开发区进行的调研引起了媒体注意，很多记者前去采访这个镇，并将其作为党的群众路线实践教育活动典型进行了宣传报道，给当地工作带来了正面、积极的影响。

季丽新多次作为访问学者去台湾、香港等地访问，在一些学术交流会议上，面对港台一些不了解大陆农村社会情况的学者，季丽新会利用每次发言的机会主动介绍大陆社会情况，告诉他们大陆的飞速发展，让他们对大陆农村建设有了一个全新的认识和了解。通过大量的数据、图片资料以及过硬的论文，季丽新每每会引得与会学者的格外关注。女性特有的魅力往往会有令人意想不到的效果。采访中季丽新告诉记者一个很有意思的细节。有一次学术交流结束后，有个女学者走到季丽新身边，对她说："季教授，你讲得那些东西，我以前可能会不相信，可是今天看到你，你穿得这么大方得体，发型也这么时尚，整个人都充满了向上的精气神，真是令我有点吃惊，你大大改变了我对大陆的印象了。"季老师说，多沟通，多交流，会让很多人了解我们，改变固有的偏见。

走到田间地头，团队成员一开始也不理解，有的年轻老师问：这么辛苦地去做这些默默无闻的事情，会有收获吗？季丽新用自己的行动作出了回答。她主动帮助年轻老师，对他们在科研上进行指导和帮助，在教学上悉心指教，团队之间的合作也越来越默契，因为掌握了大量翔实准确的数据，团队的老师发表的论文也在社会上引起较大反响。学生跟着季老师更是真正学到了课堂上学不到的东西。多年来，季老师一直主讲政治学与行政学专业的主干课程，为考研的学生打好基础，她生动的课堂讲解、大量的案例介绍以及领着学生深入农村的行动，都深深影响到了学生，记者采访的学生都表示，季老师改变了他们对政治学老师刻板保守的印象。

以学者的情怀，关注乡村

记者在采访过程中，深深地感受到季老师温和从容背后的力量与追求，她坚持以一个学者的责任和情怀致力于研究解决农村现实问题，寻求社会学理论创新，追求社会公平与正义。她没有枯坐书斋，而是将高雅和泥土、将课堂理论和实践调查、将关注农村生活和推进农村管理完美结合起来，作为自己的人生选择。

从教20多年，季丽新不仅仅是一位优秀的教师、严谨的教授，更是一个积极关心农村生活的学者。她主持并完成了3项国家社会科学基金项目、1项教育部人文社科项目、2项省社会科学基金项目，3次获得省社会科学优秀成果奖。她的田野工作方法，关于农村的政治研究在业内引起广泛关注。她始终希望通过自己的调查研究和探索为现代农村管理提供有益参考。她所开展的调研，充分了解到了农民的状况和心声，作为开展党的群众路线教育实践活动的一个环节，他们将这些信息反馈给当地政府，使相关部门能够了解真实情况，有针对性地解决农民的问题。

高校教师作为当代知识分子的一个群体，很多人走向田野，体现了当代知识分子济世为民、服务社会、敢当敢为的使命意识。他们以社会建设者的面貌出现在时代舞台上，学以致用，所用所学也有建设性，走进群众、走向乡村，身体力行地去引导社会风气的转变，积极贡献自己的力量。作为知识分子的一员，正是对农村的热爱、对工作的执着、对理论的思索、对实践的重视，这四者完美结合成就了季丽新现在的事业。采访归来，季老师赠给记者的两本研究村庄民主协商治理机制的专著在案头幽幽传送书香，久久不散，正如她留给我们的优雅身姿，既有翰墨香，又有泥土香。

（本文发表于《山东工商学院报》2014年10月24日第597期）

在平凡的岗位做好自己的本职工作

——访计算机基础教学部杜玫芳老师

赵金婷

还记得本学期第一次上 Access 时，有个学姐过来蹭课，还特地问了一遍是不是杜玫芳老师的课，得到肯定的回应后，她非常开心。我当时还在想，这位老师竟会这么受欢迎?

第一次见到杜老师，就觉得她是一位善解人意并让人心服口服的好老师。那一节 Access 课在轻松、活跃的氛围中结束了，让人意犹未尽。除了上课，很少能见到杜老师，但每次见面，看到的永远都是一张对生活充满无限热情的笑脸，这种正能量感染着每一个上课的人。课间，杜老师会给我们看她以前的照片，讲她以前的经历，每每讲到这些，老师自己也不时地发出咯咯的笑声，像个纯真的孩子一样。杜老师喜欢跟学生平等对话，她说，老师和学生的不同仅仅是角色的分工，归根结底，大家都是社会的一个普通人，只要在相互尊重的前提下用心交流、相互了解，师生关系想不好都难。杜老师的这种观点和做法，赢得了同学对她的喜爱。

杜老师是 97 级的大学生。那时的他们，经历了高中三年苦读，觉得能考上大学就迈入了理想的象牙塔，至于哪个塔，没什么概念，因为当时报高考志愿比较盲目，没有网络，信息不多。在当时，教师和医生这两个职业很热门，由于医生经常与流血、伤亡打交道，杜老师最终选择了师范类学校，而当时计算机属于新兴事物，引起了大家极大的兴趣，所以高考时报了这个专业。对于很多女生学习计算机的畏难情绪，杜老师强调，现在的年轻人，各种智能电子产品上手快，所以学习能力没有什么区别，女生千万别觉得自己与计算机天生有缘无分，只要认真学，没有什么是不可能的。

大学充满无限美好回忆，这段青葱岁月值得每一位大学生都好好珍惜。但是经历了高中三年的艰苦奋斗、迈入大学后，迎接我们的却是青春的彷徨和迷茫。作为一个过来人，杜老师建议，除了要学好专业知识、多进图书馆、学会与人交往、多参加社团组织、锻炼各项能力之外，还要学会“立小志”“立短志”。比如说，每个学期给自己设立一个小目标，然后朝着这个目标努力，生活就会变得越来越有意思。写到这里，我也回想起自己本学期的小目标：各科成绩 85 分以上，瘦 5 斤，不吃辣和甜……想着自己每天晚上跳绳减肥，每堂课认真听讲，生活真的可以这么充实。

计算机网络的发展，给我们的生活和学习带来了许多便利，让我们与时代紧密接轨，但同时，它的弊端也显现出来，反映在我们身上，最明显的就是“低头族”越来越多，甚至一些年轻人沉迷于网络不能自拔。在谈及互联网使人际关系变得陌生冷淡时，杜老师表示非常痛心和无奈。她建议大学生要有意识地减少手机的使用频率和时间，培养自己对身边世界的观察能力，多参加积极有益的线下活动，慢慢地戒掉对手机的过分依赖。杜老师还说，移动终端中的虚拟世界无论如何精彩，都无法代替现实世界的真实美好。我们终究是活在现实中的人，在虚拟世界中再辉煌再伟大，也不如在现实世界中做好自己该做的事，踏踏实实走好每一步。

随着科学技术和社会生产力的发展，社会在不断更新，时代在不断进步。计算机作为新兴事物之一，其发展必是突飞猛进。关于计算机的未来，杜老师充满信心，她说，未来的科技就像科幻大片里演的一样，我们甚至都无法想象，可能眨眨眼睛，电子产品就能接受指令，我们期待这天的到来。

杜老师在 2014 年被评为学校的“师德标兵”，在被问及感想时，她非常谦虚地说：“我跟其他同事都一样，都是在平凡的岗位中，做着自己的本职工作。教师是个良心活，不追逐名利，不求丰功伟绩，上好每节课，带好每届学生，让每一天都过得有意义，这就足够了。”

有句话说，你一笑，就温暖了我整个世界。这句话用在杜老师身上并不为过，她那发自内心的笑总是那么纯真自然，让人心里暖暖的。她是一名普普通通的教师，她孜孜不倦地在教育事业上默默耕耘着，只为使小树苗长成参天大树。

（本文发表于《山东工商学院报》2015 年 7 月 3 日第 628 期）

第三篇

教学相长

篇首语

高校校报注重对人才培养中教学相长实践的报道

高校校报是一种特殊的报刊，它有着特殊的读者和特殊的作者群。读者和作者群体既有从事教学和科研的教师，又有从事党务和行政的工作人员，还有不断更新的学生群体。随着学校的快速发展，全校上下对校报的要求和期盼也越来越高。这就要求校报编辑牢固树立全局观念，不断创新办报理念，进一步挖掘新闻题材，进一步丰富校报内容，宣传科学理论，传播先进文化，营造爱校、建校的氛围，营造浓郁的文学、艺术氛围，倡导高品位的校园文化生活，培养师生深厚的人文关怀精神。

高校校报遵照“贴近实际、贴近师生、贴近生活”的办报原则，充分发挥校报在新闻宣传中不可替代的作用，及时报道学校发展中的新闻事件，全方位记载学校改革发展的进程；宣传学校在教育管理、教学科研、学科建设、人才培养、服务社会、精神文明建设等各方面取得的成就；树立师生中的先进典型，追踪报道海内外校友的奋斗历程；展现丰富多彩的校园生活，营造和谐、积极的校园氛围。

作为培养人才的高校的主流媒体，高校校报应注重报道人才培养中的教学相长实践、教学实践运用实例，开展争鸣，进行学科展示，交流教学经验和学生的课堂体验。

山东工商学院以提高教育质量为立校之本，不断深化教育教学改革，优化人才培养模式，出真招、出实招、出新招，探索出了一条符合学校实际的人才培养新路子。如今，突出本科教学中心地位的战略思想已深入人心，教改工程硕果累累，教学质量稳步提高。学校在30余年的发展历程中，形成和积淀了深厚而独特的大学文化。校报依托于学校深厚的文化底蕴，始终以传播先进文化、高品位文化为己任，积极宣传社会主义文化建设成果，宣传学校学术研究成果和文化建设信息，为大学生的成长提供丰富的精神食粮。

自创刊以来，《山东工商学院报》紧紧围绕学校教育教学改革等中心任务，坚持贴近一线、贴近师生、贴近生活的原则，在深度报道、聚焦热点、服务师生、引领风尚上下功夫，注重专题策划、深挖新闻背后的故事，充分发挥了校报宣传、舆论引导功能，不断加大对师生互动的教学体验的报道。

教学相长是古已有之的教育理念，也是现代教育与教学必须遵循的一条基本规律。所谓教学相长，是指教和学两方面互相影响和促进，都得到提高。教学是教与学的交往互动，师生双方相互交流、相互沟通、相互启发、相互补充，在这个过程中教师与学生彼此间进行情感交流，从而达到共识、共享、共进，实现教学相长与共同发展。教学相长是建立在师生之间相互信任的基础之上的。师生间的信任关系是一种相互尊重与理解、相互平等与协调的人际关系，有了这种人际关系，才能创造一个宽松、和谐的育人环境和教学环境，从而达到教学相长的目的。建立师生之间相互信任关系需要教师和学生双方共同作出努力。

《山东工商学院报》上刊登的关于教学相长实践的文章，既包括教师对课堂教学、实践教学、就业指导、教育艺术等方面的严肃思考，也包括学生参加全国大赛的感悟、对学习的深度体验。一所大学有成千上万的师生，仿佛姹紫嫣红、竞相开放的百花园，每一个师生都是徜徉在百花园中的性情中人。在个性中追求共性，探索万紫千红、百花齐放中共通的美质，这些文章则是对这些美质的展示，如同珠玑，闪耀着光芒。

做建设大学文化的自觉者、践行大学文明的引领者

刘新生

大学之所以为大学，是因为它承载着培养社会高层次人才的使命，是社会“以文教化”的高地，代表着时代进步的尺度和社会发展的文明高度。一所大学的成功，必须是大学文化的厚重与大学文明的成熟。也只有自觉的大学文化和高尚的大学文明，才能自然而然地孕育科学精神与民主意识，使大学永远行走在时代的前列。

第一，大学教育工作者建设大学文化的自觉是大学的使命所决定的。

大学文化的内部结构包括物的层面——校园的硬件建设，制度的层面——学校的各种行为规范，行为的层面——日常生活中的礼仪及生活习惯，心态的层面——价值观念、审美情趣、思维方式等主观因素。大学文化是大学校园内硬件与软件长期建设积淀形成的育人机制的总和，体现着教育人的功能与价值追求。

因此，作为大学教育工作者建设大学文化的自觉，首先应该明确自身的职业定位、身份定位——大学之师。大学之师就是要行大学之道，就是要体现大学文化的养成和习惯。如果不能体现大学之师的应有之义，就会降低自己的职业定位，从而造成名不符实的育人效果，形成学生想学习好而老师没有能力教好、学生想发展强而老师能力达不到的尴尬局面。所以，大学教育工作者要为着作为大学之师的职业定位，明确自己的责任和义务，努力修养自己，从思想上培育自己大学文化拥有的自觉性、坚定性，提升“以文化人”的能力和水平。

第二，大学教育工作者建设大学文化的自觉要体现在高品位的物的建设上。

大学之大，既在大师，也在大师之所在物的环境。大学环境之物，不是为

物之物，而是文化之物。一室一楼皆明理，一草一木总关情。它们的色彩、形状、内容都具备有价值、有意义的内存，或指事，或会意，或转假，散发着形象的灵动，诉说着深刻的哲理，潜移默化着受教育者的心灵。即物不在多，有“神”则灵；景不在繁，有“情”则名。

总之，一所成功的大学，应该使学校的环境之物成为文化的载体，处处传达着教化的信息，具有大师般精神的蕴藉——于宁静、淡定、自然、和合之中，又透露出端庄、典雅、厚重、智慧。

第三，大学教育工作者建设大学文化的自觉要体现在科学制度的建设上。

制度是要求大家共同遵守的办事规程或行动准则，是实现某种功能和特定目标的社会组织乃至整个社会的一系列规范体系。好的制度能化腐朽为神奇，不好的制度会化神奇为腐朽。大学有自身的行进轨迹，也必须建设与之匹配的制度保障。大学制度建设的优与劣，同样决定着大学的走向和存亡。

目前，依法办学、自主管理、民主监督、社会参与的现代大学制度正在建设的进程中，这是大学文化建设制度层面的核心支撑，更是一个内涵丰富的文化体系构成。无论是按规则办事还是充分发扬民主、建设有效的监督体制、形成开放型办学的生动局面，都是与文化的自觉、自信密不可分的。保守、狭隘、封闭的文化意识所具有的视野是短浅的，考虑的范围是局部的个体的，缺乏与时俱进的主动和大局思维，因而是建设不好先进制度的。建设好的制度既体现在保障日常基本运行的健康秩序，更应该具有助推主动创新意识勃发的驱力。而实现如此目标的核心，就在于文化的气度和张力。

第四，大学教育工作者建设大学文化的自觉要体现在文明行为方式的建设上。

文化对人的影响，内在的是心灵的修养，外在的是行为的文明。一个学校的形象，是靠每一个师生员工在日常生活、公共场所彬彬有礼的言行举止塑造出来的。而彬彬有礼的养成，就是每个人文化修养的集合。所以，大学文化的自觉，要注意加强文明行为的积极建设。

唯其高等教育，故称其为大学。唯其大学文化，方显大学之文明。大学文明是大学文化存在的综合状态所呈现的社会进步的程度，彰显着物与人的时代先进性，具有引领社会真善美的道德价值判断和先进生产力的示范意义。

高等教育，代表着先进文化的方向，代表着高层次人才培养的高地，因而，无论是教育者还是受教育者，都应该体现出先进文化孕育的行为文明高度。在环境行为、秩序行为、生态行为、社会行为等精神文明方面，显示出遵守爱国、敬业、诚信、友善为核心价值的社会公德、职业道德、家庭美德、个人品德的自觉和真、善、美的光辉，以鲜明的时代先进性率先垂范影响他人，引领社会。

第五，大学教育工作者建设大学文化的自觉要体现在健康心态的建设上。

一个人的成长要面临顺达和磨砺，健康的心态是保证成功的关键。而健康心态的养成是基于文化修养对社会人生深刻认知的通透，实质是文化积淀结晶形成的明察、淡定、从容，彰显着对生存的自知、自信。

大学之教育是培养受教育者对自我的认识，对他人、对社会的认识，对知识的追求与探索，与自然环境的协调，而实现这个目的，关键是要有健全的人格，核心是要培养人的心智，形成健康的心态。无论是教育者、管理者，还是受教育者，都应该拥有健康、积极的生活态度、工作态度、学习态度，能够以善待人，进取求新，拥有阳光心态、积极心态，从而成为生活的美者、强者、优秀者。

大学文化的自觉，应该在构建健康心态方面大力营造氛围，不仅完成科学知识的传授，更要围绕“人”的精神世界建设增砖添瓦，能够使师生员工以自信的态度、友好的情绪、合作的快乐、创造的精神、旺盛的活力为着理想同心同行，不屈不挠。

总之，大学文化是一所大学的涵养所弥漫的气场和折射出的气象。它既表现为一言一行、一楼一室、一场一地的文明状况，更是一个内涵丰富的体系，有时可以言说，有时又不可名状，然而又是实实在在地影响着人、感动着人、启迪着人、塑成着人，使每一个置身其中的人能够脱离低级趣味，修养高雅，主动创造，追求卓越，从自在走向自为。

（本文发表于《山东工商学院报》2015 年 4 月 10 日第 616 期）

特色教学让我们兴趣盎然

——贺继红老师的《市场营销学》课堂教学有感

朱　苗

著名心理学家皮亚杰说过："所有智力方面的工作都要依赖兴趣。"现代社会新技术层出不穷，新知识日新月异，学生的学习兴趣也更加广泛，如果教师的教学方法单调，教学手段陈旧，教学内容过时，就不能适应学生"争奇猎艳"的需要，久而久之，就会使学生失去学习的热情。然而，贺继红老师的《市场营销学》课堂教学却使我们兴趣盎然、跃跃欲试，解其奥秘，有以下三大特色：

"设疑解疑"的教学方式，调动学生的学习热情

"读书无疑者需有疑，有疑者却要无疑"，古人曾这样说过。学源于疑，疑引发思，思求于解，解后有所进取。在《市场营销学》的课堂上，贺老师并不是平铺直叙，而是根据教学内容设问，引发我们思考，然后组织课堂讨论，最后才将我们提出的观点与市场营销理论和实践相联系，进行系统的比较与点评。她在自己多年教学实践的基础上，发展出了"设疑——思疑——论疑——解疑"的课堂教学模式，一改"我讲你听一人讲"的"满堂灌"教学方式为"我讲你讲大家讲"的"动态协同式"教学法。这样的教学方法，使我们耳目一新，极大地调动了同学们的学习热情。

"团队协作"的组织形式，培养学生的协作意识

《市场营销学》上课伊始，贺老师就要求我们分成七八人的学习团队，

各设正、副组长一名，分别负责所在团队的组织协调和考勤。老师还要求我们自己设计符合团队理念的名称和标志。这样，我们150人的大班就分解为“威恩”“海纳”“轩昂PK”和“CE”等16个各具特色的学习团队。学习团队除了加强对课堂出勤的监督和管理外，最主要的功能就是课后的案例讨论。各团队从老师布置的案例中自由选择一个，先根据内容搜集相关资料，然后对案例进行分析、讨论，直至给出结论并通过幻灯片表现出来。各学习团队在“选择案例——搜集资料——剖析案例——展示结论”的过程中，大家分工协作、相互配合、相互启发，有效地培养了同学们的协作意识。

“主体换位”的特色教学，激发学生的参与兴趣

贺老师的课堂教学让我们感到兴奋的另一个特色是——“主体换位”，即学生从“台下”走到了“台上”，老师则从“台上”走到了“台下”。在经过几周的课堂教学之后，我们对《市场营销学》的理论体系有了一定的认识，各学习团队的案例研究也有了结果，贺老师就开始在每堂课上留出一定时间，让学习团队汇报小组讨论的结果。团队代表陈述观点后，整个团队还要就其他同学（包括老师）提出的问题进行答辩，最后由老师点评。这样，通过教师和学生“主体换位”形成了“汇报——提问——答辩——点评”的良性互动过程，不仅锻炼了我们分析问题和解决问题的能力，还使我们的语言表达能力和应变能力有所提高。这种教学方法诱使我们用自己的头脑去发现问题、思考问题，使我们由知识的被动接受者转变为主动探寻者，极大程度地激发了学生的参与兴趣。

每个人的心灵深处，都有一种根深蒂固的需要，那就是希望自己是一个发现者、研究者和探索者，贺老师的《市场营销学》课堂恰恰满足了学生的这种需求，为我们提供了成长的机会。所有的一切都为我们留下了美好的印象和回忆。这样的教学方法不但有利于创造和谐的课堂氛围，密切师生关系，更重要的是提高了课堂教学效果，使学生受益匪浅。

（本文发表于《山东工商学院报》2006年6月23日第277期）

课堂内的创新与和谐

柯妙温

当“创新”传遍大江南北，当“和谐”走向千家万户，“创新”与“和谐”也携手走进了我们的课堂，深入到我们心中！

自从上学期《行政管理学》的案例教学在公共管理学院的行政管理专业课堂上试推行后，收效甚好，一部分同学首先迈出了跨越自己的第一步，敢于在课堂上畅所欲言。这学期随着《市政学》“走上三尺讲台”的全面贯彻以及《公共政策学》的“小组案例讨论教学”如火如荼地展开，每个同学都感受到了“台上三分钟”的光彩，同时也体味了“台下七分钟”的艰辛与不易，感受到了任课老师讲课背后的辛劳。

就拿《市政学》的自由教学方式来说，刘素冬老师每次用一节课的时间让同学们到讲台上讲述自己成长的城市，一学期下来，几乎每个同学都有机会到台上炫耀自己的出生地，宣传自己的家乡。同学们讲课前要准备丰富、精彩的课件，必须收集、整理所要讲授的内容。讲课时，多媒体精美的封面设计、壮观的城市概貌、迷人的旅游胜地、丰盛的家乡特产等吸引了大家的眼球，激发了大家深入了解的兴趣。这样，同学们在小小课堂就能走遍中国五湖四海，了解了北京、上海、广州，认识了青岛、济南、厦门、杭州等，也把东北各城市走了个遍。这样的教学，谁不赞成？这样的课堂，谁不喜欢？

还有朱婧老师的《公共政策学》的课堂，它不仅吸收哈佛大学的案例、教学方法，而且在此基础上有所延伸、有所发挥。全班分成六组，每组十人，每组从备选方案中选一案例讨论、分析、讲解，让每一个同学都印象深刻。有以“专家面对面”的形式分析“政绩工程”之案的，有以“表演式”讲解“西部教育现状”的，有以“角色演绎”剖析“十一黄金周利弊”的，有以“听证会模拟”演示“高校扩招现象”的……生动的案例教学方式，爆笑的课堂，针锋相对的观点碰撞，唇枪舌剑的争论，引发了同学们的深入思考，锻炼了同学们的应变能力，培养了同学们分析和解决问题的能力，更重要的是在轻松的学习环境中展现了同学们团结合作的精神。在相互学习的过程中大家也不断在各方面力求“创新”，在创新中努力达到“和谐”。

两年多了，面对一成不变的课堂，偶尔享受别样的课堂，感觉是如此的快意、如此的舒服，学习不再被动，情绪不再抵触。选择我们自己喜欢的教学方式，学习我们感兴趣的知识。我们一致双手赞同这样的“创新”与“和谐”，它让我们真正感受到了学习的快乐。

（本文发表于《山东工商学院报》2006 年 11 月 24 日第 291 期）

校园文化：润物细无声

王发明

正如一个企业需要以强有力的“企业文化”来凝聚员工，其实学校也是需要依靠自己的“校园文化”来凝聚学生和老师的。如果说，“五四”精神给了北大学生“天下兴亡，匹夫有责”的使命感；战争年代“流亡大学”的经历，激励了西南联大学生勤勉踏实的科学精神……那么，山东工商学院，作为一个年轻的、以培养财经类需要的应用型人才为己任的学校，我们没有很长时间的校园历史和文化积淀，我们该怎样营造具有自己特色的校园文化呢？

作为老师，我们发现很多同学经常会觉得“无聊”，有些同学把大量时间浪费在上网打游戏上，有些同学对“工商学院”缺乏认同感，还有的同学则缺乏蓬勃的进取精神和刻苦勤奋的求学精神等等。其实，这些现象的产生，与我们还没有建立起一个良好的、振奋人心的校园文化氛围，或者说与我们在这方面的引导工作还有待加强有关。笔者认为，校园文化在学校教育中具有举足轻重的作用，搞好校园文化建设对于学校的建设和发展具有深远的历史意义和重大的现实意义。

那么，如何通过脚踏实地的努力，营造起我们学校优良的校园文化氛围呢？以下提出几点个人想法。

始业教育：走好大学第一步

年轻的学生从四面八方来到了大学，与其说他们是在选择一所大学，不如说是去选择一个值得信赖的灵魂诗意栖居之所。一所大学的魅力，犹如烙在身上的精神胎记，将与他们一生相随。

俗话说，“良好的开端是成功的一半”。带着高考的记忆，带着对大学生活的希望与憧憬，学生们来到了这里。对他们而言，大学第一课——始业教育的重要意义不言而喻。所有的老师几乎都有一个共识：“大一是最关键的，大一养成的良好学习习惯以及树立的目标，将会直接影响大学四年的学习效果。”因此，笔者认为，通常被忽视的始业教育阶段，其实是关键中的关键。

我在浙江大学读博士时，浙大的每一位入学新生都被组织看过一部老电影——《流亡大学》，这其实是让每一个跨入浙大校园的学生在一开始就被一种精神和气质所熏陶。而竺可桢老校长的那两句名言“你来浙大做什么？你将来出去做什么样的人？”让很多走出校门多年的浙大人依然记忆犹新。我觉得我们学校也应该在每一个新生入学时，在始业教育阶段就通过一些电视宣传片和图片资料的展览，让大家对于学校艰苦创业的历史有所了解，激发学生热爱学校的主人翁意识。

其次，始业教育阶段还可以安排一两场专题讲座。主讲人可以是一些刚刚申请留学成功的学生，也可以是刚刚考取硕士研究生的大学生，或是刚进入知名企业的毕业生。学兄学姐们的现身说法，对于刚刚进入大学的新生而言，是相当具有教育意义的。据我观察，大学新生的一个普遍特点是对前途比较迷惘，想不清楚四年以后自己该怎么样。基本上，现在大学毕业生比较常见的出路就是就业、读研或者出国。所以，已经成功走上这些道路的学兄学姐们的介绍，可以让新生在一开始就知道大学里应该怎么样规划时间和精力。

当然，始业教育阶段还有一项重要内容是进行专业方面的引导。虽然现在的高中生知识面也很宽，但新生们对于未来四年将要学习的专业了解其实还处于一种懵懂状态。我建议专业教育除了领导的讲解之外，还可以增加一点自身特色和吸引力。比如，法学院可以组织大家观看一场高年级同学的“模拟法庭”，或请一位有知名度的律师来与大家座谈法律工作者的工作特点和专业要求；工商管理学院可以组织新生参加高年级同学的模拟企划案例提案研讨会等等。这种实实在在的、与专业密切相关的活动，能让新同学对于专业产生一个直觉上的感受，激发以后的学习兴趣和学习积极性。

总之，学校和各个二级学院都应重视始业教育对于大学新生健康发展的重要意义。

学生社团：成才的一方沃土

学生社团应该是大学校园里一道靓丽的风景线。对于任何一个开放的、充满活力的大学来说，学生社团都应该是校园文化建设中的中坚力量。

我校目前已有二三十个学生社团，笔者也陆续了解过一些学生社团的工作，总体感觉到社团的情况是数量不少，精品不多。表面上很热闹，但很多社团活动没有章法，社团内部管理也比较混乱。甚至有的学生社团社长连这个社团搞活动要涉及的普通专业知识都没有，这样的社长怎么会有工作感召力？所以，笔者认为每学期集中搞一次社团科技文化节，每个社团“亮”出自己的特色活动；接受同学和老师的评议，评出“甲级社团”，加以奖励；实行“末位淘汰”制，对于排名在最后几位的社团给予警告，或者取消资格。只有奖惩分明，才能充分调动社团干部的积极性，真正以“做事业”的态度来对待社团文化建设。

大学社团固然应该丰富多彩，但是笔者的一个感觉是目前学校的学生社团太偏重娱乐性，缺乏有影响力的专业性、学术性社团。其实，学术性社团对于培养同学的科学探索精神、补充课堂学习、拓展兴趣等等，意义非同一般。笔者在浙江大学学习时，听说原杭州大学的“学生法学会”便出过大学本科就发表高水平论文，后来被评为全国三好学生的同学；原杭州大学学生经济学会的某任会长，本科阶段就在权威期刊发表学术论文，后来被北京大学光华管理学院免试录取为研究生，现已成为颇有知名度的青年经济学家……这样的例子非常多。学术性社团对于倡导良好的科学探索精神，培养求实的学风，帮助有研究潜质的同学脱颖而出，它的意义是不可估量的。学术性、专业性社团应该多鼓励和支持同学参加诸如“挑战杯”中国大学生课外学术科技作品竞赛等有益活动，倡导同学们利用课外时间把课堂所学知识与社会实践相结合，培养发现问题、解决问题的能力。

各式讲座：感受聆听与互动的魅力

丰富多彩的讲座对于校园文化氛围的营造，其意义不容忽视。有人甚至极端地说，你只要看一个学校的讲座海报，就知道这个学校的文化氛围怎么样。但这种说法也有一定道理。笔者就是学校海报栏的热心关注者。据笔者所知，大部分同学对于听讲座不太积极，很少出现像求职讲座那样把一个大教室“挤爆”的现象。之所以会如此，我想一方面是我们老师的引导不够。很多老师以一句“今晚上某某讲座，全班都去，班长点名”来通知，这样往往会让学生产生逆反心理。大学里的讲座，对学生而言，本应是自由决定是否参加的。通知讲座，应该告诉学生讲座主讲人的背景，以及为什么要请他来，他会讲些什么主题等。这样，学生就可以带着目的性去听，到场的人数也会远远超过“强制”的。在讲座的互动阶段，由于学生早有心理准备，提问的水准也较高。

从另一个角度上讲，学生不爱听讲座，是否表示我们在设计讲座形式和约请主讲人方面也存在一些问题？有些讲座的内容完全脱离本科生的学习和生活实际，学生不去听，讲座“冷”场，这能怪谁？笔者觉得，我校的讲座主要针对本科生，因此学术性不宜太强，而且对于主讲者的语言表达与现场沟通能力应该有一定要求；在讲座形式设计上，力求生动，有教育意义和启发性。

另外，经长时间观察，笔者发现我校的讲座很多情况下缺乏系统性，安排颇显零散。建议讲座要立足同学实际，深入浅出，真正成为一种大家课外“喜闻乐道”的知识拓展形式。

有人认为“校园文化”是个太抽象的词。在笔者看来，它实际上是外化在大学生身上所体现出来的一种蓬勃向上的精神状态、一种勤奋求实的优良作风、一种活跃创新的校园氛围……

海德格尔说：“人，诗意地栖居在大地上。”大学，应该是这样一方充满理想主义色彩的人挥洒激情、青春与梦想的地方！衷心期望我们的山东工商学院能早日成为这种文化浓郁的“诗意栖居之地”！

（本文发表于《山东工商学院报》2007 年 10 月 19 日第 323 期）

依靠经典　以创业带动就业

——关于“金领汉语时代”的对话

吴树勤　刘克苏

采访人：吴树勤博士（简称吴）

受访人：刘克苏博士（简称刘）

吴：刘老师，您好，最近和学生聊起经典教育的话题时，总听他们热情洋溢地提到您给全校师生刚作的讲座《金领汉语时代》，是什么让他们如此欢欣鼓舞？

刘：一个伟大时代正在到来，我们要欢迎她，创造她。

吴：金领汉语时代？

刘：是，金领汉语时代。

吴：为什么叫金领汉语时代？

刘：蓝领白领，金领银领，人们习惯了这些叫法，可以随俗。

吴：您是说，懂汉语的，要赚大钱了。

刘：是，懂汉语的，要赚大钱，这是一层意思。我们要用一颗金子般的心，引领一个金光四射的汉语时代，这又是一层意思。汉语要大放光彩。中国人讲汉语，中国发展，汉语自然发展，挡不住。

吴：中国发展，中国人在语言上却是英语热，中国人汉语不热啊。

刘：中国人外语热，外国人汉语热，这很好。“人之有技，若己有之；人之彦圣，其心好之”，人家有本事，我们高兴，好像自己有本事似的；人家有功德，我们喜欢，好像我们自己有功德似的——这是中国先秦的《大学》说的，曾子说的。《大学》的胸怀很大，不见外。

吴： 不见外？

刘： 是的，不认生，见面熟。遇到外语，像遇到母语似的，亲切，不隔膜。有这么一种心情，学习效率就高，效果就好。学什么都是这样。

吴： 学汉语也这样？不太明白您的意思。

刘： 我想也是这样。汉语对于我们很多中国学生，很可能像外语一样了，从幼儿园一直读到大学，还是感到没学好，文章错别字多，语句不通，讨厌语文课，古文也看不懂。很多人感到学古汉语比学外语还难。

吴： 英语、德语也是这样，英国人不懂古英语，德国人不懂古德语，这是普遍现象。只有专家才懂。

刘： 对母语见外，儿孙不认识爷爷奶奶、不认识爹娘，上下辈分开了。母语成了外语，祖先的遗产没法继承，难以继承，对人类文化是个损失。遇到爷爷奶奶，“请问您贵姓啊”，见外。不过，很多人认为，像英语一类的拼音语言还好说，还好推脱一点责任，汉语就不好推脱责任了。英国人对古英语见外，还算说得过去，因为古英文好多单词现代都不用了，时代越久越像外语，因为它的常用字变化太大，一个大原因是文字跟着发音走，发音老是变，文字跟着变，变来变去就不认识了。但是，古汉语的常用字大多还活着，和现代汉语常用字大多一样，比较固定，变化少，所以中国人读古汉语不像英国人读古英语那么难，一个重要原因是汉字不跟着发音走，你方言怎么变都行，写起来都得统一笔画，横竖点撇捺。北方人可以听不懂广东话，听广东话像听外语一样，但是写出来都一样，一看就懂。这是汉语的一大优势。汉语热乘着这个优势，和中国的整体实力发展相呼应，往后的前景可能会胜过英语。英语是个产业，有人估计一年产值达几百亿英镑。汉语也该是个产业，产值应该大大超过英语的产值。

吴： 语言的含金量。

刘： 对。沉默是金，语言的发展主要靠实干，金口玉言，少说话多做事，to do, not to say，这是语言学的定律。当代的汉语热，主要不靠汉语言学家的推动，主要靠中国人的实干，靠中国的整体实力。实际上，多少年来，中国大学的中文系早就门庭冷落了，招生很难，中文系毕业生找不到工作，就业很难。其实一直就有语言学方面的研究认为，汉语早该消亡消灭了，因为汉语有这样那样的劣势、缺陷，不该活在拼音文字为主导的当代世界，比如在电脑文字输入方面也根本不行，肯定要被数字化时代所淘汰。可是一夜之间，仿佛是一夜之间，汉字在电脑输入方面忽然全无问题，而老外学汉语的劲头也仿佛一夜之间超过了中国人的热忱。

吴：所以中国人在海外办的孔子学院不到三年就突破了200所，大大超过了原先的估计。

刘：这也是忧虑。孔子学院是帮助外国人学汉语的，办了这么多，还将继续增加，目前的计划是到2010年办500所，估计也会突破。但是中国人的汉语文化水平跟不上，对中国经典文化很生疏，师资队伍跟不上，无论档次还是数量都跟不上。数量上，一个中小国家往往就需要几万个汉语教师，甚至十来万，但我们一年只能派几十名几百名，多也只是几千名，缺口太大。质量上，更难，懂中国文化，熟悉中国经典，不是一朝一夕的功夫。在孔子学院搞经典教育，教《论语》，不容易。这也是中国国内文化建设的急需，国内经典教育的急需。

吴：一边是急需，一边是缺人。

刘：也是大机遇。我国经典教育蓬勃发展，大学生经典诵读工程的启动，等等，是有先见之明的。全国都在行动，咱们山东工商学院是走在前面的。咱们不仅成立了经典教育研究中心，还开设了《中外文化经典导修》等课程，在大学教育中采用以经典导修、自我设计与自我开发两课为核心的开放式培养模式。

吴：该教学模式在国内高校中属首创，尤其对大学生的就业观念产生了积极的影响。

刘：对。培养大学生一种广义的就业观，培养大学生创业的意识，以创业带动就业。

吴：眼下，咱们学校公共管理学院正和北京四海经典文化传播中心联合推出“经典教育师资培养计划”，这正顺应了金领汉语时代的要求，且进一步加强了学生的创业意识。

刘：这项计划任重道远，咱们的宗旨是要通过中外文化经典的修习来提高学生的汉语文水平，加上外语经典的修习，可以给毕业生多开一条出路，探索一条就业创业的大路，使同学们跟着祖国的发展一同发展。甚至走到时代的前头，推动祖国更好更快地发展，推动世界走向和谐，走向共同繁荣。

吴：这是一项依靠经典的就业和创业计划，很有新意。刘老师，您能否谈一下具体构想呢？

刘：关键是招一部分热爱中国传统文化、对经典有真体会、有弘扬经典文化的使命感、愿意从事经典教育及传统文化推广与传播工作的大学生，通过经典教育理念与方法、经典教育组织与管理、文化创意产业策划等5类课程、200课时的学习和2个月的免费实习，学点中外经典，学点经典教育方法，学点教育管理，从而为自己创造三种就业途径：北京四海就业从事经典教育，从事对外汉语教学，从事文化创意产业。合作培养，这是第一步，今后还会有更多合作者加入。金领汉语时代，依靠经典，以创业带动就业，路子会越来越宽。

（本文发表于《山东工商学院报》2007年11月16日第327期）

从统计建模大赛获奖看学生实践能力培养

苏永明

在2009年全国大学生统计建模大赛上，我校参赛学子尽显风采，再获佳绩。近日中国统计教育学会又发来贺信，对我校教育教学和参赛学生的表现给予了充分肯定。

全国大学生统计建模大赛是由国家统计局、中国统计教育学会、中国现场统计研究会、中国数学会概率统计学会联合举办，面向全国高等院校本科生和硕士研究生的统计应用活动，是对统计业务、计算机运用和文字分析素质的综合检验，是对经济理论和统计信息的全面融合，是团队协作、优势互补的锻炼。亲历大赛的我校学子正是具备了扎实的统计功底、严密的逻辑思维能力、良好的合作意识等综合素质，才经受住了大赛的考验，满载荣誉而归。

统计建模的成功参赛，让我们收获了喜悦，更收获了经验。总结起来，最重要的，是得益于我校以学生为本的教学管理理念和实践性教学的教改模式。

在教学环节中，我校历来注重根据各专业特点把强化学生实践能力培养作为教学工作的重要内容来抓，通过让学生参与导师科研活动、学年论文、课程设计和寒暑期实习等方式，将课堂理论知识和实际应用有效结合，并注重各环节活动的接力和关联，使学生对有关问题的认识由简到繁、由浅入深，实践能力逐渐提高。以本次大赛中获二等奖的《大学生休闲态度、休闲参与和休闲阻碍调查研究》为例，就是团队成员从指导教师白日荣有关休闲统计的科研课题中受到启发，以我校在校大学生为调查研究对象进行了二阶段分层抽样调查，收集了有关我校大学生休闲方面的第一手资料。统计建模任务确立以后，小组成员以学年论文中创立的大学生休闲微观数据库为基础，按照统计建模的有关范式和要求，以结构方程模型等手段进行了建模和实证研究并得出有意义的结论。

看得出来，该项活动进一步拓展了学生对有关休闲问题的认识，提高了学生的统计应用水平，强化了学生对统计学习的兴趣和“在用中学”的自主学习意识。对此，学生也有深切的体会，二等奖获得者张凤同学在其获奖感言中说：本次论文的写作和学校平日理论联系实践的教学是分不开的。在传授市场调查方法、应用抽样技术、多元统计分析等专业课程的同时，老师们每学期末都设定课程设计和寒暑期实习，鼓励学生走出校门，把课堂上讲的理论知识用到实际生活中，解决社会中的现实问题。而且老师们还会积极联系统计局、调查队及其他企事业单位，为学生的实习提供实习单位。在老师的带领下，我们参赛小组的队员曾参加过烟台市居民休闲生活调查、烟台机动车流量调查等各类调查活动，这为我们的参赛打下了坚实的实践基础。

实践环节的锻炼强化了学生对专业学习的兴趣，也提高了学生的专业实践能力和社会竞争能力。张凤同学因其在校内外各类实践活动和大学生统计建模大赛中的出色表现，在强手如林的就业市场竞争中，击败了来自北京大学和北京航空航天大学的竞争对手，顺利签约北京零点调查总公司。学生的成绩是学校教学效果的最好回报和检验，当我校学子站在领奖台上高举奖杯的那一刻，我们断言，我们的学生是出色的，我校的实践性教学成果是优秀的。如果进一步总结经验，不懈努力，相信我们的实践教学还会更上一层楼，我们的教育教学质量更会得到不断的提升。

（本文发表于《山东工商学院报》2010 年 4 月 16 日第 420 期）

让学生在实践中体验学习成长

——第六届全国大学生沙盘大赛山东赛区总决赛有感

李冬梅

第六届全国大学生沙盘大赛山东赛区总决赛已结束。在这场没有硝烟的战场上，我校6支代表队在参赛的28支本科队伍中表现突出，获得两个特等奖、两个一等奖、一个二等奖和一个三等奖，其中有三支队伍进入前四名，充分显示了我校参赛队伍的实力，打破了由山东建筑大学、青岛大学垄断山东赛区的历史格局。这在我校历史上留下了光辉的一页，也在山东省赛区比赛历史上翻开了新的篇章。

回顾与沙盘结缘到大赛备战的那段时光，经历的困惑、迷茫、失败与成功依然历历在目。初识沙盘，是在2008年6月到西南财经大学进行调研时。在西南财大新校区崭新的试验大楼里，沙盘实验室墙上挂满了各种沙盘盘面图以及宣传资料，从实验室老师的介绍中得知，这是一种经管专业模拟企业经营管理实战的训练平台，深受学生的欢迎，学校定期开展沙盘比赛活动，并选派代表队参加四川省和全国的沙盘大赛，取得了骄人的成绩，成为学生顺利踏入社会的敲门砖。

2009年12月我参加了用友公司烟台分公司在栖霞举办的企业沙盘模拟培训班。在这次培训中，我有幸担任了公司CEO，带领团队取得了较好的成绩，对成功的喜悦和成就的体验以及对失误的总结，使我对沙盘模拟有了较深的理解，并深深喜欢上了这种模式。

沙盘模拟是针对代表先进的现代企业经营与管理技术——ERP（Enterprise Resource Planning，企业资源计划系统）设计的角色体验的实验平台。沙盘按照制造企业的职能部门划分了职能中心，包括营销与规划中心、生产中心、物流中心和财务中心。各职能中心涵盖了企业运营的所有关键环节：战略规划、资金筹集、市场营销、产品研发、生产组织、物资采购、设备投资与改造、财务核算与管理等。企业运营所处的内外环境抽象为一系列的规则，由受训者组成几个相互竞争的模拟企业，模拟企业 5 ~ 6 年的经营，通过学生参与→沙盘载体→模拟经营→对抗演练→讲师评析→学生感悟等一系列的环节，融理论与实践为一体、集角色扮演与岗位体验于一身的设计思想，使受训者在分析市场、制定战略、营销策划、组织生产、财务管理等一系列活动中，参悟科学的管理规律，树立全局观念与培养团队精神，全面提升自身综合素质和管理能力。

在商学实验中心的大力支持下，我校于 2009 年底购买了用友公司的沙盘软件并建成了全国一流的沙盘模拟实验室，组织会计学院和工商管理学院的部分教师参加了沙盘培训。虽然作为学员参加过沙盘培训，但是如何作为指导老师带队参加比赛对我而言依然是空白。幸运的是，4 月份我有机会到北京工商大学进行为期一周的学习，使我对沙盘培训的认识和带队比赛的技巧有了更深的理解。会计学院从今年 3 月开始着手组织部分学生进行沙盘规则的讲解并进行了实战演练。经历过一次次的破产，学生们逐渐找到了"感觉"。我们首先在会计学院内部进行比赛，从 10 支队伍中选拔出 6 个队参加校内选拔赛，然后从中选出了 2 个队参加山东省的总决赛。从不知什么是沙盘到逐渐认识沙盘、熟悉沙盘、喜欢沙盘到"迷恋"沙盘，老师和学生们都付出了许多时间、精力，但收获的是经验、知识、友谊，更重要的是让学生体验了团队协作、成功的喜悦、失败的痛苦……在指导沙盘培训期间，指导老师们不仅感受到了传统教学中所感受不到的快乐，也深深体会到了团队的力量是多么强大。

在本次山东省沙盘比赛备战以及参赛过程中，我感受最深的是学生参与的热情、面对挫折的勇气、极强的自主学习能力、高度的团队合作意识以及为实现梦想而努力的坚定信念。会计学院资产评估 07 班的刘泉泉在本次省赛中担任会计学院 1 队的生产总监，在最初接触沙盘时不知道如何经营企业，甚至连财务报表也不知道如何编制。在校赛之前的沙盘实战演练中他所在的团队曾连续经历了六次破产，他曾一度失去信心。在老师的鼓励下，他自己上网查找资料、泡论坛、参加网赛，为制定一套经营方案常常琢磨到第二天凌晨。经过一个多月的学习和实战，水平有了很大的提高。他不仅自己主动学习企业经营知识，还创建了"会计学院 ERP 集中营"QQ 群，将自己的感受和体会以及下载的资料发到群里与会计学院的其他同学共享，为大家提供了相互学习和交流的平台。"企业竞争是残酷的，但是竞争并不意味着你死我活。寻求与合作伙伴之间的双赢、共赢，才是企业发展的长久之道”，这是沙盘模拟要求受训学员培养的一种意识，这些意识在刘泉泉同学身上得到集中体现。他不仅在会计学院参赛队伍中将经验毫无保留地与大家分享，还与工商管理学院、用友ERP俱乐部的同学一起分析市场、一起讨论方案，受到了大家的高度赞扬。

审计07班是这次参赛人数最多的班级，他们在团队中各司其职，练就了一身“绝活”：田晨同学在制定公司战略和市场竞标中充分展现了思路清晰、头脑灵活的优势，能准确地预测投标的产品价格并顺利拿到订单，在操盘过程中没有一点失误，被大家称为“会计学院第一操盘手”；崔洁同学在比赛中可以速记全部参赛队伍的广告投入和订单的获取情况，为团队节省了不少的“间谍”费开支，被大家亲切地称为“速记美女”；王蕾同学作为财务总监，能准确地预算资金需要量，合理规划现金的筹集和使用，为团队决策提供了准确的现金流信息，提交的报表实现零失误；邹田泉同学可以将全队获取的信息在较短时间内进行整合，迅速估算出本年自身和主要竞争对手的权益及盈利情况，分析团队的优势以及面临的挑战，为团队战略决策提供有力保障。赛后，他们万分感慨地说：“在团队中分工固然重要，而协作则是制胜的法宝。”

现在已在用友烟台分公司培训部工作的会计07班的李灵芝同学，在这次比赛中有着极特殊的身份：她既是会计学院2队的CEO，同时也是威海职业学院和山东商务职业学院的沙盘模拟培训老师。她带领的会计学院2队获得了本科组的第4名，她培训过的两个学校参赛队分别获得山东省新人组的第2名和第3名。在山东省沙盘大赛比赛结束的那天，她又接到了山东商务职业学院发出的兼职教师聘用邀请。从参赛选手到培训老师，她历经了角色的转变，逐渐变得成熟、自信，在用友公司工作的这段时间里，工作积极肯干，业务水平上了一个又一个新的台阶，受到用友公司领导和同事的好评。会计学院资产评估07班的豆艳红同学是个性格比较内向、腼腆、害羞的小姑娘。在多次沙盘比赛的历练中，变得自信、成熟。她利用所学Excel知识，不仅开发了为本队使用的市场、现金预算、原材料订单、权益等一整套预测工具，还研发了针对其余27个竞争对手的间谍软件，可以准确地预测本队及每一个竞争对手的广告、生产、盈利以及得分情况，为团队的决策提供了准确可靠的信息……

几个月的模拟演练与实战，不仅让每个参赛队员对企业市场分析、产品研发决策、生产决策、战略规划、现金预算、关注竞争对手等方面有着深刻的体会和感悟，也让他们对人生有着深刻的体会和感悟。书本中枯燥的理论知识，变成一个个鲜活的案例，成功时由衷的喜悦，失败时惨痛的教训，都让学生懂得现金预算在企业经营中的重要性；树立战略思想不仅对企业经营至关重要，在人生的发展道路中，用战略的眼光对自己职业生涯进行规划同样重要；面对突如其来的困难和挫折，回避、沮丧、放弃不是最好的解决办法，只有勇敢面对，精诚团结，积极采取补救措施才能顺利渡过危机；个人的能力固然重要，但是团队的力量可以产生 1+1 > 2 的效应；诚信不仅是企业立足之本，更是人生道路上获得成功的宝贵财富……

省赛的硝烟已然散去，但与学生朝夕相处的日日夜夜、比赛过程中的忐忑不安、赛场内外的惊心动魄至今仍萦绕在脑海中，久久挥之不去。每个参赛队员为实现“冲出山东走进国赛”的梦想，哭过、笑过、迷茫过、彷徨过、拼搏过，经历的点点滴滴和其中的体验与人生感悟是他们一生受用不尽的财富，是他们踏入社会前的经验积淀，是他们通向成功之路的阶梯。经历了院赛、校赛和省赛后的他们，显得更加成熟和自信。他们面对企业外部竞争环境变化而具有的敏锐思维，面对挫折和困难的那份冷静和淡定，强大的团队协作意识及能力，不断提高的创新能力，无一不是对老师的莫大鼓舞和欣慰。国际 21 世纪教育委员会在向联合国教科文组织提交的报告中指出：“学会求知，学会做事，学会共处，学会做人，是21世纪教育的四大支柱，也是每一个人一生的知识支柱。”这也是接受过 ERP 沙盘模拟实训和比赛的同学从中感悟到的真谛。

面临着新经济时代的“人生有限而知识无穷”的矛盾，是“授之以鱼”还是“授之以渔”，其中道理不言自明，但真正把它作为教育理念并付诸行动，却不是那么容易做到的。ERP 沙盘模拟为我们提供了一个良好的教育平台，同时也期盼着更多的创新型实践教学教育模式被研发，有更多的老师加入到实践教学改革和实验项目的研发中来，让更多的学生在实践中体验快乐、在快乐中学习、在学习中不断成长！

（本文发表于《山东工商学院报》2010 年 9 月 17 日第 437 期）

让社会实践活动成为生活教育的重要渠道

任祥华

新学期开始了，又到了为大学生寒假社会实践做总结的时候了。今年寒假，有更多的同学参与到了社会实践活动中，国际商学院共组建了7支实践小分队，分别是中国民间文化抢救和考察团队、振华商厦调研团队、枣庄支教团队、食品健康调研团队、大学生就业问题调研团队、情系企业——校友走访团队、企业走访参观团队。社会实践中，同学们受到了最生动的成长锻炼，面对困难的意志力得到了磨炼，团队合作意识得到了很好的培养。我们认识到，让社会实践真正成为大学生的第二课堂，应当是我们今后努力的方向。而如何在现实教育中充分发现社会实践活动在学生成长中的巨大作用，如何将掌握的课外知识与课内知识结合起来，如何让社会实践活动成为生活教育的重要渠道，如何使社会实践活动不流于形式，是我们最应探讨的问题。

古代教育思想历来重视学行结合，重视实践对获得知识的重要作用，认为“思而后行”“不登高山，不知天之高也，不临深谷，不知地之厚也”。宋代朱熹强调实践在学习中的重要作用，认为“论先后，知为先；论轻重，行为重”。无论从历来教育思想还是当下“社会需求导向”教育理念的需求上讲，实践性成为教育的显性需求越来越受到关注。

著名教育家陶行知先生主张“生活即教育”，他倡导“学习”就是实践，在学习中必须把握实践性原则。陶氏的“生活教育”强调生活含有教育的意义，具有教育的作用，生活本身就是一种特殊的教育，生活决定了教育，教育不能脱离生活，教育要通过生活才能发出力量而成为真正的教育。回归生活世界的呼声逐步成为教育改革的重要导向，生活教育能够弥补学校教育的不足，也能够使学生更加切合社会需求。因此，生活教育与社会实践活动有着内在的本然统一性，社会实践活动应是生活教育的重要渠道。

要想使大学生的社会实践活动成为生活教育的重要渠道，还需把握好以下几点：

回归正确的社会实践理念。近年来，随着高校社会实践活动的发展，“假实践”“被实践”“流于形式”等逐步成为社会实践活动面临的重要问题。为了社会实践而实践，为了宣传、邀功而实践的现象层出不穷。在参与实践活动过程中流于形式，蜻蜓点水，浅尝辄止。社会实践前期准备上大费周章，大作宣传，具体开展活动时鸦雀无声。有的社会实践活动甚至变成了大学生旅游的好机会，背离了活动本身的意义。生活教育是“供给人生需要的教育，不是作假的教育”。因此，回归本真的社会实践理念是应然选择。

扩大社会实践参与广度。要想使大学生的社会实践活动成为生活教育的主渠道，必须扩大社会实践的参与广度。长久以来，社会实践活动往往被看成是“精英实践”，主要的参与者是一些在各方面有特长的学生，而普通同学参加社会实践的机会几乎没有。每次社会实践团队的组建，我们都会进行一场甚至多场招募面试活动，学生参与热情之高可见一斑，“精英实践”模式不能让更多的学生参与社会实践。因此，需要创新社会实践的方式方法，丰富社会实践的内容，以进一步扩大社会实践的参与广度。

完善社会实践的制度。要想使社会实践活动成为生活教育的重要渠道，必须完善社会实践制度。我们需要形成一个能够使实践活动相互协调、互补，一个切实可行、系统全面、权威规范并具有自我发展的社会实践制度体系。大学应当为社会实践活动创造一个积极向上的内部支持环境，把社会实践活动纳入整个学校教育计划之中，形成独立社会实践教育的课程体系，进一步加强对大学生社会实践活动的科学指导，保障实践活动的有效开展。社会实践制度的规范化是社会实践活动发展的必然趋势，能够有效防止社会实践活动的随意性和不平衡性，避免社会实践活动成为“鸡肋”。

（本文发表于《山东工商学院报》2011 年 2 月 25 日第 454 期）

让大学语文在校园绽放光彩

黄　迪

目前，大学语文存在的价值和方式，正逐渐引起高校工作者的广泛关注。如何用好国语，增加学生对大学语文的认同和扩展对国语的表达手段，成为高校校园建设的焦点问题。

语言大环境呼唤大学语文。当今高校内，汉语言文化推广活动十分丰富，文学社、经典诵读大赛、书法大赛层出不穷，这就为开设大学语文课提供了必要的前提条件和深厚的组织活动基础。笔者就曾亲历过我校的黄海文学社、轩辕文学社，参加过校社团联合会组织的书法比赛，也有幸率队参与了“中华颂”经典诵读的系列赛事，深深感受到大学校园内读书风气渐浓、国学氛围日盛。而大学语文通识课，无疑是在语文发展大环境下，推动其不断完善的有效动力。学生组织参与活动的内在知识储备，很大程度上需要大学语文课堂去引导和拓展。毫不夸张地说，没有正规语文课程的规范系统教学，大学的文化氛围和文化活动水准都将大打折扣。与此同时，社会发展日新月异，对高水平语言应用者的需求越来越大，大学生综合素质的提高迫在眉睫。国外资深研究机构在评论时代发展和人的参与问题时曾经说过，21世纪最重要的三大能力是沟通能力、语言应用能力和逻辑推理能力，同时书写能力也能彰显不一样的人文特质，开设大学语言通识课程正顺应了高素质人才培养的基本要求。

春兰秋菊各有特色，大学语文本身也独具魅力。从《诗经》的“风雅颂”“赋比兴”及《楚辞》的“九歌”“天问”等南方江汉文化，到诗仙乐圣的奇美王朝诗篇，再到鲁迅、郁达夫、季羡林、余秋雨等推动的现当代文学思潮，都构成了缤纷绚烂又波澜壮阔的国学画卷。大学语文课本所收录的文章，一定程度上代表了语言文化发展的精髓，勾勒出一条条清晰的思想经纬。据笔者了解，大学语文的讲授内容十分丰富，涉及古今中外的诸多社会科学、自然科学知识，有对社会人生的查考，有对品格修养的界定。大学语文培养的是学生多方面的人文修养和健全的社会人格，对学生的应用能力提出了很高的要求。在学年末期的考评当中，很多教师都选择打破原有的填空选择、名词解释等传统考试方式，更多的是鼓励学生选择喜爱的作家论述其特色。笔者回忆当时在学习大学语文课时，老师给大家布置的学期考题就是：谈谈学习大学语文的感受和中国风影响下的周杰伦通俗流行歌曲的魅力。选题生动有趣、引人回味，很能调动学生的积极性，增强对论述语文的认知度。

大学语文课，一方面规范了校园汉语言文化及其组织活动，另一方面提高了学生的逻辑应用能力，是全面提升学子综合素养的有效手段。大学语文规范文化活动，不仅体现在对高校重大活动的指导，更在于对日常用语行为的梳理，比如“差强人意”“空穴来风”“心宽体胖”等今年来大众传播媒体经常混淆用法和读音的词语，都应通过大学语文通识课程，让学生有所认识，强化学生的应用水平，树立学生的批判意识和自我学习精神。

语文发展顺应时代潮流，而大学语文课堂站在高水平的起点上，也应全面调整，有所创新，将国学经典课堂的普及工作变成良性的推广过程。比如教学方式、思维方式的多元化，改变由教师唱独角戏的“一言堂”模式，让学生共同参与，积极参加文化研讨，分享语言学习的经历和乐趣。在学生群体当中做好文化传播活动，定期开展形式多样的演讲征文活动，开办国学大讲堂、文化争鸣会，让语言的影响深入人心。同时积极从课堂角度出发，引导学生将语言学习和日常生活应用结合起来，制作校园文化墙，利用课程作业机会布置学生编排文学歌舞短剧，将学说普通话、提高汉语言应用技能当成提升综合能力的有效途径，扩展语言学习的方式和有选择地延长语言学习时间。另外，关注文化现象和民俗年节对语言文字推广和大学语文课程学习的重要性也尤为重要，可以丰富和拓展大学语文的影响范围和传播阵地。此外，开设网络国学公开课，组织微博互动，利用微日志传递大学生对传统文化的理解，都不失为提高学生修养、延伸语文课堂的良好手段。

汉语作为中国人的母语，是国家建设中华文化的共同基础，大学生作为民族文化的传承者，肩负着神圣而光荣的历史使命。当代大学生，有义务学好汉语言，珍惜来之不易的大学语文的学习机会。唯其如此，才真正达到了语文推广的目的，缤纷的校园才会迎来一次又一次繁荣的文化春天。

（本文发表于《山东工商学院报》2012 年 4 月 20 日第 499 期）

廊桥梦虽好　还需译者圆

武　帅

2012年4月，第五届“山商杯”翻译大赛终于尘埃落定。作为我校的传统赛事，第五届“山商杯”翻译大赛自2011年11月正式启动以来，历时近半年，吸引了400余人参赛，比赛规模和参赛水平创下了历届之最。同时，翻译大赛也为那些热爱翻译事业的同学提供了一个展示自我、实践技能的有效平台。赛事结束后，我们有幸联系到了此次大赛的获奖同学，从他们口中，我们了解到了他们对翻译这门艺术的最真实的体会。

——编　者

作为一个年轻的翻译爱好者，我对翻译这门让人时而绝望时而又充满希望的艺术，有着自己最真实的经历与感悟。在参与本次翻译大赛的过程中，我个人对于“翻译”有了更进一步的理解和认识，现将这些体会与感受诉诸笔端，与大家分享。

翻译——汉语水平很关键

本次翻译大赛专业组英译汉的原文节选自英国作家海德的一部小说 *The Devil of Nanking*（《南京恶魔》）。接到比赛通知时正值寒假放假在家，看了原文之后我并没有马上着手翻译，第一件事则是把原文涉及的背景知识回顾了一遍。因为这部小说讲述的是抗日战争时期南京大屠杀的故事，因此我把一些近代作家的书大致翻了一遍，包括鲁迅、张爱玲、朱自清的散文集等，目的是力求翻译出来的作品更具时代气息，符合那个年代的语言习惯。这篇译文我前前后后共修改了9遍，为了靠近民国时期作家的写作风格，忍痛删去了大段冗长的细节描写，可以说是字字斟酌。我想，这也是参赛作品最终能得到评委老师垂青的原因之一吧。

现在想想，比赛初期花大量的时间来寻找“汉语”的感觉还是非常有必要的。

时光回到了2010年的8月，时值山东省翻译学会2010年会在烟台召开，当时我校外国语学院和教务处承办了此次大会。作为志愿者，我和外国语学院的其他几名同学有幸在大会上负责会务服务工作。记得会上南开大学的王宏印教授在发言中说过这么一句话：“翻译，汉语水平很关键，在一定程度上可以成为一个译者成长的瓶颈。”英译汉的过程是正确理解英语原文和创造性地用汉语再现原文内容的过程，而其中，更重要的是掌握汉语语言和文化，因为好的翻译要把自己完全投入到翻译对象中，体会原作者的创作情绪，最终用母语再表现出来。这就要求译者必须伏下身来，打下深厚的汉语基本功底，领悟汉语言文学的精髓，使之融入血液中才行。

因此，我想，译者自身汉语水平的高低，对译文质量有着很大的影响。如果译者的汉语基础不扎实，词汇变化少，语言贫乏，则翻译出来的文字语言不通顺，中国人看不懂，外国人不明白；虽读懂了原文，但因为找不到恰当的汉语表达，结果词不达意，译文质量不尽如人意，只能是隔靴搔痒。

用共鸣产生共鸣

我们都知道，衡量翻译的质量主要看两条基本要求：忠实性与可读性。这两条基本要求，用唐朝高僧、翻译家玄奘提出的翻译标准就是“既须求真，又须喻俗”。求真就是准确性，要求翻译出来的内容意思既不能增加也不能减少，既不能加强也不能减弱。喻俗就是通顺性和地道性，要求译文符合译入语的语法、句法和表达习惯等，使读者喜闻乐见，“让猪八戒这样的读者也能看得懂”。

这两条要求看似简单，实则不易。在我看来，其实翻译活动就是一个吸收与产出的过程——吸收原作者的表达意图，然后用自己的方式产出成果。好的译者是一座桥梁，可以把语言这道天堑变成通途。然而如果像翻译机器一样仅仅通过翻译技巧把译入语转换为译出语，那还远远不够。

好的译者懂得将自身代入到原作之中，认真去揣摩、领悟原作者在创作时的情绪和心情，真正读懂原文的意思，这是翻译创作过程中的第一个“共鸣”。

在此基础之上，译者需要用读者能看懂的语言将原文的意思忠实地表达出来，令读者充分领会原作者的思想，这是翻译创作中的第二个“共鸣”。唯有译者首先产生共鸣，读者才能有所共鸣，这两个过程缺一不可。然而，事实是，很多初学者在翻译过程中机械地、逐字逐句地翻译，往往忽略了翻译的精髓所在。

回首我这次翻译大赛的作品，专业组英译汉的原文节选自一部描写南京大屠杀的英文小说。对于南京大屠杀这个话题，我多少还是有些了解的。记得高中曾参加过纪念南京大屠杀60周年的演讲比赛，在准备比赛的过程中我花费了大量的时间去整理和收集相关的历史资料，后来去过几次南京大屠杀纪念馆。面对那些图片、视频、万人坑遗址以及累累白骨，和所有中国人一样，心中满是挥之不去的愤慨和惋惜。因此，在翻译这篇文章的时候，我的脑海中一直回放着南京大屠杀的镜头——满目疮痍的南京城、手无寸铁的老百姓、令人发指的日本军、漫天的战火和秦淮河中累累的白骨。

在原文之中，小说并没有直面战争残酷的场面，而是通过一个末世作家的视角，表达自己对国破家亡的扼腕叹息和浓浓的爱国情谊。读这篇作品的时候，我时常想象自己就是这个作家，面对国家的消亡、文明的陨落，一次次拷问自己内心的感受——如果真的换作自己，我又会作何选择？是保全自己的性命还是为记录这段珍贵的历史而留守家园？是带着家人苟且偷生还是为了民族大义而牺牲妻儿？我想，这也许就是我和原作者以及读者之间的共鸣吧。

廊桥梦虽好，还需译者圆

最后说一说我对翻译这项工作的认识和理解。

先说一个简单的小故事。

很多人曾看过《廊桥遗梦》这部电影史上的经典之作，并被电影中感人的爱情和主人公对于家庭的责任感而深深触动。《廊桥遗梦》的原著于1994年引进国内，当时改革开放还处于初期，中国人的道德取向和心理困惑正处于艰难的转型期。对于这部描写婚外恋的作品，素以出版国外文学名著的外国文学出版社并没有予以重视。然而，令所有人大跌眼镜的是，这部看似流俗的小说竟在当时引起了巨大的轰动，《廊桥遗梦》中文译本问世以来，印数高达1200万之册。人们不禁想问，是什么让这部小说在中国拥有如此巨大的魅力？

很久之后，人们才知道，这部小说的畅销不得不归功于译者——时任中国社科院美国研究所的研究员资中筠女士，她极其优美、细腻、流畅的译法，赋予这部中文版小说一种特殊的风格，甚至用中文重新塑造了主人公的形象，使《廊桥遗梦》这个本来多少有些不登大雅之堂的故事，得到了正面认同，从无数类似的版本中脱颖而出，弥合了翻译作品本应带来的距离感，令无数读者感到“于我心有戚戚焉”，扑向了读者的内心。

我想说，这便是翻译的魔力。在一定程度上，一个好的译者是一个魔法师，他能用手中的笔“化腐朽为神奇”，将文学的魅力散播至世界的每个角落，令全世界热爱文学的人都能够享受大师的熏陶。好的译者又像一个心灵手巧的裁缝，可以将原本平淡无奇的布料剪裁成价值连城的衣服，给人以美的感受。翻译家许钧曾说过这样动情的话：“翻译是一种历史的奇遇，是作家和译者心灵的共鸣。一个好的作家，只有遇到一个好的译者，才能碰撞出一段好的姻缘。”许多优秀的翻译家一生都钟情于某一个外国作家，并将其作品全面而传神地介绍给读者，就像林少华之于村上春树，朱生豪之于莎士比亚——对于中国人来说，这些作者和译者已经被看作一体的了。正所谓“廊桥梦虽好，还需译者圆”。

（本文发表于《山东工商学院报》2012 年 5 月 18 日第 503 期）

汉语风中的美丽

闫秀梅

目前在我校学习汉语的留学生有五六十人，仍在源源不断地来到我校，他们抱着强烈的学习汉语的兴趣来到中国，有着很明确的学习任务。能够有机会给各国留学生上课，教授汉语，传播中国文化，我感到非常幸运。虽然我教对外汉语的时间并不长，但是也有了一些自己的体会和感悟。

外国留学生跟中国学生相比，普遍比较积极，喜欢主动表达自己，喜欢提问，上课的过程中经常会有一些很有意思的事情发生，有一些意想不到的状况出现，课堂气氛很活跃。当然也有一些基础比较差的学生，学习有困难，上课的时候会出现一脸茫然的表情。

要全面提高留学生学习汉语的听、说、读、写的能力，就要让他们在学习汉语的过程中体验语言环境，体会生动有趣的情景意念，使用标准地道的语言范例，这需要不断加强教学的熟练程度，组织精炼易懂的语言，用爱心来灌输知识。与留学生的交流和相处，让人觉得很轻松、很愉快。要想使他们学好汉语，首先要像对待朋友一样对待他们。语言交流虽然有时有障碍，但是人的情感的交流是相通的，不会因为语言的阻隔而体会不到，对待学生像朋友一样真心、热情，学生会感受到，上课的过程也就变成一次轻松的朋友之间的沟通之旅。因为文化差异而造成的对一些词的误解、曲解，有时候也会给人带来全新的感受，有时让人哭笑不得，有时让人捧腹大笑，有时又让人觉得妙不可言。跟留学生之间用心的交流，带来的是享受和感动。

要让课堂变得轻松有趣，还要用尽量幽默的语言来给他们讲课。留学生理解汉语的能力有限，因此要用各国都普遍流行的一些现象来解释词语，做到生动有趣，授课时以常用的生词讲趣事、说笑话，而且反复强化重点词汇，从而使留学生了解中国的文化。这样不但能提高他们汉语的听说能力，又让学习变得轻松愉快，效果非常好。学生从不懂到会心大笑，对师生来说都是一种极大的喜悦和满足。因为留学生的视角不同，他们提出的问题有时候会给我很大的启发，使我注意讲究语法规范，自身的汉语能力也得到提高。课堂上时时响起的笑声，是消除了国界的人与人之间友好相处带来的愉悦。

语言的学习离不开对文化的了解，教汉语言课程的过程也是不断介绍中国文化的过程。留学生对汉语的尊重和学习的渴望让人产生一种文化自豪感，使人恨不能倾尽全力来告诉他们自己的所知所想，传播中国博大精深的文化，让世界各个国家的人更多地了解中国。当然还要用尽量浅显的语言，置于世界性话语的框架下，来讲述中国的理念和故事。同时也需要老师多查阅资料，了解各国不同的特色和文化，有针对性地讲解，避免出现误解和文化尴尬。

毕竟，语言学习有枯燥的一面存在。写汉字和背诵不计其数的词语是留学生最大的难题，学会这些仅仅靠轻松的讲解是不够的，还需要让他们下功夫苦记苦背。教师要不断检查他们学习单词的效果，不断强化他们的记忆。这就需要从每次的授课中总结经验，仔细筹划不同汉语水平的学生的练习方案，平时注意积累资料，针对不同等级的学生进行强化练习。

在授课的过程中，我自己也受到良好的启发。留学生都很有礼貌，对老师充满尊重，跟他们的交流和相处对我的教育观也产生了很大的影响。俄罗斯学生谢尔盖是我很喜欢的一个留学生。他今年 14 岁，按说也处在青春叛逆期，但是他平时非常尊重老师，说话很有礼貌，大方得体，老师问话，他总是正言肃色地回答，既认真又一板一眼，不疾不徐，没有扭扭捏捏也没有嬉皮笑脸，更不会爱答不理。但是课下他跟同学嬉闹的时候，非常活泼好动，喜欢搞一些恶作剧，不失少年本色。跟他对比，我想起了中国的有些孩子，有的乖张难控，有的年少却一副老练的面孔，如网上那个“五道杠”少年已经失去了孩子的本色，还有的油腔滑调，如有的影视剧中一些孩子的形象。

现在，中国很多父母的教育理念出现混乱，他们只学习国外尊重孩子和学生的个性的一面，而没有看到国外也讲究没有规矩不成方圆，自由和限制是并存的。中国很多父母一方面一味纵容孩子，为孩子的所有行为冠以“个性”的美名，却忘记了必要的规矩和礼仪，一方面又从精神上控制孩子。留学生对老师的尊重，能让人充分感觉到师道尊严，感觉到师生之间既友好又尊重的和谐关系。希望中国的教育不断理性回归，而不是顾此失彼、进退失据。

十分感谢国际合作与交流处提供的机会，给我的生活增添了绚丽的色彩。每一批自己教过的留学生的离开，都让人觉得有一些不舍和感伤，但铁打的营盘流水的兵，正如四年一届的本科生的离校，离开是为了更好地启程。留学生为自己设计的人生蓝图上，汉语占有重要的分量。作为汉语老师，除了竭尽全力地教他们，剩下的只有鼓励和祝福了。

目前全世界学汉语的人数已经超过3000万。每当听到留学生们用不太流利的中文说学习汉语很有意思的时候，我为自己能利用所学的知识向世界各国的留学生传播汉文化而感到骄傲和自豪。大量留学生是由于需要而不是出于兴趣来学习汉语，是中国国家影响力提高的明证，选择我校来学习汉语也是我校积极开展对外合作交流的成功。能够在他们学习汉语的旅途中伴随一程，为汉语更广更深地走向世界尽一份绵薄之力，是我的荣幸。

（本文发表于《山东工商学院报》2012年5月18日第503期）

尊重理解　不留遗憾

——感悟师德

王克研

中华民族自古以来就讲究尊师重道，在中国古代，教师拥有非同一般的地位，也赢得了众人的尊崇，“慧可断臂”“程门立雪”这样的尊师典范更是被历代颂扬。现代教师更是被赋予了很多赞誉之词，比如“人梯”“燃烧自己照亮别人的蜡烛”“辛勤的园丁”“人类灵魂的工程师”等等。然而作为我们——为人师者，到底要如何做才对得起自己的使命和如此慷慨的赞誉之词，才能守住育人的净土？韩愈的一句“师者，所以传道授业解惑也”，把我们为人师者的职责和作用一语点破。当然，作为教师，拥有较高的文化素养和专业知识是必备的素质，要给学生一碗水，我们自己得有一桶水。但是作为一名合格的教师仅仅是传道授业解惑还是不够的，培养和塑造高尚的师德是每个教师都要用心思考的。

社会公众在把崇高的赞誉赋予教师的时候也就对教师提出了更高的要求，最近两年，随着网络和媒体力量的发展，我们每天都能看到很多关于老师方面的信息，有感人至深的伟大教师，也有师德败坏的教育界败类，关于教师的很多负面信息时常可见，教师的尊严受到比任何时候都严峻的考验。作为一名教育工作者，我们如何维护教师的尊眼，严于自律，成为每一位同行都要考虑的问题，师德建设成为重要的课题。我们不能随着社会风气的堕落而堕落，一定要记得我们是灵魂工程师的使命，如果连老师都堕落了，那教育出来的孩子怎么会不堕落，社会怎么会不堕落？最近看了韩国电影《老师的恩惠》，虽是恐怖片，但是里面的道理却深深震撼了我。教了一辈子书的朴老师，一直自以为是个好老师，可是在她退休后来看望她的学生们却各自心里都藏着对老师的恨，因为他们都被朴老师有意无意地伤害过。班长世浩和副班长恩英很难忘记由于小时候家境困难而受过的侮辱。顺姬的苗条身材是因朴老师的捉弄受到伤害后，做整形手术和拒食而换来的。小时候曾经梦想要做一名足球选手的达峰因受朴老师的体罚而变得残疾。老师平时不经意的一句话或者一个惩罚可能会毁了一个孩子的一生，那是多么可怕的事情。这个故事令我不寒而栗，深思一个在学生一生中贡献正能量和提供帮助的教师应该具备的最基本的职业道德应该是什么，是理解与尊重！每个学生都是活生生的人，都有情感有情绪，我们要给予学生足够的理解和尊重，在互相理解和尊重的基础上来传道、授业、解惑。

著名教育家苏霍姆林斯基曾说过："没有也不可能有抽象的学生，每个孩子都是一个世界——完全特殊的，独一无二的世界。"在七年的教育教学工作中我逐渐领悟到这句话的深刻含义。学生之间是有差异的，他们性格、气质不同，特长、爱好不同，在各方面的能力不同，这就要求我们尊重个体因材施教。因材施教也是对学生的一种理解和尊重，同时也是对教育职业的尊重。

当然，尊重和理解是互相的，教师应该尊重和理解学生，学生也要尊重和理解教师，但是如何让性格各异、可塑性极强的学生尊重和理解我们，这也是一门学问。我认为教师要想赢得学生的尊重和认可，首先要有渊博的知识。一位教育家曾经有过深刻的论述："学生可能原谅教师的严厉、刻板甚至吹毛求疵，但不能原谅他们不学无术；假如处处都可以看出你的不通专业，那么，除了蔑视以外，你永远得不到什么。"其次，教师要有良好的师德、过硬的教学本领，才能赢得学生的尊重和认可。拥有因材施教的睿智也是教师赢得尊重的条件。教师要赢得学生的尊重和认可，就要公平对待学生，细心地呵护每一位学生。教育家陶行知说："捧出一颗心来，不带半根草去。"我为学生们捧出一颗真诚的心，用心来关心他们、爱护他们。最后，教师要赢得学生的尊重和认可，就要知足常乐、无私奉献。我不富裕，但我很充实，每天浸润在知识中、课堂上，工作得兢兢业业，勤勤恳恳。学生的进步，就是我最大的收获；学生的一声"老师好"，就是我最大的财富。如果在抱怨中工作、混日子，那就贻误了学生的学业，更别说用良好师德去感化关爱和熏陶学生了，这更有悖于师道。教师就是要淡泊名利，知足常乐，无私奉献。总之，教师的尊严就是学生的尊重和认可。学生的尊重和认可则是要靠教师渊博的学识、过硬的教学本领、爱岗敬业的职业道德、严谨治学的态度、因材施教的睿智、公正对待学生、细心呵护学生和知足常乐的无私奉献赢得的。

最后，愿我们每一位教师在教书育人的岗位上都能牢记理解和尊重，在我们教育出的一茬茬春苗般的学生身上浇灌知识和人格魅力，愿教育界的污点永远不要再有，愿我们的心里阳光灿烂、学生的脸上笑容灿烂。

（本文发表于《山东工商学院报》2012 年 12 月 28 日第 528 期）

分享你的阅读

王　亮

“大家好，我今天给大家推荐一本1997年由兰登书屋出版的印度女作家的《微物之神》……”这个学期，在《出版社经营管理》这堂双语课上，向敏老师另辟蹊径，在课堂单独开辟了一个“图书推荐”的特别单元，他告诉我们，“对于即将步入大学四年级的你们而言，将来不论是直接就业还是研究生的面试备考，大家需要练就一身能够在公开场合发表自己意见和想法的本领。”

为了实现这一点，向老师在开展这次活动之前，就特别申明——按学号顺序，每堂课请6名同学在讲台前向近60名同学推荐一本自己看过的书，分享自己的阅读体验。他尤其强调不制作PPT，要与同学们面对面地阐述自己对某书的看法和见解。“眼神与眼神的交流，至关重要，”向老师这样说。

自打接到这个任务，一直很喜欢读书看报的我，就开始“物色”自己的种子书目。感谢豆瓣和谷歌，尽管有很多书我都很喜欢，但是记忆力却常常让人无比苦恼。说干就干，我开始翻看自己以前的读书笔记，《活着》《醒来：110年的中国变革》《看见》《酥油》《乡关何处》《谁的青春不迷茫》《理想的下午》《西藏生死书》……

“图书推荐”是从1号同学开始的，作为24号的我，无疑有着更为充足的时间和精力去准备这5分钟的阅读分享。但这也着实更让我无比纠结，一开始，我没办法迅速确定要推荐的书目，“因为只能选择一本书，选择了这本，就意味着其他书籍就不能推荐了，但其实真的有很多很棒的图书值得大家去阅读”，我常常这样想，也就给自己凭空增加了很多烦恼。后来，一堂堂课听下来，同学们的图书推荐也真的是五花八门、各具特色。有喜欢中医的山西同学推荐了《中医原来这么有趣》，有喜欢漫画、感动于励志女孩经历的河北同学推荐了《翻滚吧，肿瘤君》，有执着于考研复习的山东同学推荐了与编辑出版学专业知识相关的《出版大冒险》，有喜欢日本简约杂志风格的青海同学推荐了杂志书《知日》……每个人都是独立的个体，每个人都有着独特的阅读体验。作为观众，这让我看到大家对书的热爱和热忱。

“没有人是一座孤岛”，海明威这话说得对。全专业同学的阅读体验连接起来，就可以从一个侧面大致反映出当代大学生的阅读情况。

更为重要的是，对于很多之前没有参加过活动或没有登台表演的同学来说，要保证自己在全专业60人面前“脸不红、心不跳”，还真不是一件易事，每次同学分享完自己的阅读体验，向老师都会给予点评。虽然只有短短5分钟，但不少同学还是表现出哆嗦、忘词、抓耳挠腮等状况。“当你站在讲台上，就要把自己当作一个主讲人，你需要专注，抓住每一个听众的心是你的最基本要求，当然，自信的你会让人感觉如沐春风，这对你的演讲相当有帮助，”向老师会这样建议同学。时间长了，后上场的同学越来越自如，表现越来越好，这或许正是老师的初衷。向老师甚至告诉我们，“有时候，相比大家推荐的书籍内容，我的关注点更多的是落在大家的现场表现上，这很重要。”

5月28日上午，24号的我开始了自己的分享。

我整理了一下衣服，自信地走上讲台，把握住了这5分钟。经过一番“痛苦”的挣扎，我最终确定推荐一本1997年由兰登书屋出版的印度女作家的书《微物之神》。

这是一本透过女性敏感的心灵和孩童清澈的目光来观察南印度一个小村庄的宗教、社会和历史的半自传的书籍。此书的作者——阿兰达蒂·洛伊，16岁时离开家乡，只身来到新德里，在大学主修建筑，毕业后当过记者和编辑，现从事电影文学剧本创作。作为一本半自传体的小说，洛伊说，《微物之神》写尽了她的故事。小说的核心故事讲述的是一个上层的基督教离婚女人与贱民木匠跨越种族、跨越阶级的爱情故事，而这源于洛伊儿时母亲给她讲述的乡间传闻。通过阅读书籍中的章节，诸如生存的代价、历史之物、悲观者和乐观者、神的家乡、益智练习簿等内容，你可以直观感受到《微物之神》细节逼人的写作风格，她将印度的哲学精神掺杂在文字当中，令万事万物具有同等被关注、被怜悯、被书写、被回忆的资格。

通过分享，我不仅锻炼了自身的口头表达和思维能力，更与同学们交流了读书的体会和心得。有书在手，其乐无穷，分享你的阅读，分享阅读带给你的乐趣和感动。读同一本书的人是最容易成为朋友的，让我们彼此通过书籍成为朋友吧！

（本文发表于《山东工商学院报》2013 年 6 月 28 日第 547 期）

浅谈读研

——写在我校硕士学位授予单位成功获批之际

王　琛

作为我校培养的研究生，又能有幸为我校工作，在申硕成功获批之际，早该谈一下读研的问题了，但工作以来，忙于诸多事务，一拖再拖。前几天，助理中心的学生问我："读咱们学校的研究生有意义吗？"回家后辗转反侧，觉得挤出睡觉的时间也得说几句了。

考研必须要清楚两个问题：读研的意义和如何让读研更有意义。

个人认为，读研的意义在于完善品格、开阔视野、培养独立自主的学习方式。这里的品格包括道德品格和学术品格。但丁说：人不能像走兽那样活着，应该追求知识和美德。可见，追求知识的同时必须要完善道德品格。要牢记祖国和民族的重托，牢记对社会和家庭父母的责任，如果没有这些，即使以后事业做得再大，也不过仅仅是为了一己私利。本科的论文绝大多数是在"模仿"，当然我也是这么过来的，研究生时就必须有自己的核心知识构建，单纯的"模仿"不但很难毕业，更严重败坏了学术品格。在构建自主核心知识的过程中，也完善了自身的学术品格。品格是学人的灵魂，是自觉追求和永远追求，拥有良好的品格对以后的人生至关重要。读研还可以开阔视野，就和登高望远一个道理。好多人说比尔·盖茨哈佛没毕业，也如此成功。试问，如果他没有在哈佛开阔眼界，能有如此创新的思想和如此大的成功吗？不见得！读研后可以接触你的专业领域更尖端前卫的知识、思想和理念，这无论对你的知识水平还是以后的职业生涯都要重要的意义。前面说过，读研更多的是自主学习，自己要能坚持自主学习，而不是需要老师或家长看着管着。另外，还要摸索出适合自己的学习方式，这对你的人生也至关重要，因为以后的人生绝大部分时间是自己学，没有监督也没有伴侣。

如何让自己的研究生生涯更有意义呢？要坚守学术精神，掌握方法，加强自控，努力刻苦。研究生阶段必须要学会质疑、自由探索，勇敢地探索你想知道的，把问题分析得更深一点。本科阶段更多的是老师在教授，到了研究生阶段，更多的是自主学习。这就需要自己要多一份质疑的精神，多一份探索的精神。本科时有老师指导，研究生必须自己要懂得分辨良莠、甄别对错，找出适合自己的正确学习方法，学会在数量巨大的资料前找准正确的、有用的、自己需要的，把好钢用到刀刃上。研究生阶段自由时间多，所以要想研究生读得更有意义，必须要有自控能力，努力刻苦，把时间用到学习上。多去接触专业的先进知识，丰富知识储备和完善知识体系，这样才不会“书到用时方恨少”。课余的时间还可以多读些书，哲学对逻辑思维很有帮助，国学可以净化心灵，政治理论更能坚定理想信念和增强学习动力。如果能做好这几点，可能读研会更有意义。考上研仅仅是起点，这不能决定你的人生高度，只有让读研更有意义才能对以后的路有巨大的帮助。

可能有的同学觉得我说的大、空，大家想想你们刚上大学时，对自己的专业也觉得大、空，可毕业后发现这四年的培养已经把你和别专业的同学区分开来，专业思维、想法和知识已经在不知不觉中融入了你的生活和人生。读研也一样，毕业后也会发现研究生生涯已经和你融为一体。

说了这么多，最后想说的是：读研的意义不在于以后找什么工作，这存在很多变数；更不在于学校，学校再好也不是每个学生都很优秀。读研的意义在于自己的认识和努力。咱们学校现在有大楼也有大师，培养的我们不见得出类拔萃，但我们能踏踏实实、安安稳稳地做好自己的工作，对得起学校的培养，担得起祖国的重任。

祝学弟学妹们考上自己理想的研究生。

（本文发表于《山东工商学院报》2013 年 11 月 8 日第 560 期）

健康、幸福和美丽的秘密

董　艳

健康、幸福和美丽，是女性追求的三种生活境界：健康，如少女般的朝气蓬勃；幸福，像成年后的内心丰满；美丽，则是优雅的积累和绽放。

作为一名高校女教师，我从事的是共青团工作和学生的教育管理工作。能够从事这样的职业，我觉得自己是很幸运的，因为我可以将女性的智慧、优雅和教师的高尚、知性同时贯穿于我的职业生涯。立足于现在的工作岗位，我也在不断地寻觅着健康、幸福和美丽的人生，渐渐的，我发现，其实每个平凡普通的日子都蕴藏着健康、幸福和美丽的秘密。

说到健康，也许您会说，健康无所谓秘密，合理饮食，适量运动，戒烟限酒，心态平和，这些早已为人所知。但也许您从未想到，健康的生活方式也是需要引领的。在我指导的学生社团中，有一个“飞扬卡耐基协会”，从名字上你一下子就可以辨认出，这是一个励志型的社团。他们经常通过演讲或辩论激励身边的同学要有积极健康的生活状态，但是活动的效果并不好，甚至他们自己的会员都觉得用这样的方式励志既空洞又没有效果。面对这种状况，我和会长一起商量着举办了健康助跑的活动。按照活动的要求，在每天跑步开始前，每个人都要分享一天当中最快乐的事，并且队友们要给他一个赞美的点评。活动刚开始的时候，自愿参与的人很少，但坚持了一个月后，我们的队伍竟然到了三四百人。那个会长今年毕业了，临走前来向我道别，他说：“老师，其实这个活动收获最大的人是我，您让我明白了追求成功最大的资本应该是健康的体魄和乐观的心态。”学生的收获也正是我的收获。

我常对学生们说的一句话是，你们是快乐的，我就是幸福的！但让学生们感觉快乐，其实并不容易。这个阶段的孩子，叛逆、挑战权威、关注社会的阴暗面。面对来自不同生活背景的学生，到底怎样才能让他们理解幸福的含义，这对我来说确实是个难题。我作过一次专题讲座，主要目的是告诉学生“幸福不是一条路的终点，而是走在路上的心态”，课堂上就有学生问我，在我们没有实现目标之前无法体验成功的喜悦，怎么会感到幸福呢？我告诉他：“即使你成功了，也未必会感到幸福，因为奉献他人才是真的幸福。”在现在这样一个被成功和励志包围的时代，不能说每一个人都是浮躁的，但是大多的学生体会不到奉献与快乐的关系。从2009年开始，我带领学生参加了全国扶贫基金会倡议的“募集爱心包裹”的公益行动，四年来的每一个周末，我们的志愿者都会走上街头向市民募捐，在四年里先后有一千多个志愿者共募集到善款十几万元。九月开学时，我们又收到了一批来自甘肃孩子的感谢信，读信的时候，我在学生的眼中看到的是激动的泪水，依然记得他们在太阳下衣衫沁透的汗，在风雨中身上淋透的雨，但没有付出，谁又能体会到奉献的快乐？幸福不是别人赐予的，幸福也不是一个人的，幸福是通过你的付出让别人获得快乐，这才是幸福的真谛。

为了塑造学生的审美观，我也想了很多办法。90后的孩子，审美的标准受到了太多电视、网络和卡通漫画的影响，他们认为的美，不能说不健康，但是我总觉得多了人为的雕饰，少了自然的灵动。于是在学生们最喜欢的“校园模特大赛”里，我要求他们要自己设计服装，并一定要体现自然的元素。预想着水的灵动、山的秀美、人的和谐，我很得意自己的创意。然而出乎意料的是，活动中学生展示的是环境污染的主题，效果十分震撼。尤其是他们最后的陈述深深地感动了我，“尽管现实残酷，但我们站立的地方就是中国，我们怎样，中国便怎样，我们心怀光明中国便不再黑暗！我们倡议，所有的同学都来为美丽中国的建设做出自己的努力……”那一刻，作为老师，我特别骄傲，社会责任的担当让T台上的孩子们如此成熟和美丽！

还记得刚参加工作那会儿，一位前辈对我说过，教学相长是教师追求的最高境界。这些年，在我和学生共同经历的这些故事中，我确实悟出了很多的道理。健康、幸福和美丽，对于我，不再有秘密。面对我的学生我会坚定地告诉他们，健康的体魄和乐观的心态才能让你拥有理解幸福的思维，创造幸福的能力；而对于我自己，随着阅历的不断丰富，我的家庭角色和社会角色也在不断丰富，妻子、母亲、同事、朋友，在角色的不断变换间，我也坚定地告诉自己，无私的奉献和责任的担当，会让我收获更多的真情和美丽的人生。在未来，我的职业生涯里，我仍会不断探索，我要带领我的学生共同领悟生活的真谛，我衷心希望我的每一个学生都能成为这个和谐社会里的幸福人！

（本文发表于《山东工商学院报》2014 年 1 月 10 日第 569 期）

宋锡昌老师：阅读是生活的一部分

苗飞飞　万　佳

走进宋锡昌老师的家里，随处可见报纸和书籍。尽管已是耄耋之年，但他每天依然坚持花几个钟头读书看报。当然，因为年纪的原因，宋老师现在主要是看各种报纸与杂志，如《烟台晚报》《齐鲁晚报》和《读报参考》等等，他特别关注国际政治、军事方面的内容，看后也爱和朋友们讨论讨论。

学生时代的宋老师是一个有思想的文艺青年。他从小就喜欢写日记，到了中学他写的作文经常在班上传阅，后来一篇文章《军事巡礼》还曾刊登在学校的布告栏，广为传阅，宋老师也因此成为学校里的名人。因为热爱写作，宋老师还与其他同学一道创办过名为《拓荒者》的杂志，上面收录的都是同学们自己写的杂文、散文。上学时自己生活清贫，当时各种书籍价格又比较昂贵，可宋老师还是想方设法攒钱买书，有时为买到自己想要的图书甚至不得不节衣缩食。

进入大学时，宋老师被分配到国际政治专业学习，虽然专业偏离了文学，可他却从未停止过文学阅读，在大学四年中除了阅读国际政治方面的著作外，他还阅读了大量的文学作品，《静静的顿河》、阿·托尔斯泰三部曲、《半夜鸡叫》等都是他喜欢的作品。除了文学著作外，他还喜欢历史，尤其爱看有关唐代以及近代历史方面的书籍，他认为读过历史的人才会熟悉过去、遥望未来。一个人，如果不了解历史，怎会有爱国情怀？上大学时他还进行过一次关于法国大革命的演讲，由于平时广泛涉猎历史书籍，加上年轻时很好的记忆力，那次演讲获得学生和老师的一致好评，这让宋老师直到现在都觉得十分自豪。当然，在那个年代，给予他影响最大的还是《毛泽东选集》，阅读《毛泽东选集》

让他能够更全面地看待问题。除此之外，列宁的著作也是他学习的重头戏，诸如《国家与革命》《进两步，退一步》《哲学笔记》等等，某些段落至今他还能背诵出来。

宋老师认为看书就是学知识，不要不懂装懂，千万不要糊弄自己，工具书应该常常放在手边，遇到问题就要勤查勤翻。谈到他的工具书，他如数家珍地向我们展示了他收藏的各式词典、地图。因为读的书多，他看问题有自己的立场，有自己的视角。宋老师说，时代不同了，人们读书的环境也不同了。在他们那个年代，人们满怀报国理想，读书也是为了能够建设祖国。而现在人们读书或是为了实用目的，或是为了消遣娱乐，读书渐渐只剩下一种功利目的。另外，网络媒体的出现让人们获得信息更加方便快捷了，但是网络上的许多东西都是一种浅层次的、碎片化的，只阅读这些对自己帮助不大。

谈到当前大学生的课外读书问题，宋老师一再强调大学生读书一定要挑好书，“现在的书很丰富，看书一定要认真挑选。人生短暂，时间有限，我们要挑选好书来阅读。”他认为经典的书有利于打好文字基础，提高欣赏水平，还可以深化自己的思想；要多读与专业有关的书，要有自己的想法，勇于创新；还可以根据自己的兴趣爱好选择，明确自己所追求的东西，自己管理自己、掌控自己，要有一种家国情怀，对社会和国家多一份关注和责任，同时也不要排斥实用主义，毕竟将来要步入社会，面临就业和生活问题。

当我们结束对宋老师的采访，再次回望那些纸张泛黄却依旧整洁的书籍时，我们突然间明白了西方谚语“书有生命”的含义，那些发黄的纸张里保存的岂止是符号与思想，更流淌着一位老人年轻时的追求与梦想！

（本文发表于《山东工商学院报》2014 年 4 月 25 日第 579 期）

刘克苏老师：自由阅读是一种幸福

王艺瑾

当记者（以下简称“记”）准备采访刘克苏老师（以下简称“刘”）时，恰逢他出差在外，于是将采访大纲发给他，由他“按题答问”，这才有了以下的文字。限于版面篇幅，我们对稿件内容进行了相关处理，特此说明。

记： 您能和我们描述一下自己上学时的情景吗？或高中，或大学，都可以。曾有哪些阅读让您印象特别深刻？

刘： 高中我没读过，那时候全国上上下下都在搞政治运动，所以就没有心思考高中，初中毕业后我就直接去打工了，后来赶上知识青年上山下乡了。虽然那段岁月耽误了许多人，但对我来说，那段时期读书反而比在学校时读得多，读得有效。因为打工务农，有切实深刻的生活体验，有实实在在的生活问题要寻求答案。读书的动力主要来自这里，阅读效果自然十分的好，有时甚至有一天等于十年的感觉。上大学时也是这样，因为经过上山下乡的锻炼，读书目标十分明确，效果也是出奇得好，读书的兴趣可以用“疯狂”来形容，每每拿起自己感兴趣的书，都醉于其中，欢喜无比。也正因如此，我对自己的大学生活十分满意，虽说那个年代物质条件比较差，但是精神世界却很充实。

记： 您在上学期间最喜欢读什么书？哪些书对你的生活以及人生产生过重大影响？

刘： 上大学期间，我最喜欢读的是西方的各种经典著作，因为那个时候深深感到中国的落后和封闭，觉得必须要学习人家。德国的马克思、恩格斯、黑格尔、康德、谢林、费希特、莱布尼兹、李斯特，英国的达尔文、培根、洛克、边沁、休谟、亚当·斯密，法国的拉美特里、狄德罗、卢梭，荷兰的斯宾诺莎，俄罗斯的列宁、斯大林、高尔基、托尔斯泰，美国的杜威，等等，当然，还有印度的泰戈尔，他是东方的。读他们的书比较多，对我的生活影响很大。就说就业吧，因为我在大学的自学，所以虽然我的大学专业是中文，但我毕业后考研究生却选择了哲学专业，并且成功了。这就是读书对生活的影响，对工作的影响，对饭碗的影响。至于对人生的影响，当然也很大，阅读使我知道世界上有这么多充满智慧的人，也使我知道这些有智慧的人总是一个一个被后来更有智慧的人所超越，这使我增加了人生的信心，增加了对中国和人类的信心。中国的古典著作，那时候也读了一些，因为本身读的就是中文专业。这些书是中国文学史上闪烁着灿烂光辉的经典，在世界文学宝库中也令人瞩目，其中的部分章节，我至今仍能熟背。

记：当时您的同学都读一些什么书？大家看书热情如何？

刘：当时我的同学读书，范围很广泛，各有所好，但都具有极强的主动性，所以虽然大家同样都读中文专业，但由于读书期间涉猎广泛，毕业后许多都考取其他专业的研究生去了，或者各去各的工作岗位了，个个都充满自信。为什么？还是因为恢复高考，第一次招生，我们都是生活中摸爬滚打多年的来上学，自然知道读书机会的来之不易，读书目的也都很明确，读起书来自然热情高涨。“子曰：学而时习之，不亦说乎？”就是这个样子。时习之，时时习，这的确很重要，也让人收获了很多快乐。

记：当时应该只能接触到少量的图书吧，要想看或买一本书要通过哪些途径呢？对喜欢的书会借阅、手抄还是购买呢？一本书大概买多少钱呢？您觉得当时的书价贵吗？

刘：这些问题提得很具体，很佩服提问者的用心和细心。当时确实书籍少，想看书的话那就上图书馆，闻着淡淡的墨香，徜徉于书海，那种感觉很享受。买书也买一点儿，但是手头紧，除了吃饭也就没有多少买书钱，所以要买就专门买经典原著，买一本顶一万本，可以反复看，这也是经典原著的特点。一般的书看一遍两遍就行了，不能反复看。而经典可以反复看，魅力无穷。买不到怎么办？那就想办法去借，借来以后就大量地抄写。记得当年我用废纸钉了好多笔记本，每本都那么厚实，抄了很多。我是抄书能手，速度飞快。抄写一遍之后，对书的内容印象也极为深刻，久久不忘。至于书价，当时大概几毛、一块、几块钱一本不等。块八毛钱，现在看来可能我们没放在眼里，但是当时我们一个月也就十几块钱的生活费。那时候生活费除了吃饭就是买书，衣服破了可以打补丁，可是心里并不觉得苦。买书、读书才是幸福的，也觉得很划算。

记：跟您那时候相比，您觉得今天大学生的阅读环境有哪些变化？大家都觉得现在大学生认真看书的越来越少，您觉得呢？

刘：比起我们年轻的时候，现在阅读环境变化最大的是有了互联网。我对互联网的兴起抱着十分积极的看法，自己就是互联网的受益人之一，它使我的阅读资源丰富了成千上万倍，阅读效率也提高了无数倍。这是真的。有人可能觉得网络怎么怎么不好，他们的看法可能也有道理，但我没这种感觉，我总是自我感觉良好。当然，从另一角度看，我们也不能让互联网把自己网住。毕竟是人造了互联网，不是互联网造人；是人用互联网，不是互联网用人。这一点不能搞错。要是作茧自缚，那就亏了。

至于大学生认真看书的人是否越来越少，我想倾听大学生自己的想法，我没有什么特别的看法。凡存在的都有它的合理性，包括存在着一种“将要不存在”的合理性。也就是说，大学生今天这样想，明天就那样想了。我也一样，都在变。大家都希望自己变好，越变越好，我祝福大学生朋友们。我也有一些大学生朋友，他们热爱读书，读经典著作读得很多，私下跟我也有很多的交流，我们算是忘年交了。在我看来，他们很沉稳，不浮躁；他们心眼儿好，愿意服务社会，服务他人。我想，这恐怕不仅仅是读书读来的。

记：最后，想请您为我们介绍介绍您的读书方法，或者读书“秘诀”。

刘：读书秘诀，就是没秘诀。看见什么书好，就抱着死啃，把它啃成粉末，吞进肚里，再来一瓶啤酒，化成自己的血肉。要残酷一些，杀书如麻。鲁迅说：“纠缠如毒蛇，执着如怨鬼。”青面獠牙，凶神恶煞，满嘴流血，能听见磨牙的声音，就是这种状态。比较恐怖，所以这是不传之秘，要传，也是只传男，不传女。不过别当真，开个玩笑，因为没秘诀，只好打肿脸充胖子喽。

（本文发表于《山东工商学院报》2014 年 5 月 9 日第 581 期）

郭林老师：数学与文学的二重奏

彭　蓓

同那个时代的所有人一样，书籍的缺乏是郭林老师对儿时生活最深刻的记忆。家住农村，想要找到一本真正的课外图书绝非易事，他清楚地记得第一次接触课外书籍是在小学四年级的时候，当时有同学拿了一本《生命进行曲》到学校里阅读，并且答应晚上放学的时候借给他，但是只能借一个晚上。放学回家，已快天黑，那个时候普通人家都还没有电灯，照明用的煤油灯盏也必须要省着用，所以他回到家后，就坐在屋外的石头上趁着太阳落山前的余晖看书，直到天色暗下来再也看不清书本上的字才回去睡觉，第二天天蒙蒙亮又起来阅读，最终赶在上课之前把书看完，按约定还给了那位同学。

这次阅读经历给了他心灵极大的震撼，他从书中认识到那个自己过去不甚了解的大自然和它那无穷无尽的奥妙。郭林老师对高中时初次读到唐诗宋词时的感受记忆犹新，“当时就觉得美不可言，虽然理解得很肤浅，可是也觉得那是最美的句子和情感。”就这样，书籍为他开启了一扇了解外部世界的窗。

改革开放以来，图书品种越来越多，阅读也成为人们一项重要的消遣娱乐方式。读大学期间，郭老师最惬意的事情就是在书海里畅游，书看得多了，便有了自己的鉴赏力。他给我们谈到这样一件事情，在青年时候他曾无意间接触到某个台湾作者写的一本书，这个作者当时在台湾与大陆都并不出名，虽是匆匆浏览但对其中文字却印象颇深，但往后很多年里却再也没有看到这本书。直到三十年后，他托居住在台湾的朋友找到了这本书，朋友告诉他这本书在台湾极为畅销，称赞他眼光独到。现在提起这件事，郭老师心中的自豪感都溢于言表。用他自己的话来说，他与书之间总有着至深的感情和缘分，其实每个人若有勇气和决心摈弃尘世纷纷扰扰，回归本真和质朴，都能领略到文学世界里的五彩斑斓。

谈起当下大学生阅读率日趋下降的现状，郭老师认为原因很复杂，如整个社会趋利的影响，大学生专业课过多，课业压力过大，现代互联网带来的巨大冲击，以及出版商业化和社会多元化，使得图书种类剧增，导致质量良莠不齐的同时还增加了我们挑选的难度，等等。尽管原因众多，但他还是坚持在真正热爱阅读的人面前，这些问题都不能算作问题。他说比起他青年时来，今天的大学生阅读条件不知优越了多少倍。在信息极度发达的今天，除了特殊的禁书之外，只要对某一本书有强烈的阅读欲望，基本上都是可以找到的。当然，他也提醒我们：兴趣和非功利化，对美好人生的向往，对社会和自然的好奇与思考，是读书的主要动力。有了这个动力，互联网将不再会是影响阅读的因素，反而会为我们的读书提供极大的便利。

当我们问起该如何看书时，他说大学生首先要好好读的应该是专业书籍，不是光读课本，相关的参考书籍也都要读。如果一个人学一门课只读课本，那本质上还是在读高中，而不是大学。除了专业书，大家可以多涉猎文史哲一类的书籍。哲学是一门可以使人由简单到复杂再到简单的学问，其中包含了对人世间万事万物的思考和解决问题的方法，他说他总能在哲学中找到与数学相类似的方法，可以在课堂上用最简单、最通俗的哲学原理来解释数学上的专业知识，降低学生们的理解难度，以便学生更好地接受和吸收。最后，对于那些传世经典，一定要静下心来多读几遍，每一次都可以得到新的体会。不要急于追名逐利，要相信：精神上去了，物质就不会太差。

“非淡泊无以明志，非宁静无以致远。”郭老师的言语中总是透着睿智与儒雅。采访后的我也想伴着一缕明媚的阳光、一杯清新的绿茶、一张简洁舒适的座椅和一颗宁静的心，进行一场静静的阅读。也许，那一刻，整个世界都会安静下来。

（本文发表于《山东工商学院报》2014 年 7 月 11 日第 590 期）

课堂讲授：三角支撑与三个层次

王乐忠

课堂讲授，是高校教学活动不可或缺的重要环节。教师理应下大力气备好课、讲好课，传授给学生真正的知识和有用的本领，培养学生成为社会所需的应用型高级人才。要想备好一门课，讲好每堂课，教师应当具备扎实的专业知识、娴熟的授课技巧和丰富的实践经验，不妨称为强有力的三角支撑。

就专业知识而言，现今高校的中青年教师，大多是本专业或相近专业的博士和硕士，其所学专业知识应该基本够用。虽说学历高低与拥有知识多寡未必成正比，但大体可视为正相关。当然，不论哪个年龄段的教师，都不能坐吃老本，不仅备课时要不断开拓此门课程的广度和深度，还要跟踪该专业方向的发展趋势，力求结合自身科研，站在学术制高点，及时更新和扩充自身所掌握的知识。据此方能在吃透教材的基础上，将授课内容合理取舍，科学编排，增大其信息量和含金量。

说到授课技巧，乃是教师的必备技能。课堂讲授的内容再饱满、再新颖，若不能调动起学生听课的积极性，恐难收到预期效果。正如满桌的大鱼大肉，如不加必要的调料，或烹饪方法不当，色香味欠佳，很难吊起人的胃口，更谈不到充分消化吸收。我国古代教育家孔子认为，知之不如善之，善之不如乐之，就是强调讲求教学方法、激发学习兴趣的重要性。授课技巧可谓五花八门，并无定规。抓住机会，譬如通过观摩课向同行尤其是老教师虚心学习，现场取经，固然不失为好的做法，但用心琢磨、反复应用、及时改进、长期积累，才更行之有效，也更适合自己。

青年教师参加工作前，大多从校门迈向校门，再迈入新的校门，极少有机会亲身到企事业或政府部门参与社会实践。而要教好课，尤其是经济管理类课程，需要教师有一定的实践经历和亲身体验。案例教学生动实用，广为收入教材和用于课堂讲授。但由于授课教师缺乏实践依托，对案例介绍生硬、剖析不深，难以真正成为对理论和方法的有效应用与有力支持；对学生实践类作业的课堂演示，亦难切中要害、予以有效的点评和指导。教师要弥补此项缺陷，恐怕只靠搜集和钻研案例等二手资料是不够的，唯有创造和利用一切机会，走进企业，踏入社会，真正做到理论与实践相结合，方能真正奏效。

据本人多年授课、听课和评课的体会，课堂讲授，依其设计、表现和效果来看，大体可分为三个层次：用语言授课、用头脑授课和用心灵授课。

用语言授课，虽能做到内容丰满，观点正确。抑或运用了某些技巧，达到教学大纲基本要求，但总让人觉得平铺直叙，平淡无奇，甚至结构松散，重点不明显，或形不成中心。造成这种局面，固然有多方面原因，但讲课停留在语言表达层面，恐怕是重要原因。

用头脑授课。在备课阶段，就要根据专业特色、课程体系和教学大纲，厘清此门课程与其他课程的纵横关系，选用合适教材，合理分配课时，并做好每堂课的内容结构和时间分配，选取最有力的、针对性最强的教学方法，突出重点，突破难点，力求广而不散，艰而不涩。由于事先准备充分，教师心中有数，渐次展开，高低起伏，张弛得当，自然围绕主题，形成高潮和亮点，有效提升授课效果。

用心灵授课，是课堂讲授的第三层次和最高境界。我们一直倡导教书育人，不仅教给学生知识，还要传授学习方法。而要达此目的，必须实现真正意义上的师生沟通，即老师和学生一道沿着所授知识的主线，教师不断启发，学生同步思维。从若有所听、若有所思到若有所感、若有所悟，日后才能若有所用、若有所创。师生真正双向交流，融为一体，不仅有知识的共振，还有感情的共鸣。学生充满求知、透着赞赏的眼神，聚精会神的思索，强烈的表现欲乃至会心的笑声，均可视为达此境界的自然流露和表征。

（本文发表于《山东工商学院报》2014 年 11 月 28 日第 602 期）

读书从“选择”开始

姚中杰

书籍的核心构成要素是文字。文字是记录语言的符号，源于人类记事的需要。书籍是人类以文字符号的形式记录、保存和传递知识及信息的工具，是人类社会文化发展的产物。现世的人们能够了解到五六千年前人类文明的若干状况，能够欣赏到不朽的《荷马史诗》、约翰·斯特劳斯优美的圆舞曲，能够阅读到生动感人的元曲、明清小说，能够再现张衡发明的地动仪等灿烂的历史文化及伟大发明，这一切，都有赖于书籍的传承功能。

书籍是人类进步的阶梯，通过书籍的记录和传承，人类的知识总量不断增加、知识水平不断上升、创造技能不断进化、聪明才智不断凝聚，推动着人类文明不断地向前发展。假如没有书籍这一载体，世代繁衍的人类不知要在茹毛饮血的蒙昧时代徘徊何其漫长的时间！前苏联伟大的无产阶级革命作家、诗人高尔基说过，“读书，这个我们习以为常的平凡过程，实际上是人们心灵和上下古今一切民族的伟大智慧相结合的过程”。

因此，作为创造人类文明的主体，每一个人从童年开始都需要读书、学习。读书是最实用、最简便、最有效的获取知识、提高技能、增加智慧的途径。通过读书，人们可以将前人、他人的直接经验变成于己有益的间接经验，开阔视野，扩大知识面，升华才智，缩短到达真理的距离，从而减少事必躬亲和“走弯路”，节省个人为获取直接经验而付出的时间和精力。正是由于群体性个人才智的不断升华才推动了整个人类文明的螺旋式上升。读书如此重要和必要，所以冰心先生现身说法，告诉人们“读书好，好读书，读好书”。但是要提高阅读效率学有所得，需要对拟阅读的书籍进行必要的选择。

实际上，冰心先生所说的“读好书”已经包含着“选择”的意思了。读书之所以需要选择，基于三个原因：

第一，书海无涯，人生而有涯，人们期望阅读更多、更好的书，只能在群书中有所选择。迄今为止，古今中外既有的书籍数量可谓浩如烟海，没有人能够给出准确、权威的数据。不过，据谷歌图书搜索的一名软件工程师连内德·泰切2010年9月在谷歌博客上发帖称，他通过对从超过150家供应商处得来的近10亿个数据进行筛选之后，运用计算机算法，得出的结论是：世界上共有1亿2千9百多万册（不同）图书。这当然只是一个相对的参考数据。另据了解，目前我国中央人民广播电台播音员最快的汉语播音语速是300字/分钟。按照这样的阅读速度，我们假定一个人一天24小时不间断阅读，则一年365天的阅读量为15768万汉字，即使以每本书较小极限的1万个汉字计算，那么一个人阅读100年，也只能阅读1576800本书籍。对比可以发现，按照假设的最高极限的阅读能力，一个人毕其一生的阅读量也只有世界图书总量的1.2%多一点。我国清朝乾隆年间编纂的《四库全书》，共有3500多种，总计3.6万册，约8亿汉字。依照上述同样的假设，则一个人读完它最少也需要5年的时间。当然作为世界四大文明古国之一，我国在漫漫历史长河中所形成的书籍数量远远超过《四库全书》的涵盖。这里只是一种极限的假设，实际上，一个人不可能连续5年或100年24小时不间断地以300字/分钟的速度阅读。而以这种假设的极限算法为参照，只是想证明与浩瀚的书籍海洋相比，我们每个人一生的阅读量是多么有限。

第二，书籍内容有好坏之分，思想艺术有高低之别。尽管评价书籍的好坏没有绝对的标准，且对于不同的阅读对象还存在适宜与否和见仁、见智的问题，但充斥迷信邪教、色情暴力恐怖、危害社会稳定、反社会反人类等违背人伦道德内容的书籍在哪个国家、哪个民族也是不被认可的，理所当然属于“坏书”，如世界十大禁书、中国十大禁书等多属于此类不宜阅读的“坏书”。至于有违统治阶级意志的历朝历代的思想、政治禁书之好坏可另当别论。总之，这两类禁书由于官方的“取缔”（如秦朝的“焚书”、明清时代的“文字狱”、《四库全书》编纂过程中对近一半既有文献的排斥等）以及在印刷、传播等方面受到的严格控制，其藏本极少或基本绝迹，故于当今读者而言一般不存在对此类书籍选择阅读的问题。而普遍意义上的读书的选择性，主要在于那些不被禁止的、合法印行的书籍之中。就内容方面而言，在某些合法书籍甚至“好书”中，是否存在上述所称的“坏书”的一些成分呢？答案是肯定的。鉴于这种现实的存在，阅读的选择性是必需的，尤其是对广大青少年读者。另一方面，在艺术水平、创新价值高低上，客观地说，由于著者的能力、水平不同，决定了同一类书籍不同作者的著作质量肯定是会有差别的。因此，在汗牛充栋的书海里，每一本书的格调高低、价值大小是各不相同的，而读者要识得这种差别并从中选优，则一定要下一番比较的功夫，而比较的过程本身就是对书籍的选择。因此，选择是读书的开始。

第三，阅读需求因人而异。由于每个人的追求、爱好不同，工作性质、专业方向不同，以及人生阅历、性格特点、年龄段诸多差异的影响，人们对不同内容、不同表现形式书籍的阅读兴趣、需求和目的性要求也各不相同。只有选择适合自己个性要求的，才是正确的选择。俄国哲学家、文学评论家别林斯基说过："阅读一本不适合自己阅读的书，比不阅读还要坏。我们必须会这样一种本领，选择最有价值、最适合自己所需要的读物。"这就要求我们对读物进行认真的选择。只有正确选择，才能帮助人们用有限的时间去阅读更多的好书，从而获得有益的知识、乐趣和启迪。

读书需要选择，那么如何选择呢？每个人的要求是不同的，因时间、地点、环境、情趣、工作、职业、专业诸多的差异，人们对所阅读书籍的选择是不同的。一是根据不同年龄段的要求，选择适合自身年龄特点的书籍。如适合儿童阅读的书与适合成人阅读的书肯定是有差别的。二是根据所从事工作、职业特点的需要，有针对性地选择所需的书籍。就大的方面看，比如从事党务工作的人员与从事具体业务或专业研究人员所应阅读的书籍，其区别是很明显的，前者可能更关心体现党的路线、方针、政策以及政治理论修养方面的书籍，而后者更倾向于能够解决具体技术问题或介绍业务工作经验方面的书籍。三是根据生活的兴趣爱好，选择自己喜欢的书籍。这一类的适宜书籍多是陶冶情操、反映生活乐趣等的书籍。四是根据自身提高综合素质、满足精神需求、强化理性思考能力的要求，选择文学艺术类、哲学类等书籍。五是在具体的阅读过程中，也要择优。这不仅是提高阅读效率的要求，也是因为即使是优秀的书籍，也并非每章、每节都是精华，而读者所要选择的是抓住重点、抓住精彩、抓住自己想要的部分，而不是泛泛而读。在这方面，大科学家爱因斯坦的经验是，"在所阅读的书本中找出可以把自己引到深处的东西，把其他一切统统抛掉，就是抛掉使头脑负担过重和会把自己诱离要点的一切。"而一代伟人邓小平同志的务实态度是，"学马列要精，要管用"。

弄清了读书要从选择开始的道理以及如何选择书籍的路径，剩下的就是如何读书的问题。读书有技巧也有学问。

读书博览。中国文化革命的主将鲁迅先生提倡“随便翻翻”，开卷有益。他说，“应做的功课已完而有余暇，大可以看看各样的书，即使和本业毫无相干的，也要泛览”。随便翻翻，既可以调剂劳逸，又可能在不经意的浏览中，有意外的发现和收获，丰富自己的知识面。

爱读善读。革命导师毛泽东主席一生最大的爱好就是读书，如饥似渴、废寝忘食。无论在革命战争的马背上，还是和平年代巡视各地的火车上、飞机上，甚至在理发、上厕所的时间，他都要看书。人走到哪里，书就带到哪里，随时可以看，学习知识，增长智慧，陶冶情操，了解信息，指导实践。他说，“一个人如果他不知道学习的重要，他永远也不会变得聪明。”为缓解疲劳、提高阅读效率，毛主席还发明了一套独特的学习、工作、阅读三者兼顾的“毛氏读书法”。他曾经对身边工作人员说过，“人的脑子这么大，功能就这么复杂，感觉、思维、视听一定也是各有分工的，我看文件累了换换纸笔，政治累了看看文艺小说，看诗词累了看看自然科学，看文字累了看看小人书，这样达到调节大脑的目的。”

博与专结合。山东大学教授张景芬先生认为，读书、阅读、学习是三个不同的境界，读书即是看书，可以精读也可以泛泛而读；阅读除了读书还可以包括“读”人、“读”社会，而学习的范围更为宽泛。读书、阅读、学习关键在于“悟道”，学有所得、学有提高、学有创新。他主张根据自己的专业选择专业的书籍阅读，而其他的书籍也可以涉猎，所有的知识都是可以相互启发和借鉴的，要辩证地看待“博”与“专”的关系。

“多读书、读好书”的内在逻辑决定了读书需从“选择”开始。只有正确选择出适宜的、需要的、健康有益的、高品位、高水平的书籍，才能在有限的时间内读更多的书，获得更多的知识、信息和教育。

（本文发表于《山东工商学院报》2014 年 12 月 5 日第 603 期）

不知境界第几重

李燕妮

从教几年来，自己对于教师这个职业的认识越来越深刻，可以说经历了几个境界的蜕变，但仍不敢说已明白了其中三昧。

记得刚走进学校踏进课堂，自己信心百倍、热情高涨，憧憬着课堂上精心的讲说能够激发学生的热情，获得他们的响应和认可。然而第一次上讲台就被泼了一瓢冷水，很多学生并不买账，当时心里很生气，感觉很受打击，心情极其沮丧失落，不禁埋怨学生怎么这么不爱学习。

但作为一个老师，职业责任感要求自己的底限就是要认真上课，至于学习不学习，反正我是该说的都说了，你听或不听我无法强迫，大学生都是成人了，应该知道自己到底在做什么。我想这是一些老师在教学当中经常会遇到的一些挫折，和应对这些挫折偶尔会产生的消极想法。但一段时间下来，我又反思自己的做法，作为一名教师，怎么能跟学生生气，跟学生一样呢？青春年少的他们一时贪玩、一时考虑不清楚，这些都可以理解，老师应该耐心一点、更耐心一点，做到苦口婆心，诲人不倦。于是说服自己要更加有耐心，不怕挫折，越挫越勇，我想最终学生会理解我的。

转机是一次参加学习培训，我突然意识到自己并不了解学生，学生心里都在想些什么，他们具备了哪些知识储备，他们对上课的期待是什么，我从来没有考虑过，只是高高在上、孤芳自赏，一味埋怨别人。作为一个教育者，却不了解自己的教育对象，这是一件多么荒唐的事情。老师总觉得学生不理解自己的苦心，但其实自己往往也不理解学生的郁闷，于是师生之间缺乏沟通关怀，乃至出现了课堂师生关系淡漠的尴尬现象。

要有好学生，先要有好老师。老师作为教学的主导方，在师生关系中应该起主要作用。于是我尝试着去走近学生，了解他们的思想感情，了解他们的兴趣喜好，根据他们的特点有针对性地备课。随后我开始更加认真地搜集材料、做课件，想象学生上课的反应状态来设计问题逻辑，搜集一些学生感兴趣的事例、视频，想方设法让课堂兼具教育性和趣味性，做到饶有趣味，别开生面，气氛活跃。所幸自己的这番努力没有白费，初见成效，课堂上不听课的人越来越少了，特别是当看到一些学生眼睛发亮的时候，就会感到自己的付出非常值得。当老师总算当出点眉目了，这给了自己很大的信心，以前的自己根本就不会做老师，现在总算是达到一个新的境界了。

随着工作时间的增长，最近又经常在考虑一个问题，面对一些固执的学生，到底应该怎么办？教师的主动性在课堂上到底应该发挥多大呢？结合学校教务处出台的一些强化课堂管理的措施，老师是课堂教学的管理者这一点毫无疑问，但现实情况是，课堂上由于进度和授课内容的限制，往往很多老师忘记或者没有时间来点名或者做一些劝服教育，以致课堂管理相对松散。有一天我上课时打算尝试一下，开始强调课堂纪律，申明从现在开始要对大家严格要求，培养良好的学习习惯，原本我以为会引起同学的反抗，出乎意料的是效果相当好，我发现我表明态度后，学生的状态一下子兴奋了，这是一种受重视之后的积极反馈，你的要求让学生感到你是重视他们的，而不是无所谓的态度。所以我想老师除了讲好课以外，在管理上发挥作用，也可以有所作为。

回首几年来教学工作走过的心路历程，感觉到自己的思考越来越深，境界一层一层地在提升，不断地在向更高的台阶迈进。当一个好老师应该是永无止境的，套用一句滥俗的广告词：没有最好，只有更好！在做老师的路上，我们永远可以做得更好。

（本文发表于《山东工商学院报》2015 年 3 月 27 日第 614 期）

阅读：一种大学文化品质

丘　人

大学之“大”，有诸多释义。己见是，之所以称为大学者，重要的是大学有一种文化、有一种精神，文化塑校。大学文化，如影随形。

从制度设计、模式构建、运行机制等方面去尝试、去探索、去创新，在营建大学文化上都可以有所为。而其间之细微环节，也不应忽视：提高教育教学质量，提升人才培养水平，离不开优质阅读；培育大学文化，建设美丽校园，阅读也是重要一环。

可忧的是，阅读，在当今大学处于忽略和流失中。重提阅读，并非避重就轻，乃现实之急切需要。“快餐阅读”“微阅读”无处不在，势头盖过了文本阅读、经典阅读。网络的风行，海量的信息，意见和言论的复制、获取变得便捷。这是云时代的优势，而不可估量的负面影响，则是这种随之而来的“泡沫”式泛阅读。书本渐行渐远，文本阅读在大学校园越来越少。

立学以读书为本。大学之目的，正如梅贻琦先生所言，“要不外使群中之己与众己所构成之群各得其安所遂生之道，且进以相位相育，相方相苞”。而阅读，无疑为其方便途径。“腹有诗书气自华”，读书能“变化气质”，改变心性。教书育人，就是变化气质，师生都能蜕化成理性和智慧之人，即如古语所谓“明明德”“亲民”。人之一生，要做很多事，经历很多事，从长远看，往大处想，大学并非贩卖证书、文凭的场所，而是“变化气质”之地。湖边、林下、图书馆，阅读可以无处不在，悦而读之，沉而思之，虚心涵泳，切己体悟。这才是大学，才是书香校园令人向往的亮丽景致。

读书宜读经典。网上得来总觉浅，读书一定要静坐下来，不随流俗，诵读经典，口诵心惟，透入身心。诵读经典，大而言之是传承文明，可以经世、可以致用；往小处说，“不学诗无以言”“不学礼无以立”，可以治身心，可以修己以敬、知常达变。读书期于明理，明理归于致用。可虑的是现在要么无暇读书，要么读经典的“通俗版”“解构版”等变体，可谓差矣。“天下第一等好事还是读书”，“多读书不圣也贤”，就是强调多读经典，与经典同行，常览古人言行，志气自然增长。经典阅读，外化于行，内化于心，可以强基固本，修身进德；可以温故知新，彰往察来；可以锻炼思维，增强思辨；可以懂荣辱、知善恶；可以养浩然之气，砥砺品行；可以“知远之近，知风之自，知微之显”。

倡导阅读，重在人人起而躬行。曾有人批评当今大学存在“不读书”“不思考”和“浅阅读”“浅思考”的问题。这种现象，师生俱有，原因较为复杂，与整个社会环境、社会风气有关，且不多论。行之有效的则是从我做起，身体力行，在大学一隅，凝成风气，为人师者智如泉源、行为表仪，为人徒者濡染观摩、自谋修养，明辨之，笃行之。先前学子从师受业，谓之从游，即“大鱼前导，小鱼尾随”。如此，阅读之风则可“不求而至，不为而成”。

当阅读成为一种习惯，当书香弥漫身边，大学文化或许不再成为一个话题。

（本文发表于《山东工商学院报》2015 年 4 月 3 日第 615 期）

教学科研相辅相成

王乐忠

毫无疑义，教学与科研，是高等院校并行的两项主要工作，也是高校教师的两项主要任务和日常工作。如何正确看待教学与科研的关系，科学安排二者所占时间和精力的比重，可谓一直是困扰教师的难题。本文试图结合个人多年的探索和实践，谈些粗浅的看法。

首先，我们常说的要舍得在教学上狠下功夫，往往被字面理解为：拿出更多时间从事与教学有关的事务。其实，依合理支配时间、重在追求实效的观点，这里所说的下功夫，不能局限在费时，更应侧重于用心，据此方可期望事半功倍。用心与否，结果大相径庭。譬如我们每天去教室或回家，所经楼梯究竟有多少个台阶，相信很少有人能准确回答得出。我们要做的是：教学活动时时留意，课内课外处处用心。不断筹划、不断实践、不断总结、不断改进、不断积累，不放过任何机会，不忽略点点滴滴。力争每堂课都比上堂课有所改观，每轮讲授都比上一轮有质的提高乃至飞跃。

诚然，年青教师刚登讲台，课程内容尚不熟练，授课技巧更欠娴熟，有意识地围绕教学多用些时间，多花些气力，不但实属必要，且对尽快站稳讲台，为日后教学、科研夯实基础，赢得主动大有裨益。而中老年教师用更多时间撰写论文、承担专项研究课题直至著书立说，则是顺理成章之事。

其次，科研有助于提升教学水平，这点早已几成共识。盖因通过科研，高校教师可紧密追踪学科发展，力图跻身学科前沿，占据某个学术制高点，开展研究和创新。这极有利于提高教师及学校的整体实力和学术地位。

我们需进一步要做好的是，将教师所做的科研努力和取得的科研成果融入教学当中，提升观点、充实内容、强调创新、修正谬误，所授课程的质量定会有质的提升。当然，要与课程内容密切相关，并力求深入浅出。

再次，教学确能促进科研工作。这里有两层含义：一是在教学活动中，可发现新的研究内容或形成论文题目；二是教学过程中新的感悟和思考，将不断对科研有所启发，且极有可能爆出新的灵感，形成新的论点或有力论据。

本人在这方面就曾有所收获和深有体会。在给本科生讲授《数学分析》和给研究生讲授《西方经济学》过程中，均产生过两三篇与授课内容相关的论文题目。论文代表作之一《中国消费文化探析》（曾被《新华文摘》全文转载），其基本观点和论据的形成，也可认为是由讲授市场营销学课程尤其是消费者行为学萌芽和起步的。

最后，教学或教改论文本身就是教学与科研相结合的范例。教研论文取材于教学领域，其思考和成文过程与科研论文并无二致，从立论到论证及至行文方式，几乎包含科研论文所有基本要素。不论是对应用型人才培养模式的探索，对教学经验的归纳和总结，还是对专业建设的研讨，都具有一定学术价值。

本人也在《光明日报》和核心学术期刊发表过《教材的三个特点》《应用价值工程，提升课程价值》等多篇教研论文，科学探索，勇于创新，对提高教学和科研水平极有帮助。应鼓励广大教师在积极投身教学与教改的同时，多参与这方面的课题，多撰写这方面的文章。

总之，教学与科研非但不相矛盾，而是相容相促、相辅相成。作为一位优秀的高校教师，应该有充足信心和能力，妥善处理二者关系，做到教学、科研双丰收。身为一名老教师，愿与广大同仁共勉。

（本文发表于《山东工商学院报》2015 年 5 月 15 日第 621 期）

语文的价值

马兴波

要谈语文的价值，首先要知道语文的含义是什么。大体而言，语文的含义可分为四个层面：一是汉语言文字，二是汉语言文章（实用性文章），三是汉语言文学，四是汉语言文化。这四个职责不同的层面，共同构成了语文的实质内容。因为这四个内容，语文就有了它本身的特性和价值。

实用性

实用性的第一个表现在于现代汉语的规范性。人们用于交流的语言可分为口语和书面语（肢体语言属于辅助语言）。人生下来，除了个别情况，大部分人在一岁左右即可学会说话。这种母语的学习是在天然的环境下进行的，是无法选择的。但地域的不同，导致了方言的产生，也导致了各个地域之间的人在交流的时候无法听懂对方语言的情况，于是就有了国家强制推行的普通话。以发音部位、发音方法等较为科学的方法来纠正交流不畅的情况，对主谓宾定状补等句子成分、主干的划分也防止了病句、歧义的出现，继而在演讲、播音、主持等方面延伸。

实用性的第二个表现是汉字书写的规范性。汉字是世界历史上能够一直保存并使用的文字，这是中国历史值得骄傲的一点。中国的汉字书写，也就是书法，成为一种中国特有的艺术形式，与世界上其他文字相比具有独特性。汉字的书写并不要求每个人都成为书法家，但基本没有错别字、字迹清晰的要求还是应该达到的。我们经常从街头广告中看到错别字，甚至本科生、硕士生、博士生的毕业生论文中也有错字别字，这种现象是应该避免的。最近几年的汉字听写大赛如火如荼，实际上就是对汉字书写的重视，由此也延伸出了报纸和杂志的编辑、校对等方面的注重。

实用性的第三个表现是古代汉语的工具性。中国的历史文化悠久且绵绵不绝，而古代典籍因为文言一直在使用，几乎没有大的变化，所以掌握了古代汉语，对理解古代的政治、经济、文化甚至科学、医药诸多方面都有工具性意义。所有和历史文献相关的专业领域都需要具备相当的古汉语知识才能读懂。

实用性的第四个表现是各类实用文章应用的广泛性。从个人事务的各类启事、书信，到公司的简报、计划、总结，再到政府的命令、公报、汇报、批示、通知，甚至祭文、墓志铭等，都是一些应用性文章。古人把文章分为两类，一类为文，一类为笔。笔就指的是这一类文章。这一类文章，因为上下级关系的不同、适应的场合不同，形成了一些固定的格式和特定的词语，是办公室人员、秘书人员需要掌握的基本技能。

审美性

所谓审美性，就是让读者感觉到愉悦、轻松。具体而言，可以分为语言驾驭之美、修辞之美、韵律之美、叙事情节之美和意境之美等多方面。

我们往往惊叹于某些人的口若悬河，惊叹于某些作家用词的丰富和准确。这种对事物描述或描摹时的惟妙惟肖、让事物或人物跃然纸上、将已见的世界再重新呈现给听众或读者的能力是一种美。能在表达情感的时候，一泻千里、痛快淋漓也是一种美。这种美在说书人那里体现得特别明显。在电视、电影尚未普及的年代，说书人给听众带来的美感和想象力是巨大的。当然因为每人的脾气秉性不同、地域文化不同，语言风格也不同。一般而言，北方偏豪迈雄浑，南方偏清秀婉约，男性多阳刚豁达，女性多阴柔细腻。

修辞之美有很多。比如夸张带来的想象，比喻和拟人带来的同情，排比带来的张力，对比带来的思考，反语带来的讽刺，对偶带来的平衡感等等，极大增强了语言的效果。

韵律之美体现在诗歌方面比较明显。中国的诗词曲赋都是讲究押韵的，而且在诗歌长期的发展过程中，总结出了一整套让诗歌“带着镣铐跳舞”的规则。各个韵部的分类和使用、平仄的相间、出句对句粘句对句的规则，让中国的律诗变得如此工整而优美，读起来抑扬顿挫，充满声律之美。现代诗歌和当代诗歌，乃至于歌词，也在不同程度上借鉴了这些韵律之美。

叙事情节之美主要体现在小说之中。小说中的主人公或高蹈出世、或情海风波、或状元及第、或贫寒交迫，让人情不自禁地掩卷而思、合卷而叹。以武侠小说为例，往往贯穿着黑夜仇杀、遗孤得存、秘境得宝、潜心修炼、闯荡江湖、情感纠葛、中途挫折、再行修炼、大仇得报、归隐田园等情节，其中穿插着武林秘籍、经脉穴位、名山大川、风味小吃、民俗风情等，情节的跌宕起伏、人物的身世沉浮，往往容易吸引着读者。又如《白鹿原》《活着》等优秀长篇小说，从民国写起，一直写到新中国成立后，社会环境天翻地覆，人物命运也因此改变，这种宏大的眼光和叙事结构给人以波澜壮阔的历史体验，绝不是看那时候的历史记载就可以达到的效果。

意境之美，多属于一流文学作品中的情境交融的描写，在优雅的写景和描述过程中，其意境或许可以读出禅意，或许悟出道理，让人沉吟沉思，多有感慨。很多一流的诗词和小说都有这样的例子，不胜枚举，不再赘述。

传承性

南美的印第安人不懂得玛雅文明的数学和天文学是一种悲哀，印度人不懂得他们自己的梵文和佛经也让人扼腕。中华民族的文化是全世界历史上唯一没有中断的文化，在今天全球化的背景下，我们要改革、要发展，但也不能忘记了继承。中国人如果把孔孟老庄韩非等圣人和思想家都遗忘，就失去了中华民族之所以能称之为中华民族的文化基因。几千年文化积淀下来的儒家经典、佛道经典、唐诗宋词元曲明清小说，这些将思想性和文学性融为一体的文化遗产，是民族的宝贵遗产，也是全世界的宝贵遗产。还有许多能从历史中提炼出来的精神，比如正心诚意、天人合一的精神，修齐治平的理想，追求自由、反抗压迫、反对侵略战争、精忠报国、维护国家和民族统一等，是当代的我们所需要、所不能放弃的精神，也是应该传承下去的精神。屈原的《离骚》、岳飞的《满江红》、文天祥的《正气歌》、戴望舒的《我用残损的手掌》、舒婷的《祖国啊，我亲爱的祖国》，都可以体会一种爱国精神的回肠荡气。

思想性

从思想性而言，可以大体再分为人文性、批判性和理想性三个部分。所谓的人文性，就是对人类自身境遇、每个人个体的一种关怀，比如对韶华易逝的哀叹、对爱情的渴望与忠贞、对家乡亲人知己好友的思念、对仕途偃蹇的惆怅、对建功立业的渴望等。这类文学作品因为其所述主题的永恒性，无论哪个时代读来，每个独立的个体都能有所感受。其批判性就是对现实的批判，古代有很多揭露现实黑暗的小说。近代五四运动以来，以鲁迅等人为代表的作家展开了对现实的批判，他们用犀利的笔锋揭露社会的种种弊端，以期能拯救国民。这些文章，因其深邃的思想、洞悉的观察、可感的形象影响了一代又一代人。比如《金瓶梅》是对官商勾结的批判，《儒林外史》是对八股文的批判，鲁迅的《狂人日记》是对明清以来程朱理学日益僵化的礼教的批判，《阿Q精神》是对国民自私与麻木的批判，《孔乙已》是对科举制的批判。与之相对应的是那些追求真善美理想、追求人人平等自由的理想、追求大同社会的理想的文学作品。严复的《天演论》让那个时代的人从浑浑噩噩中警醒；梁启超的《少年中国说》浩浩荡荡，奔腾不息，鼓舞着那个时代的人去奋斗；马克思的《共产党宣言》以诗歌般的激情和语言描述了未来的美好社会。这些作品在它们所属的那个时代产生了巨大的影响，有些甚至可以穿越千年，即使后人读来仍然深有启迪。

所以，在今天这样的市场化、信息化的时代，我们每个人仍然需要去认真学习我们的母语、阅读优秀的母语作品，以期能对个人有所裨益、对社会有所贡献。

（本文发表于《山东工商学院报》2015年6月5日第624期）

纸墨传芬
——高校校报与大学文化建设实践

第四篇

青春骄傲

篇首语

高校校报要把新闻触角延伸到大学生的思想、学习、生活中

校报不但是高校内舆论宣传的主要阵地，而且为大学生提供了展示自我的平台，是直接培养学生记者的大课堂。校报也需要一支得力的学生记者队伍，确保及时完成新闻采访任务，将新闻触角延伸到大学生的思想、学习、生活中。

因此，培养一批业务精、干劲足、充满新闻理想的大学生记者，是办好校报的关键。校报编辑对于培养学生记者来说，具有不可推卸的责任和义务。山东工商学院报社一直注重培养学生记者的业务素养，调动他们的潜能，引导他们坚持实事求是的思想作风、深入实际调查研究的工作作风和一丝不苟的工作态度，自从 1987 年创刊以来，《山东工商学院报》逐渐走向成熟，进一步明确自身定位，自觉遵守党和国家以及新闻宣传、出版的法律法规，遵守校纪校规以及新闻工作者的职业道德准则。强调正确的思想引导、有效的学习指导、鲜活的实践教导、及时的问题疏导、耐心的心理辅导、丰富的信息传导和实用的生活向导，力求用生动的版面形式和深入的选题策划打动学生，用有高度、有深度、有广度的内容贴近服务读者，提高校报新闻宣传的吸引力、感染力。

《山东工商学院报》刊发了大量大学生学习、调研、勤工助学、社会实践等活动的感受，既有学子们书海遨游、充满收获的喜悦，也有大学生青春飞扬、义务支教路上的感人故事；既有参加社会实践的历练、成长感言，也有即将离别母校时的深情。大学，梦开始的地方，纯真在这里记录，青春在这里展示。迎着阳光，山商学子用文字留下美好回忆和永恒的怀念。在校园文化的熏陶下，师生挥斥方遒，激扬文字，以其独特的视角进行评论，阐释自己的所感所想，体现出当代大学生强烈的社会责任感和独立思考的意识，在这个充满青春梦想

的理想国里，留下沉甸甸的思考与收获。

编辑部注重把新闻触角延伸到大学生的思想、学习、生活中去，采取了一系列的措施，按照年度计划全覆盖、有重点地安排宣传报道，并根据新情况进行适当调整和补充。每周分配重点组稿和采写任务，提出发稿要求，同时各版编辑交流组稿情况，避免重复和遗漏。各版责任编辑把好本版内容关，有拿不准的问题及时与总编辑与社长沟通。出报过程中严格执行三审制度。校报工作人员在学校党委的领导下，注意加强理论、政策、时事学习，刻苦钻研业务，与时俱进，不断提高理论和业务素质，做到政治强、业务精、纪律严、作风正；稿件的组稿力度加强，新闻的触角延伸到校内各个角落，及时捕捉最有价值的新闻线索并予以报道，以最合适的形式体现到校报上，及时反映大学生的思想、学习、生活；加强整体策划力度和反应速度，全年的编采工作有序展开，加强时效性；加强稿件通联工作，主动出击，使报纸充分体现编辑意图，有的放矢；加强学生记者的培养和选拔，使编采队伍始终保持新鲜和活力，让学生们阅读时产生亲切感，最大限度发挥报纸的影响力；通过自我学习、培训，提高校报编采人员素质，拓宽编采人员眼界，使校报办得更加充实、严谨、活泼、生动；不断推出新的栏目和版块，丰富学生的课余生活，做到及时、严谨、生动、创新。

随着社会媒体及互联网的飞速发展，校报正面临着前所未有的冲击。校报的工作是与学校发展紧密结合的，编辑部要充分认清形势，始终保持蓬勃生机和旺盛活力，用时代发展的要求审视自己，转变办报理念，活跃办报思路，拓展办报内容，改进办报方式。在原来取得的成绩的基础上，继续创新。与学生双向交流、互动渗透，从而更好地发挥校报的育人功能。

到矿山去

明　志

大一些的煤矿都有上万名职工，而且常常独自就是一块小天地，可以说它是企业办社会的典型了，山东省新汶矿务局协庄矿就是这样。

1987 年 7 月 19 日 20 点 40 分，列车载着我们第一次实习特有的兴奋到矿山去，开始了为期两周的实习生活。对此我们是盼望已久了。说实话，对于一个工科学生来说，谁不想去参加社会实践，又有谁不愿意走出校门去投身生产实习呢？何况我们这是第一次。可我们即将去的是一个什么样的地方？那儿的设备现代化程度又如何？一路上，大家就这些话题热烈讨论着，真希望能立刻飞到目的地。列车在胶东半岛的大地上奔驰，我们也各自展开自己想象的翅膀，去设想那协庄的风姿。

一踏进协庄煤矿，矿山的生产、生活立即展现在我们面前：大大的洗煤厂、整套的综采设备、罐笼、矿车……还有那些整日与煤为友的煤矿工人。当我看见第一个身穿工作服、头戴安全帽、手拿矿灯、全身上下没有一处没有黑色的矿工时，联想到自己今后也可能成为这个样子，心中顿时涌起一股凉意。接着，又为自己的这种想法感到可笑。其实，当你走出浴室、换上自己的新衣服后，不也就焕然一新了？纵然全身黑色，那又有什么不好，那才是一个开拓者的形象呢！我们不就应该像煤那样，燃烧自己，放出光和热，为自己的事业去顽强奋斗吗？

我清楚地记得 7 月 25 日这一天，那是我终生难忘的日子。我第一次穿上工作服，戴上矿灯、矿帽，7 点钟左右，我与同学们一道乘坐斜井载人车，下到了一 50 米水平的大巷。大巷沿东西走向，顶部为半圆弯形，两边为方形。

里面很宽。往远处看，工人们的矿灯与巷道里的照明灯交错在一起，恰似万家灯火。在井下，我们参观了很多地方，其中给我印象最深的要算综采工作面了，整个工作面为一个由液压器支撑的庞然大物，它是沿煤矿的倾向采用上下布置的。工作时，割煤机来回工作，将煤割下，再上下运动，将煤运往大巷，然后整个设备，由液压千斤顶自动收缩向前推进，不断开采。这既能大大减轻工人的劳动量，减少危险，又大大提高了工效，真是太妙了。参观完综采区之后，矿上技术人员详细地给我们介绍了巷道布置及采区开采方法等，还带领我们看了上山、下山、断层及煤层顶底板，参观了井下水泵房、井下煤仓等。我们大开了眼界，原来井下还是如此丰富多彩的世界！

到协庄矿的这次实习是一次教学前的实习，我们真是收获不少。虽说还谈不上对煤矿有一个很好的了解，可是我们却已获得了一些重要的感性认识，毕竟我们在实践中切切实实地接触到了煤矿。这对我们学煤炭经济的学员来讲，不能不说是一个巨大的收获。野外的实地考察，使我们很快认清煤及岩石的分层结构，以及它们的走向与倾向；井下的参观又使我们加深了对巷道、石门、上下山、回风、掘井、开掘、断层及井下综采工艺的认识；在洗煤厂，那全套先进的洗煤设备，给我们的印象是那么的深，真的是“百闻不如一见”。

两周的实习很快过去了。我们收获了很多比在课堂中更丰富的有关“煤”的生产知识，这应归功于这次难得的教学实习。正所谓“纸上得来终觉浅，绝知此事要躬行”，但愿今后能有更多这样的机会，把我们的课堂教学与生产实习更紧密地结合起来。

（本文发表于《山东工商学院报》1987 年 9 月 29 日第 2 期）

君子之交

姬书明

我是四年之前结识她的，就像清淡如水的君子之交，她伴我度过了四年的大学时光。记得当时只是淡淡地喜爱这种纯净的天地，只是愿意享受笨拙的墨迹变成铅字的快乐。而今天，当我即将毕业，当我努力把大学中所经历的一切装进我再次远行的行囊时，才发现她竟为我清晰地保存了那么多成长的脚印。因此当校报的老师向我约稿时，一种无可名状的感动油然而生——她还惦记着这个普通朋友。为此，我拿起笔，作大学中最后一篇小文，算是我和她分别的一次握手吧！

没有太多的感慨，只是感谢她给了我一份浮华和焦躁之外的宁静，只是感谢她给了我一颗颗在泥泞的征途上可以落脚的石子。

像许多同学一样，大学中我不时遭遇浮躁，不时沉浸快乐，也不时冥冥思考，而这些时候，我喜欢拿起笔，让烦躁流出笔端，让快乐跃然纸上，让思想的亮点照亮一方。而且我自认为自己属于那种偏于内向的人，于是我选择了另一种方式，和生活的智者进行深层次的交流，那就是把自己日常所得的一篇篇算不上文章的文章都交给校报。于是就有了墨变铅的喜悦，于是便有了偶遇的文友，于是便有了进一步的人生思索，于是我在平静中充实，在充实中成熟。

几乎在不经意间，我进入了大四，我要毕业了，我要为寻找一份理想的工作而奔波。我把四年来在校报发表的文章编入我的自荐信，我想这是我四年大学生活的成长证明，实实在在的证明。事实证明我的想法是正确的，我成功地得到了一家高新技术企业的总经理秘书职位，那里有我满意的待遇和工作发展环境，而在应聘过程中，考官细致地阅读了我发表在校报上的每一篇文章。这时候我才意识到，昔日的悉心思考和奋笔疾书也正是在开拓我的人生之路，一个字就是一颗石子，一篇文章就是一级石阶，直到今天，我踩着四年铺下的一颗颗石子、一级一级的石阶，来到人生的又一起点。

我感谢校报带给我的这一切——浮华骄躁外的宁静、泥泞征途上落脚的石子，更感谢她身后的老师们每一次深深的教诲。在校报创刊100期的时候，我和她高兴地离别，因为我们都有了新的更高的起点，因为在这样一种令人激动奋进的氛围中，告别一位老友，我们的心中满溢的只是诚挚的祝福——为我们的君子之交，为我们的未来！

（本文发表于《山东工商学院报》1999年6月25日第100期）

毕业留言

于凤芹

那一次我作为嘉宾被邀请到他们的毕业会餐上。那个男生就坐在我的身边。他告诉我说："于老师，其实我早就认识你，你常在自习室看书，当老师了还这样好学，我很佩服你。"那一刻我的头一热，眼泪差点流出来，因为我一直想对他说："其实，我更佩服你的。"

因为刚毕业的缘故，我还保持着大学时上晚自习的习惯，其实只是喜欢那种氛围，安静而明亮，大家互相鼓励而又不认识，哪怕是坐在那里看看闲书或者发呆，都是很惬意的事情。后来我发现，常去的那间教室里有一个消瘦的男生，每到晚自习即将结束、同学们相继离开时，他就会收拾好自己的书包，开始打扫教室。先擦黑板，然后擦桌子，扫地。当时我很惊讶，因为在我毕业的大学里，做这些勤工俭学的工作早已被认为是一件很没面子的事情。连一个学期的特困补助申请都无人问津，更不用说是这种当着自己同学的面干些又脏又累的活。可是，我从那个男生脸上丝毫看不出一点难为情，他做得那样娴熟，那样从容，那样一丝不苟。那一刻我又被感动了，也许他的故乡很偏远，也许他的家境很贫寒，但是，在我眼前的是一个不卑不亢的青年，他正经历贫穷却不因贫穷而折腰，不因贫穷而掩饰。他，堂堂正正；他，充实而快乐。因此，我想起了那些浮躁的、懒惰的他的同龄人，不想学习而无所事事，纵然贫困也要出手大方，衣着入时，花前月下时会编造各种借口，花钱时却从没有理由。有几次我想和他说些什么，却又不知道如何开口，所以经常走得很晚，只是想多欣赏一会儿这幅让人感动的画面。

后来我恰巧给他们班上课，第一堂课我就认出了他，他静静地坐在后排，像一棵坚挺的树。他听讲很认真，但是人非常腼腆，从不与我交谈，我也不好意思再提他勤工俭学的事，直到毕业会餐那天。

“你做得很好，”我终于忍不住对他说，“让我佩服。”他的脸红了，不知说什么才好，但我知道他明白我的意思。既然今天我们又要分别，就让这句话成为我留给他的毕业留言吧。希望他永远这样勤奋、好学，这样充满了尊严，这样自食其力。

（本文发表于《山东工商学院报》2004 年 5 月 25 日第 192 期）

学会把握　让大学生活充实而精彩

——致师弟师妹们

张　磊

转眼间，毕业已经一年了，关于大学学习生活以及参加工作后的感悟，我想写下来与大家分享，希望能对大家大学的学习和生活有所帮助。

一、我的大学观

大学是一个相对自由的地方，你可以做自己喜欢的事情，只要不超出规范，没有人会去约束你。可是看看现在大学中的师弟师妹们，可以以参加社团活动或学生会会议为由不去上课，可以以爱情为重而荒废学业，甚至有很多人崇拜大学无用论，认为来大学就是混一个文凭的，所以经常上网玩游戏。很多师弟师妹在一些师兄师姐以及社会流言的影响下，迷失了自我，不知道自己在大学该干什么。如果不相信，不妨问自己："我的目标是什么？" 如果你回答不出来，那么就证明你正处于迷茫之中！

其实我并不反对找女朋友、玩网络游戏以及加入学生会组织和社团，但是如果让这些事情占用大家太多的时间，我不太赞同。大家可以反思一下，你每天用于和女朋友谈情说爱的时间有多少？每天上网玩游戏的时间有多少？每天忙于学生会组织和社团活动的时间有多少？你再仔细算算，一天 24 小时，又有多长时间是用于你未来的发展呢？

那么我们究竟该怎样做才能让自己在大学有所收获，在毕业时能够不为大学的碌碌无为而后悔？我认为，大学里，我们真正应该做的事情有三件：第一，努力学习各方面的知识；第二，以不影响学习为前提，积极参加学校和社会组织的各种活动；第三，参加社会实践。学习各方面的知识，是为了增加自己的学识,是为了让自己在本专业能够深入进去,在其他专业知识方面能够扩出去！参加各项活动，是为了让自己通过活动来锻炼自己的沟通能力、组织能力、协调能力以及提升自己的竞争意识！参加社会实践，是为了让自己接触社会，让自己能够学以致用，能够通过实践确定自己的职业规划！

很多东西不去尝试是不行的。大学期间，我也曾沉迷于网络游戏，也曾热衷于社团活动，但到最后一年半，我才明白，在大学，真正应该做的事情，只有上面那三件。只剩下一年半了，怎么办？考虑到自己在大二时参与的社团活动已经不少了，因此这方面不用再去锻炼了。于是我疯狂地泡图书馆，自学人力资源管理，参加了我在大学中唯一一次比赛——数学建模大赛，并在老师的指导下完成了一次市场调查。不过，我最终没有勇气去参加社会实践工作，这令我至今后悔不已。但仅仅是这一年半的充实生活，就让我有了太多的收获和体会。我觉得，这半年学到的东西，比我过去三年学到的还要多。因此在此真诚地奉劝师弟师妹们，从今天开始，认认真真去做那三件事。

二、少一些抱怨，多一些主动

现在的大学生，普遍有一股浮躁之气，抱怨学校不好，抱怨专业不好，抱怨老师不好，抱怨食堂不好，似乎这一切都顺心了之后自己才能够学习，才能够成才。正是这些抱怨多了，很多人在大学里开始放弃学业，不学无术，实实在在地混日子。毕业时，他们却依然抱怨：“我们专业不好找工作！”

在这里，我可以郑重地告诉这些同学：“就是这些条件全部符合你的意愿，你也不会去做那些真正有意义的事情的！”我们有什么资格来抱怨？我们是大学生，可是我们有几个人能够说出自己专业的知识体系？有几个人能够知道自己未来能够做什么？又有几个人读过自己专业的专著？我只能说，我们做得还远远不够。

其实我们生活在怎样幸福的生活之中呀！有一个美丽的校园、安静的学习环境，拥有一流的教学设施，还有尽职尽责的老师们，这些就已经足够我们进行大学学习了！试想毛泽东、林肯年轻时有这样的学习机会吗？打个比方来说，学校和老师就好比是父母，知识就是一张烙好的饼，父母已经把饼做好并且放到我们面前了，我们是选择让父母来喂还是自己动手来吃，抑或是本身就应该我们自己动手来烙饼呢？主动一些，因为我们不是婴儿，不需要别人来喂饭！大学主要靠自学，自学就要求我们主动地去学习、去实践！我现在知道有那么一部分学生，在大学期间根本就没有去过图书馆，除了考试就没有认真地学习每一门课，在大学就没有学习什么东西，也没有参加过任何社会实践，我认为这种人真的很可悲！

主动去学习一些你感兴趣的知识，主动利用假期去企业参加一些实践活动。我们学校拥有的专业很多：经济、管理、理工、法律、文史等。在这么多门专业中，肯定会有一个或者几个专业领域是你感兴趣的，那么就请深入地去研究这几门学问，你可以去图书馆查找相关文献，可以去帮助老师做一些简单的科研工作（有很多老师承担研究课题，他们很需要助手呢），如果依然觉得不够，你大可以抽出时间去和相关专业的学生一起上课（别说你找不到课程表，教务处的网站上有），抑或是去辅修一个双学位（不一定需要交学费，只要知道课程表，跟着一起上就是了，反正是冲着自己感兴趣的知识去的，不是冲着那个学位证去的）。寒假暑假时间是十分漫长的，抽出一周的时间回家陪陪父母是应该的，其余的时间最好到企业中去实习，主动走出校园，主动去接触这个博大的社会，主动去实践，去积累经验！

要做到主动是很困难的，我曾经跟着另外两个专业上过两门课程，由于没有人陪同，再加上我又是一个不善交流的人，因此在上课的时候总是感到孤独和别扭。当我用了一个月的时间下决心去国美做调查问卷的时候，我才真正了解到了工作的艰辛，才真正了解了烟台国美的企业情况，才了解了销售中存在的一些技巧以及经营中的一些弊端；当我下决心考助理人力资源管理师的时候，我才知道那三本书背起来是如此的枯燥，但是我却为自己通过考试并且了解了一门知识而感到高兴！要做到主动，就要学会自我激励，就要克服自己的懒惰，克服自己的恐惧心理，去挑战那些别人不敢去做的事情！

其实我之所以把“少一些抱怨，多一点主动”作为一个部分专门指出，其目的在于，现在大学本科阶段学习的知识是十分广阔的，如果我们不主动去学习相关的知识来补充和支持我们的专业知识，我们就会在大学迷失方向，最终只能是无终止地抱怨！想要做到更专业，就要使自己提升到研究生的层次上，可是并不是我们每个人都能够成为研究生，但是谁会阻止我们通过自学成为一名“准研究生”呢？曾经有一名老师对我说过，“只要你肯主动去钻研，你就可以在三个月之内了解一个专业”。只要我们肯努力，四年后成为一名“准研究生”也是有可能的。想象一下，读研究生也就是多读一些书，多写几篇论文，多参加社会实践而已。因此只要合理安排时间，主动去学习实践，毕业之时绝对有机会成为一名“准研究生”。

三、多问自己一些问题

我在大四卖书的时候遇到了几个咱们学校的师弟师妹，在聊天的时候他们说自己的专业不好，说自己感到很迷茫，说毕业时不好找工作。我问了他们几个问题，现在我将与其中一位同学的对话写下来。

A同学：（以下简称A）“我们信息管理专业不好找工作啊！”

我：“你将来准备从事哪方面的工作？”

A：“我想从事市场策划方面的工作，我不想当程序员。”

我：“你将来想从事市场策划方面的工作，这很好，不过你现在学了多少市场策划方面的知识呢？”

A：“我大体上读了一下管理学。”

我：“你能说说管理学的四个主要方面吗？”

A：“我不是很清楚。”

我：“其实市场策划是市场营销的一部分，你读过营销方面的书吗？或者你是否参加过相关的策划培训？营销策划的书你读过多少？”

A：“这个我还真没考虑过。”

我：“那么你现在为以后从事策划工作积累了多少策划经验呢？去企业中实习过吗？”

A：“我在学校策划过几个活动，不过我没有去企业实习过。”

我：“那么你以后准备怎么做？你准备向哪些方面发展？你的职业规划是什么呢？”

A：“……”

经过一系列的对话，这位大三的师弟最终放弃了继续回答，在后来的交谈中，我告诉他要尽早设定自己的职业规划，并且确立一些小目标，为自己将来从事商务策划这个职业打好基础。

现在诸位就可以问一下自己：我喜欢从事什么职业？我读过哪些相关书籍？我做过哪些相关实践？我将来准备读哪些相关书籍？我将来准备去哪些企业进行相关实习？我学习的知识是否扎实？我对工作中的经验教训是否进行了总结？应该如何改正这些错误？以上这些问题，如果你现在有准确的回答，那么你就按照你自己的职业规划去做吧；如果你还无法回答这些问题，那么我希望你能够思考一下这些问题，如果你自己无法解决，你还可以去就业指导中心、大学生心理咨询中心，或者找我们的老师帮助你去解决。现在就制定自己未来的规划吧，先下手为强。当你在大学四年期间把你应该掌握的知识经验掌握了，就不用再为考研和就业发愁了。

四、关于考研、考公务员和找工作

我考过研，因为感到压力过大而放弃了，也考过公务员和选调生，但也因报考地区的分数过高而失败，最后我找了一份人力资源的工作。其实这三者的选择问题，我曾经头疼不已。不过经历过之后，又感到其实这三者是不冲突的：考研的同学就大胆地去考研，不用考虑就业问题，等考研结束后，同样可以找到一份不错的工作（找工作的黄金时间是 3、4、5 月份）；考公务员的同学也不要害怕，山东省的公务员考试是 4 月份进行的，也不影响你找工作，而且公务员复习一个月就可以了（我就看了两天，结果省级公务员考了 51 分，选调生考了 67 分）；至于找工作，那就不用说了……这样看来这三者之间在时间上是不冲突的，所以不管你想选择哪个方向，你就尽管去做就是了，没有必要顾忌这个、疑虑那个的。至于考研、就业、考公务员的经验，每年学校都会举办类似的经验交流会，我在这里就不多说了。当然，在这里还要特别提醒一句，考研的同学也要尽量去听听自己的专业课，因为你毕业后依然可以考研，但是你却不能再回到学校找老师去给你讲这些专业课了。

五、顺带着说说工作

从大四上半年找工作到毕业，只要是有面试机会，我基本上都可以被录用，究其根本原因，无外乎三点：第一点是扎实而广泛的知识，第二点是真诚的态度，第三点是对面试技巧的熟悉。由于篇幅的原因，我找工作的一些具体经历就不在这里多说了。毕业后我去了第一家公司，培训加军训一个月，由于一些个人原因我最终辞职了。然后开始学车，再然后就是在 2007 年 11 月 15 日进入目前的这家公司。现在工作 8 个月了，经历了车间轮岗，最后我被划归到管理部，做社长助理以及人力资源相关的工作。经过轮岗，我感觉到现在的公司已经不再是单纯地看你的学识和能力了，现在还要再加上悟性。

在车间轮岗的时候，我随身携带一个笔记本，把自己看到的问题以及一些感悟随时记录下来，然后不管白天多累，晚上都要进行总结，从我进入公司到轮岗结束，我递交给上级部门的总结以及改进建议多达15篇，平均每两周就有一篇总结上交。这些建议为公司的改进和发展起到了很大的作用！正是这样不断地去观察、去总结，我在轮岗结束时从各部门主管那里得到的都是“这是一个在用心做事的员工”这样一个评价！而这样的总结，更多的是结合我学习的知识，通过悟性来完成的。由此可见，悟性在当今工作中的重要性！所以我奉劝诸位师弟师妹，你现在就可以随身携带一个小本子，随时记录自己的感悟和感想，再抽个时间进行总结，这样就可以锻炼自己的悟性了！

其实工作以后，才发现自己大学学习的知识根本不够用。现在我平均一周或两周看一本书，这些书涉及的范围十分广泛，有人力资源的，有市场营销的，有职业经理人的，有中国古典哲学，也有军事理论……但现在看书是要花钱买的，一本书动辄几十元钱。我后悔自己在大学没有充分利用图书馆资源，要知道，在那里看书是免费的。关于读书，我建议大家读原著，原因很简单，原著是最全面最系统的一本书，比如管理学我建议读孔茨或者罗宾斯的，经济学我建议读鲁宾菲尔德的，市场营销学我建议读科特勒的……当你看完这些书时，你就可以对这门学科有了一个框架上的认识，然后你可以针对其中你最感兴趣的一个或多个部分进行深入的研究。

在这里，我列举一张书单，每个专业的同学都可以读，希望能够对大家有帮助：

1.《论语》《大学》《中庸》《孝经》《道德经》——传统哲学中有很多值得我们借鉴的东西，真的是很经典！

2.《QC小组活动指南》——QC是质量管理的简称，质量管理是一种持续改进的意识，本书介绍了很多先进的理念和实用的工具，相信可以帮助你具备这种意识！

3.《成功大学》——这本书是一些名著的导读书，在图书馆里就有。

4.《细节决定成败》——一本毋庸置疑的好书，每个人都应该读一下！

5.《世界上最伟大的推销员》——羊皮卷的故事，很经典，对每个人都会有所启发的！

最后，祝愿师弟师妹们能合理规划好自己的大学生活，最终能有所收获。

（本文发表于《山东工商学院报》2008年月6日第277期）

青青子衿　悠悠我心

崔　岩

题记：“青青子衿，悠悠我心。但为君故，沉吟至今。”在《山东工商学院报》迎来20周年报庆、20岁的生日蜡烛点燃之际，执笔献上薄礼，以示祝福。

回眸过去，翻开一期期散发着油墨清香的报纸，心中无限感慨。

我一直相信缘分，进入报社就是个很好的证明。加入报社的初衷只是想为我的文字寻求一个寄居的地方，大一下学期我非常有幸成为《山东工商学院报》助理编辑，至今仍然清晰地记得我所参与的第一期报纸是2005年4月1日的总第222期，时值今天的310期，我已经参与制作了89期报纸，对参与其中感触颇深。

校报是我工作的平台，更是学习的园地。从精挑细选各类来稿，到反复推敲修改文章字句语法，到逐字逐句反复校对样报，再到最后的定版……一张翰墨飘香的报纸，凝聚着大家多少智慧、心血和汗水，只有做过报纸的人才能了解其中的艰辛与喜悦。我原本以为文字校对是份枯燥的工作，但真正做起来才感觉到其中的精彩，就像捉迷藏游戏，一个个文字从眼前走过，字斟句酌间寻找并修正它的错误，同时领略文字的奥秘与精彩。划版工作也是份细活，它需要精心设计，力求版面的端庄大方、美观雅致，尽可能符合广大师生的审美品位，更需要以最少的版面传达最丰富的信息。伴随着校报的成长，我也在慢慢成长，从最初的懵懂无知到学会真心地付出并为之努力，校报的概念在我眼中已不仅仅是一张张纸，而是一片展示自我的平台，一方播撒自我的沃壤。

校报的工作环境更是让我们如鱼得水，轻松自在。这里有平易近人的老师，他们亦师亦友，会与我们谈心、谈学习、谈生活，用自己宝贵的人生经验指导我们的前进道路，为我们拨开人生旅途上的迷雾；他们更像我们的亲人，给予我们生活上的帮助和关心，让我们在遥远的异乡不再感到孤单。对此，千言万语道不尽一声“谢谢”。

“青青子衿，悠悠我心。但为君故，沉吟至今”，借用一首曹操的《短歌行》表达我对校报的深深祝福。

二十年精心耕耘，春华秋实；二十年薪火传承，弦歌不辍。2007 年，我们怀揣梦想与希冀为《山东工商学院报》祝福——“HAPPY BIRTHDAY”，愿你的明天不断播撒春的希望，拥有夏的繁茂，收获秋的丰硕，领略冬的内涵，愿你永远碧翠常青，繁花似锦！

（本文发表于《山东工商学院报》2007 年 6 月 2 日第 312 期）

星光行动　希望驻明天

——“星光行动梦之队”赴陕西省山村义务支教纪实

张芝涵

前　言

本着为西部教育贡献力量的目的，管理科学与工程学院在继2007年“西部农村科教宣传”建立社会实践基地后，今年暑假决定再次组织“星光行动梦之队”赶赴西部支教。为了选拔高素质队员，学院在6月下旬举办了一次西部农村义务支教志愿者海选活动。学生踊跃参加，报名多达260人。

在选拔中，同学们的积极参与令人感动。有的同学在简历中写道：“如果我不能去西部，请帮我联系一个帮扶对象，谢谢！”有的同学递上自己制作的奥运图标说道：“如果我去不了西部，请把这个带给孩子们。”最后经过严格的筛选，确定了张芝涵等8名同学为此次活动的成员。

7月15日下午三点，“星光行动梦之队”的10名师生成员带着教学素材和大大小小的行李包，带着全校师生的希望和祝福，踏上了西部山村义务支教的征程。为了让西部的孩子能受到良好的家庭教育，队员们专门为当地家长制作了《十年育树百年育人》的家庭教育手册，带去的东西还有笔记本、笔、书包和衣物等。

仁烟村的故事

7月17日10点多，我们的团队到达了支教的第一站——仁烟村。村民和孩子们早已经在村口迎接。在村委文书毛鹏和小学校长王新慧的带领下，我们来到了仁烟村小学。一路上，一群孩子在我们前面喊着，笑着，小跑着，但又不太敢接近我们，只是不时回头偷看我们几眼。

考虑到住得集中便于商讨问题，于是男生们自愿打地铺。17号下午，我们开始为上课做准备。虽然已经设想过条件会很艰苦，但摆在眼前的事实却远远超过了我们的想象。对此大家什么都没说，只是拿起落在墙角的简陋的卫生工具埋头干了起来。

我们到来的消息迅速在村子传开了。到下午，来听课的学生的人数超乎了我们的想象，连邻村的家长都将孩子送来了。经过短短的接触，我们已经感受到山里孩子和城里孩子的不同。他们的天真纯朴无时无刻不在冲击着我们。面对孩子真诚而又渴望的眼睛，每个人都在想我们能给孩子们带来些什么？

打扫完教室，摆放好桌椅，我们和孩子们开了一个简短的交流会，然后开始上课。孩子们的英语水平参差不齐，针对这一情况，张芝涵从给英语零基础的孩子教音标到鼓励稍有基础的孩子开口说英语，因材施教。刚开始，孩子们都很胆怯，课堂上几乎不开口。几天后的一次英语课上，初一的一个小男孩主动提出来为全班同学和老师唱英文歌。我们终于欣喜地看到了孩子内心的那份勇气。杨少锋负责数学课，他传授的那些巧妙的数学学习方法以及风趣幽默的讲课风格，使孩子们对数学产生了极大的兴趣。王硕搜集了与体育、奥运方面相关的资料，用图示和竞猜的方法，生动形象地让孩子们学到了体育知识、奥运历史与时事。杨潇能够激发孩子们的写作欲望，她将孩子们的日记一篇篇地修改，直到语言顺畅，言简意丰为止。仲卫鹏的音乐课是最受欢迎的课程之一，《北京欢迎你》也成了校园里经常回荡的歌曲。杜永潇的课堂上，下课铃敲响后，二年级的陈伯珊拉着她的衣角说："老师，我们能不能不下课？再学一首歌吧。"

闻讯而来的孩子越来越多，邻村的孩子也冒着大雨远远地赶来上课。教室开了一间又一间，一条椅子上坐的孩子一个变两个，两个变三个。我们在鼓励孩子们积极发言方面下了很大的功夫，后来他们开始主动举手回答问题。和我们逐渐熟悉了以后，孩子们不再拘谨，以前被陌生感压抑的调皮劲儿像达到极限又突然得到释放的弹簧，一股脑儿弹了出来，一会儿两个学生因为胳膊碰撞而打起来了，一会儿把同学的笔碰掉了……这些小矛盾，让我们措手不及而又暗自欣喜，孩子们在我们面前终于放开了。

尽管我们的课和专业的老师相比有着很大的差距，但能得到孩子们的肯定就是对我们最大的鼓励。每天穿过泥泞得脚都难拔出来的小路，来到学校看到这么多的孩子在校园里等待，一种责任感油然而生。

自卑是农村孩子最难克服的缺点，从小一直到大学毕业，农村的孩子都很难克服。对此，带队老师徐学华做了问卷调查，并对因各种原因而自卑的孩子进行了面对面的心理辅导。六年级王策的家人对我们说：“这孩子最近变得有些活跃了，在家说话还挺有激情，我早饭稍一晚，他就拿个馍跑去学校了……”

在仁烟村的生活有苦有乐。当地的用水很紧张，老百姓靠天吃饭，雨水充足了才能遇个好收成，田里没有灌溉井。我们压根没敢想到过洗澡，能有水洗衣服已经是一件很奢侈的事了。给孩子们上完课，接下来就是解决生计问题。我们一大早便守在水管前，生怕来水了不知道而接不到水。偶尔，从孩子那里收到的小小的礼物会让大家欣喜若狂。礼物会是一幅图画，一个纸叠的小花篮、小纸鹤，或是一个自家产的水果。大家都很高兴地收下它们，兴奋半天，再一一地把这些小礼物认真收藏起来。这些小东西将会见证我们在这里的点点滴滴，想到这儿，大家不禁有些黯然神伤……

7月23日的下午，我们召开了全村家长交流会。在与家长交流的过程中，我们进一步了解到了东西部的差距，尤其是教育水平的差距。小学特别缺乏优秀的年轻人民教师，很多先进的教学理念不能实施。就连孩子们在写字的时候，很多笔画都是错误的。

接下来的两天是我们的走访时间。由于是秦岭山脚下的村子，每逢下雨这个村就会受到山上雨水的冲击。听村民们说，不久前，一场大雨使村子里大多数围墙都彻底倒塌，立着的也只剩下半面了……路因为下雨变得泥泞不堪。那些卧病在床的老人和孤儿，为我们的探望和送上的几件衣服、几个本子而感动落泪，老人们哽咽着拉着我们的手一再感谢我们，感谢社会主义……每到一家我们都忍不住落泪。走到一户老人家里时，她的房子的一面墙在地震中已经倒塌，剩下的那面墙上贴着陈旧的毛主席画像和红五星，但她却把拨下来的救济款让给了别人。当我们把募捐的衣服送给老人时，她说：“还是把这些衣服送给比我更需要的人吧。”大家都感动得热泪盈眶……

一上午下来，我们走访了26户人家，并将我们从学校带来的学习用品、衣物酌情分配给了各家。随着走访的进行，我们的心情越来越沉重。如果不是自己亲自来到这里，也许，我们永远不会相信，在这么发达的现代社会，还会有这样贫困的地方。而他们所面临的问题，不是那在雨中飘摇的茅屋，也不是需要施肥的田地，而是整个村子未来需要走的路。

在仁烟村的一幕幕，就像烙印一样刻在我们每个人的心里，就这样，我们带着沉重的心情离开了仁烟村。

红旗村的离别

接下来又走访了熨斗村，因为这个村已经没有学校，我们来到红旗村的学校驻扎下来，这也是我们此行的最后一站。

一场雨过后，正是给玉米施肥的时节，农民们开始忙碌，老师们也都回家农忙了，所以偌大一个校园，就只剩下了我们和孩子们。我们开始在这里备课、上课、洗衣、做饭，和孩子们谈心……当时的情形至今难忘。饭菜不够了，大家就吃生葱，用馒头把碟子擦了又擦。

在这里每天都感到令人欣慰的尊重。孩子们对我们都很有礼貌，每次上课前，黑板上总有“欢迎 ××× 老师”。在这里用最贴近自然的方式找到了久违的童年。和孩子们一起围坐在草地上玩丢手绢、浪网捕鱼、老鹰捉小鸡，一起拍手唱歌……远离城市的奔波忙碌和公交地铁里人们困倦疲惫的表情，这里的每一张笑脸都在风中尽情舒展。

很快，我们在红旗村的支教生活已经过了一周，7 月 29 号这一天成为我们最伤感的日子。最后一节课，大家都不禁有些感伤，不知道是哪个小孩挑头还是不约而同，一张张小纸条递到了我们手中。我们走出教室时，每个人手里都塞满了纸条：

老师，谢谢您这几天的辛苦，我今后要好好学习报答老师。——边喜锋

老师，请不要走。——马思璐

老师，我希望你们明年再来给我们教书。我喜欢你们，特别喜欢你们讲课。——赵　琳

老师，谢谢你给我们上的这几天课，而且让我们懂得了许多的知识。——杨　特

老师，不要走，一走我们就要给家长干活。——何　理

……

孩子们有的低着头，有的围在我们身边，也有的用稚嫩的声音问：老师，你们明年还来吗？我们都沉默了。半天，终于有人应声道：哦，老师明年不来了……语气有些沉重。几张期盼的小脸上闪过一丝失望，于是又有人赶紧应声

道：但可能会有新的老师来……又是一阵沉默。有几个小孩默默地将手搭在我们肩上，而我们却不知如何来安慰他们，只能跟他们留影，挽留这宝贵的时刻。

整理好行囊，收起了队旗，登上了离开的汽车。刚坐上车，一只小手从车窗伸了进来，递上一个鼓鼓的绿色袋子和一个折起来的纸团，随后一个小身影蹦跳着闪到了车子后面。

在乡亲和孩子们的挥手中，我们的车离开了。大家迫不及待地打开了绿色袋子，红彤彤的苹果的香气顿时飘满了整个车厢……

那张皱巴巴的纸上写着：山东来的大哥哥大姐姐，你们好！谢谢你们给我们带来了这么多知识。大哥哥大姐姐能不能不走啊？我们真舍不得你们走，我们真的很爱你们。如果你们走了我们会很想念你们。大哥哥大姐姐，虽然我失去了爸爸妈妈，可是你们像我的亲哥哥亲姐姐一样，那么温柔那么亲切……

我们再也看不下去了，眼眶已经完全湿润……

就这样，我们离开了，离开了那片曾经让我们感动让我们值得永远怀念的地方。

为了表示感谢，村子里给我们送了一块“支教情深携手共进”的牌匾，这将是我们在西部支教的见证。

结　语

“星光行动梦之队”的这次西部支教活动影响了社会各界人士，受到了人们的高度关注，得到了人们的一致好评。烟台电视台、《西安晚报》、周至电视台、《烟台晚报》、莱山电视台、《今晨6点》、胶东在线等媒体，都对这次支教活动做了相关专题报道。

也许只去一次，给孩子带来的影响很小，但是每年都有持续不断的志愿者前去，这是一个薪火传递的过程。也许我们此行做不了太多，但是至少我们为孩子打开了一扇窗，剩下的路要靠他们自己去走。这次支教，我们亲眼目睹也亲身体会了西部的教育，看到了西部农村人民所生活的环境，同时也感受到了人间温暖而纯朴的感情。我们是以教育者的身份前去的，但是到最后我们受到了更大的教育。善良的村民，淳朴的孩子，没有被世俗污染的人心，他们对我们的信任和尊重，这一切集结起来，是一笔宝贵的精神财富，使我们意识到了自己肩上的社会责任。

接受教育近二十年，当我们走入社会的那一刻，我们能为这个社会做些什么呢？当你埋怨自己的生活费总是不够宽裕时，当你还在为自己没能成为首富的后代时，当你还在为自己的生活感到不满时，请看看这些无邪的孩子，请想一想，我们的埋怨将是什么……

作为当代大学生，我们的责任是什么？我们的价值何在？有一天我们是否能让西部的孩子坐在宽敞明亮的教室里呢？至此，我们找到了自己的社会责任和价值……

（本文发表于《山东工商学院报》2008 年 9 月 19 日第 359 期）

那些与马扎之间的故事

王　亮

中午 13：40 左右，当笔者准备下楼进行今天的采访时，在 26 号楼楼道的转角，撞见一名大一学生，行色匆匆的他，正打着电话："你帮我拿马扎了吗？嗯，谢谢！拜拜！"12 天的军训生活，点点滴滴，处处有新鲜，处处有感动！这小小的马扎看似不起眼，却让人无法忽略。有时马扎只是一块普通的板凳，有时马扎是人际交往的绝佳纽带……小小的马扎，在大家的眼中各具特色，与马扎交集的林林总总，即是 2011 级新生与马扎之间的故事！

来自吉林长春的孙莹，是个典型的东北女孩，言语间透露着东北人的豪爽！在来到山东工商学院之前，细心的孙莹就在网上收集了一些关于军训的消息，"在山商，军训并没有想象中那么苦，倒是相当的充实！"孙莹笑着说。对于马扎，孙莹说大家的马扎都放在一起，细心的她也时常拿错。

西校区新建的男生宿舍楼聚集了高人气，计算机科学与技术学院的 2011 级男生全部住那里。"早上带着马扎从西校到东校，中午带着马扎从东校到西校，下午带着马扎从西校到东校，晚上带着马扎从东校到西校，如此循环。"提到与马扎的亲密关系，张森有些无奈地说。来自山东济宁的张森，在宿舍里会把马扎放在桌子下面，至于目前在自己手里的马扎究竟是谁的，张森乐呵地说他也不知道。

在妈妈的陪伴下，从陕西榆林坐火车到烟台的乔双艳，给笔者讲了这样一个军训故事。在军训训练中，负责数字媒体专业的沈教官会用马扎让大家做游戏。规则是这样的，在队伍的两端放上两个马扎，然后让同学出列，出列的同学要闭着眼睛绕着一边的马扎转十圈，然后闭着眼摸另一边的马扎，摸不到的就要受处罚。性格内敛的乔双艳偷偷告诉笔者，自己在通知书里看到军训物品中有马扎这一项时，还疑惑什么是马扎，当在大学生活动中心领到军训物品时，乔双艳才发现原来马扎就是小板凳。她笑着说，“还不如直接叫凳子咧！”因为教官对大家很严厉，所以乔双艳所在的队伍会比其他队伍解散的时间稍晚，通常等大家到食堂的时候就没有位置了，但这时马扎就会发挥大作用。当有同学忘记带马扎，乔双艳说马扎就成了交朋友的工具，我们会两个人挤在一张马扎上，靠得近了，心也近了。

谈到游戏，安徽安庆的何鑫饶有兴趣，“我们会在沈教官的安排下用马扎玩抢凳子的游戏，六个人抢五个马扎，除了最后的赢家，其他的五个都要表演节目。”

采访的最后，我们回顾了一下新生在军训第一天要练习的基本动作——准备马扎、放、坐。军训过后，如果还想在校园看到手执马扎、行色匆匆而过的“迷彩”，恐怕就很难了。如果可以，现在就排排站和马扎合影吧！

（本文发表于《山东工商学院报》2011 年 9 月 30 日第 478 期）

智能车赛事备战初体验

许　飞

全国大学生“飞思卡尔”杯智能汽车竞赛起源于韩国，是韩国汉阳大学汽车控制实验室在飞思卡尔半导体公司资助下举办的以 HCSl2 单片机为核心的大学生课外科技竞赛。其设计内容涵盖了控制、模式识别、传感技术、汽车电子、电气、计算机、机械、能源等多个学科的知识，对学生的知识融合和实践动手能力的培养，具有良好的推动作用。

大二刚开始的时候，我对智能车算是所知甚少。当老师发布了准备赛事的通知后，我与几位志同道合的同学组织起来，想圆一场儿时的赛车梦。我们的团队由八人组成，都是第一次参加这种类型比赛。组队之前虽有听说这个赛事，但当时只认为不过是“制作”——将理论化为实践，再加上点儿技巧的事。而真正参与其中之后，才真切感受到“制作”并非说起来那么轻松，它需要努力、团结、坚持和感恩的精神。

组队后我们便开始研究三种智能车的优缺点和难易程度，随后确定了制作方向——电磁组。一开始，我们对电磁组原理还不熟悉，对智能车的眼睛——传感器方面也没能透彻了解，再加上后续需要使用到的智能车驱动原理以及芯片制作，我们感到之前所了解的相关知识实在太浅。于是大家商议，先将理论基础打牢靠，再着手实际制作的事。

此时，指导老师张远山给了我们一系列相关知识概要，队友们便废寝忘食地学习起来：上图书馆找相关书籍、查找网络等，用上一切可能的途径，将知识体系建立起来，为下一步计划的实施奠定良好的基础。随后我们变得更忙碌了。

然而在此过程中，我们还不能放下对智能车制作流程的梳理以及设想研制过程中应当注意的地方。毕竟材料有限，我们必须尽最大努力，用有限的材料做出杰出的作品。当时已经临近春节，我们感到了时间的紧迫，几位队友甚至选择暂不回家，留校继续巩固理论知识，并想提前将相关材料配置好。

在完成制作前期的理论知识构建后，我们进入了实际操作阶段。根据电磁场原理和智能车驱动原理分别制作了电磁组的传感器和电路板。在焊制电路板的过程中，发生了不少有趣的事。其中有个队友的焊接速度特别快，动作干净利索，别的参赛成员都为之惊奇。接下来便是芯片，对于这个智能车的心脏，我们丝毫不敢怠慢。然而，不幸的是，到临近预选赛时，我们的智能车还是出现了最容易出现的故障——芯片烧坏了。那时候离比赛还有两天，当时我们十分焦急，若不赶在比赛前将芯片重新制作出来，就预示着之前所有的努力都将白费，而这是我们如何也不能接受的。队里有同学哭了，也出现了一些矛盾。正所谓“行百步者半九十”，身为队长，一定要鼓励大家重拾团队的信心。在这个节骨眼上我们都很积极，索性吃住都在实验室，马不停蹄地赶制芯片。

由于大家心里都有紧张感，老师担心我们的心态会影响之后的比赛，于是一边指导一边鼓励，还用各种方式为我们解压。最终在比赛之前芯片制作出来了，并且经过几轮操作后，芯片与车子磨合得很好。

汗水总不会白流的。通过所有队员的密切配合，我们在全国大学生预选赛上以赛区二等奖的优异成绩肯定了自己，回报了老师。

在院里的表彰大会上，领导重点表彰了我们。那一刻，言语再次化作泪水，夺眶而出。那一刻，鲜花是属于我们的，也属于我们的老师。

（本文发表于《山东工商学院报》2012 年 3 月 23 日第 495 期）

我的记者梦

范　栩

今年的 11 月 8 日，是党的十八大召开的日子，恰逢第十三个记者节。

有句话这样描述记者这个行业：“看到我们的时候，我们在报纸上；看不到我们的时候，我们在路上。”

我是一名记者，虽然众人存疑到底算不算，但我明白，我就是一名记者，无关大小。

2011 年 9 月我升入大学，9 月底我如愿地加入了学校的自办杂志《漂》，如今已过去一年多了。回头看看走过的这条路，我有点儿惭愧，惭愧我采访的事做得少，但同时我也有满足，满足于我的每次采访都足够真诚，当然同时也快乐，快乐在每每写采访稿时都信心满满。

我想，作为一名记者，对它的喜爱才是最重要的。回头想想，自己在这条路上曾有着一个彩色的梦，并一直沿着这条路，在努力。

第一次，去采访

那是个考研季，考研的初试成绩已经公布，我校政法学院编辑出版学专业 2008 级的李松松师姐，以初试第一的成绩，进入到南京大学的复试。为了给准备考研的同学更多的鼓励和提供经验，《漂》杂志决定采访数名已经通过初试的大四考生和已考上研究生的校友。

第一次采访难免有些许紧张，但我想更多的是激动，因为有了这样一个机会，我很期待这次的采访，我期待我们的交流，我期待我的表现。

采访持续一个多小时顺利结束，我没有拖沓，很快写完了采访稿，这个稿子我留到现在。如今看来，当时满意的“作品”，现在自己就能挑出很多毛病，但我想，这是好事儿。

小的采访有不少，为了一个微话题，为了征集几条祝福语，我们都需要“在路上”，无关距离的长短。

借机会，感谢当初带我的师哥，当时那个初来乍到的我只会仰望星空，他能在细微之处，让我明白脚踏实地的重要。图书馆、教学楼、餐厅里、广场上，也许就会看到《漂》记者的身影，他们执着笔，拿着本，挎着包，以真诚的态度、礼貌的微笑，期待着被采访者的妙语连珠。

那些年，有个记者梦

还记得小学六年级，当时因为已经获知2008年奥运会的主办方是中国北京，所以西安市碑林区开展“迎奥运”征文大赛，我报了名。我参赛的作文题目是《我的奥运记者梦》。7年前写的作文，现在都还记得，当初的梦想我不知道如何去判定是否成真，或者是否有希望实现。显然，做一名北京奥运会的记者，我没有，可是这样的“记者梦”，却没有完全磨灭。再后来我加入了西安市的小记者团，升入初中、高中后，加入了校学生会的宣传部做广播站站长兼一名校园记者。如今我进入大学加入《漂》。回忆起这样的经历，我想，我的记者梦尚存。

记者，请继续奔跑

今年，党的十八大召开之际，又有一批记者奔赴北京，奔赴人民大会堂，他们送来了第一时间的会议内容和会议精神。我想起一张记录记者此间的新闻图片：他们来不及找到一张写稿的桌子，他们趴在大厅的地上奋笔疾书；摄影记者目不转睛地盯着摄影、照相设备，只为捕捉精彩的一瞬。

有记者说：我把青春献给了长夜。有记者道：我总在不断地奔跑。

作为一名校园记者，我做的还太少太少，我也需要奔跑起来，留心周边所发生的。我没有能力去跑“十八大”的新闻，我没有过彻夜不眠的赶稿经历，但我热情不减，我想做好手下的事情。

再谈谈梦想

看着白岩松的自传《痛并快乐着》里的采访经历，看到央视记者用一口流利英语交流的国家访问，……看见体育记者冬日娜的真情流露，看到在叙利亚战场上死去的记者，还看到为了正义不畏威胁索命而牺牲的记者。

因为这些人，因为这些事，我心底钦佩，我有难以言表的激动，我不知道我能否在将来的路上就记者这一职业有所作为，但我深知，我会热爱这一行业，钦佩记者这一职业，喜爱记者这一称呼。

做一名“在路上”的行者，记录着事件的发生，见证即将成为历史的时刻，瞭望期许已久的未来，作为记者，还怕什么？来，我们一起上路。

（本文发表于《山东工商学院报》2012 年 12 月 14 日第 526 期）

我的实习之旅

米　雪

当知道自己可以进入中联资产评估集团有限公司实习的时候，我心里既高兴又激动。

第一天去公司报到，我穿着运动上衣、牛仔裤、帆布鞋，背着双肩包，满身的学生气。进了东沛大厦，值班室的老大爷问了一句："孩子，你到这来干吗？""工作！"我尊敬地望着这位老大爷回答道。

大爷从上到下打量了三遍——放行。

当时的我似乎很淡定，略有印象的是面带三分笑，对着大爷一声"谢谢"后径直走到楼梯口，我要去 5 楼。

因为当时公司正在装修，所以暂时集中到了另外一个工作地点，可以看出来是刚刚搬过去，有些东西还比较凌乱地摆放在办公桌上。

八点半，准时进办公室，不大不小，从门口看去，坐在对面的就是我的老总了。老总是个很平易近人的人，黑发中夹有些白发，眼睛很有神。走进办公室的时候，他赶忙为我拿了一把椅子，让我坐在了他的办公桌旁边。不知道为什么我能感觉到他是一个去过很多地方、很有见识的人。我喜欢跟他交流，没有之前想象的那种距离感，讲到开心的地方，他会毫不遮拦地笑，带着豪爽，一改之前南方男士在我心中的形象。

我是已经被安排好任务的。半小时后，去了地铁站，有项目经理带着四个人在火车站等我。那时我才知道我们要去中石化一家分公司评估。

我以为，只有在电影和电视中才会有这种场景，几个时间段之内能够在四五个地点间转换，是蒙太奇的效果。现在，它真的在我身上发生了。

从地铁站到火车站，再到这家公司，仅用两个小时左右，然后我们就坐在会议室了，共同商议如何更快更顺利地完成此次评估。会议是有效果的，因为在以后的几天中，我们搜集资料时，可以直接找到负责人，节约了很多时间。

说实话，自己在整个过程中还是有些担心的，因为在花了将近一年的时间跨考传播学的同时，我也有一年的时间没有接触自己本专业的知识了。以至于当师傅要我去找完税凭证时，我还停顿了一会儿，思索着什么是完税凭证，等师傅问我有什么问题的时候自己才回过神儿来，转身去找负责人。

第一天很快就过去了，这一天是繁忙的。因为对知识的遗忘，所以我要一边努力地回忆那些概念和应用，一边要跟上评估的进程。难得师傅的信任，一开始就让我去查账、对账，他也真放心。我手忙脚乱，也总算没让他失望。记得以前有人跟我说课本的知识跟实际没什么联系，但从第一天的经历来看，联系还是很大的，至少对于我，对于评估是这样的。

接下来的几天，大家在师傅的带领下各自收集自己的资料——财务、地权等等。期间我曾跟着会计老师王姐去现场盘点库存和原料。王姐是个开朗的人，大家很乐意跟她聊。从盘点来看，这家公司还是比较小的，毕竟只是中石化的一个分公司，仓库只有一个，但是有关原料和产成品的各种单据很是齐全，所以，在我的角度上，这家公司管理到位。

从第二天开始，就比较顺利了。一方面，有了第一天的熟悉；再者，一些知识开始慢慢地回到自己的大脑里。在搜集每一份资料时，也会考虑这份资料在评估工作中的用途，以及为什么取它作为评估底稿的一部分，同时尝试着去做一些总结。期间自己会犯一些错误，这些错误现在想起来仍然让自己羞赧。可是随机应变也是很重要的，当盘点现金时，与账目核对后，倒推一下发现我去找的这个职员给的数据有误，便让她重新找一下，她找来找去对我说了一句“这个我不会，你来找吧”，当时我懵了，因为我也忘了。来之前经理特别叮嘱自己是以中联正式员工的身份来这家公司的，一句“不会”势必会暴露自己的身份。然后，眼睛一转，“我不能动你们的账啊”，直接就把公司的财务主管请来了，查账，记录……只记得自己当时心跳很快。

接下来的几天，有老师的带领比较顺利。只是随着业务的深入，想接触的东西越来越多，空闲的时候会主动帮着师傅打点各种账目，不懂的就问。

因为自己只在公司实习一周，所以当我离开时，这项评估还有重要的部分正在进行。自己也非常想留下来完成这个过程，但有选调生考试正在等着，所以就忍痛离开了。可是这次实习没有给自己带来满足感，而是让我更想去接触评估这个行业，去看看每一步是怎样走的。可以说，它只是为我开了一扇门。

讲到这里，我想再补充一下实习中的一些细节和感受。

关键词一：踏实

我一个人坐上去南京的火车时，前一天的肠炎症状并没有减轻。本想推迟这次实习，但想着约定好了就不要轻易改变，所以坚持着来了。房子已经提前在网上租好了，短租，但找地点也不那么容易。拖着一个重达70斤的提箱，在大街上来回走了四五趟总算找到了租房地点。

当带着终于可以有点着落的心理给房东打电话时，一直处于未接通状态，以为房东会言而无信，真是那样的话自己还得再找。当时很累，进了一家餐馆，发现南京的物价确实不低，但也不能亏待自己，好好吃了一顿，15元，还略有心疼。然后房东来了电话，“对不起”加各种原因，让我又开始相信还是好人多，就这样我顺利入住了。俗话说“行远必自迩”，大学几年自己做事总是心急，也时常感觉自己浮躁。现在明白了，千里之行，始于足下。学会等待，也是做事的一种方式。不管想做什么，都要从一点一滴做起，路是一步一步走出来的。

关键词二：吃苦

一个人在外是要学会照顾自己的。从小到大自己总是在父母的呵护下成长。可在南京的时候，南北差异的存在，有些事情只能自己去注意。吃饭是最主要的问题，对我来说，我是少数民族，跟汉族的生活方式自然有些不同，刚开始的三天我餐餐都是面包，以至于现在看见面包就有一种饱了的感觉。不过随后的时间里渐渐发现了既便宜又好吃的东西，这让我更加相信自己一直相信的——办法总比困难多。

关键词三：朋友

实习的几天正好碰到了本班的一名同学，凑到一起的时候，说说笑笑，忘了疲惫和烦恼。如果不是朋友在，这几天可能会过得更辛苦吧。朋友是生活的点缀，是生命的礼物。以后不管在哪里，曾经的朋友不要忘。

一位师哥曾跟我说过一句话，让我记忆犹新：毕业可不是件小事儿。现在的感觉是：毕业真的不是件小事儿，没有毕业或许我就没有机会有这些经历和感受；可是毕业也就这点事儿，只是需要我们从一点一点做起。不论是考研还是找工作，毕业这一年着实不易，但也因此生命中多了几份回忆，添了几分色彩。

（本文发表于《山东工商学院报》2013 年 6 月 7 日第 544 期）

一封西部信函再现校友真情

解晓亮

7月13日，《中国青年报》头版刊发我校刘海军采写的通讯《西部志愿者一封信引学弟学妹赴边疆》，在校内外引起了热烈反响。近日，留疆工作优秀校友致信学校，表达了对学校领导老师的感谢和感激之情，他们纷纷表示一定努力做好各项工作，为母校争光。

几年来，我校现在留疆工作的近70名优秀校友，有知识、有能力、肯担当、肯奉献，在新疆志愿服务期间表现出了良好的素质和品质，为推进新疆经济发展和社会稳定做出了积极贡献，有力唱响了“到西部去、到基层去、到祖国和人民最需要的地方去”的时代最强音。

附：

致母校的一封感谢信

尊敬的山东工商学院领导，敬爱的老师们：

大家好，我是2008届公共管理学院行政管理专业毕业生魏松，曾经也是一名大学生西部计划志愿者，现工作于新疆博乐市党委办公室。

回首过去，时光荏苒，岁月如梭。当年，我们响应号召，通过网上报名、参加座谈会和交流会、笔试和面试等层层考验，被幸运选中，赴疆开展志愿服务。转眼一晃，我们每人住疆已经过了10年、8年、5年、3年、2年……这些年来，我们无时无刻不在思念我们敬爱的母校，感谢母校对我们的教育培养，让我们可以作为一名优秀的大学毕业生，响应国家的号召“到西部去、到基层去，到祖国和人民最需要的地方”，受锻炼、长才干、做贡献，来到新疆进行志愿服务，我们感到非常荣幸和无比自豪。志愿服务期间，我们践行山商精神，不忘临行前校领导郭副书记、隋副院长的谆谆教诲：“年轻应该出去走一走、看一看，增加点儿人生的阅历，我们希望你们能在新疆有所作为、有所成就。”我们已经找到了实现自身价值的途径，虽然经历了许多苦与难，但我们一直在坚持，真正走过了那些苦与难之后，我们体验到了一种幸福。

古人云：“独在异乡为异客，每逢佳节倍思亲”。在思乡同时，也更加思念母校及母校的老师，我们也更关注母校的成长与发展。虽然每年春节能回山东老家探亲，但都是来去匆匆，未有机会回母校拜会。曾几何时，我们梦中回到了熟悉的菁菁校园，海的味道，每每想到，醒来却泪满枕巾。终于，2013 年 6 月，团委李新瑾书记传来喜讯，学校宣传部刘海军主任将来疆探望留疆志愿者。我们终于把亲人盼来了，学校没有忘记我们这些游子。刘海军主任工作兢兢业业，待人和蔼可亲，他不顾劳累走访我们留疆志愿者的工作岗位，走进我们的工作、生活的地方，每到一处他嘘寒问暖，将母校的关怀传递到每位远离家乡的我们学校志愿者的心里。后来还得知主任是不远万里自费来疆采访我们的，我们全体留疆志愿者升起无限的崇敬，也更加激发了我们干好工作、为母校争光的豪情。同时也为学校刘主任不远万里的宣传精神感动，为母校有这样心细如丝的老师感到欣慰。刘主任返校后，以我为原型的西部志愿者的事迹就见于《中国青年报》头版，这是我们志愿者的莫大的荣幸和鼓励，激动之情，难以言表。

在今后的日子里，我们会时刻铭记着在学校的点点滴滴，那些将会成为鞭策我们前进的力量源泉，我们将不辜负学校领导和老师的期望，尽我们所能回报学校对我们的关爱。让我们再次献上毕业生对母校永久的感谢和祝福：祝母校百花齐放，齐展莺喉；百尺竿头，更上层楼。

此致

敬礼

服务西部全体学生：冯文强、魏松、董列龙、王明鑫、辛丹蕊、阚宝荣、胡明森、冯猛、高红梅、刘平等敬上

2013 年 7 月 20 日

（本文发表于《山东工商学院报》2013 年 10 月 11 日第 556 期）

我的异国志愿之行

李文蔚

在准备完出国的所有考试后，顿时感到自己轻松了，突然很想到外面走走，也为了响应我校团委的号召。联想到一年多前同在福建支教的一位来自浙江大学的志愿者，那时的他几乎已经走遍了亚洲，同时也去过非洲好多国家做过义工和志愿者，让我心里很是羡慕，去年他被顺利保送到了北大。

想到这里，我马上开始了网上漫漫的志愿者申请之路，自己锁定了三个国家——马来西亚、柬埔寨还有尼泊尔。马来西亚的华人比较多，自己第一次出国而且是做志愿者，先在这个地方适应一下是很有必要的。现在还记得当时整整一天坐在电脑前，查找各种 NGO 组织，总共发出了不下一百封邮件。功夫不负有心人，一个星期后，我收到了马来西亚和尼泊尔通过申请的邮件，唯独柬埔寨一直没有。由于时间很紧，自己在每个地方待的时间也很短，此时机票和行程已经全部定下来了，我又在网络上寻找一切可以找到的资源，为日后做准备。终于，在出国的前一天，我收到了来自柬埔寨的通知。

在马来西亚我去的是一家有机农场，是 WWOOF（世界有机农场机会组织）的会员。其主人是一位马裔华人，非常和蔼。农场的环境也很好，我去的时候已经有三个志愿者了，他们分别来自德国、克罗地亚、英国。我们每天工作六个小时，主要任务是帮忙填埋剩菜剩饭等厨房垃圾。我们先往这些垃圾中放一些发酵的东西，一个星期之后再开始填埋，经这样处理的垃圾不会产生任何污染，一段时间后其下面的土壤也会变得非常肥沃。我们也会帮忙设计制作一个金属支架，这个主要是用来控制浮屋，使其能在水面上下自由浮动而不影响平衡。这项工作占去了我们大部分的时间，我的主要任务是负责给钢板钻孔和切割钢板。钻孔是个技术活儿，由于钢板很厚，先要钻小孔，然后慢慢钻成大孔，还要根据钻孔大小来调节钻孔机的工作频率。

工作之余，我们会去农场的湖里荡竹筏，晚上在上面躺着看星星、聊天；也会去附近的小河里和当地人一块儿游泳；还会在厨房自己做宵夜、煮奶茶。这些都给了我们的生活增添了无限的乐趣。

马来西亚农场的日子短暂而又快乐，来不及多想我就到了柬埔寨。

到柬埔寨的时候出现了一个小插曲，当时不知怎么把电话号码弄错了，所以没和柬埔寨的SCADP组织（帮助街童与发展项目组织）联系上。在上人人网时突然看到一条状态，之前和我联系过的一位志愿者也来了，于是我立刻联系到他。当时他比我早到一天，呆在市区还没有找组织。很幸运我们俩很快就找到了组织，经过简短的交流后，他负责教授中级英语，我负责教授电脑入门和初级英语。

来SCADP组织学习的各个年龄段的人都有，小至六七岁的孩子，大到已婚的中年人。他们因为家庭经济条件差，没法接受政府提供的教育，于是SCADP给了他们一个机会，让他们可以通过另外一种途径接受教育。我被那些学生们强烈的求知欲深深感动。更让我为之感动的是，我所在的那个分支机构的负责人是一名大学毕业生，他有着优越的家境，在柬埔寨接受过难得的高等教育，毕业后找一份好工作也很容易，但是自从他大学期间来这里实习过一次后，他的心再也没有离开过这里，毕业后他毅然决定留下来帮助这些孩子。细想起来，我们所做的和他相比，实在是微不足道。除了上课，我们更多的时间是在与高年级的孩子们交流，给他们鼓励，希望他们能坚持学习，这是他们改变自己和家庭命运的捷径。这段经历也时时激励着我，他们在条件如此艰苦的环境尚且能如此刻苦、如此用心，我又有什么理由不去努力奋斗？

柬埔寨的日子很是深刻难忘，更多的是源于我喜欢孩子们的天真、诚恳，我跟他们有过很多交流，也曾经有幸被邀请到其中一名学生的家中。临走的那天，我一个人早早地来到组织办公楼前，细细打量着这里，久久不忍离去。

在尼泊尔的生活是丰富而难忘的，同时也有不愉快的事情发生过。这次我去的是Info Nepal一个Happy Home里，作为在Happy Home的志愿者，我们所承担的事情并不多，按照Info Nepal对志愿者的要求，我们每天要做的就是早晨帮忙切菜准备早餐，在吃早餐时给孩子们倒水，然后送小孩子上校车，晚上的工作也跟这些差不多。每天上午十点到下午四点的这段时间是属于我们自己的，这段时间我们可以自由支配。

在齐旺的每一天也很充实，一般我会选择去Info Nepal开办的幼儿园，幼儿园里大部分时间会有志愿者在那儿教学，他们和我们的住宿地点不一样，任务也不一样。幼儿园里的孩子挺有意思，就是上课的时候，由于孩子年龄差异较大，对于同一问题，大一点儿的孩子会回答得很好，但是小一点儿的孩子就不那么容易了，主要原因是因为小孩子听不懂英语。期间，我还先后两次去过Happy Home孩子们所在的私立学校，总的来说这两次的收获很大。不过每次去的时候，我都会主动给校长打声招呼，因为这个学校和Info Nepal没有什么关系，别人可以接纳你进学校也可以拒绝，毕竟很多时候我们志愿者的到来会使教学秩序受到或多或少的干扰。我个人的感受是，如果要去，就低调一些。我第一次去纯属观摩，只是选择了几个教室去听课，第二次去的时候稍微熟悉了一些，在老师的要求下，我给他们上了四节课。如果对自己的英文有足够的信心，同时也喜欢教书的话，就可以跟校长说明一下，校长一般是会提供这样的机会的。对于讲台来说，自己不是很陌生，但是当自己真正走上讲台的时候，我感觉更需要勇气、自信和耐心。

在Happy Home的每一天都很感动，孩子们吃住的环境不是很好，但是他们仍然乐观积极地面对一切。我在的那些日子几乎每天都是卷心菜和土豆，一个星期才会吃一次鸡肉。与孩子相比，我们有着特殊的待遇，那就是每天可以喝两次奶茶，而孩子们却没有这些。虽然条件比较艰苦，但我觉得已经很幸福了。

Happy Home的Momi非常好，虽然Momi这个词语有点儿俗，但这应该是最简洁的称呼了。她为孩子们付出了很多，就像对待自己的亲生儿女一样。当然孩子们偶尔也会调皮一点儿，她却从来不急不躁，总是一脸的和蔼、宽容。日复一日，年复一年，孩子们在慢慢长大，她也在默默付出。

在离开尼泊尔的前一天，我和一位志愿行动已经结束了的西班牙志愿者，还有一位刚到的德国志愿者，一块儿去逛街。后来走得累了，我们在一家西餐厅坐下来吃饭。谈话间，那名西班牙志愿者提到了政治，谈到中国的西藏问题，说西藏是西藏，中国是中国。听到这些，我当场予以了反驳，我厉声指出西藏自古以来就是中国的一部分，且历代达赖都接受中国中央政府的册封等等。这是我在外面第一次遇到对中国存有敌意的外国人，这也提醒我自己要多了解自己的祖国，面对这种情况时作为一个中国人，应该果断予以反驳及解释。

从1月9日正式出国，到3月24日回国，两个多月的时间里，自己经历了很多。此次志愿之行让我终生难忘：难忘这三个国家的人，难忘这三个国家的风俗，难忘发生在尼泊尔的争执，难忘……在国外做志愿者，我体会最深的是，一方面我们要尊重别人的习俗，另一方面我们也要恪守自己的职责，要努力塑造一个良好的国际形象。

（本文发表于《山东工商学院报》2013年10月25日第558期）

毕业季里的求职见闻

韩文锡

毕业临近，眼见不少同学都已经找到理想的工作，我心里也不再淡定。正好收到一个张家口银行的笔试邀请函，包食宿，于是略作准备就朝河北进发了。

我查过张家口的历史背景。民国时期是重要的商业枢纽，新中国成立后逐渐没落，也是了不起的城市。坐了十几个小时的硬座，终于到了目的地。市区里给我的总体印象是肃静和谐，生活节奏比较慢，只是火车站有些锈迹斑驳。

晚上是一个领导见面会，有人介绍完银行的基本状况后，同学开始提问。坐中间的行长特别幽默风趣，说话没有官腔，给我印象很深刻的是那句：在我们这里是干实事的，不是混日子的。

早饭伙食还不错，接着是笔试。试卷发下来一看，一本是心理测试，一本是笔试题，里面的题目大部分类似于公务员的行测，也有少量经济、金融知识，都是单项选择。全力奋战两个小时后，行测的题目基本都解决了，经济知识都是猜的，最后五分钟把心理测试随便填了下，总的来说，我还是比较满意的，行测的数学计算和图形推理差不多都摸到了窍门。我发现，之前的公务员知识的复习确实起了很大作用，看来付出总有些回报，只是回报的时机和形式有差别。

考完试，算是松了口气，没想到在张家口还没逛两条街，东营莱商银行也给我发了笔试通知。在之前的半个月，我清闲得很，这次居然都赶到一起了。综合权衡之下，还是本土观念胜出，我决定再回山东，又是十五个小时的火车硬座，先到淄博转客车去东营。

刚下火车，就有张家口银行的工作人员电话告我，已经通过笔试，我只好抱歉地说面试自己参加不了。莱商银行的笔试地点是东营职业学院，我一向觉着青岛大学的学习氛围不浓，但与这所高校相比一定能称得上是学术殿堂。找了个自习室休息，里面居然只有一个看书的，而且我怀疑这位差不多也是个像我一样来考银行的。

同样是银行，这次的笔试题目却是计算机的专业知识。这可苦了我，三年前，我凭借这些知识在众多考研学子中脱颖而出，但这时候只记得一鳞半爪，记住了也不确定，反而做基本能力测试更顺手些。我心里暗暗叫苦，幸好还有几道编程题做依靠，做完后直接交卷。

我自觉没可能通过，就干脆直接回校，这时候有一个同来考试的女生向我打听路。我说是青岛大学的，她说："哦，我是山东工商学院的……"我跳了起来："咱是校友，我也山商的……"她瞧了瞧我，眼神有些异样，我随即补充："我本科是山商，在青岛上的研究生……"

说实话，本人一向自认为精悍耐劳，但四天下来，坐了三十多个小时的火车硬座，十多个小时的汽车，另外的徒步行走还不算，回校后，立马感觉身体有些吃不消，气力不济，回宿舍就蒙头大睡。我粗略计算了下，这几天的行程，差不多是我之前二十多年走过地方的总和，可见，找工作不但是个智力活儿还是个体力活儿。

没料到，在这档口淄博发改局和莱商银行通知我已经通过笔试，要我参加面试。一听到这消息，本来处在崩溃边缘的身体状况，突然又迸发出无限精力，不过，还是放弃了莱商银行的面试机会。

发改局的李主任把我的资料反复看了看，问道："我看你的获奖证书不少，好像还写些文字啥的？"

我点头："是，个人爱好。"

又问："我看你在研究生的建树不多啊？"

"嗯，研究生期间我算不上是特别优秀，主要精力都研究学术了，参加的活动也少了些……"然后，又问我家里的状况，介绍发改局的状况，大体意思是在说，来此单位要一心一意，不能骑驴找马了。我当即保证："领导放心，我自觉我特别幸运，能应聘到发改局，侥幸能被录取的话，一定准时报到，不辜负领导的期望……"

最后，面试官说了些单位的工作性质什么的，我边听边不住点头。下午，有来电通知我已经通过面试。

总结我几天的求职经历，我觉着求职确实是个累活，首先得发挥个人的主观能动性，跑路、申请、投简历要不辞辛苦；最好有一定的目的性，做到战前有备，有的人考试很多，但都不过，还有的人考一次就过了，后者就是做了必要的准备。另外，求职有运气性，但起决定性的还是个人的知识储备，如果你某一方面优于别人，那你的机会也多于别人。作为新一代的大学生，面对考官，可以承认自己的缺点，展现一个有血有肉的自我，不应该畏首畏尾，要表现得不卑不亢，求职是个必经阶段，你并不比别人矮一头。

（本文发表于《山东工商学院报》2014 年 5 月 16 日第 582 期）

王文超：投身西部，青春无悔

马寅冬

烟台，这座中国最东边的海滨小城，是王文超成长与学习的家乡。新疆，中国的西部边陲，则是王文超大学毕业后将要生活与工作的地方。由东到西，横跨3700公里，对于一个从未离开过家乡的大男孩儿，做出这样的决定，是源于青春的激情还是梦想的追逐？

王文超，我校保险专业2014届毕业生，2014年省级优秀毕业生荣誉获得者。当被问及为什么报名参加大学生志愿服务西部计划时，他微笑着告诉记者："我是烟台人，从小到大一直生活在烟台，上大学也在烟台。我想趁着年轻多出去走走，看看外面的世界。看到学校发出的公告，我心动了。之前自己也曾有过多次支教经历，于是就报名了。"王文超对西部生活也有种莫名的向往，"在我心里，西部是一个环境优美、空气清新的地方，那里有着一望无垠的沙漠。在空旷的沙漠里，我希望自己能有更多的时间去充实自己、历练自己。"

是什么给予他勇气与决心，能够坚定自己的选择？王文超坦言，从小到大的生活经历是决定去新疆的一大部分原因，"我从小呆在爸妈身边的时间很少，有时会住在姥姥家，有时会住在姑姑家，这练就了自己的独立性格。从中学到大学，一直都是寄宿，我相信自己一个人在新疆生活也没有问题。"当然，对于未来会遇到的困难有了预测。"毕竟自己没有去过那么远的地方，尤其是在条件较艰苦的南疆。我是家里唯一的男孩，父母慢慢年老，怕自己照顾不好父母……"不过，父母的支持给予王文超莫大的鼓舞与宽慰，王文超笑言以后会"报喜不报忧"，让家人放心。

对到达新疆后的生活，王文超也有了初步的规划，"我很想早日看看新疆的沙漠，体会新疆的风土人情。当然，我本身就是农村出身的孩子，所以我不怕苦。希望工作之余可以担负一些支教的工作。西部的落后，教育是主要原因之一，希望能在力所能及的范围内教孩子们一些有用的知识。”对王文超而言，这个选择也只是他人生中一个很普通的决定，“往大处说，这是响应国家的号召，这也是我自己的一个决定。在毕业的十字路口，每个人都有自己的路要走，有自己的决定。我和所有的毕业生一样，只是做了一个人生道路上的决定而已。”王文超轻松地说。

未来，未知却让人憧憬，他说：“做好每一次决定，然后为之努力，剩下的就是顺其自然。也希望等我离开或退休的时候，跟我交往过的新疆人会记得我。”

“无论以后在新疆的日子有多艰难，我都会毫不犹豫地告诉自己，我的选择，我不后悔。”这是王文超在采访时最常说的一句话。从他坚毅的表情上，我们可以看出，这个决定源于王文超想要闯荡的情怀和对基层广阔天地的向往。

祝福王文超，也祝福所有的志愿者！

（本文发表于《山东工商学院报》2014 年 6 月 20 日第 587 期）

王鑫：消防大队，我来了

苗飞飞

一百个人，有一百种人生，会走出一百条路，但是每条路都是独一无二的。王鑫，安全工程专业 2014 届毕业生，作为这百分之一，他选择的路，自然也与众不同。这个来自甘肃酒泉的西部男孩，在离开大学之际，敲定了自己的人生选择——做一名消防战士。现在，让我们走近王鑫，听听他青春里的故事。

持之以恒当兵梦

当问及他选择去当消防员的缘由时，王鑫说："高一时，老家有个刚建成的购物中心着火了，有亲戚在那边做生意，里面的商品全都被大火烧了，损失惨重，特别让人揪心。当时，看着那些消防军人不停地往火里冲，抢救人员和财产，我很感动，也特别震撼，从那时起我就特别想当兵。"这个想法一直在蠢蠢欲动，却始终没有机会，直到大四的时候，看到消防部队在招应届大学生，他就想去报名试试，正巧消防需要的专业和他学的专业相符，一看机会来了，他决定好好把握。

当消防员的危险性，让王鑫的家人和朋友顾虑重重，但他决心已定，并且开始着手准备起来。

过关斩将不容易

谈到准备，过程也很艰辛，要经过体测、笔试、体检、面试等环节。对于体测，王鑫说大学四年没怎么运动，体能是最大的问题。跑步、单双杠、俯卧撑等都是需要锻炼的项目。刚开始都坚持不下来，自己就加紧练习，有时练得他特别想发火，心情特别差。但父母安慰道，你要是想去实现梦想，就得坚持，一步一步地走，如果过不了这一关，你就再也没机会了。听了父母的话，王鑫坚定了信念，咬牙坚持了下来。

消防官兵筛选很严格，王鑫把这种考核形象地比喻成打游戏。他说，这得一关一关地过，每过一关就松口气，但是每次在等通知的时候就很紧张，手里一直拿着手机，时刻等着电话，每次通知里只要有自己，就特别开心。从最初报名的600多人到最后就剩了30来人，他一步一步走了过来。

王鑫说，自己会一直在部队待下去，不断向前走，直到部队不需要自己的时候。

谱写成长新乐章

回首大学，王鑫最怀念的是在校学生会里的日子。他说，校学生会是他一进大学就想参加的，想在大学里好好锻炼自己。最开始进学生会时什么也不懂，不太敢表现自己。从最初王鑫跟着别人干活，到带着别人干活，看似简单的转变，意义却不一样。他经常跟师弟师妹们说一句话，“大一，我是搬桌子的，只是单纯的出力；大二，我是带着人搬桌子，考虑去哪搬桌子，怎样使大爷放心地让我搬出来；大三，我是指挥别人搬桌子，就要考虑需要搬多少桌子，怎么分工，搬到哪儿，怎样摆放最合理。同样的事情，三年来的感觉不一样，思想变了，想法也更周全，学生会真的是一个让人快速成熟的地方。”

在学生会工作中，王鑫参与过迎新生、新生篮球赛、相声小品大赛、校运会、模特大赛一系列活动。他说，没有这些经历，自己不会那么快成熟。王鑫还风趣地说，自己去过好多同学没去过的地方，看别人看不到的风景，比如教学楼楼顶、宿舍楼楼顶，那里绝对是一派好风光。

劝君惜取少年时

大四最后一门课的考试给王鑫留下了深刻的印象。考试结束时监考老师说：“你们大学生涯里的最后一门考试结束了。”王鑫突然很有感触，怀念起以前为准备考试的彻夜奋斗，怀念考前突击的时光，还有临交卷子前那疯狂两分钟的奋笔疾书。那时，自己眼里突然有了湿湿的感觉，怀念？感伤？不舍？总之，五味杂陈吧。

王鑫说，希望学弟学妹们珍惜大学生活，一定要好好学习，要多看书，多结交不同的朋友，规划好自己的未来。要考公务员就多看看新闻、党刊；想考研就选好学校，要有计划，调整好心态；要就业就提前了解要签约的企业或公司的情况，做好准备，知己知彼。总之，不管干什么都要坚持，要有耐性。趁年轻，还有梦，把自己的大学生活过充实。

（本文发表于《山东工商学院报》2014 年 6 月 20 日第 587 期）

李佳佳：走进央视，心向往之

王艺瑾

央视，这一神秘的行业令无数人艳羡向往，而我校编辑出版专业 2014 届毕业生李佳佳，如愿到了中央电视台工作。得知这一消息，作为学妹的我，也不禁激动起来。这个阳光灿烂的普通女孩儿，是怎样走进那座央视大楼的？

今年 2 月，李佳佳跟同学一道到北京求职。到北京的第一周，没钱没方向，一切从零开始，她成为一个地道的“北漂”。她说那段时间里想到的只有三件事：投简历、面试和睡觉。大家一起蜗居在十几平方米的房子里，睡一张不算大的双人床，无拘无束地彼此调侃，一起分享面试的经历。在北京的四个月时间里她换了三个住处，尽管辛苦，但她告诉自己：坚持！在接到央视面试通知的前一个月，她进了一家出版公司工作。在别人看来这份工作已相当不错，但李佳佳最后还是毅然选择了辞职，她说她不习惯每天坐在办公桌前做着琐碎的工作，没有机会去挑战自我，那不是自己想要的。

看到央视招聘信息，她抱着试试看的态度投了份简历，之后的过程可以用“没想到”来形容。央视招聘分三个环节：面试、笔试、复试。第一个“没想到”就是面试考官如此牛气，根本不容这个初出茅庐的小丫头有自我展示的机会，简单问完几句后就直截了当地告诉她“你不适合这个工作”。第二个“没想到”是考官居然给了她一次笔试的机会。虽然面试不被看好，但当知道还有笔试环节后，李佳佳没有放弃，于是找到考官希望能给自己一次笔试机会，虽然考官一再地说“你考不过的”，但李佳佳心想难得有这样的经历，考不上也不后悔，她的执着打动了考官，最终破例让她参加了笔试。李佳佳抓住这来之不易的笔试机会，以十分理想的笔试成绩顺利进入了最后的复试环节。复试颇具戏剧性，这就是第三个“没想到”——复试讨论的话题居然是足球。当时一位考官问她平时有什么兴趣爱好，李佳佳告诉他平时喜欢踢足球，在大学里参加过足球比赛，场上司职后卫。或许是“世界杯”要来了，或许是那位考官也喜欢踢足球，总之，她接到了通知：你被正式录用了。

李佳佳被分到新闻联播部，主要做“新闻联播”和“晚间新闻”两档节目的导播工作。新的环境让她充满了新奇，当她第一次看到赵普、李梓萌、郭志坚、郎永淳、康辉、李修平、海霞、欧阳夏丹这些以前只在电视上看见过的人时，她感觉一切都在梦中。当然，这份工作也让李佳佳深深感受到压力如山。作为一档直播节目，不容许有一丝失误，有时还要处理各种突发状况。但李佳佳很享受这里的工作节奏和挑战特性，她为每天都能学到新东西而感到充实，为每天都能有所成长而激动兴奋。这种生活，正是她想要的。

回想大学四年，李佳佳给自己打了 85 分。除了专业理论学习，各种专业实践活动她也积极参与。报纸设计、杂志编排、选题策划、图书展销等，不仅让她去深入地思考一些问题，也锻炼了她解决问题的能力。另外，作为一个做事凭兴趣的人，大学里任何感兴趣的东西她都会努力尝试。各种体育运动、书法、绘画、历史、摄影、军事、野外求生，她无不涉猎。校报、社团联合会、广播站、韶华网、记者团、球队、《山商青年》，也有她的身影。大学养成的自学习惯对现在工作的帮助很明显，虽然现在许多工作内容都是第一次接触，但是有了迅速、良好的适应能力，什么都难不住她。

（本文发表于《山东工商学院报》2014 年 6 月 20 日第 587 期）

张畅：飞跃重洋，相约未来

张群卿

张畅是一个浑身充满正能量的女孩。她温文尔雅，留给人的第一印象是积极乐观、认真负责、自信满满。作为我校英语专业的她，能飞跃重洋，赴美留学并申请到奖学金，与四年的努力是分不开的。留学给了她这样一个平台：一个人，带着追求、信仰、梦想，飞跃浩瀚的太平洋，降落在一片完全陌生的土地上，看不一样的风景，领略不一样的气息，找寻之前从未有过的机遇，一切都是未知，一切都有希望。

作为班长，张畅总是能有效地组织各种班级活动，精心准备每次班会。在她的带领下，她所在的班级增强了凝聚力，形成了良好学风，先后荣获“模范学风”称号和“精神文明班级”称号。不仅工作上表现出色，她的学习成绩也一直名列前茅，多次获得一等奖学金和国家奖学金。她的英语口语在外国语学院更是无人能比。

虽然是“90后”，张畅身上最明显的印记却是“脚踏实地”。大二期间她参加了学校的英语社团，负责语音教学工作，不管严寒酷暑，每天早晨六点半准时从西校走到东校，这样日复一日坚持了半个学期，从未抱怨过一次累。大二结束后，她参加了外国语学院赴美留学项目，去了美国莫瑞州立大学留学。

在美国莫瑞州立大学学习期间，她每天起早贪黑，学习各种课程，仅仅在不到两年的时间内就拿到了别人需要三年才能得到的学分。在超负荷的学习状态下，她每天都要学到凌晨两三点。努力有了回报，张畅在GMAT考试中拿到了700分的高分，成功申请到了亚利桑那雷鸟商学院的研究生，主修国际事务管理，并获得了奖学金。

在沉重课业负担的压力下，她还积极参加各种志愿活动。这期间，她结识了很多优秀的人，这样的环境也使她变得更加优秀。她建议大家到一个陌生的环境中去，因为在这样的环境中可以从头开始，充分施展自己的才能，或者说发掘自己都不了解的潜能。如今，学校为学生提供了更多的留学项目，海外合作院校也放宽了人数限制。我校学生出国留学机会更多了，平台已经建好，就看大家怎么把握了。

（本文发表于《山东工商学院报》2014 年 6 月 20 日第 587 期）

毕业特卖会受热捧

颜晓英

毕业生离校在即，校园里忙碌的身影又多了起来。6月6日一早，第二餐厅到新浴池两边的路旁，摆满了密密麻麻的摊位。“挥泪大甩卖”的毕业生特卖会，是毕业季固定上演的保留节目。据团委董艳老师介绍，很多学生忙着提前离校，为进一步提高物品交流和再利用率，今年的毕业生特卖会时间比往年提前了一两周，要不然毕业生的很多物品不是被丢弃在了宿舍里，就是在回收站里结束了使用价值，挺可惜的。跟往年相同的是，今年的特卖会仍持续两天。

一大早来占地儿

6号清晨6点多，已经陆续有学生带着物品来到特卖会场地了。为了能占据凉爽之地，免受暴晒之苦，树底下，统计学院一名女生笑着告诉记者，她五点多就爬起来了，简单洗漱之后就匆匆赶来了。她们宿舍早在几天前就对物品进行了整理分类，自己感觉有用的就放到箱子里准备托运，拿不走的就到特卖会上卖掉，剩下的一些废品也会卖给废品回收人员。而撑着太阳伞的小李看起来不那么幸运了，等她们几个把东西搬来时，阴凉地儿早没了，于是她做好了在艳阳底下晒一整天的准备。

物美价更廉

站在第二餐厅门前放眼望去，书籍、U盘、衣服、书包、吉他、溜冰鞋、暖瓶、装饰品、电器、自行车等等，物品很是丰富。各个摊位前挤满了前来“淘宝”的买主，叫卖声、讨价声不绝于耳，这里俨然就是一个露天大市场。记者在现场看到，2011级公共管理学院的小刘和几个朋友在合伙出售旧书，他们正忙着给各类书籍进行分类，什么考研的、考公务员的、牛津大辞典以及各种休闲杂志，种类齐全。

卖二手U盘的摊位特别受欢迎，1G、2G、4G的各类U盘分装在几个小盒子里。一名女生刚刚花了一块钱淘到了一个1G的U盘，她对记者说：“太便宜了，一块钱，买根雪糕的钱就能买到一个U盘。”卖主小林告诉记者：“几分钟前，一位搞摄影的老师花40块钱痛快地买走了4个4G的U盘，我们还顺便送了他一个250M的小容量的。30多个U盘，不到一个小时，现在就剩几个品相不怎么好的了，但也不愁卖。”

2012级的一个女生正欣喜地抱着一摞公务员书，这是她花15块钱淘到的。卖主小李说：“考研书和考公务员书最抢手，当时花在这方面的钱着实不少。如果直接把它们丢给回收站，真是于心不忍。只要这些书能够传到有需求的学弟学妹手里，虽然一本只卖一两块，但它们因再次被利用而变得很有‘含金量’。退一步说，只要找对了人，免费赠送也没问题。”

女生宿舍楼前的台阶下，一个女生还搬出了自己的宠物小龟。她略带伤感地对着舍友说，把它卖给别人的话，觉得对不起小龟，还是把它送人吧。不一会儿，一位餐厅师傅领着10多岁的儿子蹲在了小龟旁，孩子专注地看着这个小家伙，看起来对它很感兴趣。一阵交谈之后，小龟便有了新主人。“阿姨，一定对它好一点儿啊，它跟了我好几年了！”这句话，不禁让在场的人都伤感了起来。

爱心，在这里传递

记者看到，在特卖会一角设有一个“爱心回收”的摊位。据了解，活动尾期学生会都组织青年志愿者将毕业生遗留下来的书籍、衣服进行有效回收，在暑期“下乡支教”的时候免费赠送给贫困地区的学生。

周日下午五点多，“爱心回收处”前已经堆了一大堆衣服、鞋子。此时，仍有不少毕业生陆续过来询问，是不是这儿可以捐衣服。记者发现，很多大妈蹲在爱心回收的摊位前挑挑拣拣，手里还拎着脸盆、暖瓶、衣架等不少“战利品”。家住清泉寨的罗大妈一大早就和邻居相约来淘货。“一块钱三件，真便宜。我多挑几件，有合适的就穿，不合适的就回去改造一下，做点儿别的。学生的东西干净，质量也不差，我们用着放心。”

青年志愿者小高告诉记者：“我们安排了专门的同学对这些衣服进行分类整理，并以超低价进行叫卖，当然叫卖对象主要是一些大妈们。大妈们的宣传能力十分给力，一个大妈能介绍很多大妈过来。变卖后的钱，我们打算买成各类文具，暑期实践中可以送给贫困区的孩子们。”谈到变卖的初衷，小高说，因为这些都是成年人的衣服，拉到贫困地区后，不一定适合孩子们穿，而且量太大的话，运输起来也有很多不便，所以能处理的，他们就趁早处理一些。

团委副书记解晓亮告诉记者：“毕业生特卖会为在校学生提供了一个有效处理闲置物品的互利互惠的交易平台，提高了资源的再利用价值。令我们欣慰的是，它也成为一处爱心接力站。每年的特卖会上，我们的志愿者都很忙碌。尽己之力为贫困地区的孩子做一点儿事，既给孩子们带去了惊喜，也能培养大学生的反哺和感恩之心，是一种双赢之举。”

（本文发表于《山东工商学院报》2015 年 6 月 12 日第 625 期）

大学四年，奋斗在路上

陈丽萍

要毕业了，难以平静的心情，各种繁杂的手续……离开校园之际，安静地坐在这里，任思绪开始蔓延。青春，对于每一个人来说都是最为珍贵的记忆，它饱含着欢笑、痛苦、成长、蜕变，是生命定格下最唯美的音符，是每个人心中最动听的旋律。大学四年，就是我们青春时代最美好的见证。

大一

似乎“懵懂”二字就是大一的代名词，初次独自背上行囊，挥别亲人，来到这个陌生的城市。还记得初次见面陌生而又不失热情的面庞，一段段羞怯而不失得体的自我介绍，就是在那时，我们的青春故事拉开了帷幕，我们漫长而又短暂的四年大学之旅开启了。

大一是活动最多的一年了。最开始的军训，是大学不可缺少的必修课。而烟台的天气总是让人捉摸不透，顶烈日，冒风雨，尝尽了辛苦。紧接着就是宿舍文化节、运动会、搏击操等等，各种活动接踵而来，不能保证休息，天天抱怨着“学校安排的活动太多了，活动质量不过关简直是在浪费时间浪费精力，都是大学生了还要集体跑早操，还有各种早自习、晚自习……”那个时候睡觉成了一件幸福的事儿，那个时候到处充斥着埋怨的声音，那个时候对我们的学校失望极了……

然后的然后，甚至自己都不敢去相信，现在的我竟无比怀念。怀念那段军训的日子，还记得军训场地上，风雨中，我们紧紧相拥。还记得夜幕下我们一起玩老鹰捉小鸡的游戏，回味着童真。还记得一颗颗年轻的心，真诚无障碍地对碰交流。怀念那段有活动的日子，相聚的一个集体，享受在一起的满足。怀念那段有早自习晚自习的日子，回不去的教室，再也没有一个位置是专为我们而留。曾经的抱怨，曾经的排斥，现在都成了自己最怀念最不舍的曾经。

象牙塔是我们萌生希望的地方，刚入学时候的我，对学校、未来都有一种很强烈的好奇感，在师哥师姐的指导下，我开始尝试接触各种学生会社团。我当时一下子加入了学生会权益部、学风办公室、职业发展协会网络部、网络爱好者协会、轮滑协会多个社团，于是就天天奔跑在开会、上课、参加活动的路上，天天有开不完的会，天天有写不完的活动策划书，每天早出晚归，还要熬夜写总结，几乎没有一个周末是闲下来的，时间就在这不经意间都悄悄溜走了。后来我自己思考这么忙碌的意义是什么，感觉有时候在社团工作就像是师哥师姐手中的一颗棋子，有任人摆布的感觉，想了好久也没想通。直到后来我才得出答案，所有的经历都是值得的。每个人的生活都不是一帆风顺的，总是要先去经历一些坎坷，去尝试一些东西，然后才能理性地抉择，不到最后谁也不知道所做事情的意义所在，学会尝试才能慢慢发现自己的一些潜力。

大一的生活像急刹车一样刹住了高中时的孩子气，像晚风卷云一样夹杂了些许我未接触的生活，我们似乎都无法接受这突如其来的改变。

大二

大二不像大一那样被辅导员管着，不像大三那样迷茫，不像大四那样面临各种选择。上个自习，为了考英语四级去小湖边背背英语，这样安静的学习时光，在我的大学四年里是少有的，所以特别让人怀念。

安逸的学习生活，没多久就被打破并泛起了涟漪。作为学生会成员和班干部，想自己静下来寻找一下闲暇的时光，几乎是不可能的，总会有突如其来的各种通知，让人很是烦恼，曾经很多次想要放弃，但最后总是有一个理由让自己留了下来。

大二上学期，我有幸当上了助导，这是我大学中做得最有意义的事情吧，因为它给了我一次融入到另外一个团体的机会。回想起助导工作期间的种种，笑过、累过，而现在烙在心中的都是美好的回忆和感动。助导工作让我懂得了很多，首先最重要的就是要有责任心，当真正把新生放在心上的时候，才会懂得那份责任有多重，助导之间的相互合作也是极其重要的。对于新生来说，我们是学长学姐，也是他们的朋友，在严格要求他们的同时，也要以身作则，严格要求自己，要以友善平等的姿态去面对他们，而不是居高临下。

助导的工作，不仅仅局限于开学伊始。新生初入大学，毫无疑问会把我们当作最亲近也是最值得信赖的朋友，在过后的日子里，接触的机会也会变得越来越多，我很荣幸地成为他们中的一分子，他们遇到各种各样的问题总会寻求我的帮助，他们对我的感觉很真诚也很信任，这让我有了更多的力量去前行，去好好努力为他们树立一个榜样。我相信榜样的力量是巨大的，也希望能尽自己的能力带给他们前行的力量吧。一次短暂的旅程，记述着我们一起走过的青春，见证着我与师弟师妹们之间的友谊。

依稀记得大二学期末那段混沌的生活，运动会、劳动课、暑期社会实践、信息技术大赛、期末考试……我大学里最混乱的一段时间，各种事情掺杂到一块儿，都说时间是海绵里的水挤挤总是有的，可是那段时间怎么挤都感觉不够用。为了准备期末考试，一学期都没好好学习的科目只有一两天的复习时间，我甚至已经做好了挂科的打算。可是很庆幸，感谢那段时间里坚持的自己，没让结果变得太差，也获得了各种奖项，最终在国家奖学金的评选上为自己加了很多筹码。大二就是这样在忙碌中结束，让我开始相信付出总会收获。

大三

曾经在权益部待过两年，后来当了生活部部长。学生会的工作向来都是杂七杂八的，没有什么难度，有的只是对待事情的态度。在权益部的两年，每周末都会做素质学分表然后张贴公示，虽然是件再简单不过的事情，但是两年下来，我是有所收获的，因为素质学分表涉及全院学生，稍有差错就会被问责，于是我逐渐养成了认真做事的习惯，而且在做表的过程中，我也学会了熟练使用表格。到了大三，成为部长之后，开始自己组织举办一些活动，思考问题的角度变得更全面，做事更成熟老练，于是练就了现在独立的性格。当然很多人对学生会是持反对态度的，认为学生会沾染了太多不良的社会风气，可是我认为那样的看法是不全面的。学生会作为一个组织存在，必然会受社会上一些风气的影响，我们应该接受这个现实，而不是去逃避，现在就把自己小心翼翼地保护起来，等到了社会上再去适应会更难，所以该参加的还是要参加的。同时，学生会为同学们提供了一个锻炼的平台，即使有些事情很杂很简单，是有些人不屑一顾去做的，可是做与不做的区别只有真正实践了才会有所体会。更不可否认的是，现在社会就是一个人脉圈，而在学生会或者社团很容易扩大自己的朋友圈，交到一些跟自己志同道合的朋友，无关利益，无关名誉，只为了某个契合点而变得很亲密，这种友谊是十分珍贵的。我建议师弟师妹们能根据自己的情况，进学生会或者社团去体验一下。

大三时专业课比较多，对于课程群我开始是非常排斥的，一天天待在机房，感觉身心疲惫，可是坚持了一个学期之后，突然开始喜欢上了代码。我当时有一个很深的体会，很多知识不是学不会的，而是在无形之中有一种排斥感，当还没有去尝试就告诉自己不喜欢这个事情的时候，很少能把事情做好。会有人问我学习方法，我其实是没有什么学习方法的，一门课在我没学习之前我也感觉很难，如果想去学我会静下心来把课本从头到尾翻一遍，把内容都理解了自然就内化成了自己的知识。我比较注重系统地学习，很多知识点都融会贯通，只有系统地去学习，才能把知识掌握得比较到位。

大四

大四了，说说考研的一些经历吧。由于专业课程的缘故，我们专业开始准备考研的时间都普遍偏晚，虽然说大三下学期就算开始了，可是那段时间有很多课程要上，班级里学生会里也有各种事情，所以总是把考研复习一拖再拖，一个学期下来只不过看了二十几页的英语，也不知道时间都去哪了。关于报班，最开始是报了高联的辅导班，暑假班是七八月，上了一个多月的考研辅导课，然后就是后悔……我是一个比较喜欢自学的人，总感觉不管老师讲得多好，只有自己认真去理解了才能掌握。然而高联的暑假班几乎每个老师讲课都很赶时间，特别是英语数学，上完暑假班下来收获的只是笔记本上一些数字符号，完全没有理解消化成自己的知识。于是不禁开始惆怅如果这一个多月自己呆自习室学习，那能学好多知识呢。我认为报政治辅导班还是挺有用处的，老师会整理出重点，能为其他科目的复习省出好多时间。英语数学的话，那就得看个人情况了，像我一样适合自学的就没必要报班了；上课听课效率很好的同学可以选择报，但是前期工作要做好，需要在暑假上课之前把辅导班的讲义都看一遍，题目都做一下，那样效果会很好，他们的讲课速度不提前做题是无法收到好效果的。

大概是从九月开始，我全力准备考研了，其中难免会有其他的事情去打扰，但是没有选择的余地，只能是想办法提高效率把其他事情解决完，再平静下心来学习。曾经好多次心绪都有很大的波动，甚至也想过放弃考研，可是又不能对不起自己之前的努力，经过不断调整，最终还是坐在了考场里。那一刻我只想说，考研也就那么回事儿。所以，想告诉大家的是，对于考研，需要的只是扎实牢固地去学习学习再学习，不管开始准备得有多晚，只要从现在开始坚持每天都认真自习，一切都来得及，只要坚持了之后的事情总会水到渠成。

复试分为三个部分：笔试、英语口语、面试。面试的时候老师问了几个问题：平时使用过哪些软件；六级过了没有；有没有做过项目，有没有作品；你认为考研没发挥好的原因是什么。我有幸被录取，大部分原因是我大学四年的努力吧，可能平时自己都不太在意的一个举动就得到了面试老师的肯定，我只能说，越努力越幸运。也希望正在努力的你们要坚持下去，或许现在还不以为然，可也许在下一个瞬间，你曾经一个小小的努力就会帮到你，帮你渡过难关。

作为毕业生，我想给师弟师妹们的建议：

关于考证：

1. 必过的证书：普通话、英语四六级。

2. 根据自己的喜好或以后的发展规划选择一些证书。

关于活动：

1. 珍惜每一次的班级活动，与班级同学融洽相处。

2. 参加喜欢的社团学生会，交一些志同道合的朋友。

3. 尝试教研室的一些项目、参加竞赛等，培养自己的一技之能。

4. 经常锻炼身体，保持健康向上的心态。

5. 有机会多参加社会实践，接触社会。

6. 为自己安排一些旅行。

写在最后：青春就是用来追忆的，当你怀揣它时，它一文不值，只有将它耗尽，再回头看时，一切才有了意义。

（本文发表于《山东工商学院报》2015 年 6 月 19 日第 626 期）

“最牛考研宿舍”是这样炼成的

颜晓英

经历了选校的纠结、备考的紧张和录取通知等待的焦灼之后，在这个繁花似锦的盛夏，中国矿业大学、北京理工大学、东北农业大学、河海大学、青岛大学、辽宁工程技术大学这6所高校，与我校26号楼334室的6名男生联系在了一起。该宿舍的6男生，全部成功考取了硕士研究生，而这6所高校中，有3所211高校，1所985高校。消息一经传出，全校师生为之称奇，334宿舍也成为学校里的“最牛考研宿舍”。

他们的考研秘笈是什么？他们的考研之路又有哪些故事？带着这样的好奇与期待，记者与这6个小伙子取得了联系。

相聚是缘分

2011年9月，来自省内外不同地区的6个男生，相聚在了山东工商学院管理科学与工程学院工业工程专业2班。李博杨、刘义、吴志辉、王保平、邵坤、赵云龙这6个大男孩，成了同一屋檐下的舍友。

同宿舍6个人，除了刘义和赵云龙分别来自安徽和河南外，其余4人都是山东省内的。虽然来自不同的地方，但除了每学期开学初大家带的土特产不尽相同外，他们从没感觉到各自的习惯或志趣有多大的地域差异。相聚，就是缘分。相仿的年纪、相同的梦想，让这几个男生很快就打成了一片。“我们334室一直是一个洋溢着友爱、和谐的宿舍。无论是院里的大小活动还是个人，谁有了心事，我们6个人总是心往一处想，智往一起聚，力往一块儿使。大三的那个暑假，几经思索，我们集体决定考研。在海边，我们互相击掌，立下了‘不能落下一个，要考一起考，要上一起上’的考研誓言，我想良好的宿舍氛围，是我们都能考上研究生的重要因素吧。”性格开朗的刘义笑着告诉记者。

“领头羊”的榜样

“相互沟通，相互鼓励，相互打气，让我们这四年走得轻松了许多。”宿舍的舍长也是宿舍的“主心骨”王保平说道。

王保平在宿舍排行老三，性格温和谦逊、成熟稳健的他，经常主动为大家分忧解难，为大家忙前忙后，因此他成了宿舍里的“领头羊”。

初进大学的他们，跟许多新生一样，摆脱了高考的压力，进入了大学，一下子变得有些无所适从。而与图书馆的一次邂逅，让王保平觉得，读书能让人静下心来，找准方向。于是，在他的带动下，他们宿舍的6个人成了图书馆的常客。也许是因与书结缘，王保平的性格变得更加内敛沉稳。

王保平的学习成绩在班里一直名列前茅，他曾获得校级二等奖学金两次、三等奖学金一次。当记者问起他的学习秘笈时，他微微一笑：“高中时，我们都不是所谓的尖子生。但是，一分耕耘一分收获，我相信有付出就会有回报。”在他的影响下，宿舍内的学习氛围越来越浓郁，大家的学习习惯也越来越好。

管理科学与工程学院党总支书记刘华认为，一个宿舍6个学生全考上研究生，与他们科学的学习方式、和谐的宿舍氛围关系很大。事实胜于雄辩，一个充满友善、激情、文明的宿舍集体，一定是一个特别能战斗的集体。

备考的日子

回顾考研成功的经验，他们不约而同地说：“是集体的力量和智慧，支持我们走到了最后。除了平时一起交流学习方法、互相取长补短之外，遇到解决不了的难题还可以共同研究探讨，这是我们宿舍‘抱团考研’的最大优势。”当问起有没有为了备考而出去租房子时，以392分的初试成绩位居中国矿业大学专业第一的李博杨说：“宿舍的学习氛围那么好，没必要出去租房子。别看我们是男生宿舍，但我们的学习劲头绝不亚于女生。考研的过程就好比一场共同协作的比赛，谁都不能停下，谁都不能认输。很怀念6人集体挑灯夜战的那段日子。”

考研就像马拉松比赛，不一定要跑得多快，但一定要坚持下来。说到“坚持”，舍长王保平讲起了邵坤考研路上的一个小插曲。他们宿舍的老四邵坤，在复习时，曾因个人的情感问题，情绪一度十分低沉，那段时间他每天待在宿舍里发呆，什么也不想做。舍友们看在眼里，急在心里。5个人商议后决定，每天抽出一个人专门陪邵坤，开导他，鼓励他。在大家的不断努力下，邵坤终于重新找回了考研的信心。说起那段经历，今天的邵坤有点儿不好意思起来，但是，从他灿烂的笑脸上，记者看到了那份青春的成长印记。正是那段同舟共济的日子，让他们的感情更加深厚了。“考研的日子，很疲惫，很艰辛，但更多的是回味。”邵坤这样总结自己的考研经历。

书本之外的他们

说到这儿，你可别以为这6个男生是典型的书呆子。从吴志辉的QQ空间里，记者看到了NBA火箭队球星的照片。原来，篮球是他们的共同爱好，他们也是火箭队的铁杆球迷。“考研期间，每隔两天打一场酣畅淋漓的篮球，是我们调节学习节奏的有效方法。打球不仅能增进彼此间的配合与默契，还能有效消除考研复习时的焦虑情绪。”吴志辉抱着心爱的篮球告诉记者。“俗话说，磨刀不误砍柴工，我们的观点是，会玩儿的人才会学习。凑在一起追看动漫，租上几辆自行车四处骑行，都是我们喜欢的，特别是骑行。最远的地方，我们骑到了蓬莱阁。骑行，也是对毅力的考验。”

谈及离别和未来

四年的朝夕相处，他们成了无话不谈的好兄弟。而面对毕业的分离，6个小伙子没有想象中的怅惘，“天下没有不散的筵席，离别总是会有的，但无论走到哪儿，我们的情谊都会一直在。只是，可能以后没机会6个人一起并肩作战了。”话语不多的赵云龙感慨着。

采访接近尾声时，王保平这样寄语打算考研的学弟学妹：复习时要坐得住，只要按照自己的既定目标一步步进行复习就可以。作为一个过来人，我想说，功夫不负有心人，考研比高考容易。

谈及未来，他们都很乐观，眼里充满了期待。

（本文发表于《山东工商学院报》2015年6月26日第627期）

第五篇

桃李芬芳

篇首语

高校校报开发与运用校友资源的探索与实践

大学校友是一个与母校有着特殊感情联系的群体，是蕴藏在校外的重要资源，是母校流动的名片，也是母校宝贵的财富。各界校友爱岗敬业、积极进取，不断取得新的成绩，为母校争得了荣誉，并以多种方式支持、帮助、关心母校的建设，促进了学校的事业又好又快发展。母校飞速发展，校友为此自豪，校友取得成就，母校深以为傲。

校友是宝贵的育人资源。校友对在校生而言是学长，校友对母校的深厚情感拉近了在校生与校友的关系，两者之间具有天然的亲近感。校友的社会经历、成长之路、奋斗精神、工作感悟是对在校生进行思想教育的宝贵精神财富，校友走向社会的成长经历、工作过程对在校生而言极有吸引力。校报应该注重对校友的奋斗过程进行报道，通过鲜活的实例来教育和引导学生，将他们的故事浓缩提纯，展现出精华部分，充分开发和利用了校友的育人资源，做好德育工作，进行典型宣传。

高校校报主要为本校服务的内向性等原因，稿源匮乏，一直受此困扰，因此多开辟栏目，充分重视和开发校友资源能丰富高校校报内容，促进校报的发展。

《山东工商学院报》刊发的校友栏目系列报道一是注重思想性。围绕某一报道主题，推出综合性、全方位、深层次的系列报道，以强化宣传效果，发挥舆论导向作用，报道角度新颖，见解深刻，具有强大的说服力。二是注重系统性。对新闻背后有价值的信息进行系列报道，不一味求全面覆盖，而有所选择，重点挖掘。三是注重可读性。文章力求深入事实，有理论高度，透彻分析，同时文字生动流畅，能够吸引读者。校友的教育资源是一座富矿，校友的人生体验，对大学生活的建议，对职业的规划，对工作的态度，对大学生来说很有信服力。

校报报道的校友事迹中，有事业有成的企业家，有践行校训的业界精英，有引领时代的创业先锋。校友的经历都是鲜活生动的，对校友事迹的宣传报道中，踏实、创造、奋斗、奉献、热情、理想、学习等等构成了关键词，他们所谈的人生感受，所讲的个人经历，都是亲身经历过的，他们对自己的师弟师妹起了引导和示范的作用，特别是对大学时光的回忆，校园里熟悉的景物、富有特色的人物、亲近的老师，很容易引起情感共鸣，既是奋斗历程的真实写照，又是人生哲理的深刻阐发，充满真情实感，具有很强的感染力。

建校三十年来，山商校友分布在各行各业，足迹遍布天涯海角，一届届校友的故事，源源不断，校友专栏的开设也就成了有源之水，形成了系列的教育材料，表现在报道上，既形象生动又真实可信，学生在阅读欣赏中受到了影响和熏陶。

《半月谈》杂志刊载文章讲述我校学子“志愿军团”的故事

宣　团

由中共中央宣传部委托新华通讯社主办的《半月谈》杂志，于2004年第22期刊载苗君青文章，讲述了我校学子《“志愿军团”的故事》。内容如下：

说来也巧，我们班有6个同学成了“西部计划”的志愿者，于是我们自诩为法学四班“志愿军团”。在这里，我想请大家一起分享我们——“志愿军团”的故事。

难忘的时刻

2004年7月，是我们毕业的日子，大家都在苦苦思索着以后的人生之路。“到西部去，到祖国最需要的地方去。”当一个响亮的声音闯入我们的心里时，每个人都在沉思。

我们6个人彼此不知道什么时间去报的名，但是当看到学校公布的去西部的名单上赫然印着我们的名字的时候，6双手紧紧地握在了一起。

因为我们已经有了选择，所以接下来的日子里，我们6个人有了以下经历：栖霞市委组织部要和长虎签合同，他没有签；征东放弃了每个月2000多元的《中国商报》记者工作；董杰推掉了家里帮助安排的工作；李雄风尘仆仆地从陕西老家赶回来了；还有文强和我，大家都回来了。

在理想启程的地方，我们6个同学做好了一切准备。

无言的责任

究竟是什么原因唤起了我们去西部的热情？是什么力量使大家放弃了很好的工作机会，仿佛心照不宣似的？我们6个人互相都没有问过这些问题。我想是共同的生命经历所产生的责任吧！

我们中间，没有一个出身于富裕家庭，都来自贫苦的农村。

高中的时候我和一个知己说过：贫穷是我一生最大的财富。的确，贫苦的生活能够教会我们很多东西，能激发内心的一种责任感。大学四年的日子里，董杰、长虎、李雄和文强都是依靠国家助学贷款完成了学业，我们6个同学都曾受到过国家贫困生补贴的帮助和救济，母校也给我们提供了很多勤工俭学的机会，这些无私的关爱让我们深深地感受到一种力量：尽己所能，回报社会！

每每想到国家在她的孩子们处于困境时伸出温暖的援助之手，想到我们的家乡依旧贫穷落后，想到千千万万如同我们一样有困难的人们，我们有什么理由不伸出双手，去为改变落后、消除贫困的事业添一块瓦？也许我们会失去一些东西，但那是微不足道的：我们必将获得更多有意义、有价值和永生难忘的磨炼。

平凡的奉献

有了那一份责任与理想，内心就会激情澎湃。但是，奉献是在平凡的岁月中完成的，正如一颗螺丝钉，有一份坚守岗位的执著，像那小河的流水，无声地流向大海母亲。

董杰和文强有幸，去了遥远的新疆，可以在满目黄沙和万里长风中体味甘苦，感受成长。有一次，我发短信半开玩笑地问文强：你们那里怎么样？还坚持得住吧？他回短信说：没有什么！饿了吃口黄沙，渴了喝口北风，呵呵！我知道，这笑声里包含着什么东西：对家人的思念，对“志愿军团”同学的牵挂，还有对自己选择的坚守。

征东、李雄、长虎和我没有走到祖国西部的最前线，多少有些遗憾和失望。我们一同来到山东滨州，我们4个都是“农村党员干部现代远程教育”的志愿者，其实这也正好符合了我们的心愿。我们都生在农村、长在农村，农村是我们愿意为之奉献青春的热土。

2004年7月，沾化县下洼大地，美丽的秦口河畔，盛产“中华奇果”冬枣的地方，成了我为之志愿服务的土地。经过一段时间的水土不服反应，我的身体渐渐恢复过来了。有一次，我碰到了一个很大的难题，就是需要把十多公斤重的天线安装到房顶上，而我从小就有恐高症，很少爬过屋上过墙。

面对一张张农民质朴的脸，一双双渴望的眼睛，我鼓起了勇气，克服了恐惧。那一天，离我比较近的长虎、李雄、征东来看我，当看见我被铁锤砸黑了的手指时，他们伸出了自己的手。我那经历了磨炼的手指上，黑黑的淤血记录着在平凡中默默奉献的轨迹。

青春在平凡中度过，我们“志愿军团”的同学都无怨无悔。在过去4个月的日子里，我们感受颇多。当柔弱的双手在磨炼中生出老茧，我感觉到了成长；当学会了拧螺丝、用冲击钻的时候，我感觉到了成长；当亲手安装调试好一套远程教育设备，看见老村长古铜色的脸和农民兄弟会心的笑时，我感觉到了成长。

有人这样问：国家又不给你们安排工作，你们以后怎么办？到哪里去？

我们不知道自己将来会身在何地，也不知道自己未来会从事什么工作，但是，眼前，我们却知道自己实实在在地履行着一种厚重的责任。

独处时，我们经常想我们“志愿军团”的同学们。虽然我们相隔遥远，但是我们同属于无悔的青春时代。

“故事”讲完了，但“故事”的主人公董杰、文强、征东、李雄、长虎和我6人，虽然已提到他们是2004年7月毕业的“法学四班”的同学，但他们究竟来自何处、去之何地，却不甚明了。为此，《半月谈》杂志的编辑在“故事”的后面又加了“后记”：文中6名志愿者均毕业于山东工商学院法学院2000级4班。董杰服务于新疆轮台县人民检察院，服务期2年；冯文强服务于乌鲁木齐新疆生产建设兵团，服务期2年；刘征东服务于山东省滨州市博兴县纯华镇人民政府，服务期1年；李雄服务于滨州市蒲城办事处，服务期1年；聂长虎服务于滨州市滨城区滨北镇人民政府，服务期1年；苗君青服务于滨州市沾化县下洼镇人民政府，服务期1年。

这就是《半月谈》杂志讲述的我校学子“志愿军团”的“完整故事”。

校党委书记毕宪顺看到了这个“故事”后，欣然提笔写道：“法学院2000级4班的6名同学志愿‘到西部去，到祖国最需要的地方去’，是山东工商学院毕业生的优秀代表，我们培养的学生就应该而且能够尽己所能，回报社会！请有关部门追踪调查，时刻关注他们、支持他们，也可请他们回校作报告。山东工商学院永远是毕业生的坚强后盾和可靠后方。广大同学要以此为榜样和动力，刻苦学习，勇于实践，将对未来事业的追求熔铸于大学学习生活中去，以实际行动支持他们。”

也许这些“平凡的故事”不能等同于“修齐治平”大事，但是，这份“平凡”所折射出的志愿者们的社会责任感和奉献精神却是“修身治平”所不能缺少的。

早在2003年7月，团中央、教育部、人事部、财政部联合发出《关于实施大学生志愿服务西部计划的通知》（简称“西部计划”），号召大学生‘到西部去、到基层去、到祖国和人民最需要的地方去’建功立业，培养造就一大批既有现代科学文化知识又有基层工作经验和强烈社会责任感的优秀青年人才。对此项工作，我校党委高度重视，指示团委和学生处一定要做好组织发动工作。

招募活动一经开展，我校大团员青年就积极响应，一时间，“到西部去、到基层去、到祖国和人民最需要的地方去”的口号在山东工商学院校园唱响！实施“西部计划”两年来，我校共有60余名大学生踊跃报名，渴望参与志愿奉献服务，我们选拔推荐了27名优秀志愿者参加了志愿服务。目前，他们都在祖国艰苦的地方默默地奉献着，演绎着一个个像苗君青他们所经历的一样的“平凡的故事”。

（本文发表于《山东工商学院报》2004年12月10日第211期）

天道酬勤　路在脚下

——外国语学院2003届毕业生韩向奎谈就业经历

刘晓霞

见面之前，对韩向奎充满了好奇和疑问：步入职场的他有着怎样的经历和体会？为什么他毕业仅四年多就取得了骄人的成绩？……疑问多了，对这场交流也就充满了期待。在韩向奎的家中，我们见面了。见到我们，韩向奎谦逊地说，自己刚出校门时也很迷茫，也走过弯路，但是自己一直坚持，不断磨炼，才取得了今天的一点小成绩。“随和而坚定”是他留给我们的第一印象。

清贫的大学生活，坚定的前进方向

1999年9月，这个操着一口浓重潍坊口音的小伙子迈进了山东工商学院的大门，随之而来的便是学费的缴纳问题。生活在农村，兄弟姊妹又比较多，所以大学学费对他来说是不小的压力，一年级的学费是在学校和亲戚的帮助下解决的。进了大学以后，他决定要尽力给家里减轻负担。为了节省生活费，20岁的大小伙每天早晨买五毛钱的凉菜，就着吃一半馒头，中午再就着吃剩下的一半馒头。“生活是苦的，但是心里是满足的，感觉自己可以为家里减轻点负担了。”对大学时代的清贫生活，他这样轻描淡写地说着。后来，他参加了学校的勤工俭学，而且每个学期都拿奖学金，大学时代的生活费基本上自己就解决了。

安逸，不是我想要的

2003年毕业时，恰逢“非典”，这对当时毕业生找工作造成了很大影响。

当时，烟台海阳市组织部到山东工商学院选拔人才，韩向奎作为全校唯一一个学生被选中，之后被分配到海阳市外经贸局做科长。讲到这里时，我们不禁哗然，这么好的工作机会，是多少毕业生都向往的呀。他笑了笑："当时我是和外经贸局的副局长、工会主席在一个办公室，每天工作任务不重，就是看看报纸、喝喝茶、打打高尔夫。"听到这里，我们不禁感叹："这多好啊，如果现在我们有这么一个机会肯定会高兴得不得了。""但是，我感觉我过不了那种日子，那种生活毕竟太安逸，我更喜欢真实地同这个社会做结结实实的接触。21天后，我离开了这家外经贸局。"

面试回答失误，与那个机会擦肩而过

当时，他还有另外一个不错的工作机会，国内一家知名物流公司要到烟台开拓市场，主要是为通用配货，面试从四月持续到七月。最后的面试定在滨海假日酒店咖啡厅，主考官是总公司经理。他面试的整个过程进展得都很顺利，但最终却因为一个细节处理得不当而留下了遗憾。主考官当时问他是否有到上海发展的意愿，他毫不犹豫地说道："有机会一定要到上海去闯闯。""其实这是我回答的一个失误，因为这家公司希望开拓烟台市场，所以招聘的负责人应能够长期留在烟台。在整个面试过程中，我本应注意到这一点。所以借此也想提醒师弟师妹们，在找工作时要对自己应聘单位的理念和招聘职位的目的有清楚的了解。"

那辆感情深厚的二手车

"毕业那一年，物流刚刚热起来，上网时经常会看到这方面的内容。当时自己对这方面不太了解，感觉挺好奇的，迫切想要去知道和了解。所以我2003年8月应聘去了烟台佳速物流。"对于触电物流的经历，他这样描述。

对于这份工作，韩向奎是非常珍惜的。正式上班后，他非常积极，每天第一个到办公室，当大家八点半准时上班时，七点半就到了的他已经把办公室打扫得干干净净。作为英语专业毕业的学生，对于很多物流知识都不了解，为了能让自己更加迅速地适应工作，他买了一辆二手自行车，每天下班后跑到烟台图书馆看书"充电"，天天如此。从单位到图书馆再到自己的宿舍，几十里的路程，都是他一脚一脚蹬出来的。

这辆自行车的轨迹遍布了烟台的大街小巷。工作初始，为了开拓业务，他利用周末时间，骑着这辆二手车穿行于烟台各个有企业的地方，像牟平这样较远的地方，他就先坐公交车，再打一个三轮摩的。提到这段经历时，他笑道："那时候，烟台市区被我逛了个底朝天，我的很多客户都是这样发展起来的，我自己都可以做一本烟台企业黄页了。"

他这种积极的精神被老板看在眼中、记在心里。老板曾对他说过，他以后一定会成功。

300块，从港城打工仔到岛城老板

为了能过上自己喜欢的生活，2004年初，他怀里揣着300块钱来到了青岛，因为这里有他喜欢的贸易环境。

刚开始的时候并不顺利。为了不给家里增加负担，生存所需要的基本吃住他都自己解决。于是，他又重新过起了大学一样的清贫生活，每天的主食又是馒头。为了寻找住所，节省吃饭的费用，2004年4月，他应聘到青岛恒星学院去教授英语口语、英语写作、英语阅读、国际贸易函电、外贸英语等课程。这段大学校园生活的再续一直持续到2005年1月。在这将近一年的时间里，他平静了内心，但是他清楚那终究不是自己的归宿。

2005年3月，一个偶然的机会，他被招进青岛金象木业有限公司做国际业务部经理，负责开发国际市场，同时安排订单出运事宜。对于这个选择，他有着自己的想法。其实，当时还有其他更好的单位，但是他希望自己去的单位能给自己一个快速的成长环境，它可以很小，可以没有名气，但它必须要给自己一个这样的环境。在新的单位，他工作非常努力。对于这一阶段，他有很清楚的定位，那就是寻找自己的成就感。一如既往地努力和吃苦——每天和工人一样装货，甚至比工人的效率还要高。这让老板更是对他刮目相看。

2006年9月，为了能给自己一个更加精彩的人生，他决定辞职创业。当把自己要辞职的决定告诉老板后，老板极力挽留，因为公司的很大一部分业务都是他在做。为了能让老板安心，他郑重向老板保证，无论自己以后做什么工作，都不会把这边的客户带走。辞去工作后，在家里睡了一周的觉，酝酿着自己创业的想法。一周后，他拿定主意，自己创业。他决定利用自己这几年积累的物流知识和木业知识，做家具贸易。这就是他的第一家公司——青岛耐舒进出口有限公司。10个月后，他又在潍坊成立了自己的家具生产基地，主要生产各类现代家具，实现研发和销售一体化。

在采访最后，他告诉我们，在2013年，他要创立自己的耐舒集团，"争创一流品牌——为了一个更加精彩的人生！

（本文发表于《山东工商学院报》2008年5月16日第347期）

青春在西部飞扬

董　艳

又是一个春暖花开的季节，又是一个阳光明媚的日子。伟大祖国各项建设事业日益兴旺，西部大开发不断迈开新步伐。我校毕业生支援西部建设的志愿者，积极响应党和国家号召，满怀报效祖国、服务人民的青春壮志，积极投身到西部计划的洪流当中。他们胸怀赤诚，践行“奉献、友爱、互助、进步”的志愿精神，在西部书写自己无悔的青春。

现正值2009年大学生志愿服务西部计划招募之际，为了让更多的应届毕业生了解志愿者在西部的生活，法学院董艳老师对法学院西部志愿者进行了采访。希望让大家了解西部，了解志愿者在西部的生活，为志愿投身西部计划的同学提供一些参考信息。

李树宁，男，汉族，中共党员，山东新泰人，山东工商学院法学院2008届毕业生。毕业后成为一名西部志愿者，在新疆博乐市人民检察院侦查监督科工作，主要负责审查批捕，与各色犯罪嫌疑人打交道。9月份参加国家政法系统改革试点招生考试并通过。现就读于中国人民公安大学安全防范工程专业。

一、是什么让你下定决心去西部的?

我要去西部这个念头由来已久了，并不是一时心血来潮。记得大三在魏老师的《职业生涯规划》课上，我就曾说过毕业后要去西部，“男儿何不带吴钩，收取关山五十州”，“壮志饥餐胡虏肉，笑谈渴饮匈奴血”，这是何等的悲壮啊！我去西部主要目的是开阔视野，增长见识，如果自己可以对国家、社会有益那就更好了。一句话“天下兴亡，匹夫有责”，希望大家有多大力出多大力，不求有多大贡献，不添麻烦就好。

二、家人和朋友对你去西部的态度如何?

主要还是分化成两个阵营：一方支持，好男儿志在四方，就该趁年轻之时闯荡闯荡；另一方反对，西部那么荒凉，各方面条件那么差，何苦呢？去那里受罪，咱在东部又不是混不下去了，干点什么也比去那好啊。父母是反对的，主要还是怕我吃苦，后来经过沟通与协调，在我的坚持下他们还是勉强同意了。在这里要感谢父母的理解与支持。

三、你到西部后觉得和你最初的想象有差距吗?

差距还是挺大的。印象中西部是荒凉落后的，还是“天苍苍，野茫茫，风吹草低见牛羊”吧。我们的第一站是乌鲁木齐，一下车，哇，也是现代化的大城市啊，跟内地基本上没什么差别。只是街上有好多维族人，长得跟外国人一样，而且好漂亮。后来去的博乐市，除了地方小、人少之外也没什么区别。不过在乡村、团场还是蛮落后的，但是没有我们原先想象的那样，一句话，现实的西部比我们印象中的要好很多。

四、你到西部后最难适应的是什么?

最难适应的应该是西部的气候吧，干燥，实在是太干燥了。四年的工商学院生活早已习惯了海边湿润凉爽的气候。初到新疆，早上一起床，嗓子都是哑的，很长时间才能适应。不过也有好处，被子从来都是干的，半年不晒也不会潮。再就是语言方面，维吾尔族的语言完全是一句不懂，有时候只能靠比划。记得有一次跟娄恒源（也为我校志愿者）去饭店吃饭，老板说了半天愣是没听懂，后来在另一个维吾尔族人的翻译下才勉强听懂。回去开始学维语，后来可以全维语点餐了，当然只是一些最简单的。

五、在服务期间的酸甜苦辣

奥运期间值班应该算是记忆最深刻的，我们是隔一天值一天班，那些政法委啊、纪检委啊，老是凌晨一两点打电话查岗，闹得人睡不好觉，第二天还得正常上班。再就是24小时巡逻，在大街上就那么一圈一圈地转，有可疑的就盘查盘查。奥运开幕式那天正赶上我跟小娄值班，开幕式也没看成。白天还好说，最痛苦的就是晚上，开着警车就在街上整晚地转。据说恐怖分子主要袭击警车，还把我们紧张得不行，睡又不敢睡，实在太痛苦了。再就是想家了，记得中秋那天我跟小娄值班，哪也不能去。晚饭是吃的泡面，加上想家，当时觉得很委屈，跑自己办公室去偷偷哭了会儿，这事连小娄都不知道。

六、你觉得自己有些什么收获?

我觉得最大收获就是我的这段经历，万里之外的边疆曾留下过我的足迹。在这里我有一帮朋友，维吾尔族的、哈萨克族的、蒙古族的……还有我这帮志愿者兄弟姐妹们，有时候就感觉我们跟当年的知青一样，这种感情一般人是没法体会的。当我暮年之时，回想起这些将是多么的宝贵。

七、你觉得自己失去了什么? 你后悔吗?

我并没有觉着失去什么，如果非要说，可能是我比他们少赚钱了，少享受时尚生活了，还失去了一个在别人看来很好的留在烟台的机会。我当时考了一个莱山区质监局的岗位，但我还是选择了西部。我并没有后悔，因为我觉着我得到的远比失去的要多。

八、你对将来的打算

一不急着结婚，二不想着赚钱，既然选择了这条路就踏踏实实在西部干几年吧。没准真为西部的建设添了砖加了瓦呢，到时人家能说一句，“这个山东小伙子不错”，也就知足了。不过以后还是想回山东，毕竟“父母在，不远行”嘛，这些都是后话了。

九、用简短的话语鼓励师弟师妹们去西部

如果你能耐得住寂寞，守得住清贫，如果你想施展抱负，实现理想，如果你想亲历神秘的域外风情，请你来西部吧。这里有美丽丰润的草原、甘甜可口的瓜果、悠扬宛转的牧歌、热情好客的人民、美丽善良的姑娘，最重要的是，还有我在等着你，当然还有如火的骄阳、肆虐的风沙、凛冽的风雪……你准备好了吗？

十、你眼中真实的西部

西部这一方热土，幅员辽阔、资源丰富、风情独特。是的，她贫穷，她落后，她养在深闺人未识。她是荒凉，是风沙，是黄河源的枯竭，是月牙泉的缩小，是干渴，是饥饿，是酷热，是严寒，是烈焰蒸腾，是冰封千里，她是黄河远上白云间，一片孤城万仞山；大漠孤烟直，长河落日圆；春风不度玉门关；西出阳关无故人。但是她热情，她美丽，是铺天的麦地，是无际的棉田；是井架，是炼塔，是气雾，是油喷，是运油车，是输油管；是祖国的聚宝盆。眼下，西部正在发生一场更大的变化，她是迅疾延展的高速公路，飞速崛起的现代城市，大踏步跃进的文化和教育，繁荣的贸易与旅游，广幅扩大的地球植被，日益改善的生态环境。她将成为欧非亚大陆的聚焦，人类文明的奇迹，21世纪的硕果。我对西部的未来充满希望。

（本文发表于《山东工商学院报》2009年5月8日第385期）

互联网上扬起梦想之帆

——记金山网络 CEO 傅盛

逸 云

互联网行业流淌着创业的火热激情，但真正能付诸行动的人并不多。在准备创业的那一刻，往往就意味着放弃目前取得的所有成就，甚至放弃一切从头再来！敢于创业的人，必定是勇于挑战、执着于梦想的人。金山网络 CEO 傅盛就是这样一位为了实现梦想敢于从头再来的创业家！

初入职场就为自己定下了“5 年成为 CEO”的目标，初出茅庐的傅盛拥有许多青年人的梦想，但他的创业之路却可以称为一波三折：从最底层的产品经理到业务总经理，将一个不被领导重视的产品打造成为上亿用户的客户端软件“航母”；功高盖主，转身离开，敢拿 20 万元再次白手起家创业；加盟知名企业担任 CEO，内部创业再次起航。

傅盛三度创业，从无到有，从有到无，再从无到有，“得”与“失”之间的辛酸外人难以得知，但无论如何起伏，他都在执着地追寻着自己最初的梦想。

360 安全卫士的“意外”成功

提起傅盛，自然不免联想到 360 安全卫士。2005 年，傅盛加入奇虎公司，负责当时不被公司重视的 360 安全卫士（原名：流氓克星）项目。360 安全卫士是傅盛的 360 开发团队用创业的心态精心开发的，因此傅盛也被业界称为“360 安全卫士之父”。

在 360 安全卫士开发前期，傅盛面临着两大难题。其一，公司不重视 360 项目，当时奇虎 CEO 周鸿祎重点发展奇虎搜索业务以抗百度，其成立 360 项目也仅仅是为了推广奇虎搜索。其二，傅盛领导的360开发团队只有4人，相对于同期奇虎搜索开发团队的200人，实在是显得势单力薄。可以这样说，傅盛所负责的360事业部是奇虎公司里的一个随时可以被拿掉的部门。

面对窘境，傅盛并没有退缩，反而被激起骨子里的那股不服输的精神。傅盛提醒自己，自主创业面对的难题更多，搞不定360项目，以后怎么出去闯世界？傅盛为自己定下一个目标，拼尽全力坚持，做出成绩证明自己。傅盛的坚持可以用废寝忘食来形容，经常加班到半夜才回家，对360安全卫士这个产品投入了太多心血。

辛苦自不必说，傅盛当时还遇到的一个开拓新业务通常面临的难题：缺乏专业人才。为了寻找人才，作为360项目经理的傅盛甚至连论坛发帖求人才的方式都试过。遇上合适的人才，傅盛会立马坐飞机去找对方面谈，甚至自掏腰包借钱给素未谋面的技术员解决生活问题。傅盛的热情和激情赢得对方的敬佩，有不少技术员选择远离家乡去北京加入傅盛的360开发团队。

在傅盛和360开发团队付出感情和辛酸之后，360项目成果震惊了业界。2006年年底，360每天安装量20万，而那时360整个团队只有10人。至2007年每天新安装量已经达到了40多万，总安装量有几千万（2006年、2007年360项目依然不被公司重视）。2008年，360安全卫士用户突破一亿，成为日后360上市的重要根基。

360安全卫士的大获成功，却带给了傅盛一个从未想到的后果：功高盖主，引发了与周鸿祎之间的矛盾。2008年，奇虎CEO周鸿祎在其他项目相继失败后决定做好360项目，逐步夺回360项目的主导权。随着周鸿祎的干预，傅盛在360项目上没有了决策权，提出建议也被否定，这让傅盛产生了离开的念头。

2008年6月，从360项目一线人员到项目总经理的傅盛最终选择了离开。这次经历虽然遇到了很多的挫折和辛酸，却为傅盛积累了千金难买的创业经验。

20万元再创业

在离开奇虎之后，傅盛加入经纬创投担任副总裁，开始了一段短暂的投资生涯。然而，傅盛仍牵挂着自己的创业梦想，不久就向经纬创投CEO张颖提出了辞职申请。张颖当时就给了他一个口头承诺，“只要产品行，未来就会投傅盛的公司”。

在傅盛选择创业的时期，也是金融危机最严重的时候，整个风险投资业一片萧条。大多数风投公司都不会随意投资给一个没有任何背景的公司。哪怕以1000万资金创业，也未必有风投公司愿意抛下橄榄枝。

或许有了360项目创业经验，即使没有任何风险投资支持，傅盛毅然和好拍档徐鸣（傅盛在360任职时的360项目技术总监）用两人几年打工积累下来的20万元组建了可牛公司。这一回，傅盛算是完成了自己8年前定下的目标，当上了可牛CEO。

在处理创业资金稀少的问题上，傅盛只能精打细算。他以3000元的月租在北京郊区租了一套房子，作为可牛公司地址。新公司9名员工每人月薪仅1000元，傅盛和徐鸣甚至不领任何工资。为了让员工吃住都在公司，傅盛还千方百计请来了一个阿姨每天为各位员工做饭，每月付她2000元。这样算下来，新公司每月的固定开销在1.2万元，20万元可以支持公司运作一年。

正是这样破釜沉舟的创业激情和经过深思熟虑的创业方案，才最终赢得了创投公司的关注。在可牛成立一个月之后，就获得经纬创投的3000万投资。傅盛的这股劲头同样获得了天使投资人雷军的赞赏。

经过一个半月的疯狂开发，可牛最终推出了可牛影像，一个可以一键美化图片的图片处理工具。市场反应也不错，不久就取得百万级别的用户群。然而，图片处理并不是傅盛喜欢的领域。在2010年5月，可牛为用户带来口碑非常好并且是完全免费的可牛杀毒软件，重新进军互联网安全领域。

自我革命重新起航

在离开奇虎之后，傅盛跟雷军成为好朋友，特别在安全领域上有共同的看法。也因为有雷军在，傅盛获得了第三次创业的机会！

“与其小打小闹，不如一起确定一个远大的目标，让这家金山公司的子公司真正变成一家创业公司”，在金山软件公司董事长雷军的不断劝说之下，傅盛深思熟虑地纠结了半年，最终选择内部创业，带领金山安全走向一个新台阶。

2010年11月10日，金山安全和可牛合并成立独立运营子公司金山网络，傅盛担任CEO。与此同时，傅盛也正式宣布，金山毒霸永久免费！这可意味着金山网络放弃每年高达2亿的收入。

傅盛宣布金山毒霸永久免费，顺应了国内互联网发展的免费潮流。傅盛分析认为，如果金山毒霸坚持收费政策，两三年是不会亏本的，但在免费杀毒软件的攻势之下，金山毒霸的市场会逐渐被压缩，到时再谋发展就难上加难。现在作出免费的决策，就能获得更多的用户，有了庞大用户基数，发展就不成问题。事后证明了这个决策的正确，金山毒霸在免费之后的半年时间内用户量翻了几番。

傅盛新上任之后就带领金山网络全体员工走向自我革命之路，为这家老牌软件公司植入互联网基因，秘诀就是快。他将金山网络的开发团队分成若干个小团队，每个小团队负责一个小项目。调整带来的变化就是，金山网络的新产品一个接一个发布。金山毒霸、金山卫士等核心产品几乎每周发布一个新版本，经过大半年的努力，核心产品的用户群激增接近1亿。

第三次创业，傅盛选择内部创业，顺应互联网发展潮流，放弃每年2亿收入作出金山毒霸永久免费的决策，实在是一种革自己命从头再来的创业行为。傅盛的内部创业之路将一直坚持下去，带领全新的金山网络进军互联网！

（本文发表于《山东工商学院报》2012年6月29日第509期）

一袋茶，小产品做出大市场

——记碧生源控股有限公司董事长赵一弘

姚雅熙

题记：赵一弘，就像一滴水，慢慢地下落，在最接近海面之时，汇集最大能量，直击波涛暗涌之地，激起层层浪花，席卷起滚滚波浪。就如他创立的碧生源，从一个小茶包默默起步，近12年，小产品最终做出了大市场。赵一弘和他的碧生源，坚持而执着地在讲述着一袋茶的故事。

“快给你的肠子洗洗澡吧！”“so地一下就瘦了，不要太瘦哦！”当耳边响起这些熟悉的广告词时，我们会自然想到健康、绿色的碧生源保健茶。而碧生源保健茶的创造者便是赵一弘。

赵一弘，1966年出生于山西省平遥县，1988年毕业于我校工业管理工程专业，现为碧生源控股有限公司董事长。他创立的碧生源品牌为“中国保健品十大公信力品牌”，旗下主力产品碧生源牌常润茶和碧生源牌减肥茶更是多年保持同类产品市场占有率第一，国人耳熟能详。他如何取得这样非凡的成绩？

吸日月之精华

冰冻三尺，非一日之寒。赵一弘出生在一个山西平遥县的书香世家，爷爷和父亲都是医生，母亲是一名普通教师。虽然平遥经过百年风雨洗礼，当时繁荣的商业景象只能在书本中领略，但晋商文化却像陈年老酒一般随时间的累积而愈来愈香醇。正因为如此，赵一弘从小在晋商精神的熏陶下，养成了不怕吃苦、诚实守信、有责任感、有创新力的良好品质。

赵一弘小时候沉迷于奇妙的大自然，花草树木、虫鱼鸟兽是他眼中的宠儿。每年春天，他的自家庭院里，满园花草争先用嫩绿的枝丫报春。每当有小朋友吵闹着要观赏花花草草，赵一弘便骄傲地把他们带到自家庭院，看百花争芳斗艳，领略生命力的旺盛。这种花草之情培养了他细致的观察力和高度集中的注意力。

一个梦，改变了赵一弘的命运。在高考填报志愿前夕，他准备延续自己的兴趣，把果树园艺学和植物生态学专业的填报放在管理专业的前面。那天晚上，他做了个奇异的梦：他突然间改变了自己填报专业的顺序，把管理专业放在了第一位。他相信那是一个预兆，因此第二天他就毫不犹豫地改掉了专业填报顺序。就这样，他迈进了中国煤炭经济学院的校门。

“一个人在读大学时，一定要离乡远走”。这是他在谈及大学生活时说的一句话。他认为，只有在山穷水尽之时，人才会奋起，才会全力以赴。当时，学校里大部分都是山东本地人，因此有着与山西文化完全不同的文化氛围。山西人赵一弘，融入了山东文化的豪爽、开明中。在大学学习生活中，他努力学习专业理论、重视实践、积极参与各种活动，让书本上的知识活起来，而不是“头悬梁、锥刺股”，呆板地背诵理论。

辟林间之蹊径

1988 年，赵一弘大学毕业，面临人生中的第一次职业选择。凭借优秀的成绩与个人能力，他进入了万千毕业生都羡慕的国企——济南粮食局。在“一杯茶，一张报，嘻嘻哈哈泡半天”的环境下，赵一弘没有安于现状，而是调整好自己的状态。两年后，他毅然离开济南粮食局，进入台资企业顶新集团工作。

顶新集团高效、竞争压力巨大、分工明确、注重成绩的工作环境，激发了赵一弘不断向上的热情。他就像上了发条的发动机，一心只思考产品如何在市场上占有更多的份额，如何让产品更为消费者接受。在为顶新公司创造巨大利益的同时，赵一弘也实现了个人价值：1991 ~ 1992 年，任顶新集团康莱蛋酥卷天津营业所所长；1993 ~ 1995 年，任顶新集团康师傅方便面事业群北京营业所所长；1995 ~ 1997 年，任顶新集团康师傅饮品事业群北中国区域副总经理。在抱团文化盛行和海岛心理严重的顶新集团中，赵一弘凭借优异的销售成绩和出色的领导才能成为唯一一个与台籍干部平行的大陆员工。

难道顶新是他的最终归宿吗？不是。在顶新集团工作一段时间后，赵一弘进入了一个他当时还陌生的领域——保健食品，这是他在接触甜品市场、饮品市场、方便面市场后的又一尝试。迎接挑战，是他的本性！

一个偶然的机会，一个客户请他做一件小产品——瑞德梦减肥茶的销售顾问，他答应了。几个月后，减肥茶的销量有了巨大突破，赵一弘便被请求担任此减肥产品的总经销。当大多数人都对此并不看好的时候，赵一弘毅然答应了这个请求。这便是赵一弘创业的开始。当有人问他出于什么样的考虑时，他只平静地说了十二个字："自我特质，自我挑战，自我增值。"

击谷壑之深涧

赵一弘以瑞德梦减肥茶为跳板，开始在自己创造的深海中畅游。基于中国古老的茶文化和中医药文化，他以一种独特的视角创造了带有中国特色的保健茶之路，在医疗业和饮品业之间游刃有余地经营着自己的事业。他为自己的产品注册了一个新商标"碧生源"，这是对消费者的一种承诺，一种最真实的"实名制"。每当他介绍这个人尽皆知的品牌时，总面带微笑地说："'碧生源'也叫'毕生缘'，它不仅是绿色的生命的源泉，还是消费者和我们企业之间毕生的缘分。"

如今，"碧生源"摸爬滚打了十几年，已经响彻大江南北，至今赵一弘回忆起来，仍感慨不已。在团队建立之初，由于资金不足、实力不够，一度十分艰难，但这并不影响赵一弘对市场前景的敏锐判断：随着社会压力越来越大，越来越多的人将处于亚健康状态，这必将催生保健茶旺盛的市场需求。"坚持、坚持、再坚持！"他一次又一次对自己说。

虚拟股份制，这是碧生源发展初期的又一闪光之处，旨在最大限度地发挥团队中每个成员的潜能，激发个人的创造力。赵一弘把公司的每个项目都具体分配给每个团队，并拿出 30% 的股权收益奖励一线销售人员。员工收入直接与产品效益挂钩。在此种情况下，每个人都是碧生源的主人，要主动出击，充分发挥主人翁精神。

利用新媒体，运用营销新工具。2005 年前，平面媒体广告一统天下，保健食品企业都是在报纸上狂做广告。伴随着电视媒体的崛起，碧生源率先尝试电视广告。"快给你的肠子洗洗澡吧"成为中国老百姓耳熟能详的广告语。新颖直观的广告顿时吸引了公众的眼球，传播效果实现倍增。

推行新的分配制度，借助营销新工具，加上成熟的市场营销策略，碧生源的销售业绩出现“井喷”。2006年销售收入突破亿元大关，2007年销售收入2亿，碧生源的市场版图扩大到15个省市。

2010年10月，碧生源布局全国的蓝图上插满了小红旗，赵一弘用十年的时间织好了碧生源在全国的销售网络。“2000～2003年，是碧生源快速扩张的三年；2003～2006年，是盘整的阶段；从2007年开始，我们进入第二次布局和扩容阶段。”赵一弘表示。

2009年下半年，碧生源迎来纪源资本1500万美元的投资。资本注入后，碧生源更新了国际一流设备，从意大利引进了世界一流的袋泡茶IMAC24自动包装机；与此同时，在多年固守“保健茶”这一领域后，碧生源的产品线进一步丰富。在纪源资本的引荐下，赵一弘找到了著名植化博士蔡亚及其团队，收购健士星生物技术研发（上海）有限公司作为碧生源的研发中心，补足产品研发方面的短板。

有了风险投资机构的助推，碧生源加快了上市的步伐。2010年9月，碧生源顺利登陆香港联合交易所主板，发行价3.12港元，共发售约4.2亿股，香港公开发售约1.26亿股，国际配售约2.94亿股，共募集逾13亿港元资金。碧生源实现了从一个民营企业到社会公众企业的跨越，实现了企业发展和国际资本市场的全面对接。

在IPO过程中，碧生源从开始启动上市到成功登陆港交所，只用了五个月零两天，这创下了摩根士丹利和瑞信在中国主办IPO案例的最快纪录。赵一弘对此非常自豪。

“小茶包是一个平台，借助这一平台可以发展很多产品，在中国市场上所撬动的消费潜力巨大。”赵一弘正在酝酿利用这样一个平台研发更多的新产品，左右开弓，他没有将这些想法局限在脑海里，而是迅速展开行动。目前，在保健食品这个主业务板块之外，碧生源食品饮料公司和碧生源药业公司正在全速运转。

在功能性保健茶饮这一深水区里，赵一弘一直在寻找更好的契机，从未停止。

润天地之万物

赵一弘被称为优秀企业家是毫无疑问的，同时，他还是一位异常活跃的社会工作者。印度海啸后重建，有他的参与；汶川地震后再修，有他的支援；红十字会、希望工程，有他的热情投入；艾滋病群体里，有他的关爱。在北京市房山区窦店镇的残疾之家，没有人不知道赵一弘，这是因为他参与了“扶残助学”工程，每年都会给当地的学生进行奖学金资助。

近期，为改善贫困山区孩子们艰苦的学习和生活环境，赵一弘率领的碧生源又为广西都安瑶族自治县隆福乡渔洞小学援建了干净舒适、功能齐全的学生食堂。北京“7·21”特大暴雨灾害后，入驻房山区（此次特大暴雨灾害重灾区）已近12年的碧生源，在自身也受到暴雨灾害严重影响的情况下，仍发起了一场企业内自上而下的捐款活动，向房山区区政府捐出善款100万元，为灾区重建家园贡献出自己的一份“正能量”。

作为北京市工商业联合会执委、北京市房山区青年商会副会长、北京市保健协会理事、北京市房山区私营个体协会副会长、北京市房山区工商联副主席，赵一弘承担起了巨大的社会责任，进行了大量社会公益活动，是一位名副其实的“慈善家”。赵一弘坦诚地说，既然有能力、有资金，就要回报社会，实现社会共同进步。

这就是他，一位用茶讲述自己人生故事的创业者。

（本文发表于《山东工商学院报》2012年10月19日第518期）

心系母校　情聚晋都

——山东工商学院山西校友会成立大会侧记

于　波

2013年2月19日，大年正月初十，太原市张灯结彩，洋溢着节日的气氛。学校党委副书记郭金创、国内合作与交流处处长张兆响、教务处处长刘传庚、会计学院院长梁星等一行5人，从烟台长途跋涉，与山西100多名校友汇聚太原，共同庆祝山东工商学院山西校友会成立。短暂的相聚，永恒的记忆，让我们回味无穷，共同品味。

君自故乡来　应知故乡事

会场里荡漾着欢声笑语，相聚的喜悦写在了每个人的脸上。成立大会上，郭金创副书记代表母校党委书记魏金陵、校长刘全顺并以个人的名义对山西校友会的成立表示祝贺。他饱含深情地回顾了学校建设发展的历史："母校从建校时的3个专业、100多名学生、几间小平房，发展成为一所拥有东西两个校区、占地1392亩、6大学科门类、47个本科专业、8个专科专业，21000余名在校生、近1200名教职工的教学型、多科性、有特色，在省内外有着重要影响的财经类高等学校。"他希望广大校友心系母校，以各种形式关注和支持母校，祝愿校友在山西各个行业踏实苦干，锐意创新，为山西经济建设和社会发展做出贡献，为母校增光添彩。

众多校友毕业多年，再也没有回过母校，闻听母校发展日新月异，是当年上学时的校园所无法比拟的，都倍感自豪和欣喜。"母校变化太大了，和我们上学那会完全两个模样。"一位老校友一边翻阅着学校宣传彩页，一边深深地感叹。在楼舍林立中，他终于找到了多少次在梦里出现的第一教学楼和 14 号宿舍楼，激动不已。

许多校友惦念着母校的人和事。“当年给我们上课的赵老师现在还好吗？”“母校的办公楼、前面的广场是什么时候建的？”“新校区在哪个地方？”“毕业这么多年了，找时间一定回去看看。”“请代我向我的班主任和辅导员问好！”……

母校是校友的情感寄托和精神家园，母校承载着校友青春奋斗的记忆。“君自故乡来，应知故乡事。来日绮窗前，寒梅著花未。”王维这首抒写怀乡之情的诗，不也恰如其分地表达出校友心系母校的这番情怀吗？

悠悠话短长　团聚一家人

春节是中国人最重要的团圆节。在这个团圆喜庆的日子，毕业于同一所学校的校友团聚，倍感温暖亲切。成立大会前一天，晋城、长治、大同、朔州等山西各地市的校友开始陆续赶往太原。19 日上午，更多的校友风尘仆仆地从四面八方赶来。越来越热闹的会场，人头攒动，其乐融融。

久别重逢，校友紧紧地拥抱着从母校来的恩师，手拉着手彼此问候，师生见面时的深厚情谊尽显其中。各届校友找到自己当年的老同学，彼此分享别离重逢的喜悦，相互交流生活、工作情况，共同追忆大学读书的年代。

统计 87 级校友郭春梅拿着一张泛黄的老照片，吸引了众多校友围坐一团，寻找照片里自己的身影。这张照片拍摄于 80 年代末，是当时山西籍各年级同学聚会时留下的一张合影，而今已经 20 多年了。“那是我吗？！不仔细看的话，还真认不出自己了。”青春的容颜，永远定格在中国煤炭经济学院上学的那个瞬间。

“这次见到多年不见的老同学心里十分欣慰，脑海中断裂的记忆又重新浮现出来，仿佛又回到了读大学的那个幸福年代。今后将和老同学保持更密切的联系。”旁边的老同学感同身受，继续聊起了他们的大学故事。

当选的会长、会计 86 级校友屈国华就职发言，情挚意切，回忆了大学的难忘生活、同学的纯真情谊，表达了为山西校友会大家庭服务的诚意。当选的秘书长、会计 87 级校友吉凤鸣表示：“山西校友会不分职务、不分年龄、不分入会早晚，将三晋大地的校友紧紧联系在一起，共同团结，共同帮助，共同发展，共同进步。”

老煤院新山商 两代人的母校情缘

“我们是第一届拿中国煤炭经济学院毕业证的学生。”管理83级校友吕变喜补充道，“咱们学校是从山东矿院分离出来的，以中国煤炭经济学院招生的第一届是87级，以中国煤炭经济学院颁发毕业证的第一届是83级。”一旁的国商03级校友赵刚惊叹不已：“相差整整20届啊，您是前辈啦，请多多指教。”

“我叫刘岳红，现在山东工商学院会计学院学习，今年读大三。作为一名在校学生，能在我的家乡龙城太原和各位老师、各位师哥师姐们相见，我感到非常荣幸。我将虚心向师长学习、向校友学习，沿着校友们的足迹，经历风雨，茁壮成长，勇于实践，敢于担当……”刘岳红在成立大会上的发言，充满朝气和活力，成为大会的亮点。更为人称道的是，她的父亲是管理83级校友，两代人的母校情缘，传递出动容的延续和承继。

幻灯片播放着一幅幅校园照片，会场里回荡着轻柔舒缓的乐曲，年长校友与年轻校友推心置腹讲经历、谈感想，“你们年轻气盛，思维活跃，多参与校友会工作，多出主意，这既是奉献，更是收获。我们年长些，经验多一点，在某些方面或许能给予一些力所能及的帮助，咱们相互多交流，共同进步。”

忙碌并快乐 行得春风有夏雨

“一，二，三！”随着摄影师高举手指，大声数数，校友们欢乐地齐声喊道：“田七——”

“给我们来一张！”“再来一张！”拍完集体合影，三三两两地又聚在一起，拍起了“小团体”留念。

有相聚终有别离。师生们、校友们久久不愿离去，每一个老师都被学生们包围，畅意地笑，用心地听，反复地叮咛，会场仿佛成了温暖的课堂。

成立大会顺利落幕，这凝聚着筹备组校友的辛勤汗水和努力付出。从去年下半年，学校和管理84级校友谢涛等部分山西校友接触交流，启动了山西校友会筹备成立事宜。很多校友就山西校友会章程的起草提出了很多修改建议，特别是潞安集团的马建庭校友倾注了大量的心血。山西校友会QQ群的建立，使大家能及时地沟通了解，指定了每个地区的联系人，让他们把其所在地区的校友尽可能地统计上来。筹备组进行了分工，郭春梅校友主要负责对外联系及会务，苏彦荣校友主要负责财务、资产，杨少军校友负责校友内部联系沟通、信息协调、影像资料以及以后有可能出版的期刊资料等。期间，王晶莹、戈会奇、刘翼州、王峰、郭兴旺、王强、邢明宽等等校友经常在一起共商筹备之事，为校友会的如期召开提了很多好的建议。

稍事休整，第一届山西校友会的组织成员们又要为山西校友会成立后的诸项工作开始忙碌。校友会对各位校友来说更大的意义在于，这是校友彼此沟通交流的平台，也是校友内心的一个仪式、一种顿悟——从这一天起他们不再是孤军奋战，而是与众多优秀的山商学子一起开创事业。共同在黄海之滨、瓜果飘香的烟台留下年轻的记忆，又共同在三晋大地工作创业，彼此扶携，这是难得的缘分。有此缘分，山西校友会将会充满真情与活力，越来越好。

（本文发表于《山东工商学院报》2013 年 3 月 8 日第 531 期）

富于理想　止于至善

——记双维伊士曼纤维公司副总经理徐伟

杨　婷

他在大学毕业后，曾作为双优生被分配到政府机关工作，十多年后，他毅然放弃公务员的铁饭碗，选择到企业去打拼。是什么样的追求让他做出这样的选择？又是什么样的信念让他始终斗志昂扬？

温馨的回忆　真挚的感情

回忆起当年的大学生活，徐伟至今仍历历在目，他饶有兴味地说："当时学校刚建校不久，地理位置又相当偏远，所以学校各方面的设施都很简陋。我是 1987 年入的校，学的是管理工程专业，当时的教学楼仅有三层，学生也不多……"说到这，他略微停顿了一下，眼里情不自禁地流露出对母校深深的怀念，"虽然条件不好，但当时师生之间感情很深，相处是非常融洽的。到了周末，我们常常到老师家里聚餐。我去过很多老师家里，很多时候是不速之客。像张兆响、俞国方、刘传庚、席旭东、耿殿明等老师家里更是去过 N 次，他们家里的美食我至今想起来仍是垂涎欲滴。学校离市里远，去一趟市里很不方便，学校有校车送我们去。暑假期间学校开设有暑假选修课，记得那时七八月份的烟台天气并不是很热，或者说还很凉爽，同学们边学习边玩乐，很是惬意。老师很关心学生，学生也很爱戴老师。我们取得的任何点滴成绩，都离不开母校的关心培养，离不开老师的谆谆教导。"当问及在大学时的一些趣事时，徐伟的脸上挂满了笑容，他兴致勃勃地说："学校就在海边，我们常到海边捉蛤蜊，回到宿舍烧，那是我吃过的最鲜美的海鲜。学生自发组织的活动也很丰富。

近一点的，去爬山；远一点的，到威海玩儿。”

无论是简陋、空旷的校园还是热情、敬业的老师，无论是烟台的山水还是曾经的同窗，在徐伟的记忆中都是那么温暖。那串温馨的回忆，那片浓浓的真情，一直伴随着他。

习惯的培养　终生的路径

回首四年的求学生涯，徐伟总结出，“学校学到的就是习惯的养成”。而这习惯包括很多方面，首先是要养成阅读的习惯，“人的一生接触不了多少人，与人接触学到的知识没有从书本上学到的多。常言道‘开卷有益’，多读一些好的书籍，自身受益匪浅。”其次，要养成良好的行为习惯，包括早起、每日三省吾身、今日事今日毕的习惯以及多关心他人的习惯等等。这些习惯能给一个人的成功创造机遇、增添砝码。此外，锻炼身体的习惯是必须要坚持的。徐伟说到最近报道的中国航母事业的歼 15 舰载机总指挥罗阳，因为心脏病突发而英年早逝，他很是痛惜。“身体是一切的基础，在大学里坚持锻炼，就是为以后的工作做准备”。最后，要有培养自身兴趣、爱好的习惯，它们为生活添色，给心灵以滋润。

除了习惯的培养之外，徐伟还提出“路径的依赖”，他认为，“你在做学问、做事、做人中碰到问题时，你所采用的方法，即是你以后走上工作岗位长期依赖的路径。而大学正是培养正确、恰当路径的关键时期。”

他对大学学习的独到见解，是他用自己的求学与工作经历以及对社会的观察、思考中沉淀出的智慧结晶，值得每一位大学生好好去品味。

心灵的召唤　人生的灯塔

凭着良好的学习成绩和优秀的综合素质，大学毕业后，徐伟作为双优生被分配到政府机关从事统计工作，然而他没有停止给自己充电。一边在自己的岗位上尽职尽责，一边刻苦研读中国科技大学的工商管理硕士学位。在工作了 12 年之后，徐伟越来越感到机关的工作虽然稳定但并不是自己所喜欢的。一颗勇于拼搏、乐于挑战的心在燃烧，他听到了自己心灵的呼唤——到企业去！那才是自己人生的灯塔！于是他毅然放弃手中的铁饭碗，选择了安徽省烟草公司。在企业的激烈竞争中，他兢兢业业、吃苦耐劳，收获了属于自己的人生硕果。

2011 年 5 月 30 日，双维伊士曼纤维有限公司在中国合肥注册成立。这是一家中美合资企业，是中国烟草与美国伊士曼化工在醋纤丝束制造行业的首度合作，属于国家鼓励的投资领域。徐伟又一次凭着自己优秀的职业素质与过强的工作能力，被选派到该公司任副总经理。

来自心灵的呼唤让徐伟在人生路上做了一次勇敢的转身，他用自己的经历告诉我们：选择工作，不仅是选择它的薪酬、待遇，选择的还是一种生活方式、一种文化。职业选择不能局限于工作本身，还要了解自己，听到自己心灵的声音，因为那才是人生路上的灯塔。

在工作经历方面，徐伟老师总说“心有多大，舞台就有多大”，他在从事了“铁饭碗”12 年之后果断转行，从稳定的事业单位转到竞争激烈的企业单位，他所表现的勇气和担当是非常令人钦佩的。当问及他放弃公务员的原因时，他说了一段引人深思的话：“坐在公务员的办公室里，看着对面的老同事，我就知道 20 年甚至 30 年后的自己。”这就是徐伟，一个对自己的人生有更高的追求和明确定位的人。

踏实的作风　不懈的追求

说到自己对人生的感悟时，徐伟铿锵有力地说了八个字——富于理想、止于至善。

富于理想就是要仰望星空。“人还是要有理想。理想说得通俗一点，就是你想干什么。”他的话虽然简单朴实，却很值得思考。社会是一个大舞台，形形色色的人都有：有的人醉生梦死、堕落消沉；有的人忙忙碌碌却平庸无为；而有的人执着追求，越活越精彩！找到了自己的理想，才能给自己的人生定位，才能把握人生航向，创造生命的价值。

止于至善，就是要脚踏实地和持续改进。有了理想之后，更长的路要靠自己去走。他深有体会地说：“理想和现实之间的差距，要靠自己一步步去缩短。从小事做起，认真做好每一件小事，把每一件小事做到极致，做到臻于完美，你就离成功不远了。”

然而在他看来仅靠这些还不够，还需要持续地学习和改进。“人要多发现自己的不足，每日三省吾身。人最可怕的就是思想懒。”他还提出了“晨定昏省”，每天早晨醒来首先定一定神，给自己十分钟的时间，想想今天做什么；晚上临睡前给自己十分钟的时间反省反省，总结这一天的经验、教训。这是习惯的力量，更是不懈的追求，对人生负责的态度！

富于理想，他听到自己心灵的召唤，寻找自己人生之舟的航向；止于至善，他勤奋工作，不断改进自己，收获累累硕果。“富于理想，止于至善”，双维伊士曼公司用这八个字引领企业发展，徐伟用这八个字指引自己的每一天。这八个字是他几十载人生经历最好的印章，也将是他这一生最佳的诠释！

（本文发表于《山东工商学院报》2013 年 10 月 18 日第 557 期）

且行且思　用心丈量人生之旅

——毕业 20 年有感

余汪顺

1992 年夏季，一个梦想与迷茫交织躁动的季节。即将毕业的我们，怀着对未来的期盼、对未知的疑惑，在同窗离别的伤感中等待。我也一样，总在遐想自己职业生涯的蹒跚一步该如何走，不知在现实面前，“读万卷书，行万里路”的儿时理想能否继续。

转眼间，毕业已 20 年。从美丽的滨海城市烟台，到山东省会济南，再到首都北京，工作地点离母校越来越远，但对母校的感触越来越深。母亲给我生命，教我生活的技能；母校给我思想，教我学习的技能。走出校门是个起点，意味着学习旅程的开始，而不是结束。20 年里，我从政府部门到银行，从普通公务员到党务工作者，再到涉足金融尖端业务领域，一路走来，觉得自己总在不同的学校学习，一直没有毕业，工作的过程还是不断学习。

初入社会

7 月底，我来到了职业生涯的首站——烟台市计划委员会报到。一同分配来的新人共 7 个，均是清一色的小伙子，全都来自烟台的三所高校。开始一年多，生活与学校并无大异，每天早起打球，到食堂买饭，然后开始打扫卫生，忙得不亦乐乎，不知疲惫。干杂役是主力，但工作中却是十足的学徒，与毕业前要独当一面干大事的想法区别很大，多是记录、打字、校稿、跑腿之类的活。现在看来，要特别珍惜这一段经历。谁也不是天生就该做大事的人，在我们的积累还不够深厚之前，不会无故受到机遇的垂青，唯有继续积累。

90 年代初，计划部门是我国经济体制改革的典型窗口。1992 年，我国开始实施新国民经济核算体系，在参照国际标准的基础上，研制出把计划经济国家的物质产品平衡表体系(MPS)和市场经济国家的国民账户核算体系(SNA)相互转换的《中国国民经济核算体系试行方案（SNA）》。1993 年，联合国发布了《国民经济核算（1993SNA）》，我国开始与国际接轨。市级计划部门是宏观经济与微观经济的结合点。我在综合岗工作，主要负责经济指标测算、经济运行情况分析，除了有机会学习最新的宏观经济理论和管理方法，还有机会了解基层实体经济，对构建知识框架非常有益。工作之余，结合学习与思考，我撰写了《市级经济调控研究》等论文，在《经济与管理研究》《烟台日报》等报刊发表，为自己职业生涯的第一个四年交上了一份满意的答卷。

改行金融

1996 年，我调入中国投资银行济南分行。从政府部门到银行工作，是一次全新的角色转换。刚入职时，组织上安排我在办公室传送文件、管理仓库。一些人认为没有前途，劝我找领导，但我认为，在一个集体中，想做什么与能做什么是有区别的，起步不稳，何以远行？无论什么岗位，都可以创作精美的局部。我不仅愉快地服从组织安排，而且像做家务一样，认真地把仓库收拾得井井有条。同时，利用管理文件的机会，夜以继日地学习金融知识，逐步对金融基本知识以及本行各项管理制度有了初步的了解，较快地进入了角色。一个月后，我就分行的业务思路和内部建设等问题写了一份报告，引起分行重视，党委民主生活会专门进行了研究，让我至今感慨。

两个月后，我终于如愿以偿到业务部门工作，第一项任务就是作为先遣人员，只身到一个撤销的支行清理资产。我努力克服没有经验等困难，做好稳定人心和资产清查登记工作，常常是白天交接，晚上再详细整理资料，对不懂的地方逐个消化吸收，终于不到 10 天完成了全部资产、近百个项目的交接工作。由于人手不足，我还同时兼任了会计复核、项目管理、依法收贷和综合等多个岗位，入行时间不长，却被“逼”成了一个“多面手”。

1998 年，中国投资银行并入国家开发银行，我再次从业务一线回到分行机关，在办公室秘书科工作。面对从中小商业银行向大型政策性银行的转变和工作岗位的变化，我努力在宏观经济、政策性投融资知识等方面进行“补课”，及时转变观念，更新知识，以适应新的工作任务。为加强学习，我定期给自己

“出题目”，每一段时期都重点围绕一个专题进行学习、研究，并形成报告、论文。其中，3篇论文在全国金融系统获奖，两次参加全国金融青年论坛，先后在《金融时报》等报刊上发表论文5篇。

凭着不懈的学习、脚踏实地的学习工作态度，我的努力得到了广泛认可，各项荣誉接踵而来，先后被授予“山东省优秀青年岗位能手”称号并记三等功、国家开发银行青年岗位能手、国家开发银行十大优秀青年等称号。在荣誉和鲜花面前，我深知必须继续铭记“胸怀事业全局，创作精美局部”的信念。

借调北京

2001年9月，因在系统内“小有名气”，我被借调到总行工作。次年1月，经竞争上岗，被破格提拔为党委宣传部副处长。为适应从业务工作到党委工作的转变，我从《中国共产党章程》学起，认真学习政治理论。作为工作人员，我先后参加了“三讲”教育、先进性教育、学习实践科学发展观等重大学习教育活动，共完成行领导讲话、上报材料、简报等约60万字，其中主笔撰写的“国家开发银行抓好党建、办好银行”经验材料上报中央领导阅批，一篇被中央先进性教育领导小组简报刊发。我潜心钻研党务工作，撰写的思想政治工作论文在金融系统获奖，还被评为“优秀党务工作者”，在此期间，还获得了“全国金融青年岗位能手”荣誉称号。

2003年3月，我被任命为总行机关团委书记。很多人为我担心，因为大家认为青年工作难以出彩。在上级领导和青年朋友的帮助下，我先在总行机关开展了一次全面调查，了解青年需求，被团中央评为全国优秀青年调查报告。住房制度改革后，停止实物分房使青年员工面临分不到房、买不起房的困难境地，大家反响很大。面对实际矛盾，我没有回避，一方面积极向行领导和有关部门反映问题，协调领导和青年面对面沟通，加快住房补贴发放进度；另一方面组织住房团购，引导大家“不找行长找市场”，开通了从贷款首付、住房团购、公积金贷款快通道等一揽子服务。我还组织机关青年积极参加中央国家机关的各项活动，其中在中央电视台首届青年英语风采大赛中我行力拔头筹。经过努力，我作为金融系统代表当选为中央国家机关团工委委员，所在团委获得了全国金融系统、中央国家机关、全国五四红旗团委称号等几乎所有荣誉称号。

挑战转型

2007年，转岗成为我职业生涯中的一大现实问题。组织上从爱护我出发，曾考虑安排我到工作性质相关的行政岗位工作。是顺应常规、平稳过渡，还是重温梦想、再拾业务？思考再三，我决心挑战自我，作出了一个让所有人吃惊的决定：到业务部门工作，而且到最具挑战性的资金交易部门工作。

大家之所以吃惊，是因为资金交易业务具有市场化程度高、专业性强的特点，堪称金融业的高端前沿。此前，我从未涉及，许多名词闻所未闻。为此，我一口气买了几十本专业书籍给自己“扫盲”。任交易部研发处处长后，我边学边干，逐个岗位实习，虚心向比自己年轻10多岁的交易员请教，组织商品衍生品、碳排放、利率和汇率衍生品及债券业务等多项课题研究，竭尽全力为资金交易业务做贡献，受到各方肯定。

因工作需要，我2008年改任资金局综合处处长。当时正值开行商业化转型，资金业务受到了首当其冲的挑战。由于资金业务专业性很强，业务综合面广繁琐，极富挑战性。我带领全处连续加班加点，系统梳理了数十套业务报表，规范综合材料撰写工作，初步实现业务数据、业务信息“两个集中”；重新梳理业务流程和授权，加强内部管理；充分发挥组织协调优势，组织制定业务规划，全力开展服务协调，充分发挥了综合处协调运转、服务中心的作用，为资金业务发展做出了积极努力。

2011年，我被提拔为资金交易部副总经理，有幸与众多金融精英一起，为中国的金融强国之梦而奋斗。在我的团队中，有以债券资本市场建设为毕生追求的老专家，有享受国务院特殊津贴、领军金融界的新才俊，有矢志在人民币国际化的历史浪潮中以争夺人民币定价权为使命的年轻人。在国际金融的风暴里，在中国金融创新的浪潮中，与我的领导、我的同事同行，感受向上的力量，催紧前进的步伐，我为能有机会投身金融报国而深感自豪。

且行且思

记得在一篇散文中读到：人的一生总在匆匆赶路，要做出很多选择；偶尔小憩时，一定要回头看看走过的路，往前看看该往哪走。我深感赞同，用自己的话表达，就是行走人生，要“且行且思”，不行则不达，不思则迷途。总结

20年历程，捡拾几点主要感悟与大家分享。

一是胸怀全局，追求精美局部。在世界、国家、单位、家庭中，我们都是一个局部，但一定要做一个精美的局部。我不算成功，但始终以成功为目标，引领努力的方向。我也不算优秀，但坚持把优秀作为标准，时刻以此为镜。二是执着追求，脚踏实地奉献。“干一行、爱一行、专一行”，其实不是说教，而是内在需要。没有全身心投入，就无法取得卓越成就。三是持续学习，不断充实自我。每一次岗位调整，我都是学字当头、以学立身、靠学提升。在每个岗位，我几乎都是“笔杆子”，承担重要课题研究和报告撰写工作，良好的学习研究习惯为我提供了源源动力。四是珍惜团队，善于协作交流。行走的旅途中，有在我前方、给我引导的先行者，有与我比肩、共同奋斗的好伙伴，也有在我身后、需我拉扶的随行者，都要去敬重和珍惜。五是修身养性，淡看荣辱功名。20年来，我获得过10多项省部级以上荣誉和奖励，也有许多挫折失落。生命中会遇到很多贵人，包括老师、领导和朋友，我深深感激；也会遇到委屈不公的人和事，要胸怀宽阔。

从一个普通农民的儿子，怀着报效祖国的雄心走进校园，怀着实现自我的壮志走进社会，现人至中年，唯有以更平和的心态、更扎实的脚印、更丰富的成就来丈量人生之旅。

行者无疆，但母校永远是我的起点，终身不忘母校的恩赐。

（本文发表于《山东工商学院报》2013年12月20日第566期）

做细做实　做出成效

——“80后”女检察官吕晓蓓的工作信条

苗飞飞

你是否想象过，10年之后的你在哪儿、在做着什么？你又是否考虑过，自己离开母校10年，会对她有着怎样的情感？

今天，我有幸采访到从我校毕业10年的学姐。10年里，她在工作中钻研业务取得了全国检察预防业务素能比武十佳的成绩，并成为最年轻的“全国模范检察官”，她就是我校2000级法律系法学专业、现济南市历下区人民检察院检察官——吕晓蓓。

初次见面，给我印象最深的就是她那张圆圆的娃娃脸和清甜的微笑，像个邻家女孩儿，完全没有想象中的严肃之感。“回到学校，感觉就是回家了，回家的感觉，真好！”望着窗外的纳川广场，她饱含真情地感叹着。

与法律结缘

吕晓蓓从小生长在县城，是家中的独生女，上学以来，她学习一直很用功，成绩在班里也一直名列前茅。能早日走进大学进行学习，是她心中的梦想。2000年夏，大学合并，扩招的热浪此起彼伏。那一年，她也是高考大军里的一员。在当年扩招的那种大形势下，她的分数虽然高出本科线20分，填报的志愿却一个个落空。“当时，感觉自己整个人处于一种‘混沌’状态，我真的没学上了？还要不要回去复读？思来想去，觉得自己不想走回头路，一定要上大学！”当年那个倔强的她，第一次为自己做着人生抉择。终于，在最后的调剂阶段，吕晓蓓被“中国煤炭经济学院”录取，17岁的她，背上行囊来到了港城烟台。

与其说吕晓蓓与法律结缘，不如说这是一种传承。吕晓蓓从小在检察院里长大，父亲是县里的一名检察官，在她的记忆里，检察服有点像军装，豆绿色，有肩章，并且佩戴大檐帽，穿着走在街上那叫英姿飒爽。小时候，她做梦都想穿上这一身衣服，就这样，一粒法律信仰的种子就在她心中早早地种下了。

大学里的那个她

上大学学法律，是她的不二选择。然而，她进入大学开始上课后才发现：法律真的好晦涩，每个汉字都认识，连起来就什么都不懂，一大堆法言法语，真是有些不知所云的感觉。而且吕晓蓓高中时读的是理科，当她进入法律系学习后才发现班里的大部分同学都是学文科的，她知道，自己的底子还真是不占优势。

在大学里，她最遗憾的事就是没拿过一次奖学金。她不甘心，她常对自己说："困难是你怕它它越是吓你，你不怕它它就怕你了。"所以，大学四年她从未放弃过，只要比曾经的自己考得好她就觉得有收获、有奔头。吕晓蓓说："从大一开始，我就一直盘踞在二教318自习室中间第一排的那个座位，无数个夜晚，枯燥而乏味，艰辛却幸福，英语四六级、计算机二三级证书都被我收入囊中。"

"四年的沉寂，有过退缩，有过迷茫，有过失落，甚至有过绝望，但我坚持住了。"所有的沉淀和积累都在那一日绽放了——吕晓蓓以全校选调生考试第一名的成绩考取了山东省委组织部选调生。很多人投来不解的目光："为什么是她？她的学习不如我啊！"吕晓蓓说："我只知道笨鸟先飞的道理，既然我飞不高也飞不快，那我就不停地飞，在别人休息的时候我也要飞，早晚会拥有属于自己的那一片蓝天。"

"大家都明白，高考考验的是十几岁的我们，当我们二十出头毕业的时候，什么名校的光环、高材生的头衔，都不如这四年练就的适应工作的'真把式'，也就是吃苦耐劳、踏实肯干、勤于学习的劲头，这要靠我们一点一滴地积累。"吕晓蓓这样告诫着自己的学弟学妹。

把工作做细做好

工作之初，吕晓蓓被分配到公诉科，这也是很多年轻人期望进入的部门。

虽然还不能称作检察官，但也能辅助办理一些简易程序案件。第一次夹着卷宗去看守所提审，第一次身穿检察服坐上公诉席，第一次与辩护律师唇枪舌剑，第一次追诉漏犯被判实刑……然而这种状态只持续了一年半，她就被调到控告申诉科担任内勤。公诉科有3个年轻人，偏偏吕晓蓓被调离到大家认为是“养老院”的控申科，控申科人员平均年龄在45岁以上，通常是年轻干警最不愿意去的科室。有委屈，有不解，但是“甭管别人怎么想，要干就把工作干到极致”。在控申科，吕晓蓓一干就是五年，在这里，她做到了嘴勤、手勤、腿勤，也做到了热心、耐心、安心，她被评为“济南市微笑服务先进个人”“济南市检察机关优秀调研员”“历下区人民满意干警”并荣立个人三等功。多少个加班加点的日子，多少本出自她手中的样板卷，多少篇被高检院转发的文章，吕晓蓓忙碌于琐碎细小的工作之中，把工作安排得井井有条。

工作10年，吕晓蓓一直在济南市历下区人民检察院工作，从科员走到副科再到正科。早来晚走成了她的家常便饭，白天阅卷提审，夜晚读书学习。她与“师傅们”一起办理了近百起刑事案件，重特大案件占全科的三分之一以上，没有出现丝毫的质量问题。在侦查监督科，作为未成年人的案件主办人，她和全科同志们一起拿到“全国优秀青少年维权岗”“全国青年文明号”的殊荣；在控告申诉科，她恪守着“微笑服务、贴心接访”的工作准则。

今年4月，在第八次全国检察机关先进集体及先进个人表彰大会上，吕晓蓓获得了“全国模范检察官”这项检察官最高殊荣。一位老大姐曾笑着问她：“4年一次的表彰，全省共3个模范检察官，怎么会落在你一个80后的小青年身上？”面对褒奖和羡慕，吕晓蓓清楚地知道这个荣誉代表着过去，是对过去工作的肯定，更是一种鼓励和鞭策；面对质疑，她懂得未来的路会很长很艰辛，做细做实做出成效是对待质疑声的最好方式。

“有两种动物可以到达金字塔的顶端，一是雄鹰，靠自己的天赋和翅膀飞上去，另一种是蜗牛，它绝不是一帆风顺地往上爬，一定会再掉下来，再往上爬，掉下来，再爬……如此反复，只要你在爬，就足以留下让生命感动的日子。”是的，无论做什么事，要有一个好的心态，要懂得坚持，懂得感恩。

（本文发表于《山东工商学院报》2014年9月26日第594期）

兢兢业业　求真务实

——记原工业管理专业88届校友、淮南矿业集团财务部副部长马进华

殷乙铭

从整理单位人事档案的科员到全集团最年轻的财务科长，从集团所属煤矿的副总会计师到淮沪煤电有限公司副总经理，2011年，应工作需要，他被调回淮南矿业集团任财务部副部长，主管整个集团的对外投资。20多年一路走来，马进华所留下的每一个脚印都刻有“务实”两个字。

再回眸，难舍大学生活

马进华就读的大学——山东矿院济南学院，是中国煤炭经济学院的前身。当时的山东矿院济南分院与山东经济学院的校园在一起，形成了“一个校园，两所大学”的局面。尽管学校条件有限，设施不够齐全，回忆起大学生活，马进华仍十分留恋：“当时学校的活动很丰富，几乎每个周末都组织同学看电影、看电视。篮球、排球等球类活动也很活跃，我们学校的男子排球，在济南高校联赛中每年都是前三甲。”谈起师生关系，他回忆说：“因为年龄相仿，有的老师刚毕业就当我们的辅导员，师生关系很融洽。老师都有自行车，到了周末，我们五六个同学就向老师借上几辆自行车，到济南郊区或到黄河大桥去郊游，那种感觉真好。”

马进华不仅积极参加各项校园活动，对于学习他也是毫不懈怠，“那时一个年级考上大学的往往不到5%，大家都十分珍惜上大学的机会，几乎没有逃课的学生，而且晚上大家都很自觉地去上自习，感觉很充实。”

总结大学生活，他认为：“大学除了教会我们一些书本知识，也教会我们

如何思考问题，处理问题。大学是自己未来的一个铺垫，没有这个铺垫，走上工作岗位后，是难以游刃有余的。”

忙充电，脚踏实地工作

1988年，马进华大学毕业，被分配到淮南矿务局，即现在的淮南矿业集团。单位组织部长发现马进华写得一手好字，就先安排他在组织部帮助整理人事档案。那时没有电脑，全部手工抄写，这一整理就是几个月，面对着繁琐的工作，不少刚毕业的大学生耐不下性子，但马进华却认真填写每一张卡片、每一张表格，整好每一份档案。

组织部长对他踏实的工作态度很是欣赏，征求他的意向，问他想到哪个部门工作。由于是工业管理专业出身，学过一些财务知识，马进华选择了去财务科。

他从最基本的出纳做起，后又从事成本会计。凭借着出色的业绩与踏实的作风，1994年2月，马进华被提拔为淮南矿业集团所属煤矿财务科副科长，第二年就任主持全面工作的财务科长。当时他还不到30岁，是全集团最年轻的财务科长。2002年他又升为副总会计师，2004年被选调提拔为淮沪煤电公司副总经理。后来他被调到淮南矿业集团任财务部的副部长，主管对外投资，每年集团对外投资100亿左右。谈到当年的机遇，马进华说：“我一直觉得在工作岗位上最重要的是踏踏实实地把本职工作干好，不要眼高手低，脚踏实地最重要。”

“成功是靠1%的灵感与99%的汗水”。走出大学校门后，他一直不忘给自己充电。他说：“因为知识在不断更新，国家的一些经济法规也在改变。另外，将知识运用到实践中是需要一个过程的。所以，就要不断充实自己。”如何充实自己？他总结出了自己的经验：在实践中摸索；多看书，向书本学习；虚心请教，向有经验的同事学。而这些经验的背后是他务实的精神。“虽然从事的工作都与财务有关，但不同工作岗位所需要的知识是不同的，出纳和成本会计就不一样。毕业后我在职进修了经济学研究生课程，2004年到北京中国矿业大学脱产学习三个月，一直到现在，我还要学习，所以我又参加了人社部与英国剑桥大学举办的财务总监任职资格培训班。不学习就跟不上知识的革新，就不能很好地完成自己的工作。”

看未来，期盼硕果再结

淮南矿业集团是中国企业500强企业、安徽省12家国有重点骨干企业之一，是全国13个亿吨级煤炭生产基地和6个大型煤电基地之一。作为财务部副部长，马进华主管整个集团的对外投资。他身居高位，肩负重任，高瞻务实做事，低调谦和做人，赢得了公司上下的尊重和认可。

问及与人相处之道时，他说："人与人各不同，每个人的处世方式也不一样。但只要真诚，就能与他人相处好。人常说的一句话就是'老实人不吃亏，吃亏在于不老实'。"

无论是踏实的工作品质，还是真诚实在的做人风范，这份务实，自然形成了他心中高度的责任感。谈起对于未来的打算，他说："继续对企业、对家庭、对自己负责。踏实干好工作，关心家人，保持廉洁的作风。"这份务实，也是他前进路上一直不变的动力。

从学习到工作，从工作到为人，马进华几十年如一日，一直秉持着自己的操守。务实，是他的工作作风、为人风范；务实，是他工作生涯不断进取的最大法宝。兢兢业业，求真务实，相信马进华将带着这份务实去创造人生路上一个又一个硕果！

（本文发表于《山东工商学院报》2014年10月24日第597期）

上善若水　涌泉相惠

——访外国语学院英语专业 2005 届校友张欢

张　萌

“滴水之恩，当涌泉相报”，校友张欢用自己的一言一行诠释了这句话的深刻含义。

2013 年，张欢联系到学校国内合作与交流处校友办公室，表示想设立一项奖学金——涌泉奖学金，每学期拿出 3 万元来资助家境贫寒、品学兼优的在校生。他的这一举动，让当时在场的人欣喜之余也心生敬佩。据校友办公室纪祖伟老师介绍，至今张欢已送来 9 万元，15 名贫困生学生得到了他的资助。金融 111 班的李彦林同学告诉记者：“从心底里感谢张欢师哥，他的资助在很大程度上缓解了家庭贫困给我带来的后顾之忧。我一定要安心学习，完成学业！”

是什么样的经历让校友张欢加入到反哺社会的行列里来？带着这样的疑问，记者走近了今天的校友张欢。

张欢是我校外国语学院英语专业 2005 届毕业生，2009 年他辞掉稳定的工作，跟海参打起了交道，从最初的小门店到北京店再到烟台旗舰店，五年里，企业一步步发展起来，如今的年营业额已达 1.5 亿，张欢就这样坚持走在打造“海参王国”的路上。

通过电话、微信联系时，这位企业家校友显得平易近人。没有太多架子，没有标榜自己的老板身份。他细心地告诉记者公司的具体地址，并用短信进行了提示，这一小小的举动，让人觉得这个素未谋面的校友很贴心。凌晨一点，记者偶然间发现张欢也在微信上。交谈后得知，他去北京谈项目，当晚回家，因航班延迟，在机场等待。张欢说：“创业辛苦，经常两三点才能睡。可是再辛苦，也心甘情愿。”

员工眼里的他

正式采访那天，到达八仙口海洋食品有限公司已是下午三点了。这是一家主要从事海产品生产、加工和销售的公司，目前已成为烟台市政府重点发展企业，张欢就是这家公司的董事长。

到了公司之后，最先遇到的不是张欢本人，是一位同为山商校友的师姐——倪叶庭。作为2010级国贸专业的学生，在经历过几次有关出口工作的实习之后，她选择了八仙口海洋食品有限公司。谈起张欢，倪叶庭师姐打开了话匣子：“一个年少时家庭贫困的学生，靠着自己一步步的努力，兼职、打拼，在照顾弟妹的同时，还创办了自己的公司，十分不易，我打心眼里佩服他！在公司员工的眼里，他口碑很好，我觉得他不仅仅是在创业，更是在做事业。”

据了解，八仙口海洋食品有限公司每年都会回母校招聘合适的毕业生。正在上班的李滨宇就是其中之一，据他介绍，“今年8月，烟台青年志愿者协会主办了失独老人游烟台农业科技博览园活动，这次活动就是由我们公司赞助的。给予失独老人一份关爱，也算是公司和老板对社会的一种回馈吧。”

张欢在创业的过程中，曾屡屡遇到困难，正是别人的一次次帮助，让他品味到了“赠人玫瑰，手留余香”的真正含义。为此，在自己的企业一步步走向正轨时，张欢也在母校设立了涌泉奖学金，尽己之力资助家庭贫困的学生。滴水之恩，涌泉相报，或许，这就是“涌泉奖学金”的设立缘由吧。

在与公司员工两个多小时的交谈中，感受更多的是他们对老板张欢的尊重与信任。毕业没多久的张晓彤在公司做文案，她说：“非常感谢公司和老板给我机会，让我有能力去做自己喜欢并擅长的事情。张总是一个特别善于用人的人，只要你有能力，他就愿意给你机会。所以，我觉得在公司很有发展空间。”

辞职做海参

和大多数人一样，五年前，大学毕业之后的张欢，进入了烟台一家外贸进出口公司，不用再担心工作问题，父母为之松了一口气。可是工作之余他一直在思考，自己存在的价值到底是什么？未来在哪里？出路在哪里？要安稳工作还是要出去闯一闯？几经考察，他毅然决然地拿着准备买房的 6 万元，踏上了创业之路。

在校期间，他开过体育用品店，卖过盒饭，甚至倒过车、卖过烧烤，之前的一次次“试水”，让他对创业经商并不陌生。偶然间得知做海参是个赚钱的行业，于是他开始做起了海参批发，并研究海参特性，寻找加工方法。以 6 万元启动资金为基础的他，历经五年的摸爬滚打，终于在海参行业崭露头角。在准备“八仙口海参”南大街旗舰店开业时，从店面设计到装修方案，他都亲自参与，仔细审核。上天总是眷顾有准备的人，长期的辛苦没有白费。开业当天的火爆让所有的奔波和劳碌都化成了幸福和欣慰。

凭着敢打敢拼的精神，今年他荣获了中国企业家杂志“未来之星”称号。在谈到行业前景和企业发展时，他这样概括：“首先，简微之利，维持生存。创业初始，生存是最大的问题。重要的是形成利润而不是盈利多少。目前海参行业也没有真正发展起来，不过前景广阔；生存之后看发展，能不能持续经营，能不能真正发展起来，这是创业的难点，也是行业发展中的一大难题。发展过程中要策略得当，注意诚信问题。最后是规模化盈利，同时实现共赢与双赢。能不能把成功的模式复制到其他地方，在整个行业取得长足进步，实现企业与社会的双赢，这是更高的追求。在实现自己盈利的同时，也要承担一份社会责任。”

积善之家，必有余庆

“为什么想到要回馈母校，设立涌泉奖学金，并不定期地回去与师弟师妹们进行面对面的座谈交流？”在被问及感恩母校、回馈社会的初衷时，朴实诚恳的张欢笑了笑，他说：“你听过一句话没？积善之家，必有余庆。当初我在上学的时候，家庭贫困，参加了学校的勤工助学。平时缺钱的时候舍友经常帮忙，包括在大学里开体育用品店，都有宿舍人的支持，后来在创业中也得到过众人的帮助，真的挺感谢他们的。此外，学校给了我这样一个包容的环境，让我有机会去接触社会与生活。”

如今的八仙口海洋食品有限公司也做起了网络销售，淘宝、天猫、京东等都有销售店铺，并会适时到各地做展销，在济南、沧州、北京等地也都有店铺，实现了向 O2O 营销模式的转型。“把海参真正融入到普通百姓的生活里，做老百姓吃得起的海参”，这是张欢朴实的现实目标。

回想起自己的大学生活，张欢坦言，学生时代他十分喜欢踢足球，每天都会从下午3点开始踢球，而且球技不错，他还结交了一帮志趣相投的球友。“大学生活，很短暂，但记忆却总是很长久，”他笑着说。

（本文发表于《山东工商学院报》2014年11月14日第600期）

十年磨一剑　风正一帆悬

——记中国煤炭科工集团太原研究院内蒙古分公司副总经理屈国华

纪祖伟

“天地生人，有一人当有一人之业；人生在世，生一日当尽一日之勤。”这是大型话剧《立秋》中晋商马家的两句家训，也是屈国华多年来的人生信条。从一般的会计人员，到会计主管，再到分管财务的老总，他始终践行这一信条，在工作中诠释着一名财务工作者勤奋、务实的本色。

青葱岁月　大学的点点滴滴

青春，是碧蓝天空上的一抹朝霞，红得让人爱怜。人到中年的屈国华，回忆起20多年前的大学生活，脸上又一次露出了淡淡的笑意。1986年，他以497分的成绩考取了中国煤炭经济学院。拿到录取通知书的那天，除了和同龄人一样兴奋之外，他还多了些疑惑——记得自己填报志愿时，没有这个学校，打开通知书后才看到，一张家庭情况调查表上盖有山东矿院济南分院的公章，他也只在备选志愿栏填报了山东矿院济南分院。原来中国煤炭经济学院是在山东矿院济南分院的几个经济类专业的基础上新成立的，地址在烟台市东郊，依山傍海。从那一刻起，他与这所大学结缘了。

一所位于海滨城市的大学，对这个从未走出家门、更从未见过大海的山里孩子来说，充满了太多的憧憬和期待。开学那天早上，天刚蒙蒙亮，他坐在了前来接站的校车上，欣赏着沿途的海边景色，心情豁然开朗。校车到达目的地后，他惊呆了，学校没有大门，仅有残缺不全的部分围墙，甚至还没有一条成形的道路，仅有一座三层教学楼（规划中的子弟小学楼）、一栋学生宿舍楼和几座家属楼，还有一部分平房。就这样，在新鲜与不安中，他开始了自己的大学生活。

当年是学校第一年自主招生，只有管理、会计、统计三个班105个学生，100多位教职员工，学习氛围很浓厚。他回忆说，当时的教职员工和同学彼此间都相互认识，师生关系非常好。他很快融入这样一个充满温暖的集体中，并发自内心地喜欢上了这里。

令他最难忘的是学校的周边环境和师生情义，学校东面是大海，西面山上是成片的苹果园。晨起，他们一起望着朝阳迎着海风出操；周末，师生一起骑车远行踏青；苹果成熟的季节，大家三五结伴到果园里帮着果农采摘苹果。大学期间，他们留下了太多的青春足迹，留下了太多说不尽的美好回忆。

阅历丰富　积淀成功底蕴

就业是人生的第三个转折点，也是人生的又一起点。1990年，大学毕业后的他分配到当时的煤炭科学研究总院太原分院财务处工作，当时的太原院还是实行差额预算管理的科研事业单位，他是处里唯一的大学本科生。但他主动要求从最基础的出纳工作做起，出纳工作培养了他细腻、严谨的职业素养。几年来，他不断学习、思考、总结、探索，积累了丰富的会计工作经验，并为他今后的职业生涯打下了很好的基础。

“有理想的人永远年轻，没有理想的人，即使年轻，灵魂也会爬满皱纹。”1996年，他主动要求下基层学习锻炼，到焦化厂（北京总院和太原院共同出资）从事基层企业财务工作。半年后，太原院成立多种经营中心，屈国华因出色的工作表现得到了领导的一致认可，被调入多种经营中心任财务科长兼办公室主任。身兼两职，他顿感责任重大。一方面有了自己的事业，年轻的心意气风发，准备大展身手。另一方面同时面对两个职务，他感到了前所未有的压力。但是他不急不躁，慢慢理顺了工作思路。对于驾轻就熟的财务工作，他重视会计基础工作，同时不忘总结和改进；对于办公室主任，他坚持抓住重点，妥善安排，尽量将工作安排得有条不紊，张弛有度。他以高度的事业心和责任感，在两个角色之间不知疲倦地忙碌着。

太原院的招待所和内部食堂管理，一直以来就是单位的老大难，院里曾多次换人，但此项工作一直未能做好。2002年9月，太原院在全院范围内不拘一格选拔人才，公开招聘招待所所长，他以绝对的优势高票当选。上任伊始，他对招待所房间、招待所内部食堂进行了全面修缮、改造，在食堂管理方面，他利用自己以前的管理经验，对菜谱的制定、原材料的进出、厨师的选聘等多方面进行审核把关，确保职工能吃上放心、可口的饭菜。值得一提的是，当时的太原院进行了事业单位向企业的改制，正处在迅速上升时期，每年招聘的新员工迅速增加，出色的食堂工作为公司的发展提供了有力的后勤保障。在招待所管理方面，他积极学习国内一流宾馆、招待所先进的管理经验，消化吸收，不断改进管理。经过努力，招待所工作大大提升了公司的形象，得到了领导和员工的交口称赞，当年屈国华还被评为太原院劳动模范。

回忆起这段丰富的经历，他坦言，1996 年至 2006 年的 10 年，是最锻炼他能力的 10 年。这 10 年，不仅进一步充实和丰富了他的人生阅历，更锤炼了他的领导和管理才能。这 10 年，无论是作为食堂负责人、办公室主任，还是招待所所长，他从未放弃过财务专业的学习，这期间他撰写学术论文多篇，在省级、国家级核心期刊陆续发表，并通过了国家高级会计师职称考试，取得了高级会计师职称。

厚积薄发　其发势必从速

“天道酬勤，厚德载物。”2006 年，他被任命为公司财务处处长，这是他职业生涯中的又一次跃升。时值太原院实行股份制改制、公司上市的关键时期，他从企业发展战略高度出发进行公司整体财务分析和改制筹划，组织对公司原有资产进行整体评估，将部分资产进行剥离，使公司的资产得到了更有效的配置，大大提高了资产的质量和资本的市场价值。任财务处处长期间，他坚持抓住主要矛盾，针对公司存货、应收账款长期居高不下及历史预付账款的清欠等财务问题，多次积极主动向公司领导汇报，提出各种应对措施强腕解决，使公司各项财务指标明显趋于好转。

一年后，公司与其他两家企业合作，在陕西省榆林市成立了控股子公司——榆林天地煤机装备有限公司，他调任榆林子公司担任副总经理兼财务总监。当时的榆林天地公司刚刚起步，基本还处于基础建设阶段。万事开头难，他一方面做企业财务管理规划，一方面亲自起草各项财务制度，建章立制。经过一年的时间，榆林公司的财务工作走上了正轨。公司的人事、财务、基础建设等工作在他和其他班子成员的共同努力下，也迅速开展了起来。

鉴于他多年来突出的工作业绩和出色的组织管理能力，2009 年他被公司推荐参加清华大学高级工商班的培训学习，进行为期三个月的脱产培训。年近不惑的他又回到了久违的大学校园，来到学风浓郁的清华园。漫步在清华学堂，走在荷塘边，他暂时放下了繁重的工作，静下心来梳理总结多年来的人生经历。同时在培训班上，他也学习了国内外先进的经营管理理念，结识了神华集团、中煤集团等大型企业的优秀管理人员，他们一起交流、学习、进步，建立了深厚的友谊，积累了广泛的人脉资源，为他今后事业的发展打下了坚实的基础。

2010年3月的一个艳阳天，屈国华驱车来到了内蒙古鄂尔多斯这片美丽富饶的土地上，根据工作需要，他被调任内蒙古分公司副总经理，主抓分公司财务工作。在工作中他重视工作方法，坚持抓住主要矛盾，规范财务基础工作，首先解决了存货管理、成本核算、税收筹划等几方面的问题。他重视存货管理，加强国有资产的内部控制和财务核算，盘活公司所有资产。在税收筹划方面，他对企业所得税的申报缴纳方式、专业化服务纳税地及纳税模式、跨地区总分支机构的公司间交易的核算范围、账务处理和业务流程等问题逐步进行规范，使内蒙古分公司的纳税申报走上健康、合法的渠道，实现了和谐纳税和合理、合法避税。内蒙古分公司成立以来，财务工作一直是几个年轻人在做，他到任后，对财务工作的很多细节进行了规范，使分公司财务工作得到了很大的提升。工作中，他重视年轻人的全面发展，使年轻人得到全面迅速的提升，几年来，内蒙古分公司为公司总部培养输送优秀会计人员7人，为公司总部提供了人才支持。

作为副总经理，他在职工中享有很高的威信。在他身上，也特别体现着一名财务工作者勤奋、务实、严谨、细腻的工作作风。有人说他是一个有远见卓识、才能超群的人，有人说他是一个团结同志、敢于吃苦的人，还有人说他是一个顾大家、舍小家的人，可他说只做了自己应该做的，和大家相比，自己做得还远远不够！

问起对母校学子想说的话，他动情地说，大学是人生非常重要的一个阶段，他希望在校学生珍惜大好时光，早日确立人生观和价值观，主导自己、充实自己、锻炼自己，规划并好好把握自己美好的人生。

晨曦初露，东方开始泛白，内蒙古分公司运动场上又出现了他忙碌的身影，他又开始了充实的一天。

（本文发表于《山东工商学院报》2014年11月28日第602期）

用坚持守望成功　用汗水铸就辉煌

——记 1991 届会计系校友贾沐山

肖友山

贾沐山，1968 年生于河南，1991 年毕业于山东工商学院（原中国煤炭经济学院）会计系会计专业，现为河南国龙物流有限公司党总支书记、总经理。

忆往昔峥嵘岁月

贾沐山 1991 年毕业至今已有 24 年，回想 24 年前在山商这座象牙塔里，那段“恰同学少年、风华正茂”的美好时光，贾沐山有着道不尽的感慨。1987 年，贾沐山离开偏远贫困的河南农村老家，来到了中国煤炭经济学院，在这里他度过了美好青葱岁月中最重要的四年。

1987 年的中国煤炭经济学院还处于一片荒凉之中，简陋的生活条件，唯一的一幢教学楼，野草丛生的校园景象……“那时的条件是艰苦的，远没有今天的学校生活那么舒适。很难忘记，我们课余时间的乐趣竟是拔草、种树。”贾沐山和他的同学们苦中作乐，寻找生活的趣味，展示着青春应有的激情与梦想。

大学期间贾沐山是运动场上的健儿，积极参加各种体育活动，在校运动会 200 米与 400 米的赛场上都曾有过他奔跑的英姿，系篮球队、排球队，同样少不了他的身影。“每天的训练生活，为简单的大学生活增添了不少乐趣。”丰富的体育运动为贾沐山如今健康的体魄打下了基础。黑白照片定格了那些珍贵的场面，成为那一代人共同的热血回忆。

回忆起大学生活，贾沐山难忘的是朝夕相处的同学们，怀念的是亲友般的辅导员老师。从忙碌的高中迈进大学的校门，带着懵懂与新奇开始了全新的生活。四年的相伴，留给彼此一份永久的回忆。尽管岁月匆匆，但是同学间的友谊不会淡。对于大学里的老师，贾沭山仍能清楚地叫出他们的名字：李建民老师、杨海山老师、马东太老师、曲琨老师。回忆起大学期间的历任辅导员，贾沭山有着说不完的感激。"那时候和辅导员老师关系都特别好，毕业这么多年还都有联系。"对贾沭山来说，大学里结识每一位的良师益友，都是他人生中的宝贵财富。

桃李不言　下自成蹊

因为追求，人生所以不同。贾沭山毕业后分到河南永煤集团财务处工作，在永煤集团工作的这二十几年，贾沭山从一个刚走出大学校门什么都不懂的毛头小伙儿，提升到国龙物流总经理的位置。毕业 22 年，他始终朝着一个既定的方向，用心走好每一步，即使再困难，他也说服自己走下去，只为心中的那个梦想。

虽然如今事业有成，但贾沭山在刚工作时也和大多数年轻人一样，心浮气躁。在 1997 年和 1998 年这两年间，他的思想出现了波动。"我觉得我该做的都做了，工作能力没有问题。"可不知出于什么原因，一直勤勤恳恳的贾沭山在工作上并未得到提升。在克服自己怀疑心理的同时，他说服自己以更加认真的态度对待工作，暂时抛开其他想法。上天没有辜负贾沭山，有付出就会有回报，2000 年他的努力终于得到领导的肯定。"其实，生活就像是在炼钢。只有在一步步的锻炼中，你的价值才能得到提升。只有经得住锻炼，才能走向成功。"贾沭山如是说。

转身的瞬间，决定人的高度。贾沭山坚信，坚持是最好的老师。"年轻人有做事的心，但到真正要付出实践，付出努力的时候，却常常轻易放弃。"人性的弱点是懒惰。一个人一天如果抽出两个小时的时间认真学习、认真读书或是钻研某一方面，五年时间就可以在这个领域取得成绩。难就难在，我们不能坚持。更多的人宁愿打游戏消磨时间。

当今社会，世风浮躁，大学生好高骛远、眼高手低的毛病普遍存在。作为刚走出大学校园的年轻人，一些大学生对自己缺乏清醒的认识，对工作条件要求过高，很多人不愿意从基层做起。贾沭山，一个从基层奋斗到管理层的成功人士，有这样的体会，"大学生要从基层做起，经得起底层工作的艰辛。要在基层的实习中获得成长，不断走向成熟。”在基层实习，是一个锻炼人的过程。种子从播种到收获，需要的是时间。人是在不断锻炼、不断吸取营养、不断成熟的过程中得到发展的。如果将来想做个顶层设计的人，现在的任务是踏实做好基层创新。

百尺竿头　更进一步

一步步做到现在这个岗位，贾沐山无疑是成功的。事业有成，家庭美满。提及在北京上学的女儿，贾沐山的自豪之情溢于言表。虽然只有一个宝贝女儿，贾沐山却从不溺爱。“自己的事情自己做。”这句话看似简单，但真正教育孩子做到这样的，却不常见。“我家姑娘放假没回家，在北京一家化妆品公司做促销。”虽然能够为女儿提供衣食无忧的生活，贾沐山还是鼓励女儿假期做兼职。“这样能够让她锻炼自己的能力，更早地体验生活，更早地接触社会，更早地认识社会。”

对于“幸福”，贾沐山有着自己的理解。一是能够多陪家人。家庭美满才是真正的幸福。许多人在忙着拼命赚钱的同时，却忽略了家人，殊不知亲人在乎的不是有花不完的钱，而是有你的陪伴。即使工作再忙，贾沐山也会为家人留出时间。“开车载一家人外出兜兜风，陪家人出去吃一顿饭。不管一个人有多忙，这些时间都是可以挤出来的。”二是自己有时间与大自然亲近。对于现在的人来说，生活压力大，过的是“上班开会、下班酒桌”的生活。整天忙于交际，公务缠身，疲惫地应付着各种事情。相对于城市生活的繁杂，农村生活则比较悠闲，如同一支婉转动人的小曲。“属于自己的私人空间有限，但适当地给自己放个假，才能更有精力把工作做好。”闲暇之余，贾沐山喜欢到郊区转转，远离城市的喧嚣，置身于宁静的自然之中。

对于未来，已过不惑之年的贾沐山有着自己的人生经验，“计划赶不上变化，事情的发展不是我们所能控制的。”为生活奋斗的过程，也是一个享受的过程。凡事不刻意追求，顺其自然，有时会有意外的惊喜。每个人都有自己的目标，为了达到目标，光靠自己一个人的力量是不够的。因为个人的努力只能提供一个翅膀的力量，另一个翅膀的撑起要有周围人的支持。领导的赏识和团队的认可，会达到事半功倍的效果。尽可能多地享受当下的生活，生活才会有滋有味。

在贾沐山的记忆里，烟台的天空是蔚蓝的，草木是青翠的。母校里有智慧与善良的老师、团结友爱的同学。母校是一个充满书声和欢乐的世界，那里是他第一次看到世界的地方，是一个放飞自己梦想的地方；母校让他长出来“翅膀”，能让他在广阔的世界里翱翔。他在给记者最后的留言里写道：感谢母校的培养，感谢母校老师的关爱。真诚祝愿我们的母校欣欣向荣，日新月异！祝福母校的明天更加灿烂美好！愿我们每一位同学能为母校共铸灿烂辉煌！

（本文发表于《山东工商学院报》2015 年 7 月 10 日第 629 期）

后　记

校报是学校的镜子，真实反映出学校30年的发展历史。作为校报的编辑，成为历史的见证者，既深感荣幸又充满忧虑。当下，网络迅速兴起，社会传媒强势扩张，高校校报的生存空间十分艰难。校报高素质的阅读对象对办报的质量提出了高要求，但是，校报普遍内容较单调枯燥，会议消息多，工作动态多，受周期所限，常常处于“拿着历史当新闻”的尴尬境地。如何适应形势，谋求发展，是当前高校校报工作者面临的严峻形势。

编辑同仁近年来，深感发展压力，力图求变，适应形势，发挥优势，不断推陈出新，着力在校报的内容与版式上加以创新，印刷上力求精美，使校报的办报质量得到了很大的提高。更为可贵的是，在内容上做了有益的探索与尝试，扬长避短，强化典型报道，打造非事件性新闻、评论性新闻，琢磨新颖的新闻标题，靠严肃、严谨、专业、权威的内容为读者提供精品服务，校园文化建设里深深烙上了校报的印记。

为伊消得人憔悴，衣带渐宽终不悔。629期报纸，凝结了多少报人的汗水，校报同仁殚精竭虑，努力呈现山商的每个瞬间，周而复始，从不言倦。迈步在校园里，静看花开，细思来路，本书是我们近几年编辑工作经验的总结和提炼，也是整个编辑部精心呵护的“胎儿”，经过紧张的整理、选编、审核、校对，十月怀胎，如今她终于呱呱坠地了。

这本凝结了无数人心血的书稿，是对建校30周年的献礼。校报全体同仁要借此机会，对给予我们巨大支持的领导表示深深的感谢。同时，感谢那些已经离开编辑部的老同志，他们在这里留下了辛勤的汗水和不知疲倦的身影。同样，我们也要感谢那些记录者和被记录者，每个名字背后都有一段故事，校报因为他们而精彩。

受水平及时间限制，书中一定会存在这样那样的问题，恳请广大读者给予批评指正。

编　者

2015年8月